Verhaltensethik
im Personalwesen

Paul Gert von Beckerath (Hrsg.)

Verhaltensethik im Personalwesen

Prinzipien und Regeln für die Konzeption einer betrieblichen Personalpolitik

C. E. Poeschel Verlag Stuttgart

CIP-Titelaufnahme der Deutschen Bibliothek

Verhaltensethik im Personalwesen:
Prinzipien u. Regeln für d. Konzeption e. betriebl. Personalpolitik /
Paul Gert von Beckerath (Hrsg.).
– Stuttgart: Poeschel, 1988
ISBN 3-7910-0412-3
NE: Beckerath, Paul Gert von [Hrsg.]

ISBN 3-7910-0412-3

Einbandgestaltung: Willy Löffelhardt
Satz und Druck: Kaisser-Druck GmbH, 7335 Salach
Printed in Germany

Inhalt

Einführung

Die Beiträge, die in diesem Buch veröffentlicht sind, handeln von Inhalten und Zielsetzungen, die im Personalwesen industrieller Unternehmungen ihre Gestaltung finden. Es ist von Inhalten und nicht von den Mitteln und Instrumenten, mit denen sie in die Praxis umgesetzt werden, die Rede. In der Literatur über das Personalwesen ist bisher viel häufiger von den Instrumenten gesprochen worden als von den Zielen selber.

Dem Buch liegt als Konzept zugrunde, die Prinzipien und Regeln herauszuarbeiten, auf denen das Zusammenwirken von Menschen im industriellen Arbeitsleben beruht. Es ist die Absicht, die Eigenart des Bereiches Personalwesen zu kennzeichnen. Seine Konturen sollen gegenüber anderen im Unternehmen bestehenden Bereichen, wie z.B. Verkauf, Produktion, Verwaltung, Ingenieurwesen deutlicher abgegrenzt werden.

Unter Prinzipien und Regeln, von denen im Titel dieses Buches die Rede ist, werden die Bedingungen verstanden, auf deren Grundlage das Zusammenwirken von Menschen in der betrieblichen Arbeitswelt beruht. Sie tragen nicht den Charakter von Gesetzen. Sie sind eher als soziale Gesetzmäßigkeiten anzusehen. Diese Regeln können je nach Größe und lokaler Situation des Unternehmens wie auch aufgrund bestehender Traditionen andersartige Nuancen und unterschiedliche Akzente bekommen. Ihrem Wesen nach treten sie jedoch immer wieder hervor.

Das Personalwesen ist derjenige Bereich in einem Unternehmen, in welchem die für den arbeitenden Menschen erforderliche Gesamtheit aller Maßnahmen ihren ordnenden und gestaltenden Mittelpunkt hat. Es steht unter der obersten Zielsetzung einer Produktion nach dem ökonomischen Prinzip wie auch der Gewährleistung von Gerechtigkeit gegenüber den tätigen Menschen. Diese beiden Zielsetzungen sind eng miteinander verquickt; die eine kann nicht ohne die andere verwirklicht werden. Die angemessene Befriedigung menschlicher Bedürfnisse ist eine unverzichtbare Anforderung an ein auf Erfolg und Bestand gerichtetes Unternehmen.

Personale Bezüge bestehen in allen Bereichen eines Unternehmens. Jeder Funktionsträger, dem zur Erfüllung seiner Aufgaben

Menschen zugeordnet sind, trägt Verantwortung für ihre Führung. Es ist von maßgeblicher Bedeutung, daß innerhalb des Unternehmens bei der Erfüllung dieser Aufgabe gleichartige Vorstellungen bestehen. Die Praxis der Personalführung überträgt sich auf das Gesamtbild, das sich auch Außenstehende über das Unternehmen machen. Das Personalwesen trägt als das Gewissen des Unternehmens gegenüber den in ihm tätigen Menschen vor allem Verantwortung für den Stil und das im Unternehmen praktizierte Verhalten auf dem Gebiet der Personalführung.

Der Träger eines Berufes ist als Spezialist geneigt, seine Umgebung den Anschauungen unterzuordnen und mit den Denkformen zu belegen, die er aus seinem eigenen Tätigkeitsfeld gewonnen hat. Dies gilt auch im Hinblick auf die Natur des Menschen und sein Verhalten. Es ist nicht ungewöhnlich, daß der in einem Unternehmen tätige Mensch z. B. als »Einsatz«- oder als »Kostenfaktor« angesehen wird. Der Wortschatz, der auf den Menschen und seine Tätigkeit angewendet wird, ist seinem historischen Ursprung nach vielfach dem ökonomischen oder militärischen Bereich entnommen. Dies läßt sich leicht feststellen, wenn man der genetischen Wurzel der vielerorts benutzten Begriffe nachgeht. Die Verwendung solcher Begriffe, welche hier nur beispielhaft Erwähnung finden, ist für unsere Zeit nicht mehr angemessen. Eine Überprüfung wäre angebracht. Die Begriffe sind jedoch so tief in den Sprachgebrauch eingedrungen, daß eine Wandlung nur schwer erreichbar ist, wie überhaupt zutrifft, daß die Ausmerzung gedankenlos und gewohnheitsmäßig wiederholter Begriffe ein schwieriges Unterfangen ist.

Es kommt auf das echte Bemühen an, Zusammenhänge – und nicht nur diejenigen des eigenen Fachbereiches – so zu sehen, wie sie sind, auch wenn dies nicht immer in vollem Umfang gelingen mag. Die Bemühung schützt jedoch davor, auf leichtfertige Art und Weise Vorurteile über sich Herrschaft gewinnen zu lassen. Eine gedankenlose Übernahme von Vorurteilen wird zweifelsohne das Handeln im gegenwärtigen Zeitpunkt erleichtern. Das Ergebnis eines solchen Handelns geht dann aber zu Lasten anderer, die davon betroffen werden.

Ein besonderes Charakteristikum menschlichen Verhaltens ist, daß es in der Regel einen hohen Grad von Komplexität besitzt. Seine Interdependenz und Dynamik fördern seine Vielschichtigkeit. Bei der Findung von Lösungen anstehender Probleme geht es nicht nur um die Gegenwart, sondern sie tragen bereits den Keim für Probleme in der nahen und ferneren Zukunft in sich.

Die Beiträge des vorliegenden Buches, deren Autoren langjährig erfahrene Praktiker sind, haben ihren Mittelpunkt in einem Plädoyer für eine Denkform, die dem Wesen menschlichen Seins entspricht. Sie zielen darauf ab, den Sinn für das Menschliche zu öffnen. Es geht um den Appell an das handelnde Individuum, seinem Partner das Maß an Gerechtigkeit widerfahren zu lassen, welches er selber seiner eigenen Person gegenüber erwartet.

Der in einer Organisation mit anderen zusammenwirkende Mensch ist in seinen Erwartungen nicht unbegrenzt flexibel. Fehlhandlungen aus einer möglicherweise gedankenlosen Annahme unbegrenzter Flexibilität des Partners können zu sehr überraschenden Reaktionen führen.

Der Leiter des Personalwesens hat die Aufgabe, aus der Übersicht über das gesamte Arbeitsgebiet eine Konzeption zu erarbeiten, aus deren Zielsetzungen eine Personalpolitik ihr Gesicht erhält. Sie bedarf der folgerichtigen und konsequenten Vertretung gegenüber den Kollegen der anderen Aufgabenbereiche sowie dem Betriebsrat. Da ein jeder von ihnen für die Personalführung in seinem Bereich verantwortlich ist, kann dies nicht immer eine leichte Aufgabe sein. Der Formulierung einer Konzeption muß eine eingehende und sorgfältige Diagnose der im Unternehmen bestehenden sozialen Situation vorangehen.

Ein erfahrener Personalleiter weiß, daß Personalführung der Kontinuität bedarf. Abrupte Handlungsweisen können zu Folgen führen, die eine mühsam erlangte Vertrauensbasis beeinträchtigen. Alle Maßnahmen im Personalbereich haben mannigfache Folgewirkungen aufgrund ihrer Interdependenz. Sie müssen daher sorgfältig geplant sein. Gerade für das Zusammenwirken der leitenden Organe in einem Unternehmen und mit dem Betriebsrat sind formulierte Prinzipien der Personalführung ein wesentliches Mittel der Orientierung und hilfreich für die Findung eines Konsenses. Die Einsicht in diese Prinzipien ist zugleich eine Voraussetzung für die Kontinuität der Führung aller das Personal betreffenden Angelegenheiten.

Im Sinne der vorangegangenen Ausführungen richtet sich der Inhalt dieses Buches an die leitenden Organe anderer fachlicher Disziplinen in Wirtschaftsunternehmen. Es ist bestimmt für die Mitarbeiter im Personalwesen wie auch für die Studierenden des Faches Personalwesen in Hoch- und Fachhochschulen im Sinne einer praxisgerichteten Unterweisung.

Im folgenden erhalten die einzelnen Beiträge eine kurze Charakterisierung:

Der weltweit bekannte Unternehmensberater und Autor zahlreicher Bücher über Unternehmensführung, *Peter F. Drucker*, gibt in seinem kurzen, aber inhaltsreichen Beitrag Hinweise auf Entwicklungen und Zukunftsperspektiven des Personalwesens, die dem Nachdenken über dieses Gebiet nachdrückliche Anstöße vermitteln.

Artur Wollert arbeitet die Prinzipien und Regeln für eine Personalpolitik heraus, die auf Werteorientierung beruht. Sie ist ein Plädoyer für ein mensch- und nicht nur fachgemäßes Denken.

Heinz Dirks kennzeichnet die anthropologischen Voraussetzungen des Personalwesens und legt vor allem Wert auf die psychologischen und soziologischen Grundzüge dieses Fachgebietes. Seine Ausführungen vermitteln eine praxisorientierte Darstellung wesentlicher Probleme der Betriebspsychologie und -soziologie, die auch einen Ausblick auf zukünftige Situationen eröffnen.

Edgar Nawroth befaßt sich ausführlich mit der ordnungspolitischen Rangfolge des Wertes »Humanität« in seinem Verhältnis zu den Sachwerten Technik und Wirtschaft. Er stellt und beantwortet die Sinnfrage der technologischen Entwicklung und weist nachdrücklich auf die Bedingungen für die Geltung und Gewährleistung der Humanität bei technischem und wirtschaftlichem Wandel hin.

Horst Becker stellt die Ziele der Aus- und Weiterbildung als Produktionsfaktor in ihren engen Zusammenhang mit der Erreichung der Unternehmensziele. Bildung im Unternehmen ist zugleich ein wichtiger Beitrag für die persönliche Entwicklung und Entfaltung der Mitarbeiter. Sie ist auch ein Motor des gesamtgesellschaftlichen Fortschritts.

Erich Potthoff gibt einen umfassenden Überblick über die ökonomischen Aspekte des Personalwesens. Da das Rechenhafte Grenzen hat, weist er auf die Notwendigkeit einer ganzheitlichen Schau der Tätigkeit des Menschen im Wirtschaftsunternehmen hin, die es nicht zuläßt, daß die ökonomische und soziale Sicht *nebeneinander* herlaufen.

Paul Gert von Beckerath umreißt die Entwicklung zum Tarifvertrag und beleuchtet die Einwirkung der Tarifpolitik auf das Personalwesen. Es werden die Prinzipien und Regeln betont, die im Verkehr der Tarifpartner untereinander wie auch gegenüber dem Unternehmen zu beachten sind.

In einem weiteren, dieses Buch abschließenden Beitrag, steht das persönliche Verhalten des Personalleiters gegenüber den spezifischen Herausforderungen seines Amtes im Mittelpunkt. Der Erfolg des Wirkens des Personalleiters beruht weniger auf einer funktionalen als in der Gewinnung einer personalen Autorität.

Edgar Ballarin schreibt aus der intensiven Erfahrung einer langjährigen Tätigkeit in verschiedenen Ämtern als Betriebsrat. Seine Aussagen über die verschiedenen Aspekte der Betriebsratsarbeit, insbesondere auch im Zusammenwirken mit dem Personalbereich, gewinnen besonderes Interesse, da sie in dieser Form und Unmittelbarkeit bisher in der deutschen Literatur noch nicht vorliegen dürften.

Peter Paschek ist als Unternehmensberater auf dem Personalgebiet tätig. Die so gewonnenen Erfahrungen bestimmen die besondere Sicht, welche in den Schwerpunkten seiner Darstellung über den Personalleiter zum Ausdruck kommt.

Das Personalwesen – auf dem Weg zu neuen Ufern*

Peter F. Drucker

I Neue Aufgaben für das Personalwesen
Neue Strukturen in der Arbeitswelt
Neue Technologien und Kosten

II Eine grundsätzliche Herausforderung
Zuständigkeitswandel
Strukturwandel
Bedingungen der Produktivität geistiger Arbeit
Laufbahnänderungen
Folgen für die Arbeitsplätze
Altersstruktur

III Die Beziehungen von Personal- und Organisationsfunktion:
Das Personalwesen als Linienfunktion

IV Zum entscheidenden Wandel in der Zukunft

* Der Beitrag trägt im Original den Titel »Good bye to old personnel«. Die Übertragung in die deutsche Sprache besorgte der Herausgeber.

I Neue Aufgaben für das Personalwesen

Es ist in den USA heutzutage üblich, dem betrieblichen Personalwesen neue schwungvolle Namen zu geben, z. B. »Human Resources«. Wir benötigen jedoch wesentlich mehr als neue Bezeichnungen (wie auch höhere Einkommen, die damit konform laufen). Die Personalfunktion wird sich in den kommenden Jahren in sehr grundlegender Weise wandeln. Sie wird neuartige und im Vergleich zu ihren bisherigen Funktionen sehr unterschiedliche Anforderungen zu bewältigen haben. Aller Voraussicht nach wird man von ihr eine ganz andere Verhaltensweise erwarten: nämlich die Einstellung, nicht mehr eine »Stabs«-, sondern eine »Linien«-Funktion zu sein. Dazu wird sie auch anderes Personal benötigen. Das Personalwesen wird grundsätzlich davon Abstand nehmen müssen, das Personal unter dem Gesichtspunkt der Kosten zu betrachten; es wird vor allem darauf ankommen, das Personal von seinem Ertrag her im Auge zu haben.

Neue Strukturen in der Arbeitswelt

Einer der Gründe für eine grundsätzliche Änderung der Situation ist die Wandlung auf dem Gebiet der Technologie. Weder die Automation im Betrieb noch die Automation in der Verwaltung können allein mit den Methoden des konventionellen Personalmanagements und der Personal-Weiterbildung bewältigt werden. Beide verlangen nach neuen Methoden der Arbeitsplatzgestaltung, einer Anpassung auf den Gebieten der Organisation und des Arbeitsflusses sowie der organisatorischen Beziehungen. Zieht man die auf diesen Gebieten erforderlichen Konsequenzen nicht, werden die Investitionen an Kapital wie auch die Aufwendungen für die Weiterbildung des Personals weitgehend vergeblich sein.

Für die Automation des Betriebes ist es beispielsweise erforderlich, daß aus den »Meistern« echte »Manager« werden. Die bisherigen Funktionen des Meisters werden infolge der Automatisierung entweder von den Mitarbeitern übernommen oder in den Produktionsprozeß selbst eingebaut. In einem automatisierten Betrieb gibt es keine Aufsichtsfunktion in traditionellem Sinne mehr. An ihre

Stelle tritt im Produktionsbetrieb die Notwendigkeit der Planung, der ständigen Weiterbildung sowie der Koordinierung der verschiedenen technischen Dienstleistungen. Bei den Funktionen des Betriebsingenieurs ist dies beispielsweise die Fertigungsplanung, Fertigungssteuerung, der Arbeitsvorbereitung und der Planung des Produktionsablaufs – alles das, was einstmals zum Aufgabenbereich des oberen Management oder von Spezialisten gehört hat. Die obere Aufsichtsführung muß sich demgemäß völlig neu orientieren; sie bedarf neuer Zielsetzungen, neuer Wertmaßstäbe und anderer Fertigkeiten.

Neue Technologien und Kosten

Ebenso notwendig ist die Einsicht, daß der Einsatz neuer Technologien in der Verwaltung nicht von selbst zu höherer Produktion oder geringeren Kosten führen wird. Die Automatisierung der Verwaltung verlangt zur Erzielung ihrer Nutzenmaximierung radikale Anpassungsmaßnahmen im Arbeitsfluß, auf dem Gebiet der Arbeitsplatzgestaltung, der Beziehungen zwischen den verschiedenen Arbeitsplätzen sowie ihrer Besetzung. Auch hier sind die Aufsichtsführenden der oberen Linie ausschlaggebend. Bisher weiß noch niemand genau, wie die Tätigkeiten in einem automatisierten Büro aussehen werden. Man weiß lediglich, daß sie sich vollständig verändern werden.

II Eine grundsätzliche Herausforderung

Zuständigkeitswandel

Arbeitsplatzgestaltung, Arbeitsfluß und die Beziehungen der Tätigkeiten untereinander stellen Aufgabenbereiche dar, bei denen der Mensch eine wichtige Rolle spielt. Damit gehören sie in die Zuständigkeit der Personalfunktion. Es gibt jedoch kaum Personalbereiche, die sich bisher mit der Erfüllung dieser Anforderungen befaßt haben.

Strukturwandel

Ein weiterer grundlegender Wandel in der Personalfunktion vollzieht sich in der Umstrukturierung der Arbeitnehmerschaft. Dies betrifft vor allem die Zusammensetzung der Arbeitergruppe und hier im besonderen den Übergang von der Hand- zur Kopfarbeit. Selbst in der amerikanischen »Kamin«-Industrie beträgt heute der Anteil der *Hand*arbeiter an der gesamten Arbeiterschaft höchstens noch ein Viertel. In den meisten übrigen Branchen der Industrie liegt er bereits bei ⅙ oder sogar noch darunter. Hieraus folgt, daß die Verbesserung der Produktivität der Angestellten im Zentrum der Bemühungen stehen muß, und daß die Bewältigung der Steigerung der Produktivität der rasch wachsenden Gruppe der Arbeitnehmer mit geistiger Tätigkeit die zentrale Herausforderung für die Steigerung der Produktivität insgesamt in sämtlichen entwickelten Ländern darstellt.

Bedingungen der Produktivität geistiger Arbeit

Die Produktivität der *Mitarbeiter des Kopfes ist* weit weniger eine Frage der Quantität als ein Problem der Qualität. Es gibt nur wenige Tätigkeiten, welche unproduktiver sind als die eines Ingenieurs, der mit bedeutender Fertigkeit, großer Begeisterung und viel Fleiß Zeichnungen für das falsche Produkt erstellt. Bei der Produktivität der geistigen Arbeit spielen vor allem kritische Faktoren wie die persönliche Einstellung, angemessene Informationen, der Arbeitsfluß, die Beziehungen zwischen einzelnen Tätigkeitsgebieten, die Gestaltung der Arbeitsplätze wie auch die Zusammensetzung von Arbeitsgruppen eine wichtige Rolle. In erster Linie hängt die Produktivität der geistigen Arbeit davon ab, daß sich die richtige Person mit den entsprechenden Fähigkeiten der ihr gestellten Aufgabe widmet. Um es auch hier noch einmal zu wiederholen: Es handelt sich um Aufgaben, die bisher von nur wenigen Personalabteilungen in angemessener Weise erfüllt worden sind.

Laufbahnänderungen

Auf dieser grundlegenden Strukturwandlung hin zu einer geistigen Tätigkeit und zu Mitarbeitern mit geistigen Zielsetzungen folgt die Notwendigkeit einer Umstellung beruflicher Laufbahnen, ihrer Vergütung sowie ihrer Kenntlichmachung nach außen. Die klassischen Laufbahnen haben in den meisten Branchen nur Rangstufen für Manager. Fast alle Mitarbeiter des Kopfes halten jedoch eine Beförderung in eine Position als Manager nicht erstrebenswert. Gute Mitarbeiter mit geistiger Tätigkeit wollen meistens ihre bisherigen Aufgaben, die sie gerne und mit Erfolg ausführen, beibehalten. Viele von ihnen haben in einer Tätigkeit als Manager wenig Erfolg. Dies ist keine neue Erkenntnis.

Vor etwa dreißig Jahren hat man bei General Electric parallele Hierarchien zur Beförderung und Kennzeichnung von Mitarbeitern mit Individual-Berufen geschaffen. In den meisten übrigen Unternehmen ist dabei jedoch nichts anderes geschehen als die Einführung von mehr oder weniger zahlreichen Positionen mit Manager-Titeln, wie z.B. Direktor oder Vicepresident, jedoch ohne eine entsprechende Managementfunktion, so daß eine Menge von Nicht-Tätigkeiten, eine erhebliche Verwirrung sowie eine Titel-Inflation entstanden sind.

Folgen für die Arbeitsplätze

Die Tendenz des Übergangs hin zu einer geistigen Tätigkeit und deren Bedeutung für die Gliederung der Mitarbeiterschaft bedeuten insgesamt den Anfang einer Überprüfung der traditionellen Organisationsstruktur. Bei unseren heutigen Strukturen – ein Ergebnis der Organisation des Militärs im 19. Jahrhundert – figuriert der Manager als der »Boss«, während alle anderen seine »Untergebenen« sind. In einer Organisation, deren Basis Arbeiter des Kopfes sind, sind diese die »Bosse«. Dem »Manager« fällt die unterstützende Aufgabe zu, für sie zu planen und die Koordinationsfunktion zu übernehmen. Dieser grundsätzliche Wandel bedeutet jedoch, daß die Arbeitsplätze, ihre Zuständigkeiten, ihre Vergütungen wie auch ihre Beziehungen untereinander neu durchdacht und neu konzipiert werden müssen.

Altersstruktur

Aus der gewandelten Alterszusammensetzung der professionellen und der Manager-Gruppen entsteht für die Personalfunktion letztlich die Aufgabe, die notwendigen Folgerungen zu ziehen. In den USA bestand seit mehr als dreißig Jahren ein Mangel an jungem Nachwuchs für die entsprechenden Positionen der Manager. Dies war teils eine Folge der niedrigen Geburtenrate Mitte der zwanziger Jahre und in den späten vierziger Jahren, zum Teil aber auch eine Konsequenz der großen wirtschaftlichen Depression und des Zweiten Weltkrieges. Die USA haben Einwanderer in großer Zahl aufgenommen; die Fähigen unter ihnen sind so schnell wie möglich aufgestiegen. Doch nun sind alle Positionen besetzt. Insbesondere in den großen Unternehmen sind die Positionen von Managern innerhalb der verschiedenen Berufe dicht besetzt mit Männern und Frauen »in den besten Jahren«. Sie werden dort für weitere dreißig Jahre oder einen entsprechenden Zeitraum verbleiben. Für den Nachwuchs werden die Aufstiegsmöglichkeiten in den nächsten zehn oder zwanzig Jahren wesentlich geringer sein, selbst wenn man ein schnelles wirtschaftliches Wachstum in Rechnung stellt. Demzufolge muß die berufliche Befriedigung und der Berufserfolg für den Nachwuchs in zunehmendem Maße in der Tätigkeit selber und weniger in einem schnellen Aufstieg liegen. Dies wiederum bedingt die Notwendigkeit zu einer Neukonzeption der Arbeitsplätze, damit sie umfangreicher, inhaltsvoller, interessanter und attraktiver werden. Wahrscheinlich besteht darin die größte und schwierigste Aufgabe für das Personalwesen in der vor uns liegenden Zeit.

III Die Beziehungen von Personal- und Organisationsfunktion: Das Personalwesen als Linienfunktion

Personalwesen und Organisationsplanung waren bisher traditionell getrennte Tätigkeitsgebiete. Das Personalwesen sah den Organisationsbereich als »gegeben« an und betrachtete die Besetzung mit Menschen als seine Aufgabe. Die Organisationsplanung gestaltete unpersönliche »Häuschen« mit funktionalen Titeln. So konzentrierte sich der eine auf das Angebot und der andere auf die Nachfrage. Nun aber müssen beide zusammenwirken. In zunehmendem Maße wird sich das Personalwesen mit der Konzeption von Arbeitsplätzen und dem Aufbau von Arbeitsbeziehungen zu befassen haben; es reicht nicht mehr, sich mit der Beschaffung von Menschen zur Besetzung bereits festgelegter »Häuschen« zu begnügen.

Das Personalwesen hat bisher Richtlinien und Verfahrensweisen entwickelt; es beriet, unterstützte und überwachte. Was es jedoch nicht getan hat, war unmittelbares »Handeln«; es traf keine Entscheidungen. Nun aber wird das Personalwesen in wachsendem Maße in die »Linienarbeit« einzugreifen haben.

Wir besitzen heute bereits sehr gute Tests zum Nachweis der Eignung eines Individuums im Hinblick auf die Anforderungen einer bestimmten Position. Die Verwendung eines solchen Tests gehört natürlich zu den Aufgaben eines »Stabes«, ist also eine Stabstätigkeit. Aber gleichviel, wer diese Tätigkeit tatsächlich ausführt, so besitzt er dann zumindest ein Einspruchsrecht im Hinblick auf die Entscheidung über die Besetzung des betreffenden Arbeitsplatzes und sollte damit auch in die Verantwortung genommen werden.

Bei der Automation im Verwaltungsbereich trifft der Angehörige der Stabsabteilung, der die Funktion des »Beraters« über den Arbeitsfluß und die Gestaltung des Arbeitsplatzes innehat, auch die Entscheidung darüber, *welche* Art von Arbeit getan werden soll, auf *welche Weise* sie geschieht und *wer* sie tun soll. Bei all diesen Entscheidungen handelt es sich um wesentliche und entscheidende operationale Entscheidungen.

Es gibt nur einige wenige Vorläufer für das Personalwesen in »Linienfunktion«: In sämtlichen großen japanischen Unternehmen war es immer so, ebenso beim Militär. Das »Personalwesen« des Vatikans, welches die Bischöfe der römisch-katholischen Kirche ausfindig macht und ernennt, ist immer eine echte Linienfunktion gewesen. In der amerikanischen Industrie gilt auch bei den ranghohen und sehr einflußreichen Personalabteilungen die Regel, daß sie beraten und unterstützen, jedoch keine Entscheidungen treffen.

IV Zum entscheidenden Wandel in der Zukunft

Ein Personalwesen, in welchem derartige Entscheidungen getroffen werden, muß völlig anders besetzt werden, als es in den heute üblichen Bereichen geschieht. Der neue Leiter des Personalwesens muß über Erfahrungen in Linienfunktionen verfügen; jedoch nur wenige seiner Mitarbeiter besitzen sie. Sie sind Psychologen, Ausbilder, Arbeitsrechtler, Spezialisten für Gehaltsfindung usw. Je mehr jedoch die Personalfunktion zu Aufgaben in der »Linie« überwechselt und Aufgaben wie Arbeitsplatzgestaltung, Arbeitsfluß und Arbeitsplatzbesetzung übernimmt, umso mehr mußten sie über Personal verfügen, das Kenntnisse und Erfahrungen aus der Betriebspraxis besitzt. Ist dies nicht der Fall, wird ihr sowohl die notwendige Fähigkeit, solche Entscheidungen kompetent zu treffen, wie auch die Glaubwürdigkeit fehlen, aufgrund derer ihre Entscheidungen von der Organisation akzeptiert werden.

Der ausschlaggebende Wandel für die Personalfunktion liegt wahrscheinlich in ihrem Auftrag. Das Personalwesen, so wie wir es heute vor uns haben, geht auf die Zeit des Ersten Weltkrieges zurück, eine Epoche also, in welcher neun von zehn Arbeitnehmern »Arbeiter« waren, welche einfache und ungelernte Tätigkeiten ausführten. Damals galt es als die wichtigste Aufgabe, die Kosten niedrig zu halten, denn »Arbeit« war nur ein »Kostenfaktor«. Die Situation hat sich jedoch in der amerikanischen Wirtschaft heute grundlegend gewandelt. Dies gilt auch für solche Branchen der Wirtschaft, die man zu den »Kamin«-Industrien zählt, in welchen höchstens drei von zehn Arbeitnehmern noch zur Kategorie der »Hilfsarbeiter« gehören. Alle anderen führen hoch differenzierte, und in den meisten Fällen spezialisierte Tätigkeiten aus. Sie sind keine »einfachen Arbeiter« mehr; sie gehören für die Industrie zu einem unverzichtbaren Bestand an Mitarbeitern, die in ihrer Quantität und Qualität nach dem Prinzip eines optimalen Ertrages und nicht von minimalen Kosten gemessen werden müssen.

Personalpolitik als betrieblicher Gestaltungsfaktor

Artur Wollert

I Einleitung

Das betriebliche Umfeld, beeinflußt aus neuer Wirtschafts- und Gesellschaftspolitik, Wertewandel, ethischen Fragestellungen und Forderungen, Ökologiebewegung etc., verändert sich – es wird komplexer und turbulenter. Entwicklungen, die sich in der Gesellschaft vollziehen, beeinflussen nachhaltig das Verhalten von Mitarbeitern und Führungskräften. Deren soziokulturelles Anspruchsniveau wächst zunehmend. Sättigungstendenzen auf vielen Märkten und ein Wettbewerb, der, national und international, nichts an seiner Härte verlieren wird, erschweren die Führung von Unternehmen. Wir sind uns einig: Die Veränderungen wirtschaftlicher und sozialer Strukturen werden eher an Schärfe gewinnen als abflauen. Die Vergangenheit hat gezeigt, daß das Steuern mit Zahlen allein nicht mehr genügt, um die Lebensfähigkeit eines Unternehmens zu gewährleisten.

Das einzig Sichere in den nächsten Jahren bis zur Jahrtausendwende und wohl darüber hinaus wird sein, daß es nur Unsicherheiten geben wird. Es sind daher nicht neue Antworten auf die alten Fragen zu geben, sondern wir stehen vor wirklich neuen Problemstellungen [1]. Für das Management wird es die größte Herausforderung sein, mit dieser Unsicherheit zu leben und die komplexen Probleme zu lösen. Die Komplexitäts-Beherrschung und damit in Zusammenhang stehend die führungsethische Fragestellung »Wie entscheide ich verantwortlich in komplexen Zusammenhängen?« wird einen großen Raum in der zukünftigen Management-Praxis einnehmen. Schlüsselfaktoren für die Lösung dieses Problems sind die Wandlungsbereitschaft und die Qualifikation des Managements.

Insofern ist in einer komplexen und turbulenten Zeit die Beschäftigung mit Fragen der »Ethik«, mit »Werten« und mit »Unternehmenskultur« nicht nur eine vorübergehende Modeerscheinung, sondern als tragfähiges Fundament eine Muß-Bedingung der Unternehmensführung, da sie zur Orientierung beiträgt.

In den 70er Jahren wurde versucht, ein Führungskonzept insbesondere auf Systeme und Techniken zu gründen – heute werden eher persönliche Werthaltungen als Grundlage des Führens gefordert. Man besinnt sich auf den Menschen in seiner Ganzheit statt auf normierte Verhaltensweisen. Man erkennt, daß über die Qualität der

Systeme und Techniken letztlich ihre Anwendung und die innere Haltung, mit welcher sie angewendet werden, entschieden: Von Bedeutung ist also die einzigartige Software, nicht die normierte Hardware. Diese bewußtseinsbildende Komponente, insbesondere bei den Führungskräften, ist zu lange aus der Unternehmenspolitik und der Personalarbeit ausgeklammert worden. Hier muß der neue Ansatzpunkt der Personalpolitik liegen: Weg vom »Bewußtseinsbefehl« durch instrumentale Techniken hin zur »Bewußtseinsbildung« durch Werte [3].

Der vorliegende Beitrag gliedert sich im wesentlichen in drei Hauptteile. Im ersten Teil (Kapitel I, II, III) werden Grundlagen und Philosophie einer zeitgemäßen Personalpolitik erläutert und durch die Erarbeitung einer Werteskala konkrete Handlungsanleitungen gegeben. Der zweite Teil (Kapitel IV) beschäftigt sich mit der schwierigen Situation der Führungskräfte. Die Verbindung beider Teile erfolgt im dritten Teil (Kapitel V und VI) durch die Konzeption einer Führungsethik, die als geistiges Fundament und als Basis gemeinsamen Denkens und Handelns Führungskräfte aus eben dieser Situation herausführen soll.

Eine Personalpolitik, die gestalten will, muß mit und durch die praktischen Umsetzer, nämlich die oberen Führungskräfte, einen Prozeß initiieren, der den Wertewandel in der Gesellschaft beeinflußt, akzeptiert und adaptiert und gleichzeitig durch eine gemeinsame Wertbasis (Führungsethik) dem Einzelnen Orientierungshilfen in einer Situation der betrieblichen Umwelt-Unsicherheit gibt. Diese Sichtweise zwingt dazu, die Rolle der Führungskräfte neu zu definieren: Aspekte des Moderierens, des Ausgleichens, Koordinierens und Konfliktschlichtens werden eine größere Bedeutung erlangen.

II Grundlagen und Philosophie einer zeitgemäßen Personalpolitik

Das betriebliche Personalwesen und die Besonderheit der Personalfunktion

Unter betrieblicher Personalarbeit werden alle Maßnahmen verstanden und zusammengefaßt, die in Erfüllung der betrieblichen Aufgaben hinsichtlich des im Betrieb tätigen Personals ergriffen werden. In diesem weiten Sinne hat das betriebliche Personalwesen als Träger der Personalarbeit eine Steuerungs- und Service-Funktion.

Die traditionelle Aufteilung des Personalwesens in die Teilbereiche

- Personalpolitik
- Personalführung
- Personalverwaltung

hat nur analytische Bedeutung, weil sie in der Praxis nicht konsistent durchgehalten werden kann. Da (Personal-)Führung größtenteils nichts anderes ist als die Umsetzung der (Personal-)Politik, liegt das eigentliche Spannungsfeld innerhalb der Personalfunktion zwischen den Extremen »Administrator/Verwalter« und »Initiator/Moderator«, d.h. Politikgestalter. Während Letzterer gesamtunternehmerisch agiert und Impulse gibt, strebt der Verwalter danach, »Ordnung durch Dauervollzug« von Aufgabenerledigung zu schaffen [4]. Beide »Grundmuster« sind notwendig; beide werden gebraucht, auch wenn ihnen in Zukunft nicht gleiches Gewicht zukommen wird.

Das »klassische«, verwaltende Personalwesen wird durch die neuen computergestützten Informations- und Abrechnungstechniken eine wesentliche Unterstützung erfahren und zukünftig deshalb nur noch eine Rolle unter vielen spielen. Hingegen wird das Personalwesen verstärkt strukturelle Gestaltungsaufgaben wahrnehmen müssen (wie z.B. Entwicklung von Führungshilfen, maßgeschneiderten Trainings, Entlastung und Unterstützung von Führungskräften »vor Ort«, Ressourcen-Pool für Spezialfragen, Mitkonzeption struktureller Rahmenbedingungen der Organisation etc.), in aktuellen Konfliktsituationen vermitteln und beraten (z.B. als Moderator bei Führungsproblemen), es kann Expertendienste leisten und die Initiative für neue Entwicklungen ergreifen (z.B. als Dialog-Brücke zwischen Unternehmen und Gesellschaft) [5]. Das alles bedingt ein gereifteres Selbstverständnis und höheres Selbstbewußtsein der Führungskräfte im Personalwesen und die Notwendigkeit eines größeren Background-Wissens über betriebliche und außerbetriebliche Vorgänge.

Die Besonderheit der Personalfunktion gegenüber allen anderen Funktionen im Unternehmen ergibt sich daraus, daß sie mit Menschen zu tun hat, d.h. der Unsicherheitsfaktor ist in dieser Hinsicht besonders hoch; strategische Maßnahmen wirken oft erst nach Jahren. Die Personalfunktion unterscheidet sich in ihrer Struktur ferner von anderen Funktionen, weil im Unternehmen jeder Angehörige einer Abteilung, der Führungsaufgaben wahrnimmt, im eigentlichen Sinne des Wortes Personal*leiter* ist und folglich in Linienkompetenz für seinen Verantwortungsbereich Funktionen der Personalführung wahrnimmt. Weil also jeder etwas »vom Personal« verstehen muß, zumindest aber zu verstehen glaubt, fühlt auch sich jeder aufgefordert, mitzureden. Das wirkt sich oft nachteilig auf das Selbstbewußtsein der Personalleiter aus. Marketing- und Controlling-Fachleute zeigen sich hier beispielsweise wesentlich unantastbarer.

Trotzdem ist wohl unbestritten, daß für die Konzeption einer Personalpolitik das Personalressort bzw. der Personalleiter in seiner Fachfunktion zuständig ist. Für die Umsetzung bzw. Gestaltung sind es die Führungskräfte unter Steuerungshilfe der Mitarbeiter im Personalfach.

Weil die praktische Personalarbeit jeden Mitarbeiter betrifft, aber auch im Blickpunkt des betrieblichen Umfeldes steht, werden an das Personal- und Sozialwesen eines Unternehmens von allen Seiten spezielle Wünsche und Forderungen gestellt: Von den Mitarbeitern, von den Führungskräften, den einzelnen Ressorts, den Gewerkschaften, dem Staat, den Schulen, den Anteilseignern, der Gesellschaft. Erfahrungsgemäß schließt sich die Erfüllung mancher Anliegen gegenseitig aus. Oft führt die Befriedigung einer Forderung zum Stellen der nächsten. Manchmal wird heute etwas gefordert, was morgen als überflüssig eingeordnet wird. Nur hohe Kompromißfähigkeit und Überzeugungskraft ermöglicht unter diesen Bedingungen eine schlüssige Personalpolitik.

Positiv ist bei alledem, daß die Bedeutung des Personalwesens innerhalb der Unternehmensführung heute nicht mehr umstritten ist. Der Wandlungsprozeß vom passiven, d.h. verwaltenden/administrativen Teil zum aktiven, d.h. gestaltenden, unternehmerischen Teil, an dessen Ende eine neue Sichtweise stehen muß, ist allerdings noch in vollem Gange.

Personalpolitik – gestern und heute

Wir dürfen nicht vergessen, daß das Personalwesen sowohl in der Betriebspraxis sowie innerhalb der Betriebswirtschaftslehre bis in die 60er Jahre eine Rolle am Rande des unternehmerischen Geschehens gespielt hat. Die Unterordnung der personal*politischen* Dimension unter die – wesentlich von *Taylor* beeinflußte – Organisation zeigt sich in den Instrumenten, die zur Steigerung der Produktivität empfohlen wurden: Systematische Arbeits- und Zeitstudien, exakte Arbeitsplatzbewertung, Anpassung der Arbeitsgeräte an den arbeitenden Menschen, Anpassung des Personals an die betrieblichen Belange, gezielte Personalauswahl, Vorgabe eines fixierten Arbeitspensums etc. [6].

Durch die beispielhafte Auflistung obiger Instrumente, die sich in Industrie und Handel durch die Jahre hindurch nur graduell, nicht aber grundsätzlich unterschieden, wird deutlich, daß die optimale Erfüllung der durch die Unternehmensorganisation vorgegebenen Arbeitsverrichtungen dominierte und der Spielraum für personal-*politische* Aktivitäten und Gestaltungsmöglichkeiten (aus heutiger Sicht) minimal war. Die Personalarbeit war re-aktiv und in hohem Grade von einer gekonnten Improvisation abhängig. Im Vordergrund stand die Rationalität. Unabhängig von dem dahinter stehenden Menschenbild haben die Unternehmen damit bewußt oder unbewußt auf wesentliche Initiativ- und Innovationskräfte verzichtet. Nur sehr unzureichend konnte diese erstarrte Ordnung durch praktisch außerhalb der Organisation liegende Aktivitäten, wie z. B. das Verbesserungs-Vorschlagswesen, aufgelockert werden.

Der wachsende Einfluß der Arbeitnehmer und ihrer Interessenvertretungen sowie Veränderungen im Unternehmensfeld haben Ende der 70er Jahre die stark ökonomisch-technisch geprägte Sichtweise mit der Überbetonung rein formaler und instrumentaler Führungstechniken um eine bedürfnis-verhaltensorientierte/sozio-ökonomische Auffassung der Personalarbeit ergänzt [7].

Diese Entwicklung hatte auch Konsequenzen für die bisher eingesetzten Instrumente, denn neue bzw. erweiterte Aufgaben induzieren in der Regel die Veränderung und Anpassung des Bestehenden an die neue Situation. Weil es um Menschen geht, muß man sich von einer in der Technik durchaus angebrachten Normierung und dem dogmatischen Festhalten an Standardisierungen lösen.

Um die »Entwicklung zur kritischen Gesellschaft« [8] als Herausforderung annehmen zu können, bedarf die Personalpolitik der Planung und der Gestaltung. Sie muß dazu beitragen, daß die Widersprüche zwischen gesellschaftlichem Wertewandel einerseits und wirtschaftlicher Pragmatik andererseits (allmählich) erklärt und abgebaut werden.

Eine *bewußte* Personalpolitik betreiben heißt also zweierlei:

(1) Ziele aufzeigen und Richtlinien (Regeln) erarbeiten für die Personalbelange eines Unternehmens;
(2) ein geistiges Feld für Sinnvermittlung schaffen.

Die Elemente einer solchen Personalpolitik sind

- das Bestimmen;
- das Planen;
- das Durchführen der geeigneten Maßnahmen und
- das Definieren entsprechender Regeln des Verhaltens (Verhaltensnormen) zum Erreichen dieser Ziele einschließlich
- dem Beschreiben der Werte, die für das Führungshandeln konstitutiv sind.

Ziele zeitgemäßer Personalpolitik

Wesentliche Aufgabenstellung einer zeitgemäßen, gestalterischen Personalpolitik ist die Integration von Unternehmens- und Mitarbeiterzielen, um über eine stärkere Identifikation mit dem Unternehmen den Mitarbeiter vom Arbeitnehmer zum produktiven Leistungspartner werden zu lassen.

Bei genügend hohem Abstraktionsgrad lassen sich hieraus zwei Arten von Zielen ableiten

- die *wirtschaftlichen Ziele*, d.h. die Berücksichtigung des Unternehmensinteresses in bezug auf Wirtschaftlichkeit, Produktivität und Kostenauswirkungen aller (personalpolitischen) Maßnahmen (Außenbezug);

- die *sozialen Ziele,* d.h. die Orientierung an den Bedürfnissen, Interessen und Wertvorstellungen der Mitarbeiter (Innenbezug).

Beide Ziele finden sich in einem vielfach verflochtenen interdependenten Verhältnis zueinander.

Bei einer »unternehmerischen« Betrachtung wird deutlich, daß die Mitarbeiter-Orientierung der Personalpolitik die Wirtschaftlichkeit des Unternehmens sichern hilft – auf Dauer wird eine Personalpolitik, die nicht mitarbeiterorientiert ist, immer zu negativen Kostenauswirkungen führen und damit unwirtschaftlich sein. Es führt kein Weg daran vorbei: Die Menschen – und kein anderer Faktor – werden letztlich über Sein oder Nicht-Sein der Organisationen entscheiden.

Das Beispiel »innere Kündigung« zeigt deutlich den Sachverhalt: Zwingt man qualifizierte Mitarbeiter ihr eigenes Wertsystem bei Unternehmenseintritt oder im Zeitablauf abzugeben, erhält man nur einen Teil der persönlichen Leistungsbereitschaft des Mitarbeiters. Wer erkennt und berücksichtigt, was die Mitarbeiter bewegt, erkennt Realität.

Der Aspekt der Mitarbeiterorientierung ist interpretationsbedürftig, da er mißverstanden werden kann. Mitarbeiterorientierung bedeutet auch, wenn auch nicht primär, daß der einzelne Mitarbeiter mit seinen ganz persönlichen Wertvorstellungen gesehen wird; noch wichtiger ist jedoch, auf Dauer die Wertstruktur der Gesellschaft in ihren sich wandelnden Formen in die Personalarbeit einzubeziehen.

Der strategische Ansatz der zukünftigen Personalpolitik [9] beruht auf einem veränderten Blickwinkel des Personalwesens, nämlich:

- Das Personalwesen muß unternehmerischer denken und handeln;
- es muß weg vom reaktiven »Reparaturdienst-Verhalten« [10] und muß sein neues Selbstverständnis in der Rolle des »Moderators« finden;
- es muß die »Spielregeln« des Zusammenwirken aller Menschen im Betrieb bestimmen sowie das Wertestrukturbild der Mitarbeiter erfassen und abbilden, um es dann der Unternehmensleitung als Soll-Wert-Größe vorzugeben;
- es sieht den Mitarbeiter als von seinen Umfeldern beeinflußtes Individuum, dem Freiräume für »unternehmerisches Agieren« geschaffen werden müssen. Der Beitrag des Mitarbeiters zur Errei-

chung der Unternehmensziele steht im Vordergrund; der Mitarbeiter wird als produktiver Leistungspartner respektiert; er ist *der* produktive Faktor und nicht Restgröße.

Die Personalpolitik schafft letztlich geeignete Rahmenbedingungen für bessere Effektivität [11]. Daraus abgeleitet liegt ihre Zielsetzung in der Steigerung

- der Leistungs*fähigkeit* der Mitarbeiter (z.B. durch Weiterbildungs- oder Personalentwicklungsmaßnahmen);
- der Leistungs*bereitschaft* der Mitarbeiter (z.B. durch die leistungsfördernde Gestaltung der Entgeltsysteme, des Führungsstils, des Informationsverhaltens, durch Werte- und Sinnvermittlung);
- der Leistungs*möglichkeit* der Mitarbeiter (z.B. durch Arbeitsplatzgestaltungsmaßnahmen, Dezentralisierung und entsprechend flexibler Organisationsformen), (siehe Abb. 1).

Es ist heute unstrittig, daß im Interesse beider Seiten ein angemessenes Verhältnis zwischen den Leistungen der Mitarbeiter für das Unternehmen und den Leistungen des Unternehmens für die Mitarbeiter bestehen muß. Je besser unserer Personalarbeit der Ausgleich zwischen personalen und sozialen Ansprüchen und Werten mit den betrieblichen Anforderungen und Zielwerten gelingt, desto besser ist es um die wirtschaftliche und soziale Überlebensfähigkeit des Unternehmens bestellt. Wenn wir in diesem Zusammenhang fordern, Entwicklungen und Einflüsse aus dem Unternehmensumfeld rechtzeitig zu erkennen und zu berücksichtigen, so heißt das keinesfalls wir müßten uns nur reflektierend an veränderte Rahmenbedingungen anpassen. Notwendig ist vielmehr ein schlüssiges Gesamtkonzept der Personalpolitik, das auf einer Analyse der Umfeldveränderungen aufbaut und sowohl agiert, wie reagiert – entsprechend der Notwendigkeit der Situation und dem eigenen Wollen.

III Werteorientierung als Grundlage der Gestaltung

Entwicklungen, die sich im gesellschaftlichen Umfeld vollziehen, beeinflussen nachhaltig das Verhalten der Mitarbeiter im Unterneh-

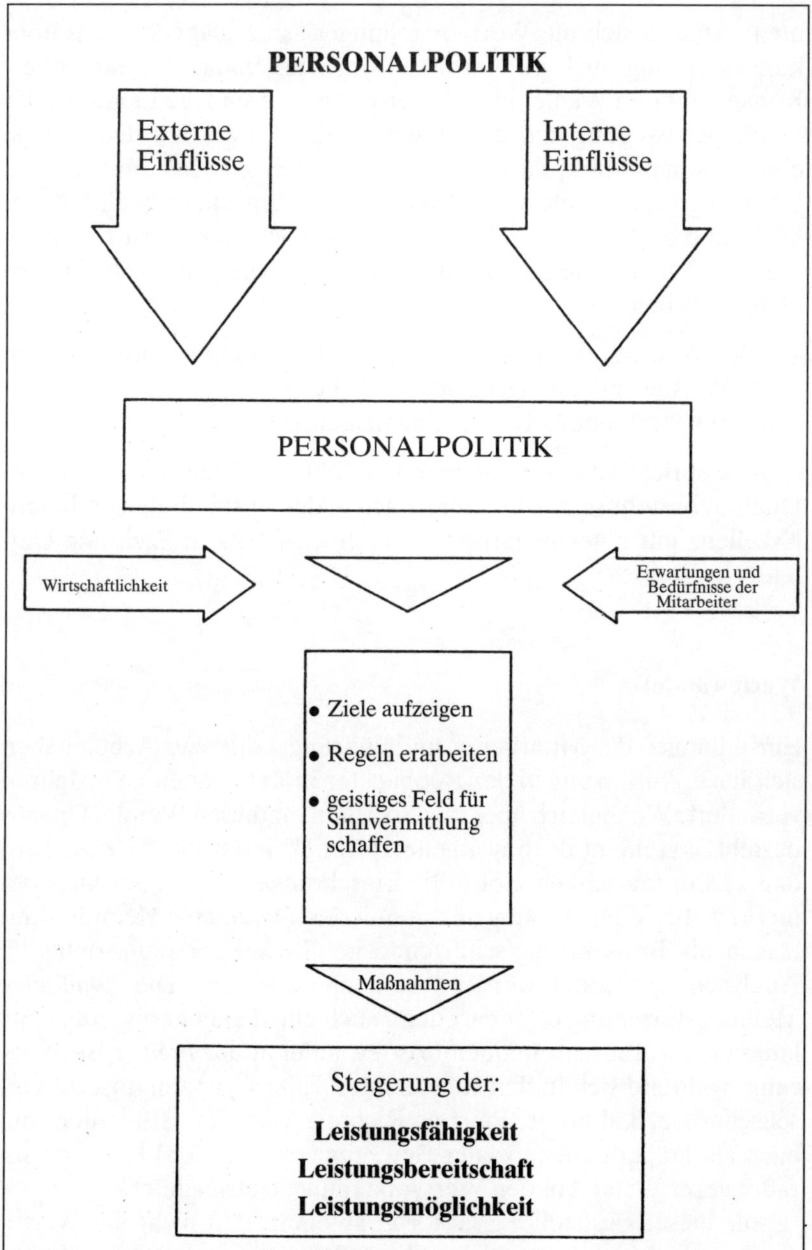

Abb. 1: Personalpolitik schafft Rahmenbedingungen

men: Ändern sich die Wertvorstellungen, so schlägt sich dies über kurz oder lang auch im Verhalten des Bürgers als Arbeitnehmer, Konsument und Wähler nieder; beispielsweise sind die Leitideen der Ökologiebewegung längst praktische Politik geworden. Deshalb ist eine Personalpolitik, die nicht die grundlegenden Einstellungen und Überzeugungen, welche das Handeln des Einzelnen beeinflussen, kennt und berücksichtigt, letztendlich zum Scheitern verurteilt.

Zwei Dimensionen sind danach aus Unternehmenssicht in Einklang zu bringen:

- Der Wertewandel unserer heutigen Gesellschaft (insbesondere der Wertewandel in bezug auf die Arbeit)
- und die vorhandene Unternehmenskultur.

Gerken spricht von einer »neuen Qualität der Dualität« [12]. Diese Dualität besteht seiner Meinung nach in der Verbindung von Innen-Exzellenz mit einer neuartigen Außen-Exzellenz in Richtung Umfeld.

Wertewandel

Einstellungen der Mitarbeiter und Führungskräfte zur Arbeit haben sich nach Auffassung vieler Beobachter in den letzten zehn Jahren verändert. Wenngleich über die Ursachen für diesen Wandel Dissens besteht, so scheint doch weitgehend Einigkeit darüber zu bestehen, daß es ihn tatsächlich gibt [13]. Einschränkend soll allerdings bemerkt werden: Die Blauäugigkeit, mit der *quantitative* Meinungsumfragen als Basis für tiefschürfende gesellschaftlich-philosophische Analysen verwendet werden, ist bemerkenswert. Die *qualitative* Meinungsforschung offenbart denn auch einen eher geringeren bzw. langsamer voranschreitenden Wertewandel in der *breiten* Bevölkerung, während sich in den sogenannten Elite-Gruppen unserer Gesellschaft (z.B. Lehrer, Pfarrer, Richter, Manager, Studenten, die auch als Träger neuer sozialer Bewegungen auftreten) zum Teil ein radikalerer Wandel in den Wertvorstellungen abzeichnet.

Aus dieser Feststellung läßt sich ableiten, daß nicht die Werte, sondern die Menschen und ihre Einstellungen zu den Werten Wandlungen unterliegen: Der Stellenwert der Werte in der ganz persönlichen Prioritäten-Skala hat sich verändert, von der Einstellung zur Sexualität, über die Vorstellungen vom Sinn des eigenen Daseins bis eben zur Einschätzung der »Arbeit«. Die Veränderungen müssen ernst genommen werden; interessanterweise reagiert die Politik in diesem Punkt gelegentlich schneller als die Wirtschaft – siehe z.B. das Bemühen, der »neuen« Rolle der Frau zunehmend Rechnung zu tragen. Eine Negation durch Verdrängung führt zu keinem Erfolg.

Betrachtet man den Wertewandel empirisch differenziert, so hat er auf zwei deutlich trennbaren, grundlegenden Wertedimensionen stattgefunden:

- Die subjektive Verbindlichkeit von sogenannten *Pflicht-* und *Akzeptanzwerten* wie z.B. Fleiß, Pünktlichkeit, Ausdauer, Zuverlässigkeit, Fügsamkeit, Gehorsam und Pflicht ist stark zurückgegangen, während gleichzeitig
- die sogenannten *Selbstentfaltungswerte* wie z.B. Teambereitschaft, Hilfsbereitschaft, Offenheit, Emanzipation von Autoritäten, freie Meinungsäußerung, Partizipation, Selbstverwirklichung, Freude an Genuß hohe subjektive Bedeutung für viele Menschen gewonnen haben.

Der Prozeß der Verlagerung zentraler Lebensinteressen zeigt: Neben Arbeit, Einkommen und beruflicher Karriere treten gleichzeitig und gleichwertig Freizeit, Familie und Freundeskreis. Die Sinnerfüllung des Lebens wird nicht mehr in einem ausschließlichen Entweder/Oder gefunden [14].

Die Jüngeren orientieren sich nicht nur an diesen Werten im Sinne einer in der Ferne liegenden Utopie, sondern sie leben und erleben sie in ihrem Freizeit-Alltag (z.B. auf Kirchentagen, Open-air-Festivals etc.). Die Jugend aber prägt das soziale Klima von Morgen. Sie ist Meinungsmacher und beeinflußt mit ihren Ängsten, Hoffnungen, Werten und Wünschen die Erwachsenenwelt (interessant zu beobachten: Die Eltern richten sich nach den Kindern aus!).

Als Folge des Wertewandels wird eine veränderte »Arbeitsmoral« (insbesondere bei Jugendlichen) beklagt und die »Muse-Idee«, d.h. die Entwicklung eines neuen Freizeitbewußtseins einseitig hervorgehoben. Diese Sichtweise ist aber recht verkürzt, weil sich z.B. Selbstentfaltung und Pflichtbewußtsein nicht ausschließen müssen. Allerdings wird den Mitarbeitern in der Praxis oft eine gespaltene »Seelenlage« zugemutet.

Betrachtet man beispielsweise einmal die Zigarettenindustrie, die in ihrer Werbung Selbstentfaltungs-Leitbilder propagiert, von ihren Mitarbeitern aber selbstverständlich Disziplin verlangt und »mit hoher Selbstverständlichkeit für die ökologischen Probleme eine fast aufopfernde Akzeptanz-Haltung zugunsten der Arbeitsplätze und des Fortschritts« [15] fordert. Hier geraten zumindest solche Führungskräfte in Konflikt mit den Unternehmenszielen, die eine ausgeprägte eigene und anders geartete Wertevorstellung haben.

Durch dieses »gespaltene Wertebewußtsein« entstehen »Blockier-Effekte«, die sich auch im Selbstverständnis von Führungskräften niederschlagen können. Genauer betrachtet handelt es sich bei dem Wertewandel, der sich im Bereich der Arbeit vollzieht, allerdings um einen mehr evolutionären Prozeß – einen ganz natürlichen Vorgang des Umdenkens und Weiterdenkens, der Weiterentwicklung in Sachen Arbeitsethik, die einhergeht mit dem Wandel in den Arbeitsanforderungen.

Waren z.B. für die frühkapitalistische Industrie Fleiß und eine hohe Arbeitsdisziplin unerläßliche Voraussetzungen, so sind die modernen Informations- und Kommunikationstechniken und ihre Zugriffsmöglichkeiten dagegen sehr viel flexibler und setzen den verantwortungsbewußten, selbständig arbeitenden und zur Teamarbeit fähigen Mitarbeiter voraus. So gesehen ist die Änderung in der Einstellung zur Berufsarbeit auch als rationale Reaktion auf objektiv veränderte Umstände aufzufassen [16].

Wandel der Arbeitswerte bedeutet also nicht, daß die Unternehmer plötzlich alleine dastehen mit einer neuen Klasse entfremdeter Mitarbeiter. Wertewandel bedeutet eher Vielfalt, ein Nebeneinander verschiedener Lebensstile, Arbeitsmotive und Weltanschauungen. Das macht die Personalarbeit nicht einfacher – im Gegenteil. Ziel muß um so mehr die Überwindung der Diskrepanz zwischen dem Leben außerhalb und innerhalb des Unternehmens sein. Es gilt die in der Freizeit vorhandene Leistungsbereitschaft in das Unternehmen (zurück) zu holen. Indirekt zeigt dies einen Trend auf »daß das bisher isolierte System der Wirtschaft wieder in das Wertesystem der Gesellschaft re-integriert worden ist. Alle Trend-Signale beweisen, daß die Gesellschaft die Wirtschaft immer mehr zurückverpflichtet« [17].

Die Komplexität und Interdependenz gesellschaftlichen Entwicklungsgeschehens ist vor allem durch Wertesynthesen zu bewältigen. Warum sollte es denn in Zukunft nicht möglich sein, berufliche Interessen zu fördern, ohne die persönlichen Freizeitinteressen zu negieren und Leistung herauszufordern, ohne die Lust am Leben zu verdrängen? Erst in der gegenseitigen Durchdringung (und nicht durch die Polaritäten) von oft widersprüchlich anmutenden alten und neuen Werten entstehen neue, gesellschaftliche und unternehmerische Prioritäten, die alleine helfen können, Entscheidungen in Dilemma-Situationen verantwortungsbewußt zu treffen.

Führungsrelevante Konfliktquellen des Wertewandels

Für das Management eines Unternehmens und für die einzelne Führungskraft liegt die hauptsächliche Konfliktquelle darin, daß erwünschtes, tradiertes, notwendiges Verhalten und sich verstärkt durchsetzende Wertevorstellungen trotz des gerade geschilderten hoffnungsvollen Ansatzes im beruflichen Alltag und im Einzelfall gerade im ungeeignetsten Zeitpunkt auseinander zu gehen drohen.

Folgende Management-Aspekte müssen neu definiert werden, wenn eine beidseitige – bei Arbeitgeber und Arbeitnehmer – Zufriedenheit eintreten soll.

Autorität und Legitimation
Das traditionelle Autoritätsverständnis versteht Autorität als Produkt aus Anspruch einerseits und Anerkennung andererseits. Man kann zwischen Fach-, Persönlichkeits- und Positionsautorität unterscheiden. Die Sach/Fachautorität, die lange Zeit die tragende Basis der Leistungsethik und traditioneller Wissensideale war, wird zunehmend in Frage gestellt. Dieser durch den Wertewandel verursachte Autoritätskonflikt erklärt sich »nicht nur aus der wachsenden Stärke von Maßstäben und Rechtfertigungen, die mit Sachlichkeit und Fachlichkeit wenig oder gar nichts zu tun haben und ihr im Extrem sogar feindlich gegenüberstehen, sondern auch aus der immer deutli-

cher werdenden Begrenztheit des Sachverstandes« [18]. Ein erkennbarer Trend führt zum Autoritätsverlust in der Hierarchie: Führungskräfte werden sich immer weniger auf verliehene Autorität (Positionsautorität) verlassen können. Sie werden ihre Autorität immer beweisen müssen. Als Führungskraft entscheiden, heißt immer indirekt und/oder direkt Einfluß und Macht ausüben über andere. Dies erfordert, daß die Führungskraft ihre fachliche Kompetenz bewahrt und weiter vertieft (Fachautorität), integer, kommunikationsfähig und glaubwürdig ist (Persönlichkeitsautorität) sowie ihre Position nicht zu persönlichen Zwecken mißbraucht [19].

Um Legitimation zugesprochen zu erhalten, müssen Unternehmen zunehmend zeigen, daß sie auf dem wirtschaftlichen *und* sozialen Sektor nützliche Funktionen übernehmen. Dies gilt sowohl gegenüber den eigenen Mitarbeitern und deren Familien wie gegenüber der Umwelt.

Macht, Verantwortung und Moral

Wie sich Führungskräfte verhalten, hängt größtenteils davon ab, wie sie sich selbst und ihre Funktion sehen. Die Verpflichtung gegenüber ihren Aufgaben – und der Nachdruck, mit dem sie sie verfolgen – hängt von der Zufriedenheit und Motivation ab, die sie bei ihrer Tätigkeit finden.

Stark erweiterte Macht und Einflußnahme führen notwendigerweise zu Fragen nach entsprechender Verantwortung. *Lay* spricht von »Handlungsverlogenheit« vieler Repräsentanten des Systems. Er meint damit, daß das öffentliche Verhalten dem privaten widerspricht [20]. Das »anders-Sprechen als Tun«, das »anders-Scheinen als Sein« – diese Art von Heuchelei stößt insbesondere bei jüngeren Menschen auf Ablehnung.

Damit wird aber der gesamte Normenapparat, insofern nicht unmittelbar einsichtig wertbezogen, abgelehnt und nicht internalisiert, wird Vertrauen verspielt. Vertrauen erringt man, wenn man mit sich selbst und mit anderen konstruktiv umgeht. Auch Informationsmangel führt zu Vertrauensmangel. Die Folge sind Frustration, Sand im Getriebe und »innere Kündigung«.

Macht und Verantwortung sind zwei Seiten der gleichen Medaille. Der Frage der Verantwortung kommt (insbesondere unter ethischen

Gesichtspunkten) eine zentrale Rolle zu. Eine Führungsentscheidung zu verantworten, beinhaltet eine dreifache Beziehung und zwar:

- Die Zuständigkeit *von* Personen (in unserem Sinne von Führungskräften);
- *für* übernommene Aufgaben und getroffene Entscheidungen;
- *vor* einer Instanz, die Rechenschaft abfordert (das kann z.B. das Gewissen sein, das kann der Aufsichtsrat sein, das können Mitmenschen sein) [21].

Da der Sinn für Moral bei jeder einzelnen Person anfängt und dann das Unternehmen erfaßt – und nicht umgekehrt – müssen die Führungskräfte dieser Dimension mehr Aufmerksamkeit schenken. Bevor wir jedoch zu hohe Anforderungen an unsere Führungskräfte stellen, müssen wir uns bewußt sein, daß Ethik einen Spielraum der Verantwortung voraussetzt. Verantwortung wiederum setzt Freiheit voraus. Ethisch verantwortlich ist also eine Führungskraft dort, wo sie aus mehreren Optionen frei entscheiden und handeln kann, es somit eine Wahlfreiheit gibt. Nicht jedes Unternehmen ist bereit, diese Grundsätze zu akzeptieren.

Sinn und Zukunft der Arbeit
Führungskräfte stellen heute nicht nur die Frage nach der optimalen Organisation, der besseren Effizienz und dem Ertrag, sie stellen sich zunehmend die Frage nach dem Sinn der Arbeit, für sich persönlich, für ihre Mitarbeiter und im allgemeinen. »Wer Leistung fordert, muß Sinn bieten«, dieser schlagwortartige Buchtitel von *Böckmann* zeigt, daß man den Sinn-Fragen nachgehen muß und nicht irgendwelchen Pseudo-Motivationen; ein noch so ausgetüfteltes Provisionssystem allein tut es nicht.

Die Sinnkrise ist ja auch in der Tat die fundamentalste Krise unserer Zeit – Angst ist ihr Ausgangspunkt. Unsicherheit und Angst machen aggressiv und intolerant, verengen das Bewußtsein, untergraben jegliche positive Stimmung.

Die Sinnkrise vieler Menschen zeigt sich in den Fragen: Wozu das alles? Warum leben wir eigentlich? Es hat doch alles keinen Sinn! Der eine oder andere flieht in die Oberflächlichkeit, in das schnelle Genießen, in die unterschiedlichsten Utopien und in die künstlichen

Paradiese von Drogen, Alkohol und »Zurück-zur-Natur-Gesellschaften« – möglichst aber mit einem klimatisierten BMW 7er.

Die Arbeit hat in den letzten Jahrhunderten eine herausragende und oft alles beherrschende Stellung in dem abendländischen Wertesystem eingenommen. Heute, im Zeitalter der Informations- und Kommunikationstechniken, das die Arbeit immer wieder reduziert und »Wege ins Paradies« eröffnen soll, wird es zweifelhaft, einen Sinn *in* der Arbeit zu suchen. Diese Ausblendung der Erwerbsarbeit aus der Sinnfrage ist aber ebenso falsch und einseitig wie wenn man in der Erwerbsarbeit das einzige Sinnzentrum des Lebens sehen würde. Was erreicht werden muß, ist die Abschaffung der sogenannten »Sonderwelt« – wie die Arbeitswelt von vielen empfunden wird.

Das Suchen und Schaffen von Sinn in der Welt der Arbeit konkretisiert sich heute im Verdienst (er ist jedoch weder der einzige noch der wichtigste), beim Produkt bzw. der Dienstleistung (es ist nicht mehr belanglos, was produziert wird), dem Unternehmensziel bzw. der Arbeitsorganisation (nicht nur das Ergebnis, sondern auch der Prozeß der Arbeit ist bestimmend), beim Umgang mit den Mitarbeitern (die Gestaltung der zwischenmenschlichen Beziehungen) und bei der inneren Einstellung der Führungskräfte und Mitarbeiter. Alle fünf Gesichtspunkte stellen verschiedene Aspekte der einen Frage nach dem Sinn der Arbeit dar. Sie sind unverzichtbar, weil der Sinn immer auf das Ganze ausgerichtet ist. Je nachdem, wie im individuellen Unternehmen die Antworten auf diese Fragen ausfallen, wird die Arbeit »hohen Sinn« haben oder nur »notwendiges Übel« sein.

Die Bedeutung von Unternehmenskultur

Jedes Unternehmen hat eine eigene Kultur. Jedes Unternehmen braucht eine eigene Identität. Bewußt hervorgekehrte Unternehmenskultur dient der Differenzierung und der Profilierung und vermittelt den Mitarbeitern den Sinn-Zusammenhang unternehmerischen Handelns.

Ein Unternehmen, das keine eigene Identität hat, ist austauschbar, bietet keinen typischen Nutzen, hat sich aufgegeben und es ist nur eine Frage der Zeit, wie lange es noch besteht. Unternehmen sind Persönlichkeiten; sie lassen sich durchaus mit Menschen vergleichen. Auch diese brauchen nicht nur Wissen und Können; jeder Einzelne muß sich über sich selbst klar werden – er braucht ein Leitbild, bewußt oder unbewußt; er benötigt Wertmaßstäbe und Handlungsnormen, die ihm Verantwortungsbewußtsein, Verhaltenssicherheit, Mut und Zuversicht verleihen. Ähnliches gilt für Unternehmen.

Die Frage, nach welchen Normen, Werten und Verfahrensüblichkeiten sich erfolgreiches, unternehmerisches Handeln ausrichten sollte, ist nicht neu. Man sprach schon immer vom »Geist eines Hauses«, von den inneren Überzeugungen, von welchen sich die Führungskräfte und Mitarbeiter bei ihren Handlungen leiten lassen, von der Werthaltung, die vorgelebt und nachgelebt wird [22].

Den Fragen: »Warum ist ein Unternehmen erfolgreicher als ein anderes«?, »Was ist das Erfolgsgeheimnis eines einzelnen Menschen und auch eines exzellenten Unternehmens«?, sind in den letzten Jahren zahlreiche Autoren nachgegangen [23]. Als allgemeines Resümee läßt sich zusammenfassen: Sinngebung, Wertorientierung und übergeordnete Ziele sind Schlüsselfaktoren erfolgreicher Unternehmen.

Peters & Waterman und Nachfolger stellten empirisch anhand nüchterner betriebswirtschaftlicher Zahlen fest, daß die Unternehmen am erfolgreichsten sind, die eine ausgeprägte, jedem Mitarbeiter bewußte Firmenphilosophie haben. Sie sagen, in der Qualität der Produkte, der Tiefe des Verkaufsnetzes, der Modernität des Warenwirtschafts-Systems – in der Hardware also – gleichen sich die Unternehmen alle bzw. hätten nur kurzfristige Wettbewerbsvorteile. Lang anhaltenden Vorsprung gewährleiste jedoch die »Software«, der Geist, der im Unternehmen herrsche, z. B. die in langen Jahren erworbene Fähigkeit, sich voll auf die Belange des Kunden einstellen zu können, oder ein entsprechendes Service-Netz aufgebaut, eine Vorwärts- und Innovationsmentalität entwickelt zu haben.

Für offene, soziale Systeme, als welche Unternehmen in unserer Gesellschaftsordnung anzusehen sind, ist es in der Tat wesentlich, daß sie auf Werten basieren. Unternehmenskultur schlägt sich in den Grundregeln des Unternehmens-Zusammenspiels nieder. Bewährte Denkschemata, Verhaltensweisen und Problemlösungsstrategien werden im Laufe des Lebens eines Unternehmens als Kompetenz-Definition aufrechterhalten (Wir-Bewußtsein), generell weitervermittelt und dienen Mitarbeitern und Führungskräften als Quelle direkter, persönlicher Gratifikation und Identifikation [24]. Jeder Mitarbeiter kennt diese Regeln, jeder kennt seinen Platz in der Firmenmannschaft, jeder spielt entsprechend diesen Regeln mit.

Solange ein Unternehmen solche Verhaltensweisen und Normen bereitstellt, die auf die Unternehmensziele hinführen, weisen sie einen funktionalen Charakter auf. Folglich ist von einer »Unternehmenskultur-Krise« dann zu sprechen, wenn gängige Regeln, Verfahrensrichtlinien und Normen für ein den situativen Rahmen angemessenes Verhalten nicht mehr ausreichen und der erforderlichen Weiterentwicklung im Extremfall sogar hinderlich sind [25].

Eine besonders schwierige Situation ergibt sich für eine Unternehmensführung dann, wenn angesichts einer Neuausrichtung des Unternehmens (wie z. B. Divisionalisierung, Zukauf neuer Firmen etc.) eine Disfunktionalität der Unternehmenskultur festgestellt wird. Von der Unternehmensführung und insbesondere von der Personalpolitik müssen in diesem Falle zur Überwindung fest verwurzelter Denk- und Verhaltensmuster starke Steuerungsimpulse ausgehen. Aufbauend auf den *zuvor* identifizierten Werten müssen dann neue Regelungen und Richtlinien erarbeitet und diese dann den Führungskräften auch verdeutlicht werden, damit sie internalisiert werden können. Hier liegt der Fehler vieler Unternehmen: Man führt irgendeine vernünftig klingende Maßnahme ein und ist überzeugt, die angestrebte Wirkung wird eintreten. Sie tritt aber nicht ein. Denn die Wertvorstellungen der Handelnden haben sich nicht verändert und stehen nun im Gegensatz zu den neuen Zielen.

Ähnlich schwierig ist es, wenn innerhalb eines Unternehmens mehrere Kulturtypen (Subkulturen) existieren und unterschiedliche Werthaltungen zu Zielkonflikten führen, die sich letztendlich auch auf den Unternehmenserfolg auswirken [26]. In einem Handelsunternehmen kann beispielsweise der Zentraleinkauf eine »Machtkultur« aufweisen, die sich darin konkretisiert, daß alle Aktivitäten auf das Finden der günstigsten Lieferanten und auf das Aushandeln der günstigsten Konditionen ausgerichtet sind und der einzelnen Verkaufsabteilung einer Filiale die Art und Weise des Verkaufens vorschreiben. In der einzelnen Filiale kann dagegen eine »Rollenkultur« bestehen, in der jeder Abteilungsleiter seine Funktion darin sieht, selbst Sortimente zusammenzustellen und anzubieten. In einer kostenorientierten Kultur wiederum ist es schwer, von heute auf morgen grundlegend neue Innovationen zu erwarten.

Die sehr alte Erkenntnis bestätigt sich, »daß der Mensch nicht nur ein von Zielen geleitetes Wesen ist, sondern daß sein Verhalten ebensosehr auch von Regeln geleitet wird, die unabhängig von den konkreten Zielen des Einzelfalles die Art und Weise seines Verhaltens bestimmen« [27].

Bei der gesamten Diskussion um Bedeutung und Inhalt von Unternehmenskultur muß angemerkt werden – was ja auch das Zeitalter der Führungstechniken mit den Management-By-Lehren gezeigt hat – daß man amerikanische oder japanische Management-Modelle nicht unreflektiert übernehmen kann. Man kann sich nicht die passende »Philosophie« bzw. das »Erfolgsrezept« nach dem Katalog aussuchen und im Schnelldurchgang »verordnen«. Durch die anekdotenhafte Anhäufung realitätsnaher Beispiele in den erwähnten Erfolgsbüchern wird allzuoft der Anschein erweckt, als ob es möglich wäre, die besondere Ganzheitlichkeit einer Unternehmenskultur oder Firmenphilosophie aus leicht zugänglichen, für jedermann verstehbaren Mosaiksteinen zusammenzufügen. Eine »Kultur« zu schaffen, ist ein Prozeß – ein steiniger, mit schmerzlichen Erfahrungen verbundener, mühevoller Weg. Letztlich: Erfolgsrezepte sind viel zu starr, um sich in dem permanent wandelnden betrieblichen Umfeld bewähren zu können.

Einen maßgeblichen Einfluß auf die Unternehmenskultur übt die Personalpolitik aus. Dieser Einfluß liegt in der Umsetzung einer spezifischen, sich aus den der Unternehmenskultur zugrunde liegenden Werten begründenden Denkhaltung. So kann bei einer Neuorientierung des Unternehmens über die Veränderung der Organisationsstruktur hinaus das Mitarbeiterverhalten in eine bestimmte Richtung, beispielsweise von einer administrativen Absicherungsorientierung zur risikofreudigen Problemorientierung (ausgeprägte Vorwärts-Mentalität) verändert werden.

Werteorientierte Personalpolitik

Den Wertewandel als Faktum oder »als ein Angebot« [28] in die Personalpolitik einzubeziehen heißt u. a. folgende Fragen zu beantworten:

- Von welchen Wertvorstellungen wird der mündige Bürger geleitet?
- Nach welchem Leitbild mißt er sein eigenes Handeln und beurteilt er fremdes?
- Was ist unsere Meinung als Unternehmen dazu?
- Wo müssen wir gegensteuern, wo zustimmend verstärken, wo akzeptieren, was müssen wir selber aufgreifen?
- Welche Bedeutung haben für uns die Aspekte »veränderte Anforderungen an die Führung«, die »Anpassung der Unternehmensorganisation«, insbesondere der hierarchische Aufbau, die Flexibilität der Mitarbeiter etc.?
- Warum entspricht das Alltagsverhalten so selten den Unternehmensleitbildern?
- Wie sieht ein »geistiges Fundament« aus, auf das sich alle Aktivitäten richten lassen?
- Wie kann die Leistungsbereitschaft und das Engagement der Mitarbeiter für das Unternehmen zurückgewonnen werden?

Die Entwicklung von Leitbildern, die den Charakter von Konstanten [29] aufweisen, hilft Unternehmen und Führungskräften, eine zukunftsorientierte Politik zu gestalten und ihr den tieferen Sinn zu geben, das Tun der Handelnden zu rechtfertigen. Die Leitbilder sind für die Führungskräfte selbst verpflichtend und dienen allen Beschäftigten zur Selbstorientierung. Solche Leitlinien entziehen sich oft linear-rationaler Argumentation, weil sie eben werteorientiert sind.

Die Konstanten der Personalpolitik bewegen sich innerhalb der gültigen Unternehmens-Philosophie. Sie haben ein bestimmtes Menschenbild zur Grundlage und berücksichtigen die Wertvorstellungen der heutigen Menschen. So gesehen, sind auch die Konstanten keinesfalls für alle Zeit gültig. Sie entwickeln und verändern sich; neue kommen hinzu, einige verlieren an Bedeutung. Aber in einem überschaubaren Zeitraum von ca. 5–10 Jahren müssen sie im Prinzip unverrückbar sein. Und die Mehrzahl von ihnen muß zu den Bausteinen der Unternehmenskultur zählen.

Aufbau einer Werteskala

In den vergangenen Abschnitten wurde bereits skizziert, daß die gesellschaftlichen Werte die Summe der Werte und Wertvorstellungen der einzelnen Individuen sind. Die Wertvorstellungen, Leitbilder und Normen der einzelnen Menschen sind selbstverständlich nicht identisch – es lassen sich jedoch grundlegende Werte erkennen und ebenso deutlich Trendverschiebungen wahrnehmen [30]. (Abb. 2).

Die Grundrechte des Grundgesetzes als Ausgangspunkt der **traditionellen** Werteordnung	Daraus abgeleitete traditionelle Wertevorstellungen, Ideale und Leitbilder	Prozesse der Werteveränderung	**Progressive** Grundwerte / Grundwerte der Jugend
• Achtung und Schutz der **Würde des Menschen**	• Humanität, d.h. Menschlichkeit der Gesellschaftsordnung des Verhaltens der verschiedenen gesellschaftlichen Gruppen	• Aufgrund der erkannten Negativabweichungen zwischen dem Ideal der Menschlichkeit und dem tatsächlichen Verhalten tritt das Streben nach mehr Menschlichkeit und Offenheit immer stärker in den Vordergrund	• Streben nach – Mitmenschlichkeit – Offenheit – ethischen Zielen • Totale Ablehnung des Prinzips: »der Zweck heiligt die Mittel« als Grundlage des menschlichen Verhaltens
• Freie Entfaltung der **Persönlichkeit**	• Recht auf persönliche Freiheit	• Das Streben nach Individualität verstärkt sich noch • Antiautoritäre Entwicklungen	• Wiederaufbau »verlorener« Freiräume (z. T. Ausweichen auf private Freiräume)
		• Andererseits ist das Bedürfnis nach sozialen Kontakten (in der Gruppe) stark ausgeprägt	• Innerhalb der Gruppengemeinschaft Drang zum Individualismus der Persönlichkeit
	• Selbständigkeit	• Obwohl der Drang zur Selbständigkeit unverändert gegeben ist, nimmt die Bereitschaft, persönliche Verantwortung zu übernehmen, tendenziell ab	• Selbstbestimmung (auch bei der Gestaltung der persönlichen Lebensziele)
	• Liberalität und Toleranz	• Teilweise ist ein Abnehmen von Liberalität und Toleranz unverkennbar (z. B. wachsende Ausländerfeindlichkeit)	• Minderheitenschutz hat jedoch gerade bei der Jugend eine hohe Priorität • Aufgeschlossenheit und Toleranz (»ein weniger verkrampftes Lebensgefühl«)
• **Gleichheit** vor dem Gesetz	• Gerechtigkeitsstreben	• Anstelle eines abstrakten Gerechtigkeitsbegriffs tritt die Suche nach Vertrauen und Geborgenheit	• Glaubwürdigkeit und Ehrlichkeit im Handeln ergänzen das Streben nach Gleichbehandlung und Chancengleichheit
• **Meinungs-** und **Informationsfreiheit**	• Streben nach möglichst umfangreicher Information in »allen« Lebensfragen • Recht auf freie Meinungsäußerung	• Der Schritt vom Informationsverhalten (einseitige Ausrichtung zum Kommunikationsverhalten (**gegen**seitige Ausrichtung wird als erster Schritt zum Abbau der »Fremdbestimmung« gesehen	• Die Transparenz, Beeinflußbarkeit und Kontrollierbarkeit aller gesellschaftlichen Mechanismen und Ordnungs-Systeme wird als lebensnotwendig angesehen

Die Grundrechte des Grundgesetzes als Ausgangspunkt der **traditionellen** Werteordnung	Daraus abgeleitete traditionelle Wertevorstellungen, Ideale und Leitbilder	Prozesse der Werteveränderung	**Progressive** Grundwerte / Grundwerte der Jugend
• Freie Wahl des **Berufes** und des **Arbeitsplatzes**	• Arbeit und Arbeitsinhalt als eigenständiger Wert	• Arbeit als »Selbstzweck« verliert an Wert • Sofern jedoch Arbeit den steigenden Ansprüchen auf Selbstentfaltung und Selbstverwirklichung (d. h. ganz konkret der Verwirklichung und Anerkennung der eigenen Fahigkeiten durch das Erreichen positiver Arbeitsergebnisse, die auch persönlich als sinnvoll angesehen werden können) entgegenkommt, behält sie ihren Stellenwert • Umgekehrt verlieren einzelne Komponenten der »industriellen Zivilisation«, wie z. B. der Zwang zur Spezialisierung, an Akzeptanz	• »Ein Beruf, der mich ausfüllt«, wird z. B. in der Shell-Studie aus dem Jahr 1980 von 80% der Befragten 17- bis 29jährigen auf die Frage geantwortet, welche von unterschiedlichen Lebensbedürfnissen für sie persönlich ganz besonders wichtig sind • Eine interessante berufliche Tätigkeit ist demnach von großer Bedeutung auch für die heutige Jugend • Suche nach neuen Arbeits- und Lebensformen bzw. Veränderung der herkömmlichen Strukturen
• Recht auf **Eigen-**	• Leistungsprinzip, d. h. auch – Prinzip von Leistung und Gegenleistung	• Verlagerung des Leistungsprinzips und der Leistungsmotivation auf den außerbetrieblichen Bereich immer dann, wenn sich der Einzelne von den betrieblichen Belangen nicht persönlich angesprochen und gefordert fühlt • Zunehmende Freizeitorientierung (z. T. auch unter Inkaufnahme von Entgelteinbußen/Beispiel: Teilzeit)	• »Arbeiten um zu leben« und nicht umgekehrt, was – wie dargestellt – jedoch nicht die Bedeutung einer interessanten beruflichen Tätigkeit herabsetzt • Verstärktes Engagement für außerbetriebliche »Leistungs«-Ziele (z. B. in der Friedensbewegung) • Verbindung von Leistung und Gegenleistung tritt bei einem Teil der heutigen Jugend in den Hintergrund. (Dies kann zum Beispiel bei Herkunft aus einem »gutsituierten« Elternhaus herrühren, daß eine Erfüllung der persönlichen Ansprüche auch losgelöst von der tatsächlich erbrachten persönlichen Leistung gegeben ist)
	• Streben nach – materieller Sicherheit	• Tendenz eines Strebens nach »höheren« als materiellen (sog. postmaterielle Werte)	• Zunehmende Zahl von Menschen mit Tendenz zur – Selbstbeschränkung

Die Grundrechte des Grundgesetzes als Ausgangspunkt der **traditionellen** Werteordnung	Daraus abgeleitete traditionelle Wertevorstellungen, Ideale und Leitbilder	Prozesse der Werteveränderung	**Progressive** Grundwerte / Grundwerte der Jugend
	– Lebensstandard – Besitz – Karriere – Statussymbolen		– Rückkehr zu einfacheren Lebensformen – Bevorzugung immaterieller Werte – Streben nach privatem Glück
	• Bereitschaft zur Übernahme von persönlicher Verantwortung und Risiko	• Abnehmende Bereitschaft, Einzelverantwortung mit entsprechendem Risiko zu übernehmen (das »beamtenhafte« Sicherheitsdenken breitet sich aus)	• Anstreben gemeinsamer Verantwortung, d. h. »Solidarität«
• **Soziale Verpflichtung** des **Eigentums**	• Streben nach sozialer Sicherheit	• Die Stellenwertdiskussion zwischen »sozialer Komponente« und »Leistungs- und Gewinnkomponenten in unserer Gesellschaftsordnung zeigt ein unterschiedliches Ergebnis je nach dem persönlichen Standort der Diskussionspartner	• Trotz einer gewissen Tendenz zur »sozialen Komponente« läßt sich keine klare Ablehnung der »Leistungskomponente« erkennen. Dagegen wird ein gesteigertes Gewinnstreben häufig abgelehnt • Hoher Rang kommt jedoch auf jeden Fall dem sozialen **Nutzen** der Arbeit bei ihrer Gesamtbewertung zu
• Bekenntnis zur **Demokratie**	• Durch Beteiligung, Mitwirkung und Mitbestimmung am Betriebsgeschehen soll der Demokratiegedanke auch innerhalb des Unternehmens umgesetzt werden	• Versuch einer Minderung der Ungleichheit durch eine Ver-Verlagerung der Initiativ rechte auf die »unteren Ränge« • Starkes Bedürfnis einer Beteiligung der Betroffenen an Entscheidungen	• Direkte Demokratie • Selbstbestimmung auch bezüglich der Ziele/Teilziele • Suche nach »familiären«, d. h. überschaubaren Gesellschafts- und Lebensformen
	• Anerkennung hierarchischer Struk-	• Bedürfnis nach einem Abbau von Bürokratie • Erkenntnis, daß es primär auf die Gestaltung der Strukturen ankommt	• Abbau der Hierarchie • Suche nach flexiblen Strukturen • Dezentralisierung der Entscheidungen in Staat, Wirtschaft und Gesellschaft
	• Optimismus bezüglich der positiven Gestaltbarkeit der zukünftigen Lebensbedingungen	• Wachsender Pessimismus bei der Beurteilung der Zukunft (Gefahr der Resignation, Verbreitung von Zukunftsangst)	• Immer mehr Menschen sehen ihre Chance nur im Rückzug aus der »vorgefundenen« gesellschaftlichen Gemeinschaft

Die Grundrechte des Grundgesetzes als Ausgangspunkt der **traditionellen** Werteordnung	Daraus abgeleitete traditionelle Wertevorstellungen, Ideale und Leitbilder	Prozesse der Werteveränderung	**Progressive** Grundwerte / Grundwerte der Jugend
		• Anzeichen einer Sinn- und Orientierungskrise • Sinkende Identifikationsfähigkeit mit traditionellen Zielen bzw. Identifikation mit »alternativen« Handlungsweisen	• d. h. Suche nach alternativen Lebensstilen bis hin zum »Aussteigertum«

Abb. 2: Werte und Werteveränderungen (entnommen aus: Bihl, G., Hehl, G., Wollert, A.: Werteorientierte Personalpolitik und mittleres Management, 1985, S. 197–199)

Für die praktische Gestaltung einer Personalpolitik ist das aufgezeigte Spektrum auf einige wenige Grundwerte zu komprimieren: Z.B.

- Orientierung des (Führungs-)Verhaltens an ethischen Zielen;
- Leistung und Gegenleistung sicherstellen (Leistung verlangen);
- Beteiligungsrechte einräumen;
- Individualität und Selbständigkeit respektieren;
- freie Meinungsäußerung gewährleisten.

Aus diesen Grundwerten – Leitlinien – wiederum läßt sich eine Werteskala entwerfen, aus der – bezogen auf jeden einzelnen Wert – die Gewichtung

- des traditionellen Wertes;
- des neuen Wertes;
- des tatsächlichen Ist-Zustandes im Unternehmen;
- des gegenwärtigen Solls (= gegenwärtige personalpolitische Zielsetzung);
- des zukünftigen Solls (= zukünftige Personalpolitik)

ersichtlich ist.

Für die bereits genannten Werte ist in der folgenden Abbildung die Vorgehensweise beispielhaft dargestellt (Abb. 3).

Werte	Gewichtung 1 (*)	2	3	4	5	6 (**)	Bemerkungen
(Führungs-)Verhalten an ethischen Zielen orientieren.		I	T, S1		S2	N	Führungsethik, z. B. schaffen einer Basis gemeinsamen Denkens und Handelns.
Leistung verlangen.			N	I	T, S1, S2		Prinzip von Leistung und Gegenleistung, z. B. ergebnisorientiertes Entlohnungs-System
Beteiligungsrechte einräumen.		I	T, S1	S2		N	Demokratie, z. B. Beteiligung an Entscheidungen/ Selbstbestimmung. Flexibilisierung starrer Strukturen.
Individualität respektieren.			I	T	S1, S2	N	Selbstverwirklichung, z. B. Pers.-entwicklung, Höherqualifizierung, Schaffung persönlicher Freiräume in der Arbeit; Cafeteria-System.
freie Meinungsäußerung gewährleisten.		I	T, S1	S2	N		z. B. Mitarb.-befragungen, Workshops, OE-Maßnahmen, Betriebsklimauntersuch.

* weniger wichtig
** sehr wichtig

T = traditionelle Werte
N = »neue« Werte
I = tatsächliches Ist
S1 = gegenwärtiges Soll
S2 = zukünftiges Soll

Abb. 3: Werteskala

Nimmt man z. B. den Wert »freie Meinungsäußerung gewährleisten«, so läßt sich die Abbildung wie folgt erläutern: Im gesellschaftlichen Umfeld gibt es einen klar erkennbaren Trend, daß dieser Wert in Zukunft an Bedeutung gewinnen wird. Das bisherige Soll in einem bestimmten Unternehmen sei in etwa identisch mit der traditionellen Einschätzung dieses Wertes. Das neue Soll muß sich nach rechts verschieben. Es ist demnach noch weiter vom spezifischen Ist in dieser Firma entfernt. Die Heranführung des Ist an das Soll erfolgt durch entsprechende personalpolitische Maßnahmen wie z. B. Mitarbeiterbefragungen, Workshops, OE-Maßnahmen, Betriebsklima-Untersuchungen, Aufwärtsbeurteilungen.

Ähnliches gilt für den Wert »Orientierung des (Führungs-)Verhaltens an ethischen Zielen«.

Das wachsende Interesse für ethische Fragestellungen, insbesondere in Politik und Wirtschaft, ist allenthalben erkennbar. Das gegenwärtige Soll ist z. B. durch das Schaffen einer Führungsethik nicht durch eine Stabsstelle, sondern durch alle Führungskräfte weiter an die neue Werthaltung heranzuführen.

Obwohl jeder einzelnen Positionierung dieser Werteskala systematische und umfangreiche Planungs- und Strategieüberlegungen zugrunde liegen sollten, ist hervorzuheben, daß weniger die absolute Position, als vielmehr die Konstellation der Wertpositionen untereinander sowie insbesondere die Trendrichtung wichtig und aussagefähig sind.

Um in den Unternehmen in diesem Sinne voranzukommen, muß die Personalseite die Rolle des Politik-Gestalters übernehmen und Leitlinien des Handelns und des Umgangs miteinander entwickeln. Sämtliche Leitlinien werden dann davon auszugehen haben, daß der Mensch

- als Person, als Erwachsener respektiert werden will;
- Freiheit als Energiequelle braucht;
- den tiefen Wunsch hat, mit seiner Umwelt in Frieden zu leben.

Als ein weiteres Beispiel können die folgenden Leitlinien gelten. (Abb. 4).

HERTIE hat folgende Normen und Maximen für die Personalarbeit entwickelt, die auch Maßstab für die Beurteilung durch die Mitarbeiter sein können.

Handlungsmaximen	Erläuterung
Leistung verlangen	– Der Mensch trägt von Natur aus in sich ein Bedürfnis nach Entfaltung seiner Anlagen und nach Reifung. Nur Anstrengung bringt dem Menschen echte Befriedigung.
Sinnstiftende Aufgaben/ Visionen vermitteln	– Der Mensch braucht ein »höheres« Ziel.
Kontinuität sichern	– Der Mensch braucht Ordnung, Sicherheit und Orientierung.
Beteiligungsrechte einräumen	– Freiheit ist die Quelle menschlicher Energie. Der heutige Mensch will sein Leben mitgestalten.
Freie Meinungsäußerung gewährleisten	– Ohne freie Meinungsäußerung keine Kreativität.
Individualität respektieren	– Der Wunsch nach Individualisierung wird zunehmen.

Abb. 4: Leitlinien der Personalarbeit bei HERTIE

Werteskala als Basis für personalpolitische Zielsetzungen
Die innerhalb der Werteskala vorgenommenen Festlegungen der strategischen Position (zukünftiges Soll) und deren Verhältnis zum jeweiligen Ist bilden den Orientierungsrahmen für die künftige Personalpolitik. Jede personalpolitische Maßnahme kann daraufhin überprüft werden, ob sie mit einem oder mehreren Grundwerten übereinstimmt, und inwieweit sie geeignet ist, Lücken zwischen dem Soll und dem Ist zu schließen. Jeder Grundwert, jede Konstante hat die Entscheidung für mehrere personalpolitische Ziele zur Folge.

Diese zu verwirklichen setzt eine Strategie und den Einsatz bestimmter Instrumente/Maßnahmen voraus. Die logische Kette von Grundwert – personalpolitische Ziele – Strategie – Instrumente/Maßnahme wird an folgenden Beispielen aufgezeigt: (Abb. 5, 6, 7)

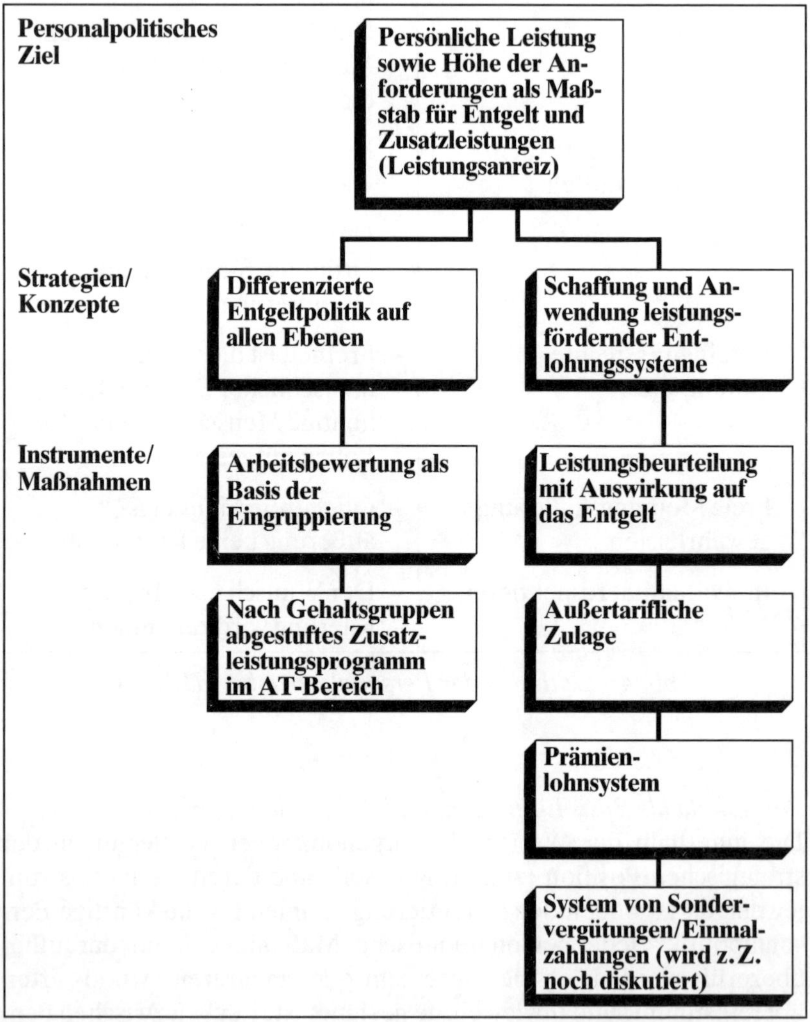

Abb. 5: Grundwert »Leistung und Gegenleistung«

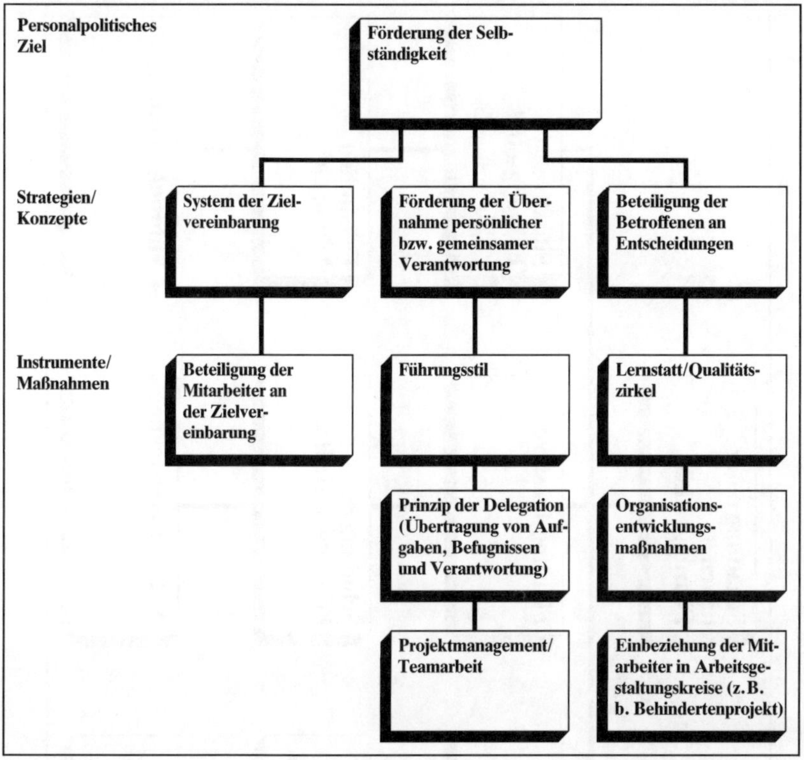

Abb. 6: Grundwert: »Selbständigkeit und Individualität«

- Prinzip von Leistung und Gegenleistung;
- Selbständigkeit und Individualität;
- Orientierung des (Führungs-)Verhaltens an ethischen Zielen.

Die dargestellten Beispiele zeigen, daß die Festlegung auf bestimmte Werte konkrete personalpolitische Maßnahmen zur Folge hat. Sofern einzelne Werte in der Zukunft Veränderungen unterworfen sein sollten, ist es Aufgabe einer werteorientierten Personalpolitik, das hieraus abzuleitende personalpolitische Ziel neu zu formulieren. Dies hat zur Folge, daß auch die Strategien/Konzepte zur Zielerreichung dem eingetretenen Wertewandel angepaßt und durch neugestaltete Instrumente/Maßnahmen ausgefüllt werden. Ganz entschei-

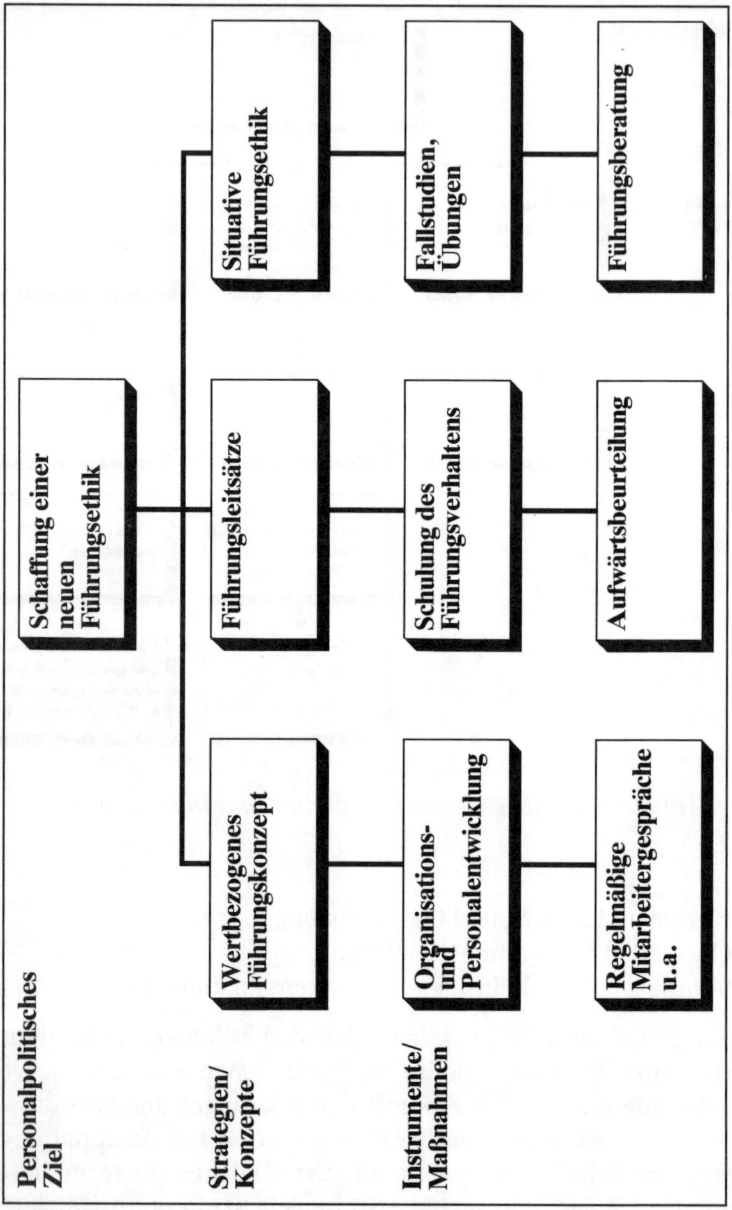

Abb. 7: Grundwert »Orientierung des Verhaltens an ethischen Zielen«

dend ist, daß sich jede Maßnahme an den gesetzten Werten messen lassen muß – nicht zuletzt durch die Mitarbeiter, die ja in jedem Fall die »Betroffenen« sind. Die Werte sind die Konstanten der Zusammenarbeit in einem Unternehmen.

Zwischenergebnis

Die Philosophie einer zeitgemäßen, werteorientierten Personalpolitik besteht, wie aufgezeigt, aus folgenden Grundgedanken:

- Die Einflüsse aus dem Unternehmensumfeld müssen berücksichtigt werden;
- die Begriffskomponenten Personal *und* Politik zeigen, daß die gesellschaftlichen Entwicklungen und damit die Veränderungen »im« Menschen von besonderer Bedeutung sind. Es ist nicht paradox, sondern nur folgerichtig, daß in der gegenwärtigen Periode der Transformation und der Technisierung weiter gesellschaftlicher Bereiche die Wiederentdeckung des Menschen im Rahmen der Unternehmenskultur einhergeht. Der Wert als zentrale Kategorie des menschlichen Tun und Wollens wird wieder entdeckt.
- Unternehmen müssen bei langfristigen, grundlegenden Gestaltungsfragen die Wertvorstellungen der Gesellschaft und damit der Mitarbeiter stärker als bisher einbeziehen. Ein Basiskonsens über die Werte in einem Unternehmen ist in erster Linie bei den Führungskräften zu schaffen. Aber auch die Wertestrukturen aller anderen Mitarbeiter des Unternehmens sollten nicht zu sehr divergieren.
- Führungskräfte müssen die Werte und Strukturen genau kennen, inmitten derer sie arbeiten und sie müssen ein geistiges Feld für Sinnvermittlung schaffen.

Da sich ein Unternehmen um die Wert- und Sinnfragen in Zukunft nicht mehr drücken kann, ist es wesentlich, daß die praktischen Gestalter der betrieblichen Personalpolitik, nämlich die Führungskräfte, eine Orientierungshilfe bekommen. Kein Idealbild menschlichen Verhaltens, sondern Handlungskonzepte für die derzeitige, besondere Situation: die gesellschaftliche und die technisch-organisatorische Transformationsperiode [31].

Alle Konzepte gehen von der Erkenntnis aus, daß sich Unternehmen der gleichen Branche auf der Suche nach den jeweils besten Lösungen in ihren Marketing-, Vertriebs-, Einkaufs- und produktionstechnischen Instrumentarien immer ähnlicher werden. Daher wird immer entscheidender, wie mit der »Ressource Mensch« umgegangen wird. Der Schlüssel dazu liegt in der Tat in der Hand der Führungskräfte. Mit und durch die oberen Führungskräfte muß also ein Prozeß initiiert werden, der die Denkweise überwindet, »nichts zu tun, weil man glaubt, nur wenig ändern zu können« und die innovationshemmende Furcht vor Sanktionen abbaut. Dazu ist eine eingehende Betrachtung der Situation der Führungskräfte dienlich.

IV Führungskräfte: Die Gestalter der betrieblichen Personalpolitik

Führungskräfte im Spannungsfeld gesellschaftlicher Wandlungen und technischer Innovationen

Führungskräfte sind im allgemeinen *die* Leistungsträger im Unternehmen [32]. Dies gilt insbesondere für die oberen Führungskräfte, das sind in der Regel 0,5–5% der Gesamtbelegschaft [33]. Sie haben eine wesentliche Bedeutung für das Unternehmen, sie bestimmen das Geschehen im Unternehmen und beeinflussen unmittelbar den Erfolg oder Mißerfolg – kurz, sie sind eigenverantwortlich unternehmerisch tätig, haben ein entsprechendes Selbstverständnis und setzen sich mit Engagement für eine marktwirtschaftliche Ordnung als Grundlage einer freiheitlichen Gesellschaft ein. Personalpolitisch relevant ist, daß die Führungskräfte ihre persönliche Identifikation und innere Sicherheit nach wie vor weit überwiegend aus ihrer Fachaufgabe beziehen. Deshalb werden infolge zweier Entwicklungen, nämlich den gesellschaftlichen Wandlungen und den technischen Innovationen mit ihren Auswirkungen, Anforderungen an die Führungskräfte gestellt, die ihr Selbstverständnis nicht selten nachteilig berühren.

Ein Unternehmen ist keine Insel in der Gesellschaft, sondern es ist von der Gesellschaft abhängig. Insofern ist wirtschaften auch kein wertfreies Handeln. Wie bereits beschrieben, beeinflussen Entwicklungen, die sich dort vollziehen, das Verhalten der Mitarbeiter und Führungskräfte im Unternehmen. Die leitenden Prinzipien der Gesellschaft müssen daher auch die leitenden Prinzipien der Unternehmensführung sein bzw. wieder werden. Daher ist bei der Gesellschaft anzusetzen, wenn gefahrenversprechende Tendenzen für die Unternehmen erkannt werden. Wohlgemerkt: Es geht um die Beeinflussung, nicht um Beherrschen und Kontrollieren. Für die Führungskräfte heißt das »prägen und dienen zugleich« [34].

Generell läßt sich sagen, daß aufgrund der Ausstrahlung des individuell erlebten gesellschaftlichen Bewußtseins das Anspruchsniveau der Mitarbeiter insgesamt und insbesondere hinsichtlich ihres Mitredens in allen mit ihrer Arbeitsaufgabe zusammenhängenden Fragen gestiegen ist. Hier spielt ferner die sich verbessernde Qualifikationsstruktur in den Betrieben sowie die steigende Anzahl akademisch Ausgebildeter eine weitere maßgebliche Rolle.

Vor allem seitens der Jüngeren werden Fragen nach dem »Warum« gestellt: Warum ist eine Entscheidung so oder so getroffen worden? Man möchte die Verflechtungen des eigenen Unternehmens mit seiner Umwelt kennenlernen und Begründungen erfahren für die oft formulierten »Sachzwänge«. Es wird gefragt, wann, warum und mit welchen Folgen technische Innovationen eingeführt werden. Man möchte wissen, wie das eigene Unternehmen in fünf oder zehn Jahren aussehen wird und welche Möglichkeiten für die eigene Einflußnahme bestehen. Es wird nach der inneren Einstellung des Verhältnisses zu Staat, Gesellschaft und Individuum gefragt. Es wird die Bereitschaft gefordert, ein geistiges Fundament als Basis der Entscheidungen und Handlungen zu berücksichtigen; d. h. auch, daß der Mut zur Verantwortung, Mut zur Offenheit, Mut zum Konsens und Mut zum Risiko und auch der Mut des Infragestellens an Bedeutung gewinnen [35].

Neben der Konfrontation mit einem neuen kritischeren Bewußtsein wird für viele Führungskräfte die Unsicherheit aus den durch die Wandlungen resultierenden Veränderungen in der Organisation zum Problem. Das Festhalten an vertrauten Strukturen ist häufig auf Befürchtungen zurückzuführen, die eigene, ohnehin schwierige Position werden durch alternative Strukturen zusätzlich bedroht oder sogar nicht mehr benötigt.

Man kann mit Recht sagen, daß technische Innovationen [36] (wie z.B. Micro-Chips, Atomkraft, Gen-Technologie, Roboter, allgemein: Die Informations- und Kommunikationstechniken) den Wertewandel mitinitiiert und ausgelöst haben und daß, je innovativer die technisch-organisatorischen Veränderungen sind, um so mehr Instabilität und Beunruhigung auf Seiten der Führungskräfte herrschen. Technische Innovationen und neue Arbeitsformen [37] haben denn auch große Auswirkungen auf die Gesellschaft, sie prägen und gestalten diese mit.

Die Fähigkeit zur Innovation (der technischen wie auch der sozialen) muß auf allen Gebieten der Unternehmenspolitik stattfinden. Im Gesamtunternehmen muß die Überzeugung herrschen, daß die Innovation das beste Mittel zur Erhaltung und Weiterführung des Unternehmens ist. Weil das auch und gerade für die Personalpolitik gilt, wird das »Management von Innovationen« zu einer wesentlichen personalpolitischen Aufgabe: Es geht um die Art der Führung und die Wirksamkeit der Unterstützung, die Mitarbeiter und Führungskräfte im Umstellungsprozeß erhalten. Daraus resultieren besondere Anforderungen an die Führungskräfte, denn Innovation verlangt [38]

- vor allem neues Wissen und neues Denken, d.h. einen Blick für neue Bedürfnisse und für neue Chancen;
- den Willen zur Flexibilität, zur Änderung von gewohnten Einstellungen, Verhaltensweisen und Organisationsformen/-strukturen;
- den Willen zum Lernen und die Organisation von know-how-Transfer;
- bei komplexeren Aufgabenstellungen anspruchsvolleres Führungshandeln und das Überdenken herkömmlicher Führungsethik;
- Mut zum Risiko und die Kraft zum Verbessern der Fehler, die man auf einem Feld anfangs begangen hat sowie den Mut zur Verantwortung;
- im Idealfall die Verknüpfung von Investitionsplanung und Personalentwicklungsplanung [39].

Innovation bedeutet aber auch das Lernen im Umgang mit einer neuen Technik und vor allem die Bereitschaft den Menschen dabei zu helfen, mit der Veränderung fertig zu werden. Dies kann, durch eine gründliche Aus- und Weiterbildung, durch eine geeignete Arbeitsorganisation, durch überschaubarere Organisationsformen, durch eine kooperative Führung etc. erfolgen.

Insgesamt wird eine verstärkte Mitarbeiterorientierung des Führungsverhaltens notwendig, die auf die betriebssozialen und betriebs-klimatischen Belange achtet: »Je technischer die Abläufe, desto persönlicher/menschlicher die Führung« [40]. Die Fähigkeit zur Führung ist heute, wie die Realität beweist, eine knappe Ressource.

Auf Grund der skizzierten Entwicklungen gilt zusammenfassend: Führungsentscheidungen werden nicht mehr widerspruchslos hingenommen. Mitarbeiter sind nicht länger wie Zinnsoldaten dirigierbar. Das Gefüge von Führung und Zusammenarbeit ist sensibler geworden. Die Führungskräfte geraten in zunehmenden Diskussions- und Argumentationzwang. Sie müssen permanent »überzeugen«, sowohl innerhalb als auch außerhalb des Unternehmens.

Gerade aber hinsichtlich der sozialen Komponente der Führungsrolle werden gewisse Defizite erlebt. Wegen ihrer mehr fachbezogenen Ausrichtung ist vielen Führungskräften der Umgang mit Mitarbeitern und Menschen allgemein nicht etwas Selbstverständliches; auf gesellschaftspolitische Aktivitäten sind sie in der Regel nicht eingestellt. Insbesondere die mit dem Wertewandel zusammenhängende Komplexität, durch die wie bereits beschrieben, einige der bisher gültigen Management-Lehren angegriffen und in Frage gestellt und bisher wirksame Strategien untauglich werden, führt zu Spannungen, Selbstzweifel und Streß. Diese wiederum haben die vielfach zu beobachtenden Absicherungsstrategien und die »Feigheit mancher Führungskräfte vor Herr und Knecht« zur Folge [41].

All das sind Hinweise, wie wichtig es ist, durch eine entsprechende Personalpolitik, den Führungskräften Orientierungshilfen zu geben. Das Vermitteln von als richtig erkannten Werten, Normen und Verfahrensweisen wird zur vordringlichen Aufgabe.

Rolle, Erwartungen und Selbstverständnis

Die im letzten Abschnitt herausgehobenen oberen Führungskräfte haben also in unserer Ordnung eine Schlüsselfunktion inne: Sie sind der dynamische Gestaltungsfaktor im Unternehmen, das Geist-Kapital. Die Zugehörigkeit zu dieser Elite wird durch Leistung und durch Verantwortung gegenüber der Allgemeinheit erlangt, nicht durch Geburt, Beziehung oder Wahl [42]. Trotz der genannten Merkmale, die »echte« Führungskräfte miteinander verbinden, vielleicht auch trotz eines eigenen Selbstverständnisses, handelt es sich bei den Führungskräften um eine recht heterogene Schicht: Heterogen nach Herkunft, Ausbildung, Weltbild, Funktion, Verantwortung, hierarchischer Stellung etc. Diese mangelnde Geschlossenheit ist mit ein Grund, warum sich die Führungskräfte als eigenständige Gruppe erst sehr spät und noch immer nicht umfassend artikuliert haben.

Zwischen Bedeutung und Umgang mit den Führungskräften besteht in der Realität oft eine erhebliche Diskrepanz: überdurchschnittliche Leistungen und Einsatzbereitschaft und ein besonderes Treueverhältnis (»allzeit bereit«) auf der einen Seite, Degradierung zum Prügelknaben der Unternehmensleitungen auf der anderen Seite. Einerseits nehmen sie weitgehend eigenverantwortlich unternehmerische Funktionen wahr, andererseits haben sie *als Arbeitnehmer* Eigeninteressen, Wünsche und Erwartungen gegenüber *dem Arbeitgeber*.

Die Diskussion über das Selbstverständnis der Führungskräfte und ihre Rolle in Wirtschaft und Gesellschaft hat (nicht zuletzt auch in Verbindung mit dem Mitbestimmungsgesetz 1976) zumindest erreicht, daß nunmehr der Mehrzahl der Unternehmensleitungen die Bedeutung der Führungskräfte als Mitgestalter und damit auch deren Verantwortung für das Wohl und Weh des Unternehmens bewußt geworden ist. Voraussetzung für ein produktives Miteinander sind aber nicht gesetzliche Regelungen, sondern eine aktive, auf Integration gerichtete Führungskräftepolitik. Eine wesentliche Aufgabe u. a. der Personalpolitik ist es, den Führungskräften ihre Bedeutung für das Unternehmen deutlich zu machen und sie bei Konflikten mit dem Sozialpartner zu unterstützen. Damit wird allerdings auch die besondere Verantwortung der Unternehmensspitze für die

Führungskräfte herausgestellt. Die Unternehmensspitze hat diesen gegenüber eine besondere Fürsorge- und Treuepflicht, weil sie ihr als nächste Mitarbeiter besonders nahe stehen und keine eigene repräsentative Vertretung besitzen. Dabei sollten bei aller Heterogenität des der Unternehmensspitze zugeordneten Führungskreises, die dieser Schicht zugehörenden Führungskräfte als Einheit angesehen werden. Nur so läßt sich ein besonderer Korps-Geist und eine Solidarität unter Führungskräften selbst und zwischen diesen und der Unternehmensspitze entwickeln.

Was erwarten nun die Führungskräfte von ihrem Unternehmen? Wie sehen sie selbst ihre Funktion im Unternehmen?

Wissenschaftliche Untersuchungen zu diesem Thema und Erfahrungen zeigen [43]: Die Führungskräfte identifizieren sich mit ihrer Aufgabe. Sie wissen alle um ihre Einwirkungsmöglichkeiten. Sie agieren zwar sektoral, aber bei der Interdependenz der Bereiche wirken sich ihre Entscheidungen ressortübergreifend, d. h. unternehmerisch aus; sie wirken via factis.

In der Tat beeinflussen die Führungskräfte in der taktischen Realisierung der Unternehmensstrategie den Unternehmensprozeß. Dabei wissen sie selbstverständlich um die gegenüber der Unternehmensspitze unterschiedliche Qualität ihrer Kompetenz. Aber sie sehen sich als Einheit mit der Unternehmensspitze – als ein Verbund mit abgestuften Entscheidungs-Qualitäten. Kennzeichen dieser Zusammenarbeit ist die Loyalität. In diesem Sinne sind die oberen Führungskräfte in ihrem eigenen Selbstverständnis die Integratoren, die Mittler zwischen dem strategischen – mehr von der Unternehmensspitze beeinflußten – und dem taktischen Bereich. Ihre Aufgabe ist die Motivation und Qualifikation der Mitarbeiter; sie sind in diesem Feld des Durchsetzens der Strategie die Innovatoren, Moderatoren und die Klimamacher, kurz gesagt: Die *kreativen* Macher des Ganzen.

Die Führungskräfte sind in der Regel pragmatisch eingestellt. Sie denken und handeln leistungsbezogen – und sie betonen das. Politische Überlegungen sind ihnen unangenehm; darum fühlen sie sich auch den Anfeindungen bestimmter Gruppen unserer Gesellschaft hilflos ausgesetzt. Sie fühlen das und erwarten besonders hier die Unterstützung durch die Firmenspitze. Ihr Denken ist funktionsbezogen. Sie haben wenig bis kein Gespür für die Bedeutung des gesellschaftspolitischen und außerökonomischen Geschehens, für die Gestaltung der Ordnungsprinzipien im Betrieb. Daher verfallen sie leicht der Resignation, wenn außerbetrieblich Daten gesetzt werden, denen sie sich unterordnen müssen: Z. B. wenn sie als Ausbeuter und Antreiber gebrandmarkt werden, wenn sie leistungsunwillige Mitarbeiter nicht entlassen können oder notwendige Rationalisierungsvorhaben nicht durchführen können.

Letztlich sind auch Führungskräfte empfindlich und bedürfen der Anerkennung: Insoweit gelten alle Personalführungsregeln, die der kooperative Führungsstil für den Umgang mit dem »normalen« Mitarbeiter aufgestellt hat, ebenso hinsichtlich der Beziehung Unternehmensleitung – obere Führungskraft. Ihre Mehrbelastung ist nicht selbstverständlich; sie muß gewürdigt werden. Führungskräfte wollen die Solidarität innerhalb des Führungskorps erleben. Sie wollen anerkannt sein und dies insbesondere in Bezug auf ihre Entscheidungsmacht. Zu detaillierte Einengung durch Stäbe und Bürokratien lehnen sie ab und auch die immer wieder vorkommende Zurücknahme der Delegation (ohne ihre vorhergehende Beteiligung) durch die Unternehmensspitze bedauern sie. Selbst wenn sie oft für eine zu ausgeprägte Ressortpolitik verantwortlich sind, lehnen sie diese ab und fordern eine bessere Koordination durch die Unternehmensspitze, die nicht vom persönlichen Machtstreben diktiert wird.

Es läßt sich festhalten, daß bei der überwiegenden Mehrheit der Führungskräfte ein Bewußtsein für die eigene Rolle im Unternehmen und in der Gesellschaft vorhanden ist, wobei sie wissen, daß sie letzerer nur schwer gerecht werden können. Trotzdem fühlen sie sich alle als Rückgrat ihrer Unternehmen.

Identifikation ist für die Führungskräfte das, was für die Mitarbeiter die Motivation ist [44]. Bei ihnen fällt die Definition des eigenen Selbst mit dem Begriff der Identifikation zusammen: Sie sind als verlängerter Arm des Vorstandes Teil der Unternehmensleitung, sie sind – überspitzt – das Unternehmen.

In der – z. B. im Gegensatz zu Japan – individualistisch geprägten Bundesrepublik Deutschland tritt bei den Führungskräften allerdings neben die allgemeine Identifikation mit dem Unternehmen die spezifische mit der jeweils eigenen Rolle in diesem Unternehmen. Die wünschenswerte und anzustrebende dynamische Einheit von Identifikation mit der Rolle und mit dem Unternehmen gibt dem

Führenden die Kraft, die er benötigt, die innere und äußere Autorität, die er braucht, um in jeder Situation die Ziele des Unternehmens und die Ziele der Mitarbeiter miteinander in Einklang zu bringen. Die Einheit von Identifikation mit dem Unternehmen und seiner Rolle verschafft ihm ferner die als erforderlich angesehene persönliche Flexibilität. Durch sie wird seine Loyalität gegenüber dem Unternehmen nicht eine Angelegenheit bloßer Unterordnung, sondern ein Bestandteil seines Selbstverständnisses. Im Mittelpunkt des eigenen Rollenverständnisses steht freilich nach wie vor sehr stark die führungsfachliche Aufgabe. Hinsichtlich der sozialen Komponenten der Führungsrolle werden – wie schon angeführt – vielfach Defizite erlebt – etwa was Führungsmethodik, Kollegenverhalten, die Stellung gegenüber Vorgesetzten, den Umgang mit dem sozialen Umfeld oder Spannungen im Familiären betrifft. Die Sozialkompetenz, der konstruktive Umgang mit sich selbst und dem Umfeld ist verbesserungsfähig – Nachhilfe ist angebracht! Der Grund hierfür liegt nicht allein in aufsummierten, individuellen Schwächen, sondern viel stärker in der allgemeinen Situation der Führungskräfte.

Aufgabe der Führungskräfte ist es, die Ziele der Mitarbeiter und des Unternehmens in Einklang zu bringen: Ein Unternehmen kann auf Dauer nicht gegen seine Mitarbeiter geführt werden. Führen bedingt aber immer Entscheidungen, die andere Personen betreffen; für die Auswirkungen auf den Menschen ist die Führungskraft verantwortlich. Führungskräfte qualifizieren sich jedoch dadurch, daß sie gemeinsame Sache *mit* ihren und *nicht gegen* ihre Mitarbeiter machen. In diesem Zusammenhang wird gerne von »unseren Mitarbeitern als unseren Leistungspartnern« gesprochen. Abstrakt gesehen, scheint es, ist diese Aufgabe gar nicht so schwer zu erfüllen. Die Ziele des Unternehmens sind klar: durch marktgerechte Produkte und Dienstleistungen einen guten Ertrag zu erwirtschaften. Das stimmt mit den Zielen der Mitarbeiter, gut zu verdienen und sich in der Arbeit wohlzufühlen, sicherlich überein. Je konkreter die Firmenziele jedoch werden sollen und werden müssen, desto mehr entziehen sie sich einer exakten Bewertung. Hilft eine Diversifizierung aus einer bestimmten Unternehmens-Situation heraus oder soll man sich auf die vorhandenen eigenen Stärken konzentrieren? Ist die technische Lösung X oder die Vertriebsentscheidung Y wirklich marktgerecht? Welchen Beitrag leistet eine bestimmte Funktion oder deren Besetzung mit einer bestimmten Person zum Unternehmensergebnis? Je ungewisser – im mathematisch-naturwissenschaftlichen Sinn – die Antworten auf solche Fragen ausfallen müssen, desto mehr Kriterien kommen hinzu, deren Zusammenhang mit den ursprünglichen Zielen nurmehr ein indirekter ist. Sie aber tragen zur weiteren Unsicherheit bei. Diese Komplexität beunruhigt die Führungskräfte, da sie wissen, daß Führung eine Sache der Verantwortung ist. Verantwortung aber wird in unserer Zeit zunehmend zu einer Langzeit-Verantwortung und erfordert daher Langzeit-Entscheidungen. Die den Führungskräften zur Verfügung stehenden Daten werden jedoch zunehmend engzeitiger und auch die Leistungsbeurteilung eben dieser Führungskräfte orientiert sich mehr an kurzfristigen, spektakulären Erfolgen. Die Entscheidungen müssen also unter erhöhtem Risiko gefällt werden.

Spezifischen Ungewißheiten, die auch die Unternehmensleitung nicht beseitigen kann, sind Fragen wie: Handle ich wirklich richtig? Ist meine Entscheidung gut, entspricht sie meinen eigenen Wertvorstellungen? Auch morgen noch? – Liegen die tieferen Ursachen für die angesprochenen Defizite im sozialen Führungsbereich? Daher oftmals auch die Flucht in die in der Regel kurzfristig anfallenden und »einfacher« zu bewältigenden Sachaufgaben, der Versuch also, auf dem Umweg über die besser begehbaren, weil bekannteren Pfade ihres Aufgabengebietes doch und trotzdem zum eigentlichen Führungsziel zu kommen. Das wirkt auf Außenstehende unklar, mitunter vielleicht sogar verworren, aber es hat eine eigene Logik. Das Vorhandensein einer solchen erklärt einigermaßen, warum Unternehmen bei alledem doch noch leidlich erfolgreich sind.

Übersteigerte Aktivität ist oft Ausdruck von Angst. Für viele Führungskräfte wird die Situation dadurch noch verschärft, daß sinnigerweise gerade in unseren Tagen der Ruf nach dem »großen Führer« überlaut zu vernehmen ist, nach einem *Moses*, der aus Unterdrückung und Not erlöst, einem *Kennedy*, der eine bessere Welt aufzubauen verspricht, einem *Iacocca*, der aus der Ausweglosigkeit eines Unternehmens herausführt. Wer ist aber schon ein wirklich »großer« Führer? Wer kann die in ihn gesetzten Erwartungen erfüllen? Minderwertigkeitsgefühle lassen eine negative emotionale Beziehung zu sich selbst und zu den eigenen Mitarbeitern entstehen. Insbesondere können solche Menschen kein Klima des Vertrauens erzeugen. Damit wird der Grundstein gelegt für eine frustrierte Umwelt.

Das Problem der Ungewißheit, das die Führungskräfte nicht nur ständig mit ungenügend definierten, sondern auch mit dilemmatischen Situationen konfrontiert, ist nicht allein durch die Verbesserung von Führungssystemen, Umorganisationen und Neubesetzungen zu lösen.

Alle Bemühungen – so unerläßlich sie weiterhin sind – um die Optimierung objektiver Gegebenheiten werden die Führungskräfte letzten Endes in einer Situation der Unvollkommenheit und den damit verbundenen persönlichen Konsequenzen zurücklassen. Die Lösung kann nur *an* und *in* den Führungskräften selbst liegen. Wer andere führen will, muß sich selbst zu führen lernen! Die Führungskräfte müssen mit ihrer schwierigen Lage, für die sie weder bei Mitarbeitern, Kollegen, Vorgesetzten, Familienmitgliedern auf Verständnis hoffen können, selbst fertig werden. Sie brauchen dazu hohe Enttäuschungsfestigkeit und ein entsprechendes Maß an Selbstoptimierungsfähigkeit. Ihre Rollenidentifikation wird aber in letzter Instanz zu einer ethischen Frage.

Die einseitige Hinwendung zur Fachaufgabe signalisiert in der Tat einen Verlust der Mitte, eine gestörte Zentrierung der Persönlichkeit. Die Beseitigung dieses Mangels kann nur von den Führungskräften selbst vollbracht werden, indem sie ihre problematische Situation als ethische Aufgabe akzeptieren. Sie müssen erkennen: Wer unternehmerisch handelt und entscheidet, handelt werteorientiert. Diese Werteorientiertheit ist genau so wichtig wie die Orientierung an Daten. Die Führungskräfte benötigen allgemein gültige Normen und Maximen für ihr Tätigsein im Unternehmen. »Was wollen Wir?« »Warum wollen wir dies?« »Was soll sein?« »Sind wir auf dem richtigen Weg?«, das sind Fragen, mit denen sich die Führungskräfte in jedem Unternehmen auseinandersetzen müssen [45].

Führungskräfte müssen ihre Funktion selbst dann voll erfüllen, wenn sie selbst nicht optimal geführt oder gar unangemessen behandelt werden. (Das erinnert etwas an »alte preußische Tugenden«, diese Einschätzung ist aber in Wirklichkeit ganz anderer Natur, da sie in unserer demokratischen und pluralistischen Gesellschaft auf den selbstgegebenen Werten und der Selbstverpflichtung basiert).

Eine solche Konsequenz läßt sich aber nicht mehr aus bloßen Nützlichkeitserwägungen ableiten, die oft das tägliche Handeln bestimmen. Wenn die Führungskräfte nicht von sich aus klare Wertvorstellungen mitbringen, müßten sie wohl unverbesserliche Opportunisten sein. Aber auch für diese kommt eines Tages der »Ernstfall«, an dem der leicht zu zerbrechen droht, der keine Richtschnur, kein Leitbild, keine Wertvorstellungen hat, an die er sich klammern, gleichsam auszentrieren kann. Je mehr die Normen für seine berufliche Lebensgestaltung aus seiner Wesensmitte kommt, desto stabiler ist er, desto weniger wird er in seiner Verwurzelung im Leben existentiell erschüttert.

Das Unternehmen handelt nun als solches zweckgebunden und kann von sich aus keine persönliche Ethik zur Verfügung stellen. Es kann aber, vertreten durch seine Spitze, eine solche Ethik des verantwortlichen Handelns und Entscheidens fördern und das Klima schaffen, das sie erst ermöglicht. Es kann helfen, daß die ethische Dimension, die in jeder Führungsentscheidung vorhanden ist, sichtbar wird. Es kann Grundsätze entwerfen, die die Verantwortung des Entscheidens nicht abnehmen, aber eine unverzichtbare Orientierungshilfe für verantwortliches Führen darstellen.

Weitere Leistungssteigerungen im Führungsbereich werden also nicht so sehr durch Optimierung der äußeren Bedingungen, sondern hauptsächlich durch die persönliche Optimierung erreicht, die jede Führungskraft an sich selbst vornimmt.

Fördern und fordern der eigenen Person wie der Persönlichkeiten der unterstellten und anvertrauten Mitarbeiter kann gerade bei Unternehmen in Umstrukturierungsphasen die benötigte Aufbruchstimmung schaffen. Krisen sind ja oft, sowohl im Leben des Einzelnen wie in der Geschichte eines Unternehmens Anlaß, bisher gültige Normen, Werte und Verhaltensweisen in Frage zu stellen.

V Personalpolitische Gestaltung durch Führungsethik

Führungsethik: Durch eine neue Sicht von Führung zum gemeinsamen Denken und Handeln

Die bisherigen Ausführungen haben gezeigt, daß die rein fachliche Ausrichtung der Führungskräfte nicht mehr ausreicht, Menschen zu *führen*.

Der Führungsprozeß ist sehr komplex. Weil der Unternehmenserfolg in der Regel auf den *durchschnittlichen Mitarbeiter* angewiesen ist, der eine *überdurchschnittliche Leistung* erbringen soll, liegt das Kernproblem des Führens darin, die Mitarbeiter zu bewegen, die Ziele des Unternehmens bzw. der betreffenden Organisationseinheit anzuerkennen und sie engagiert zu verfolgen. Das ist umso schwieriger, je mehr die Individualziele von den Unternehmenszielen abweichen und die Wertvorstellungen differieren [46].

Die neueren Erkenntnisse über Führung lassen sich im Satz von *Antoine de Saint-Exupéry* zusammenfassen: »Wenn Du ein Schiff bauen willst, dann trommle nicht Männer zusammen um Holz zu beschaffen, Aufgaben zu vergeben und die Arbeit einzuteilen, sondern lehre die Männer die Sehnsucht nach dem weiten, endlosen Meer«. Man geht also nicht mehr das Problem direkt an, sondern gestaltet zuerst die mentalen und klimatischen Faktoren; macht neu-gierig. Die Fachwelt spricht von einer Führungskultur der Indirektheit [47]: Führen weg von Dirigismus hin zur Steuerung über Regeln und Visionen. Diese haben den Charakter von Geboten, Lob, Verboten, Sanktionen. Sie haben »spielraumbestimmende« Wirkung. Das ist wichtig und wegweisend besonders für dezentral organisierte Unternehmen, wie z. B. für filialisierte Handelsunternehmen, bei denen nicht jede einzelne Handlung vorgegeben und kontrolliert werden kann. Jeder im Unternehmen muß wissen, was im Einzelfall wichtiger ist: Z. B. Termintreue oder Qualität, Kundenservice oder Kundenzahl, vertrauensbildende Maßnahme oder kurzfristiger Cash, Trendsetting oder Anpassung.

Durch die Regelbefolgung entstehen Regelmäßigkeiten, entwickelt sich Stetigkeit. Diese ermöglicht allen Mitarbeitern, sich ständig effizient zu orientieren. Durch die Definition der generell verbindlichen »Spielregeln« muß nicht mehr jede Interaktion neu geregelt werden, werden komplexe Entscheidungssituationen vorstrukturiert [48]. Im Sinne einer wechselseitigen Beeinflussung führt dies auch zu stabilen Erwartungen über das Verhalten anderer; man kann sich aufeinander verlassen. Je kraftvoller daher das Regelsystem, desto weniger Laissez-faire oder Beziehungslosigkeit einerseits oder blindwütiger Aktionismus andererseits. In diesem Falle verbinden sich Freiheit und Freiraum mit Selbstführung, Orientierung und koordinierter Effizienz. Ein kraftvolles Regelsystem sichert Stabilität; es ist die Basis für gemeinsames Denken und Handeln.

Führen, d.h. mit Hilfe anderer ein bestimmtes Ziel zu erreichen, besagt folglich immer weniger antreiben, sondern vorangehen, Orientierung geben, Vorbild sein, sinnstiftende Aufgaben bieten.

Führen heißt auch wahrnehmen, interpretieren und schaffen von Realität; es bedeutet ein Setzen von Werten und Verantwortung, Antwort geben und Rechenschaft ablegen. Führen ist aber weiterhin auch Entscheiden. Entscheiden, d.h. Macht und Einfluß über andere ausüben [49]. Damit ist die Verantwortung *von* Personen *für* getroffene Entscheidungen *vor* einer Rechenschaft abverlangenden Instanz impliziert. Zum Beispiel ist der Umgang mit Informationen (Verbreitung oder Zurückhaltung) als Entscheidungsgrundlage von hoher ethischer Relevanz. Unter welchen Bedingungen hat eine Unternehmensleitung die ethische Verpflichtung, die Öffentlichkeit z.B. über Betriebskatastrophen zu informieren (siehe Tschernobyl und Basel)? Zu welchem Zeitpunkt und in welcher Phase einer Unternehmenssanierung und in welchem Ausmaß müssen die Mitarbeiter über Umstrukturierungsmaßnahmen und eventuelle Kündigungen informiert werden? Zusammengefaßt gilt:
In der Entscheidung der einzelnen Führungskraft wird deren Werthaltung sichtbar. Die Glaubwürdigkeit der Führungskraft steht und fällt damit, wie sie mit wichtigen Informationen umgeht [50].

Weil Führungsethik als »angewandte Ethik« [51] verstanden wird (sie ist problemorientiert und muß die Erfahrungen der Führungspraxis und die Erkenntnisse der Führungstheorie ernstnehmen und in Einklang bringen), ist dieses Verständnis von Führung von fundamentaler Bedeutung für das Verständnis von Führungs*ethik*. Führung ohne Geführte gibt es nicht und Führungsethik kann sich aus diesem Grunde weder auf Probleme der *Führungskräfte*, noch auf solche der *Geführten allein* beschränken.

Grundzüge einer Führungsethik

Führungsethik ist Orientierungshilfe und vermittelt Verhaltenssicherheit. Letztlich handelt es sich »um Aufforderungen, in bestimmten gleichen Situationen bestimmte Handlungen auszuführen oder zu unterlassen« [52]. Führungsethik »darf nicht überfordert werden; auch der absolut verantwortlich handelnde Führer vermag das Heil nicht in jeder Hinsicht zu bringen« [53]. Sie sollte sich deshalb bewußt auf den Menschen in seiner Eigenschaft als Führungskraft beschränken. Es gibt sicher weitere Wertbereiche – etwa familiären oder allgemeinen moralischen Ursprungs – denen die Führungskraft ebenfalls unterliegt; dennoch sollten in einer Führungsethik treffsicher nur jene Werte aufgezeigt werden, die für das Führungshandeln spezifisch sind.

Den nachfolgenden Überlegungen zu den Grundzügen einer Führungsethik liegt ein dreigliedriges Führungsmodell zugrunde.

Die meisten Führungsmodelle legen fest, daß Führungshandeln zwei Dimensionen hat, die üblicherweise mit Begriffen wie »Aufgabenorientierung« und »Mitarbeiterorientierung« beschrieben werden [54]; für beides lassen sich auch die Ausdrücke »Leistung« und »Integration« verwenden [55]. Diese beiden Dimensionen genügen aber nicht, um Führungshandeln ausreichend zu kennzeichnen, vielmehr muß eine weitere Kategorie, die man »Verteilung« nennen kann, eingeführt werden. Dadurch wird ein Führungstypus, der nachweislich auf höheren Ebenen immer wichtiger wird, erst faßbar, nämlich der des »Spielmachers«, d. h. der Regisseur, der die Verteilungsmechanismen – von Budget bis zur Personalplanung – in einer Organisation zum Besten fachlicher Zielsetzung zu nutzen versteht, ohne daß er selbst der erste Fachmann sein muß. Das dreigliedrige Führungsmodell bezieht die Macht als ein notwendiges Moment des Verteilungssystems einer Organistion unumschränkt mit ein; unter der Voraussetzung allerdings, daß die Führungskraft, der Spielmacher also, sie für die richtigen Zwecke und unter Mithilfe von Methoden einsetzt, die den inneren Sinn der Zwecke nicht entstellen [56].

Man kann davon ausgehen, daß jede Führungskraft etwas von den drei Ausprägungen hat; allerdings dürfen sich – wie bereits ausgeführt – die Führungskräfte überwiegend als »Fachleute« einstufen, benötigen würden wir aber mehr »Spielmacher«.

Das skizzierte Führungsmodell muß nun – um zur Führungsethik zu gelangen – unter Wertgesichtspunkten interpretiert, d. h. um die ethische Komponente erweitert werden. Entsprechend der Einteilung der Führungskraft in »Fachmann«, »Integrator« und »Spielmacher« (Regisseur) kann man von einer Leistungs-, Gemeinschafts- und Maßethik sprechen (vgl. Abb. 8).

Der fundamentalste Wertbereich der Führungskraft ist der der *Leistung* oder der der *Arbeit*. Dabei sind besonders die persönlichkeitsbildenden, d. h. auch sinngebenden Charaktcristiken der Arbeit hervorzuheben. Aus der Arbeit lassen sich zwanglos Tugenden wie Disziplin oder Fleiß ableiten, die in moralphilosophischen Überlegungen sonst oft als ein von außen auferlegtes Muß erscheinen. Ziele anzustreben, ist aber auch ein inneres Muß des Menschen; und dann muß er auch die Mittel zu diesen Zielen wollen, wie es die Arbeit ihn lehrt.

Die »Ethik des Maßes« ist die Berücksichtigung des ethischen Aspektes der Verteilungsphase. Dabei ist *Maß* nicht als Mittelmaß zu verstehen, sondern als das *rechte Maß*, das jeder Sache zukommt. Begriffe und Tugenden wie Gerechtigkeit und Klarheit stellen sich hier ebenso ein wie die Grundtugend dieses Wertbereichs, die Toleranz. Zur ethischen Aufgabe des Führens gehört ferner Realität

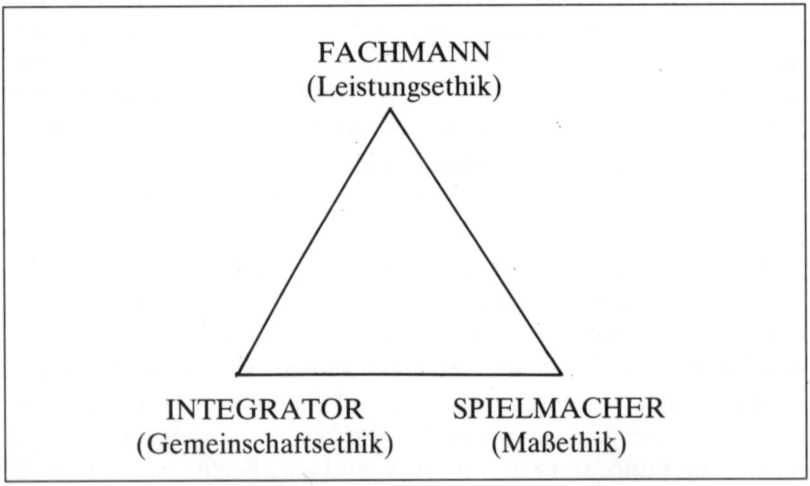

Abb. 8: Graphische Darstellung des Führungsmodells

wahrzunehmen und Realität neu zu schaffen. Ist die Führungskraft »blind« – wegen ihrer persönlichen Absichten, politischen Interessen, bildungsmäßigen Einseitigkeit etc. – so kann sie nicht verantwortlich führen.

Gemeinschaftswerte stellen einen weiteren Wertbereich dar. Sie entsprechen in dem Führungsmodell der Integration. Ethik ist generell die Gesamtheit jener Werte, die sich auf den Menschen als Person beziehen. Die Person in ihrer nicht reduzierbaren ethischen Gegebenheit – mit ihrem Verlangen nach Selbstwertgefühl, menschlicher Würde, loyaler Behandlung und Selbstverwirklichung – muß daher in jeder Führungsethik berücksichtigt werden. Hier handelt es sich um Dinge, die im Grunde zum Rüstzeug jeder Personalführung zählen: Man kann auch von den »Muß-Bedingungen der Führung« sprechen [57]. Zur Achtung vor der Person gehört der Wille und die Fähigkeit, die Person des anderen überhaupt erst so wahrzunehmen, wie er ist. Ethische Basis dafür ist die gegenseitige Wertschätzung, der Respekt vor der Kompetenz des Anderen.

Die drei Ethiken der Leistung, des Maßes und der Gemeinschaft ermöglichen es, Führungshandeln ethisch zu bestimmen. Eine derartige Führungsethik läßt sich natürlich nicht mit wenigen Sätzen darstellen. Sie sollte aber auch nicht mehrere Bände umfassen. Sie soll operabel, verständlich und unternehmensspezifisch sein. Sie sollte von den Führungskräften selbst entwickelt werden, um dem tiefsitzenden Argwohn vorzubeugen, Führungskonzepte wechselten so häufig wie die Mode.

Nur durch den prozeßhaften Charakter einer dialogischen Verständigung läßt sich auf ihren drei Säulen ein Führungskörper aufbauen, der sich als Einheit versteht. Ihre Verbindlichkeit beruht auf einem Akt der Selbstverpflichtung der Führungskräfte und des Unternehmens. Loyalität im Unternehmen muß immer eine wechselseitige sein. Führungskräfte führen nicht so sehr als Individuen, sondern als Angehörige einer Führungsgruppe. Hieraus leiten sie ihre Legitimation ab. Durch den Konsens über gemeinsame Werte, Normen und Verhaltensmuster werden sie erst zu dem Team, das sich unter Umständen und durch Setzung entsprechend hoher Maßstäbe sogar als Leistungselite auszeichnen kann.

Ein »Modell Führungsethik« sollte nach innen und außen ein offenes Modell sein. Es gibt kein geschlossenes System der Tugenden oder Werte, also eines, das genau festlegt, welche Verhaltensweisen möglich und wie sie ethisch zu bewerten sind; solche Systeme würden weder der Dynamik eines Unternehmens entsprechen noch dem Prinzip der persönlichen Freiheit: Ethische Verantwortung setzt ja Entscheidungs- und Handlungsspielräume des Einzelnen voraus.

Zusammengefaßt: Führen heißt, nicht nur Vorgegebenes nachzuvollziehen, sondern selbst Werte zu setzen. Diese müssen sich jedoch, um positive Werte in dem hier beschriebenen Sinne zu sein, in einen allgemeinen Grundkonsens über das, was ein Wert in einem bestimmten Unternehmen sein kann, einfügen. Damit ist Führungsethik durch ihre Wertorientierung sowohl Ausdruck wie Bestandteil einer spezifischen Unternehmenskultur und steht für eine neue Qualität der Zusammenarbeit.

VI Initiiert die werteorientierte Personalpolitik eine neue Rolle der Führungskräfte?

Personalpolitik und das Management des »Neuen Denkens«

Eine Führungsethik zu etablieren ist ein langer Prozeß, vergleichbar dem derzeit ablaufenden Transformationsprozeß durch neue Technologien, aus dem kein Industrie- und Dienstleistungsunternehmen auch nur annähernd mit der Gestalt herauskommen wird, mit der es hineingeht. Niemand weiß, wie die Zukunft konkret aussehen wird.

Die für die Personalpolitik Verantwortlichen sind schlecht beraten, wenn sie »Unternehmenskultur« und »Führungsethik« zu einem personalpolitischen »Instrument« degradieren. In Analogie zu einer asiatischen Weisheit ist auch hier der Weg das Ziel, sind die Erfahrungen und Lernprozesse, die Mitarbeiter und Führungskräfte durchleben, entscheidend. Oder um es mit *Lessing* zu sagen: »Nicht auf die Wahrheitsfindung kommt es an, sondern auf die Wahrheitssuche«.

Eine aktive Bewußtseinsförderung, einen kulturellen Austauschprozeß von unten nach oben zu initiieren kann nicht auf Befehl oder Rundschreiben der Unternehmensleitung erfolgen, er hat auch wenig »mit der rationalen Betriebswirtschaft, viel aber mit den Therapiemodellen der Human-Potential-Bewegung« [58] zu tun. Die Personalpolitik muß das geistige Feld vorbereiten und das Personalwesen muß das Unternehmen auf Veränderungen hin stimulieren.

Weil sich Kostenmanagement und Sanierungsstrategien, obgleich mehr gefragt denn je, auch nur für begrenzte Dauer von Erfolg erweisen, wächst folglich das Bewußtsein für die Notwendigkeit einer Reformation im Denken und Handeln. In denjenigen Unternehmen, in denen aktive Personalentwicklung betrieben wurde, ist in den letzten Jahren anerkennenswerterweise eine Verbesserung des *kognitiven* Wissens und Könnens zu verzeichnen gewesen. Auf der Strecke geblieben ist trotzdem aber bei fast allen Unternehmen das *affektive* Wissen, die Bewußtseinsbildung, die Einstellung zur Arbeit, zum Unternehmen etc. Künftig wird bei allen Auswahlkriterien und Entwicklungskonzepten viel stärker die geistige Unabhängigkeit, die Moral und der Charakter der Kandidaten berücksichtigt werden müssen: die Persönlichkeit.

»Alles, was wir in unserem Unternehmen vorfinden, ist das Produkt unseres Denkens aus der Vergangenheit. Alles, was wir heute denken, hat das Bestreben, sich in Zukunft als Realität zu etablieren. Deshalb sind alle Dinge, die wir in unserem Unternehmen erleben, schlechte Marktsituation, unzufriedene Mitarbeiter, ungenügende Gewinne, unklare Perspektiven für die Zukunft, Kompetenzstreitigkeiten, Reibungsverluste und Konflikte, zuerst einmal das Produkt des Denkens der Menschen, die in diesem Unternehmen tätig und verantwortlich sind« [59].

Ist dieses Denken also beispielsweise dadurch, daß man (persönlich oder als Unternehmen) jahrelang keinen Erfolg hatte, negativ und von Selbstzweifeln geprägt, so ist ein Kurieren an Symptomen, d. h. z. B. Heilen durch eine Bilanzpolitik, Minimieren der Inventurdifferenzen durch bessere Kontrollen, Kostensenkungsmaßnahmen, Ergebnisverbesserung durch Auflösung von Rücklagen etc. keine langfristige Existenzsicherung. Trotzdem wird diese Art der Therapie heute noch bevorzugt. Weil jede wichtige Entscheidung, die irgendwann einmal im Unternehmen getroffen worden ist, auch einen Promotor hatte, werden Schuldige auf den Plan gerufen – statt aus Entwicklungen der Vergangenheit für die Zukunft zu lernen und Positives aufzubauen. Heute ändern sich doch die Rahmenbedingungen viel schneller als die »Standzeit« der Entwicklungen bzw. die Zeit des Vorstands-Generationswechsels [60]!

Heute müssen Führungskräfte lernen, sich zu ihren Entscheidungen zu bekennen »auch dann, wenn sie inzwischen nicht mehr haltbar sind. Wir brauchen Verfahren, um das Entscheidungsproblem vom Personenproblem zu trennen. Wenn man fragt, welche Bedingungen sich seit der Entscheidung verändert haben und ob wir unter den neuen Bedingungen noch einmal diese Entscheidung treffen würden, haben wir die Chance, Blockaden aufzulösen« [61].

Eine auf der Wertorientierung basierende Personalpolitik mit einer daraus entwickelten Führungsethik kann helfen, Orientierung und Verhaltenssicherheit zu geben und damit auch langfristig ein »neues Denken« in der Unternehmensführung zu bewirken.

Management des Neuen Denkens
- heißt Offenheit [62];
- heißt weg von höherer Perfektion, komplizierteren Verfahren, mehr Spezialistentum hin zur persönlichen Öffnung, sich selbst öffnen, sich gegenseitig öffnen, sich nach draußen und nach drinnen öffnen;
- bedeutet offen sein für einen Wandel, alte Denk-Trampelpfade verlassen, vorhandene Arbeitsrituale verändern, Vorurteile, Blockaden, lineares Denken, Vergangenheitsorientierung dort weglassen, wo der entscheidende Schritt in die Zukunft gestaltet werden muß;
- ist »Denken in Human-Ressourcen«, Anerkennen und Berücksichtigen, daß ein Mitarbeiter sich von allen anderen Mitarbeitern nicht nur in der äußeren Form seiner Daumenlinien unterscheidet, sondern auch in seiner Wesensart, seinem Verhalten und seiner spezifischen Fähigkeiten (neues Bild vom Menschen);
- ist konsequentes »Denken vom Markte her«, die Einzigartigkeit des Unternehmens zum nachhaltigen Nutzen des Kunden einzusetzen (Kompetenz zeigen);
- bedingt, das Unternehmen nicht als ein »Kunstgebilde« zu sehen, das man ohne Beschränkung nach innen und außen gestalten kann, sondern die Vernetzungen zu erkennen, die gegenseitigen Wechselwirkungen (Gesellschaftsorientierung);
- heißt letztlich Offenheit für Alternativen, in den Denkverfahren,

in den Lösungswegen, in der Quelle der Erkenntnis, in den Methoden;
- ist ein Plädoyer für ein mensch- und nicht nur ein fachgemäßes Denken;
- ist ein Denken in Zusammenhängen, ist ganzheitliches Denken.

Die Realität beweist, daß es einer alleine im Unternehmen sehr schwer hat, sich zu öffnen. Der Einzelkämpfer hat hier keine Chance. Ein Team aber, in dem alle wichtigen Funktionen (-Funktionsträger) eines Unternehmens präsent sind oder auch eine Abteilung als Team, das sich gegenseitig unterstützt, gemeinsam lernt, öffnet den Weg zum obengenannten neuen Denken. Wer verändern und gestalten will, braucht den offenen Dialog. Dadurch erhöhen sich die Chancen, bei der Bewältigung komplexer Systeme eventuelle Fehlentwicklungen zu steuern und zu verhindern.

An die Unternehmens-Organisation und an die Führungskräfte werden durch eine solche Art »geistiger Transformation« ganz neue Anforderungen gestellt; bestimmte Aspekte der Organisationsentwicklung *und* Personalentwicklung können in diesem Zusammenhang einen wesentlichen Beitrag für Verhaltensmodifikationen leisten.

Persönliche Autorität wird für eine Führungskraft wichtiger und die Rolle des Spielmachers, des Moderators und Konsensherstellers wird die auf die reine Fachfunktion konzentrierte bisherige Rolle ergänzen, wenn nicht sogar ablösen. Deshalb müssen im Zuge der geschilderten Personalpolitik neue Qualitäten wie Flexibilität, Teamfähigkeit, Ideenreichtum, Verantwortungsübernahme, echte Partizipation dort, wo sie möglich ist, pro-aktives Lernen und das Lernen, sich der eigenen Wertvorstellungen bewußt zu sein, gefördert werden.

Der der werteorientierten Personalpolitik zugrunde liegende Denkansatz hat sein »Pendant« im Denken vom Markte her. Durch das integrierte Zusammenwirken von Marktorientierung, Gesellschaftsorientierung und Werteorientierung wird (langfristig) die Erhöhung der Wettbewerbsstärke und die Steigerung der Effizienz der Mitarbeiter bewirkt, wird Kompetenz errungen. Dadurch ist das Unternehmen nutzenbietend; es eröffnet Chancen für den einzelnen und bringt gesamtwirtschaftlichen Sinn. (Rendite-Ziele werden mit gesellschaftlichen Sinn-Zielen verknüpft). Abbildung 9 versucht einige der genannten Punkte in einer etwas eingängigeren Übersicht darzustellen.

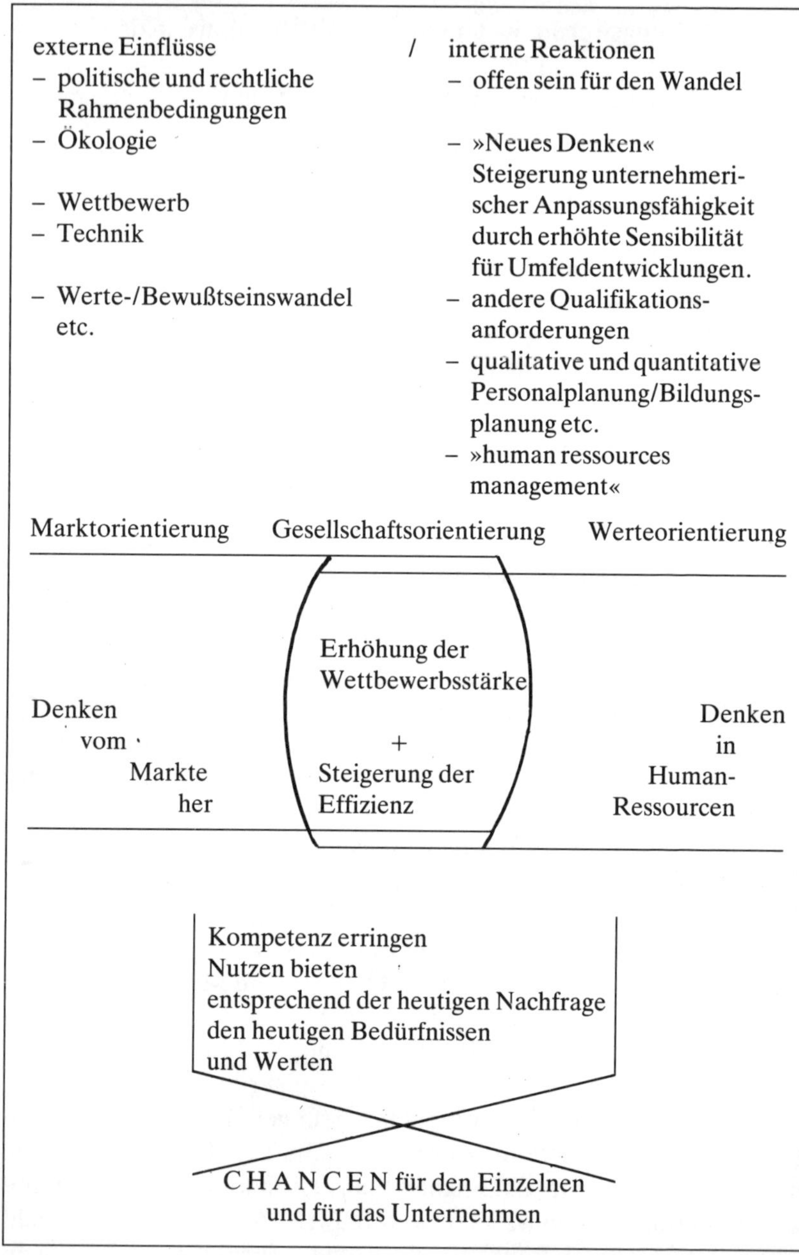

Abb. 9: Personalpolitik als Gestaltungsfaktor

Bild der Führungskräfte als Gestalter

Aus den Erkenntnissen der Werteorientierung heraus muß Führung zukünftig zunehmend Elemente geistiger Führung beinhalten und die Sinnvermittlung braucht Symbole [63]. Wie sieht aber dann – idealerweise – eine Führungskraft aus, die als Gestalter die zeitgemäße Personalpolitik für ihren Verantwortungsbereich umsetzt?

Die ideale Führungkraft muß unabhängig, risikobereit und entscheidungsfreudig sein. Sie muß Selbstvertrauen ausstrahlen und Selbstsicherheit aufweisen. Sie hat unerschütterlichen Optimismus in die eigene Fähigkeit und in die Zukunftsbewältigung; sie muß die Zukunft gestalten wollen und nicht passiv auf sich einwirken lassen. Das setzt natürlich eine positive, dynamische Lebenseinstellung voraus. Diese ist schon deshalb erforderlich, um mit der Vereinsamung fertig zu werden, die Kennzeichen einer höheren Führungsfunktion ist. Ihre Initiative muß aus eigenem Antrieb erfolgen. Dabei muß ihr Handeln durch kreatives Denken – Denken gegen Regeln [64] – gekennzeichnet sein. Leider ist aber unser Denken zu stark von linearrationalen Kriterien geprägt und unsere Erziehung zu sehr auf kollektives und konformes Verhalten ausgerichtet; dadurch wird die Außensteuerung erleichtert. »Die gesunde Forelle schwimmt freilich gegen den Strom«, was nichts anderes heißt, als daß Führungskräfte den Aufbau von Fähigkeiten betreiben müssen, über den eigenen mentalen Schatten zu springen.

Führungskräfte müssen ein hohes Maß an Kontakt- und Kommunikationsfähigkeit (einschließlich gewisser rhetorischer Kenntnisse) aufweisen. Von ihnen wird erwartet, daß sie Konflikte zwischen den Gruppen erkennen und lösen. Das setzt in der Regel voraus, daß sie generalistisch ausgeprägt sind, denn der »Nur-Spezialist« ist kaum in der Lage, komplexe Problemlösungen zu erarbeiten. Fachwissen ist Voraussetzung für Fachkompetenz. Dazukommen muß aber nicht so sehr »Überfachliches«, sondern vielmehr ein guter Überblick über »Neben«- und »Zwischen«-Fachlichem.

Bei allem individuellen Leistungsdruck und persönlichem Karrierestreben, das ja eine Voraussetzung für Führungskräfte ist, sind ein Mindestmaß an Loyalität in der individuellen Beziehung und gegenüber der Gruppe notwendig, andernfalls können sie ihrer Funktion als »Klimamacher und Gestalter« nicht gerecht werden. Auf Grund des hohen Informationsbedürfnisses und -angebotes ist es für Führungskräfte notwendig, Informationen richtig auszuwählen und auszuwerten sowie sie in Aktionen umsetzen zu können. Dabei ist die Führungskraft in Zukunft noch stärker darauf angewiesen, daß ihm seine Mitarbeiter freiwillig und aus Überzeugung folgen; d. h. er muß verständlich informieren, darlegen, motivieren und begeistern. Er wird Initiator, Moderator und Konsenshersteller sein müssen, um Unternehmensziele zu realisieren. Dabei müssen Führungskräfte gleichzeitig Gestalter von Beziehungen zwischen ihrem Unternehmen und der Gesellschaft sein. Denn: Wer gestalten will, muß auch offen sein für neue Ideen und Veränderungen (z. B. Umweltschutz, soziale Maßnahmen).

Der allein nach Macht Strebende ist ungeeignet, Herrschaft auszuüben. Der echte Führer erkennt die eigenen und die fremden Vorurteile, um sie kritisch zu akzeptieren oder fallen zu lassen; kurz gesagt – er ist selbstkritisch und tolerant.

Um diesen Anforderungen gewachsen zu sein, benötigen die Führungskräfte neben ihrem Fachwissen (Fachkompetenz) gleichgewichtige Kenntnisse in Personalführung und (Arbeits-)Psychologie und einen gesunden Menschenverstand (Sozialkompetenz), aber auch das Wissen um die Gesamtzusammenhänge von Wirtschaft und Gesellschaft und deren Interdependenzen. Sie müssen weiterbildungsorientiert sein und lernen, schneller und effektiver zu lernen, um sich den veränderten Bedingungen geistig besser und flexibler anpassen zu können.

In diesem Sinne ist für die Führungskräfte aber auch die Fähigkeit zur Selbsthilfe und Selbstoptimierung (Autopoiese) notwendig; sie können nicht auf den Anstoß, die Führung von außen, warten. Erst das in der Autopoiese liegende vorübergehende Unangepaßtsein ermöglicht die vielfältigen Optionen wahrzunehmen und unter ihnen auszuwählen – statt eines simplen ja oder nein [65].

Vor allem aber müssen Führungskräfte in ihrem Auftreten und Handeln Vorbild sein; sie müssen eine kreative Atmosphäre schaffen, in der ihre Mitarbeiter »aufblühen« können. Sie sind der wichtigste Trainer ihrer Mitarbeiter. Dazu gehört z. B., daß sie sich selbst unabdingbar zum Leistungsprinzip bekennen und in ihrer Aufgabenerfüllung zur Teamarbeit über die Ressortgrenzen hinaus bereit sind. Echte Führungskräfte erwarten und zeigen Zivil-Courage, akzeptieren aber auch einmal getroffene Entscheidungen und machen sie zu ihrer eigenen. Sie reden nicht nur von Mobilität und Flexibilität [66], sondern sie sind selbst bereit, neue Erkenntnisse zu akzeptieren und andere Aufgaben zu übernehmen. Weil die Veränderungen im Unternehmensumfeld so nachhaltig wirken, müssen sie fähig sein, unternehmensbezogene Ziele wie z. B. Rendite-Ziele mit gesellschaftlichen Sinn-Zielen mehr denn je und beweisbarer denn je zuvereinen. In diesem Sinne sind die Führungskräfte »Gestalter von Geist, Sprache, Sinn und Kultur« [67].

VII Schlußbetrachtung

Die betriebliche Umfeld-Unsicherheit wird in den nächsten Jahren noch zunehmen. Auf neue Fragen müssen neue Antworten gegeben werden. Von Lehrstuhlweisheiten heißt es Abschied nehmen. Für die Führungskräfte entsteht dadurch eine dilemmatische Situation, in der sie Orientierungshilfen brauchen. Indem die Personalpolitik mit und durch die oberen Führungskräfte einen Prozeß initiiert, der den Wertewandel aufgreift, den Mitarbeiter in seiner Ganzheit sieht und ein gemeinsames Denken und Handeln fördert, gibt sie Verhaltenssicherheit, wird ein geistiges Feld für Sinnvermittlung geschaffen.

Die Personalpolitik ist damit nicht mehr »Reparaturdienst« der Unternehmensleitung mit Hilfe mehr oder weniger standardisierter Instrumente, sondern ein wesentlicher betrieblicher Gestaltungsfaktor, der Akzente für die Zukunft setzt.

Darin liegt die große Herausforderung, die es vom Personalwesen und von den Personalverantwortlichen produktiv zu nutzen gilt.

Anmerkungen

1 vgl. *Enderle* 1985, S. 2 ff.
2 vgl. *Gamper* 1983, S. 207.
3 vgl. *Gerken* 1986, 239 ff., *Wollert* 1985 (1), S. 98 ff. Zum Verständnis dieses Ansatzes dient auch Gerken's RADAR für TRENDS.
4 vgl. *Bleicher* 1986, S. 39 ff.
5 vgl. Personalführung 3/87, S. 138–143; *Gerken* 1986, S. 31 ff.
6 vgl. *Grochla, Wittmann* 1976, *Gaugler* 1982, S. 113–127.
7 vgl. *Spie* 1981, S. 17.
8 vgl. *Gamper* 1983, S. 205 ff.
9 vgl. *Wollert* 1985 (1), S. 105 ff.; *Bihl et al.* 1985, S. 200 ff.
10 vgl. *Vester* 1986.
11 vgl. *Wollert* 1985 (1), S. 102.
12 vgl. *Gerken* 1986, S. 239 ff.
13 vgl. Bertelsmann-Stiftung (Hrsg.) 1985 mit Beiträgen von sechs verschiedenen Autoren; AGP (Hrsg.) 1986 mit ca. 30 Beiträgen verschiedener Autoren; *Stachowiak, H.:* Bedürfnisse, Werte und Normen im Wandel, München 1982.
14 vgl. Bertelsmann-Stiftung (Hrsg.) 1985; *Seibt* 1987, S. 18–32.
15 vgl. *Gerken* 1986, S. 274 f.
16 vgl. *Zander* 1986, S. 3; *Bornträger* 1986 (1), S. 134 ff.
17 *Gerken* 1986, S. 81.
18 *Hartmann* 1985, S. 82.
19 vgl. *Enderle* 1986, S. 16.
20 vgl. *Lay* 1983, S. 37 ff.; *Enderle* 1986, S. 7.
21 vgl. *Enderle* 1985, S. 1–13.
22 vgl. *Zürn* 1985; *Schumacher* 1985.
23 vgl. *Ouchi* 1982; *Peters/Watermann* 1984; *Matenaar* 1983, S. 19–27; *Kreutzer* et al. 1986.
24 vgl. *Kreutzer* et al. 1986, S. 30 f.
25 vgl. *Kreutzer* et al. 1986, S. 16.
26 vgl. dazu ausführlich *Matenaar* 1983, S. 19–27; *Handy* 1978, S. 404–410; *Kreutzer* et al. 1986, S. 18.
27 *Malik* 1986.
28 vgl. *Gerken* 1986, S. 269.
29 vgl. *Gamper* 1983, S. 207 f.
30 vgl. *Wollert* 1985 (1), S. 105 ff.; *Bihl* et al. 1985, S. 197 ff. Die Autoren haben aus dem abgebildeten Spektrum 16 Grundwerte abgeleitet.
31 vgl. *Reichart* 1986, S. 1–10; *Buchholz* 1968.
32 vgl. *Wollert* 1986 (1).
33 Die folgenden Aussagen über Führungskräfte beziehen sich im Prinzip auf die oberen Führungskräfte.
34 vgl. *Merkle*, H. L. 1979.
35 vgl. *Enderle* 1986, S. 8 ff.; *Ulrich* 1982, S. 6 ff.
36 vgl. *Bornträger* 1986; *Staudt* 1986.
37 vgl. *Bornträger* 1986, S. 36 ff.
38 vgl. *Schneevoigt* 1986, S. 90–98.
39 vgl. *Bornträger* 1986 (1), S. 236–244.

40 *Böckmann* 1984, S. 83.
41 *Bornträger* 1984, S. 4.
42 vgl. *Szöllösi* 1980, S. 8.
43 vgl. *Wollert* 1986 (1), S. 10–12; Bertelsmann-Stiftung 1985.
44 vgl. *Wollert* 1985 (2).
45 vgl. *Wollert* 1985 (3).
46 vgl. Abschnitt Wertorientierung.
47 vgl. *Gerken* 1986, S. 38 ff.; *Malik* 1986.
48 vgl. Abschnitt Unternehmenskultur.
49 vgl. Abschnitt Macht, Verantwortung und Moral.
50 vgl. *Enderle* 1986, S. 11 f.
51 vgl. *Wollert* 1986 (2).
Ethik zeigt Wertmaßstäbe für das Handeln auf. Man unterscheidet dabei vielfach: Die *personale Ethik*, die sich im Gewissen des Einzelnen äußert. Sie sollte letztlich generell Grundlage unseres Handelns sein – im Interesse unseres seelisch, geistigen und leiblichen Wohlbefindens. Die *soziale Ethik*, die Werte und Normen für die Gesellschaft als Ganzes setzt. Die *professionelle Ethik* oder angewandte Ethik, die Führungsethik. Sie ist analog zur Ethik eines Arztes oder Juristen zu verstehen.
52 *Steinmann/Oppenrieder*, S. 172.
53 vgl. *Enderle* 1986, S. 17.
54 vgl. *Rosenstiel* 1980; *Frese* 1980; *Bergler* 1982.
55 vgl. *Wollert* 1985 (3).
56 vgl. *Reichart* 1986, S. 15 f.
Will eine Führungskraft beispielsweise ihre Mitarbeiter mit Machtmitteln zur Arbeit antreiben, die in Wirklichkeit nur deren innere Kündigung auslösen, dann hat sie nicht nur moralisch falsch gehandelt, sondern als Führungskraft auch versagt. Ist aber Macht das einzige legitime Mittel, um ein Ziel zu erreichen, ist eine Führungskraft auch verpflichtet, sie zu gebrauchen.
57 vgl. *Hay/Schröter* 1985, S. 44 ff.
58 *Gerken* 1986, S. 335.
59 *Mann* 1986, S. 4.
60 vgl. *Mann* 1986, S. 4.
61 *Mann* 1986, S. 4.
62 vgl. *Mann* 1986, S. 4, 7; *Fritsch* 1985.
63 vgl. *Wollert* 1986 (1); *Seibt* 1987, S. 18–32.
64 vgl. *Malik* 1986.
65 vgl. *Wollert* 1986 (1); *Gerken* 1986, S. 103 ff.
66 vgl. *Bornträger* 1986 (1), S. 32.
67 vgl. *Gerken* 1986, S. 223–229.

Literaturverzeichnis

Apel, K. O. et al: Praktische Philosophie/Ethik: Dialoge. 2 Bände, Frankfurt 1984.

Arbeitsgemeinschaft zur Förderung der Partnerschaft in der Wirtschaft (AGP) (Hrsg.): Unternehmenskultur in Deutschland – Menschen machen Wirtschaft. Themen eines Kongresses. Gütersloh 1986.

Bayer, H. (Hrsg.): Unternehmensführung und Führungsethik. Heidelberg 1985.

Bergler, R.: Psychologie in Wirtschaft und Gesellschaft. Defizite, Diagnosen, Orientierungshilfen. Köln 1982.

Bertelsmann-Stiftung: Institut für Wirtschaft und Gesellschaftspolitik (Hrsg.), Unternehmensführung vor neuen gesellschaftlichen Herausforderungen. Bonn, Hamburg 1985.

Bihl, G./Hehl, G./Wollert, A.: Werteorientierte Personalpolitik und mittleres Management. In: *Neuberger, O./Lahnstein, M./Pullig, K.-K.* et al.: Leistungsträger in der Krise? Die Zukunft des mittleren Managements. Hamburg 1985.

Bleicher, K.: Die Rolle von Unternehmern und Managern bei der Entwicklung von Unternehmenskultur. In: *AGP* (Hrsg.): Unternehmenskultur in Deutschland. Gütersloh 1986, S. 38–46.

Böckmann, W.: Wer Leistung fordert muß Sinn bieten. Düsseldorf, Wien 1984.

Bolte, M. K.: Leistung und Leistungsprinzip. Opladen 1979.

Bornträger, W.: Technische Innovationen und ihre Auswirkungen auf die Qualifikationsanforderungen an das mittlere Management in Einzelhandelsbetrieben. Göttingen 1986 (1).

Bornträger, W.: Zukünftige Arbeitsformen in der Industriegesellschaft – aus der Sicht des Einzelhandels. In: *Bornträger, W./Genz, M./Schumann, M./ Stratenwert, W.*, Zukünftige Arbeitsformen in der Industriegesellschaft und berufliche Bildung, Beiträge zur Gesellschafts- und Bildungspolitik, Köln 1986.

Bornträger, W.: Neue Anforderungen an das Management, Vortrag im Rahmen des 2. USW-Seminars »Betriebssteuerung im Handel«, Erftstadt, 25. 5. 1984.

Capra, F.: Wendezeit. 9. Aufl., Bern, München, Wien 1985.

Deal, T. E./Kennedy, A. A.: Corporate culture. The rites and rituals of corporate life. Reading, Massachusetts 1982.

Enderle, G.: Führungsethik im Unternehmen. Vortragsunterlagen AIESEC, 5./6. Juni 1986 in Bonn/Bad Godesberg.

Enderle, G.: Sinn und Zukunft der Arbeit. Grundsatzreferat zum VfU-Herbst-Seminar am 3. 10. 1985, St. Gallen.

Frese, E.: Grundlagen der Organisation. Die Organisationsstruktur der Unternehmung. Wiesbaden 1980.

Fritsch, B.: Das Prinzip Offenheit. Anmerkungen zum Verhältnis von Wissen und Politik. München 1985.

Gabele, E./Kretschmer, H.: Unternehmensgrundsätze als Instrument der Unternehmensführung. In: ZfbF 8/1983, S. 716–726.

Gamper, H.-B.: Variablen und Konstanten der Personalpolitik in der sich veränderten Umwelt. In: *Siegwart, H./Probst, G. J. B.* (Hrsg.): Mitarbeiterführung und gesellschaftlicher Wandel. Die kritische Gesellschaft und ihre Konsequenzen für die Mitarbeiterführung. Bern, Stuttgart 1983.

Gaugler, E.: Interdepenzen zwischen Personalpolitik und Unternehmensorganisation. In: ZfbF 34, 2/82, S. 113–127.

Gerken, G.: Der neue Manager. Freiburg, Breisgau 1986.

Göbel, O./Schlaffke, W. (Hrsg.): Kongreß: Beruf und Weiterbildung. Köln 1987.

Guth, W.: Macht und Verantwortung. Zur politischen Aufgabe des Unternehmers. In: FAZ vom 19. 7. 1986.

Handy, C. B.: Zur Entwicklung der Organisationskultur einer Unternehmung durch Management-Development-Methoden. In: zfo 7/1978, S. 404–410.

Hartmann, H.: Führungsautorität Heute und Morgen: Die Krise des Sachverstandes. In: *Bayer, H.*, Unternehmensführung und Führungsethik. Heidelberg 1985, S. 29–48.

Hay, E./Schröter, A.: Muß-Bedingungen beim Führen: Theorie und Praxis. In: *Bayer, H.*, (Hrsg.): Unternehmensführung und Führungsethik. Heidelberg 1985, S. 29–48.

Höffe, O. et al. (Hrsg.): Lexikon der Ethik, 3. Aufl., München 1986.

Kiefer, H. J.: Grundwerteorientierte Unternehmenspolitik und ethisches Vorbild der Führungskräfte. In: *Bayer, H.*, Unternehmensführung und Führungsethik. Heidelberg 1985, S. 59–74.

Kreutzer, R./Jugel, St./Wiedmann, K.-P.: Unternehmens-Philosophie und corporate identity. Empirische Bestandsaufnahme und Leitfaden zur Implementierung einer corporate identity-Strategie. Arbeitspapier Nr. 40 des Institutes für Marketing, Universität Mannheim, Mannheim 1986.

Lay, R.: Ethik für Wirtschaft und Politik. München 1983.

Malik, F.: Strategien des Managements komplexer Systeme, 2. Aufl., Bern 1986.

Mann, R.: Ein Unternehmen führen, heißt Offensein für den Wandel. Über das Management des »Neuen Denkens«, in: Blick durch die Wirtschaft vom 24. 10. 1986, S. 4–7.

Matenaar, D.: Vorwelt und Unternehmenskultur. Vernachlässigte Faktoren in der Organisationstheorie. In: zfo 1/83, S. 19–27.

Neuberger, O./Lahnstein, M./Pullig, K.-K., et al.: Leistungsträger in der Krise? Die Zukunft des mittleren Managements. Bielefeld 1985.

Ouchi, W.-G.: Theory Z., How american business can meet the japanese challenge. New York 1982.

Pascale, R. T./Athos, A. G.: Geheimnisse und Kunst des japanischen Managements. München 1982.

Peters, T. J./Watermann, L. H.: In Search of Excellence. Lessons of American's Best-run Companies. New York 1984.

Reichart, L.: Entwicklung und Gestaltung einer Führungskultur – ein Beispiel aus der Praxis. Vortragsunterlagen AIESEC – Symposium am 5./6. Juni 1986 in Bonn/Bad Godesberg.

Rich, A.: Wirtschaftsethik, Gütersloh 1984.

Rosenstiel, L. V.: Grundlagen der Organisationspsychologie. Stuttgart 1987.
Schneevoigt, I.: Innovationen schaffen Arbeit. In: BDA (Hrsg.): Beschäftigungsoffensive der Arbeitgeber, Dokumentation eines Kongresses, 27./28. 10. 1986, Köln 1986, S. 90–98.
Schuhmacher, B.: Handbuch Führungsgrundsätze und Führungshilfen entwickeln und einführen. Bausteine der Organisationskultur. Landsberg/Lech 1985.
Seibt, C. P.: Über das Ende des praktischen Un-Sinns. In: gdi-Impuls, 1/87, S. 10–32.
Spie, U. (Hrsg.): Personalwesen als Managementaufgabe. Handbuch für die Personalpraxis. Stuttgart 1983.
Spie, U.: Personalarbeit im Wandel. Von der Reaktion und Improvisation zur Planung und Gestaltung. In: Personalwirtschaft, Jg. 8, 1981, Seite 16–21.
Stachowiak, H. (Hrsg.): Bedürfnisse, Werte und Normen im Wandel. München 1982.
Staehle, W.: Management. München 1980.
Staudt, E. (Hrsg.): Das Management von Innovationen. Frankfurt 1986.
Steinmann, H. (Hrsg.): Planung und Kontrolle – Probleme der strategischen Unternehmensführung. München 1981.
Steinmann, H./Oppenrieder, B.: Brauchen wir eine Unternehmensethik? In: Die Betriebswirtschaft, Jg. 45, 1985, H. 2.
Szöllösi, A.: Elite und Leistung. In: FAZ vom 1. 9. 1980, S. 8.
Ulrich, E.: Führungs- und Organisationsprinzipien im Umbruch: Konsequenzen für Rolle, Aufgaben und Selbstverständnis des Managers. In: GDI-Sammelband der Referate der Internationalen Handelstagung 1982, Rüschlikon 1982.
Ulrich, H. (Hrsg.): Management-Philosophie für die Zukunft. Gesellschaftlicher Wertewandel als Herausforderung an das Management. Bern, Stuttgart 1981.
Ulrich, P.: Systemsteuerung und Kulturentwicklung: Auf der Suche nach einem ganzheitlichen Paradigma der Managementlehre. In: Die Unternehmung 4/1984.
Vester, F.: Neuland des Denkens. Vom technokratischen zum kypernetischen Zeitalter. 4. Aufl., München 1986.
Wolff, G./Göschel, G.: Führung 2000: Der Weg in die Zukunft. 2 Bände, Frankfurt 1985/86.
Wollert, A.: Werteorientierte Personalpolitik als Bestandteil einer gesamthaften Unternehmenspolitik. In: *Bayer, H.* (Hrsg.): Unternehmensführung und Führungsethik. Heidelberg 1985 (1).
Wollert, A.: Unternehmenskultur in Großunternehmen. In: AGP (Hrsg.): Unternehmenskultur in Deutschland. Güterloh 1986, S. 198–202.
Wollert, A.: Führungsethik – Was soll's? In: Personalführung (DGFP), Heft 4/1985 (3).
Wollert, A.: Führungskräfte im Unternehmen; Vortrag anläßlich eines Führungskräfteseminars am 25. 4. 1986 (1).
Wollert, A.: Führung und Ethik; Referat anläßlich des 78. Baden-Badener-Unternehmergespräches am 20. 10. 1986 (2).

Wollert, A.: Die Rollenidentifikation oberer Führungskräfte. In: *Schuler, H./Stehle, W.* (Hrsg.): Organisationspsychologie und Unternehmenspraxis: Perspektiven der Kooperation. Stuttgart 1985, S. 83–88 (2).
Zander, E.: Führung in der achtziger Jahren. Heidelberg 1980.
Zürn, P.: Vom Geist und Stil des Hauses. Unternehmenskultur in Deutschland. Landsberg/Lech 1985.

Anthropologische Aspekte zur Personalarbeit

Was können Psychologie und Soziologie für das Personalwesen leisten?

Heinz Dirks

I Aufgaben des Personalwesens

Die Aufgabe des Personalwesens besteht allgemein gesehen darin, den Einsatz der in einer Organisation tätigen Menschen vorzubereiten und so zu steuern, daß die verschiedenen Funktionen optimal ausgeführt und die Aufgaben der Organisation effizient erfüllt werden. Bei einer Organisation kann es sich um einen Betrieb, eine Verwaltung, eine militärische Einheit, einen sozialen Aufgabenbereich usw. handeln. Wir wollen uns im folgenden auf einen Industriebetrieb einstellen; die Übertragung der Gesichtspunkte auf andere Bereiche ist dann mit einigen Akzentverschiebungen möglich.

Diese Aufgabe wurde als Personalwirtschaft bezeichnet, was die besondere Bedeutung wirtschaftlicher Aspekte auch im Personalwesen betont. Das geschieht umso mehr, wenn man von einem einseitigen und allzu einfachen Menschenbild ausgeht. *G. Schmölders* schreibt in seinem Beitrag »Das Bild vom Menschen in der Wirtschaftstheorie« [1]: »Das Bild vom Menschen ist in der Wirtschaftstheorie lange Zeit hindurch von dem Modell eines besonderen ›homo oeconomicus‹, dem Idealtypus eines vollkommenen Wirtschaftsmenschen rationaler Prägung beherrscht gewesen, der gewissermaßen als eiskalter Rechner . . . ausschließlich von einem Streben nach einem Nutzenmaximum erfüllt ist, um damit mit allen anderen . . . Wirtschaftsmenschen in Wettbewerb zu treten«. In der Wirtschaftstheorie ist dieser Standpunkt weitgehend korrigiert, wie *Schmölders* ausführlich darlegt.

In der Praxis kann man sich aber des Eindrucks nicht erwehren, daß das Verhalten der Führung oft nach der Überzeugung erfolgt, die Menschen würden sich ausschließlich am Geld orientieren. Dabei bleiben dann Forderungen nach Humanisierung der Arbeit, nach freier Persönlichkeitsentfaltung, nach Erfüllung sozialer Bedürfnisse usw. mehr rhetorische Beteuerungen als konkrete Orientierungspunkte. Die Aspekte des Denkens und Verhaltens verschieben sich mit dem Wechsel der jeweiligen Wirtschaftslage. Ist man in Zeiten der Hochkonjunktur und entsprechender Verknappung der Arbeitskräfte eher bereit, sich auf die menschlichen Bedürfnisse zu besinnen und entsprechende Zugeständnisse zu machen, so werden diese schnell vergessen, wenn in einer Rezession die Zahl der Arbeitsuchenden größer, das Geld knapper wird und eine entsprechende Bereitschaft zu Bedürfnisverzichten auftritt.

Nun geben wir gern zu, daß dieser Wechsel oft unter Sachzwängen geschieht, denen man sich nicht ohne weiteres entziehen kann, wenn man ökonomisch richtig handeln will. Doch die Glaubwürdigkeit der Führung wird dabei stark beansprucht. Nichts liegt näher, als daß die Menschen, die solches erleben, zu der Überzeugung kommen, daß das alles nur eine Machtfrage sei, und daß die Führenden sich danach in guten und schlechten Tagen verhalten.

Es erscheint sinnvoll, sich etwas eingehender mit den menschlichen Problemen im Beruf und bei der Arbeit zu befassen. Dabei sollte es im folgenden nicht nur um vordergründige Einzelfragen gehen, sondern um die anthropologischen Grundlagen ebenso wie um die äußeren Bedingungen, unter denen der Mensch arbeitet und zur Entfaltung seiner Möglichkeiten kommt. Unter diesen Aspekten wird dann immer der Istzustand und der Sollzustand anzusprechen sein, wobei es zu den Aufgaben des Personalwesens gehört, möglichst beide zur Deckung zu bringen. Anders ausgedrückt heißt das, daß man – in Anlehnung an die Ausführungen von *von Rosenstiel* [2] – sowohl die Probleme der Diagnose wie die der Führung mitanklingen lassen sollte.

Im einzelnen werden wir folgende Themen behandeln:

(1) Die anthropologischen Grundlagen
(2) Die in der Umwelt vorgegebenen Situationen
(3) Die vorhandene soziale Differenzierung
(4) Die Situationsanalyse und Diagnostik.

Ausgeklammert bleiben dabei bewußt die rechtlichen Probleme und Vereinbarungen – von den Einstellungsverträgen über die tariflichen und sonstigen Entlohnungsregelungen bis zu den Bedingungen der Entlassung. Sie legen die Rahmenbedingungen fest, unter denen im einzelnen Betrieb gearbeitet wird. Sie bilden heute noch oft die Hauptaufgaben des Personalwesens, das damit einen vorwiegend verwaltenden Charakter annimmt. Wir unterschätzen diese Aufgaben keineswegs, stehen hier aber vor der Zielsetzung, die andere, wie wir meinen kaum weniger wichtige Aufgabe des Personalwesens zu behandeln.

Der griechische Staatsmann *Perikles* (um 500 v. Chr.) hat in seiner berühmten Leichenrede für *Thukydides* drei Voraussetzungen für die Größe Athens angegeben: die Gesinnung, die Verfassung und die Lebensform. Daran hat sich bis heute nichts geändert, das gilt für jede Demokratie.

Wir wollen uns im folgenden mit den Grundvoraussetzungen der Gesinnung und der Lebensform befassen, wohl wissend, daß diese erst im Rahmen der Verfassung und der Rechtsprechung zur Auswirkung kommen können, daß sie aber nicht identisch mit diesen sind.

II Die anthropologischen Grundlagen

Die individuelle Natur des Menschen

Voraussetzung jeder kritischen und effektiven Personalarbeit ist die Kenntnis des Menschen. Viele Fehler entstehen dadurch, daß man von einem falschen Menschenbild ausgeht. Dann führen aber die Schlußfolgerungen bei noch so viel Ideen und zugrundeliegender Logik zu falschen Ergebnissen.

Daß der Mensch, wenn er sich ein Bild von dem anderen machen will, von sich auf diesen anderen schließt, ist bekannt. Daß er sich dabei aber selbst zum gültigen Maßstab der Bewertung macht, ist problematisch. *Deusinger* [3] hat das durch gründliche wissenschaftliche Untersuchungen bestätigt. Wenn der Mensch sich zum Bezugssystem für die Beurteilung macht, dann gehen Einzelerfahrungen, Traditionen, Vorurteile, unbegründete Meinungen mit ein. Im Interesse der Gerechtigkeit und Humanisierung der Arbeit werden aber immer Korrekturen an diesem subjektiven Bezugssystem notwendig sein. Hier muß zugegeben werden, daß auch in der psychologischen Wissenschaft mit Arbeitshypothesen und Annahmen gearbeitet wird, die verschiedene anthropologische Auffassungen über die Natur des Menschen voraussetzen.

Deshalb sei vorweg ein Satz von Axiomen vorgelegt, auf die sich alle weiteren Überlegungen beziehen werden. Sie sollen auch im groben Überblick Irrtum und Wahrheit des Menschenbildes andeuten:

(a) Der Mensch ist ein weltoffenes Wesen, d. h. er ist nicht durch Instinkte festgelegt (programmiert), er besitzt vielmehr prinzipiell die Möglichkeit, sich frei zu entscheiden, wenn dabei auch Einflüsse der Umwelt über Menschen, Ereignisse und Institutionen wirksam werden.

(b) Die Orientierung des Menschen in der Welt erfolgt nicht allein durch die äußere Wahrnehmung und den Verstand. Vielmehr gehen dabei Gefühle, Triebe, Bedürfnisse bewußt, halbbewußt oder unbewußt mit ein.

(c) Als handelndes Wesen ist der Mensch von seinen Fähigkeiten und Motiven bestimmt. Die Motivation stellt dabei ein besonderes Problem dar. Aus der praktischen Erfahrung weiß man bereits, daß es nicht nur um das Geldverdienen geht, daß im beruflichen Bereich aber auch die Vorstellung, gute Arbeitsbedingungen würden besonders motivierend wirken, nur begrenzt richtig ist. Es geht immer um ein ganzes Bündel von Motiven, deshalb ist eine monokausale Erklärung des Verhaltens aus *einem* Prinzip im allgemeinen nicht richtig, was auch die Stimulierung der Motivation mit *einem* Mittel fragwürdig erscheinen läßt.

(d) Die Fähigkeiten des Menschen beruhen auf einem individuell unterschiedlichen Ensemble von Begabungen, Kraftreserven und Antrieben, das noch durch äußere Einwirkungen (Umwelt, Gesellschaft) entwickelt, gefördert oder gehemmt werden kann. Der Mensch ist aber nicht beliebig konditionierbar. Diese immer wieder verbreitete Auffassung ist ideologisch von der Behauptung der Gleichheit aller Menschen abgeleitet. Diese ist inzwischen nicht nur von der Erfahrung, sondern auch von der Wissenschaft, z. B. durch *Eysenck* [4] widerlegt worden. Die Gründe für diese aller Erfahrung widersprechende Annahme hat der Verhaltensforscher und Nobelpreisträger *Lorenz* [5] deutlich gemacht: »Es wäre tatsächlich von gleich großem Interesse für kapitalistische Unternehmer und superstalinistische Diktatoren, könnte man die Menschen einfach durch die richtige Konditionierung in uniformierte und absolut gehorsame Verbraucher oder kommunistische Staatsbürger umfunktionieren.« *Lorenz* hat weiter festgestellt, daß »allen Menschen aller Völker und Kulturen gewisse Strukturen des Denkens angeboren sind, . . . die auch die Logik des Denkens schlechthin bestimmen« [6].

Diese Einsicht halten wir für sehr bedeutsam in einer Zeit, in der zunehmend mehr Menschen aus anderen Kulturen in unserem Lande tätig werden.

(e) Zur existentiellen Grundsituation des Menschen gehört auch die Notwendigkeit der Arbeit, durch die er im allgemeinen die materiellen Grundlagen seines Lebens schafft, die ihm aber auch die Möglichkeit zur Entfaltung seiner individuellen Potenzen und zur Selbstbestätigung gibt. Das Gewicht, das die Arbeit im Leben des einzelnen hat, ist verschieden und kann sich auch laufend verändern. Eine solche Veränderung hat sich gerade in letzter Zeit angebahnt, im wesentlichen veranlaßt durch eine Verschiebung des Verhältnisses von Bedarf und Angebot an Arbeitskräften. Das hat – unabhängig von konjunkturellen Schwankungen – verschiedene Ursachen. Dabei spielt auch die schnelle Entwicklung des technischen Fortschritts eine Rolle. Auf dieses Problem werden wir im Zusammenhang mit der Frage nach der Wertorientierung zurückkommen.

(f) Menschliches Verhalten ist aber nicht nur unter dem kausalen Aspekt (der ursächlichen Begründung) zu sehen, sondern auch unter dem teleologischen Aspekt (der Sinnfrage). Erst wenn man schwierige Verhaltensweisen unter beiden Aspekten zu deuten versucht, wird sich ein tieferes Verstehen ergeben.

(g) Der Mensch ist ein soziales Wesen, das in individuell verschiedener Ausprägung den Kontakt mit anderen braucht. Dadurch ergibt sich eine natürliche Spannung zwischen persönlichen Bedürfnissen und Zielen einerseits und einer notwendigen sozialen Rücksichtnahme andererseits, die im Rahmen zweckgebundener Organisationen und wertgebundener Institutionen ausgetragen werden muß. Diese Problematik hat *Freud* [7] bereits früh erkannt. So sehr er die Bedürfnisse bzw. Triebe und die Notwendigkeit ihrer Befriedigung mit allen Problemen, die sich unbewußt dabei ergeben können, in den Blickpunkt seiner Forschung gerückt hat, so genau sah er doch auch die andere Seite. Er betonte die Unmöglichkeit einer ungehemmten und unkontrollierten Bedürfnisbefriedigung und die Notwendigkeit eines institutionellen Ausgleichs zwischen individuellen Bedürfnissen und gesellschaftlichen Notwendigkeiten. Erst *Marcuse* [8] hat sich von dieser Einsicht gelöst und die Behauptung propagiert, daß bei in Zukunft ständig verfügbarem Wohlstand jede Bedürfnisbefriedigung sofort möglich sei. Wir werden diese Problematik später noch einmal ansprechen.

Hinsichtlich dieser Grundaspekte menschlicher Existenz hat sich der Mensch im Laufe der Geschichte prinzipiell kaum geändert. Allerdings erhielten und erhalten die einzelnen Bestimmungsmerkmale im Zuge der geschichtlichen und sozialen Entwicklung jeweils andere Gewichte. Eine solche Gewichts- und Wertverschiebung erfolgt vor allem mit der Veränderung der äußeren Lebensbedingungen. Das Tempo dieser sozialen Veränderung hat im letzten Jahrhundert mit der Entwicklung der modernen Technologie erheblich zugenommen und wird in seinen Folgen immer gravierender. Deshalb werden wir diese Problematik auch mit aller Vorsicht unter Zukunftsperspektiven sehen müssen.

Bevor wir später noch einmal auf diese Problematik eingehen, ist aber die Frage zu beantworten, wieweit diese allgemeinen Thesen das Menschenbild bestimmen, das für die Personalarbeit die Grundlage bieten sollte. Wir meinen, daß diese Erkenntnisse als Grundlage in alle Diskussionen über menschliche Probleme im Betrieb eingehen sollten. Dazu ist dann aber hinsichtlich der betrieblichen Situation eine genauere Behandlung zweier Einzelaspekte erforderlich, die für die Leistung der Mitarbeiter von vorrangiger Bedeutung sind: Die Begabungen und die Motivation. Durch die Motivierung der vorhandenen Begabungen kommt die Leistung zustande, ebenso wie ein Mangel an Leistung entweder an nicht ausreichender Befähigung oder an fehlender Motivation liegen kann.

Begabungen

Hier geht es um ein breites Spektrum von physischen, intellektuellen und emotionalen Voraussetzungen, aus denen durch entsprechende Erziehung und Ausbildung Befähigungen für die Bewältigung des Lebens wie für die spezielle Berufsarbeit entstehen. Das variiert z. B. zwischen den Polen einer starken Körperkraft und eines hochdifferenzierten, abstrakten Denkens. Das Problem kann hier im einzelnen nicht weiter verfolgt werden. Zwei Entwicklungen sollten aber bei der Betrachtung dieses Komplexes nicht übersehen werden. Zum einen gehen die Veränderungen in der Berufsarbeit, aber auch in der

Bewältigung des persönlichen Lebens – etwa im Haushalt – dahin, daß immer mehr körperliche Arbeit, die Kraft und Handgeschick erfordert, durch programmierte Maschinen abgelöst wird. Gleichzeitig werden die Anforderungen hinsichtlich des intelligenten Umgangs mit den Dingen immer größer. Das hat vor allem im Beruf erhebliche Konsequenzen, weil die Arbeitschancen für intellektuell weniger Begabte laufend geringer werden. Es stellt sich zudem die Frage, ob die traditionelle Ausbildung – deren Leistungsfähigkeit im In- und Ausland bisher voll anerkannt war – den heutigen Anforderungen noch immer gerecht wird. Hier wird viel neue vorausschauende Planung notwendig sein.

Denn falsch oder überhaupt nicht Ausgebildete haben zunehmend weniger Aussichten am Arbeitsmarkt, was erhebliche gesellschaftspolitische Folgen nach sich ziehen dürfte.

Ein weiteres Problem ist mit den emotionalen und willensmäßigen Voraussetzungen für bestimmte Leistungen gegeben. *Mitscherlich* [9] hat seinerzeit eine Erziehung für die Emotionalität und die Sozialbeziehungen neben der intellektuellen Ausbildung gefordert. Für die beruflichen Aufgaben könnte eine solche Erziehung im Sinne des Umgangs mit Kollegen und Untergebenen, wie für Verhandlungen außerhalb des Betriebs wichtig sein. Man kann heute mit einer frühkindlichen Erziehung und Erfahrung auf diesem Gebiet nur begrenzt rechnen. Deshalb werden aber Schwierigkeiten in der Kommunikation im positiven (Teamarbeit) wie negativen (Konflikte) Sinne wahrscheinlich zunehmen. Es gibt auch bereits bereits zahlreiche Versuche fachlicher und laienhafter Art, diese Problematik zu bewältigen. Selbstfindungsgruppen, Verhaltenstraining, Außendienst- und Vorgesetztenschulung nehmen immer breiteren Raum ein. Bei allen Versuchen bleibt aber offen, wie weit das in Seminaren Erfahrene und Erlernte in den Alltag transferierbar ist. Es ist keineswegs selbstverständlich, daß diese Übertragung gelingt. Trotzdem wird man in verschiedenen Bereichen auf diese Hilfe nicht verzichten können [10].

Schließlich sei noch auf die Möglichkeit ungenutzter Begabungen hingewiesen, die man zwar bei der Einstellungsauslese vermindern, aber nicht ganz ausgleichen kann. Hier spielen oft auch Sachzwänge im Betrieb eine Rolle, trotzdem sollte man die Situation des Unterforderten nicht bagatellisieren.

Motivation
Begabungen kommen erst zum Zuge, wenn eine Motivation zum Einsatz derselben vorhanden ist. Die oben bereits angedeutete Vorstellung, daß hier das Geld die entscheidende Rolle spielt, ist sicher nicht zu halten, wenn in den Lebensverhältnissen das Niveau des bloßen Existenzminimums überschritten ist. Bei der Motivation geht es um drei unterschiedliche Voraussetzungen, einmal um die inneren Antriebe, zum anderen um die Befriedigung der vorhandenen Bedürfnisse, und schließlich um die Sinnerfüllung des eigenen Lebens. Man wird der Frage nach den Möglichkeiten der Motivation nicht gerecht werden, wenn man einseitig nur die eine oder andere Voraussetzung beachtet.

Die erste Grundlage der Motivation liegt in den inneren Antrieben, die eine vererbungsmäßige Voraussetzung für das Handeln bedeuten. Es gibt in der Tat Menschen, die sehr starke Antriebe besitzen und geradezu nach Gelegenheiten für ihre Betätigung suchen. Der Betriebsame ist ein Beispiel dafür.

Ihm kommt es nur darauf an, daß er etwas tun und bewirken kann, wobei die Frage, welchen Sinn dieses Tätigsein hat, kaum noch gestellt wird. Und ebenso gibt es antriebsschwache Menschen, die immer eine Anregung von außen brauchen, um überhaupt tätig zu werden. Diese eine Voraussetzung der Motivation wird oft vernachlässigt, insbesondere von denen, die mit *Marx* glauben, daß der Mensch nur das Ergebnis gesellschaftlicher Einflüsse ist.

Die Bedürfnisse spielen heute in der allgemeinen Menschenkenntnis eine große Rolle. Jeder weiß doch, daß er Bedürfnisse und das Recht auf deren Befriedigung hat, und daß er unglücklich sein muß, wenn diese Befriedigung ausbleibt. Das ist von der Psychoanalyse über die Massenmedien simplifizierend in das allgemeine Bewußtsein eingedrungen. Wir können in diesem Zusammenhang eine umfassende und differenzierte Darstellung nicht geben, verweisen aber auf eine ausführliche und moderne Behandlung durch *Graumann* [11]. Immerhin sollte man wissen, daß es eine Schichtenordnung der Bedürfnisse gibt. Während die niederen Bedürfnisse (oder Triebe) der Existenzerhaltung dienen, sind die höheren auf die Sozialbeziehungen gerichtet. Schließlich gibt es dann als oberste Schicht die sinnorientierten Strebungen des Werteschaffens. Nun besteht eine allgemeine Regel, daß höhere Bedürfnisse sich erst dann einstellen, wenn die niederen Bedürfnisse der Existenzsicherung befriedigt sind. Diese Regel gilt allerdings nicht ohne Ausnahmen. Es hat immer den hungernden Künstler oder Intellektuellen gegeben, der auf kaum ausreichendem Existenzniveau Bedeutendes zustande gebracht hat, ebenso wie es eine Luxurierung der Bedürfnisse gibt, was man hinsichtlich des Essens, der Kleidung und anderer Lebensumstände immer wieder beobachten kann.

Eine zweite Erscheinung innerhalb des Spektrums der Bedürfnisse ist folgende: wird ein Bedürfnis nicht hinreichend befriedigt oder gar unterdrückt, kann ein anderes leicht überwertig werden (etwas salopp ausgedrückt: wenn der Vorgesetzte mich schon schlecht behandelt, muß wenigstens reichlich Geld in der Lohntüte sein).

Wir werden später noch einmal – im Zusammenhang mit den Fragen der Wertorientierung – darauf zurückkommen müssen, denn die richtige Motivierung gehört zu den wichtigsten Aufgaben der Personalführung. Deshalb muß immer wieder von neuem die Klärung der Effizienz dieser Maßnahmen versucht werden.

Die sozialen Bindungen

Kommunikation

Grundlage für die folgenden Darlegungen ist die seit dem Altertum bekannte Erkenntnis, daß der Mensch von Natur her ein soziales Wesen ist (ein »zoon politikon« nach *Aristoteles*). Das will besagen, daß er auf mehr oder weniger Kommunikation mit anderen angewiesen ist. Jede Vereinzelung wird deshalb als Besonderheit erlebt, ob es sich um den Einsiedler handelt, der freiwillig auf den Kontakt mit anderen Menschen verzichtet, oder etwa um den Strafgefangenen, der in Einzelhaft gehalten wird. Daß diese letzte Form, bei schweren Verbrechen angewandt, heute als »Isolationsfolter« gebrandmarkt wird, deutet auf die Wichtigkeit der Kommunikation im normalen Lebensbereich hin. Erst in der Kommunikation (Verbindung) und in der Abgrenzung (Konflikt) kommt der Mensch zur vollen Entfaltung seines Wesens. Hierbei spielen allerdings die gesellschaftlichen Bedingungen eine erhebliche Rolle: wer zu Hause einsam lebt, wird die Verbindung mit anderen und das Gespräch im Beruf verstärkt suchen. Wer zu Hause von einer größeren Familie in Anspruch genommen wird, braucht den Kontakt im Beruf weniger. Nun sollte das Zusammenleben mit anderen eigentlich kein großes Problem sein, solange der Mensch sich sein Maß an Kommunikation selbst suchen und bestimmen kann. Kinder lernen oder sollten es lernen, ein positives Verhältnis zu den anderen zu finden. Das beginnt normalerweise beim Kleinkind in der Familie, setzt sich fort im Kindergarten und wird in der Schule unter Leistungsbedingungen weitergeführt. Die heutige Familienstrukur setzt dabei aber ganz bestimmte Akzente: 1982 waren 43% der Kinder Einzelkinder. Diese erlernen in den ersten Lebensjahren nur eine Kommunikation mit Erwachsenen, im Kindergarten geben sie mindestes zur Hälfte den Ton an. Wenn dann eine moderne Pädagogik den Verzicht auf Erziehung nahelegt (man macht dem Kind Angebote und läßt es nach dem Modell »trial and error, Versuch und Irrtum« entscheiden und lernen), dann können sich kaum soziale Beziehungen entwickeln. Gewiß hat sich diese Erziehung noch nicht allzuweit durchgesetzt, aber ein Zug zur Egozentrizität ist heute unübersehbar.

Schließlich sei als Symptom für die Kommunikationsprobleme die steigende Zahl der Ehescheidungen genannt. Ca. 54% dieser Ehen haben Kinder, und wenn diese die Zeit vor der Scheidung und die Scheidung mit im allgemeinen nicht sehr erfreulichen Begleitumständen erleben, so erfolgen hier Prägungen, die gegen eine harmonische Kommunikation stehen. In der Schule ist das kaum auszugleichen, zumal moderne Lernkonzeptionen das erzieherische Moment weitgehend eliminieren. So bleibt dann als Orientierung der Kinder der Wille zur Durchsetzung. Das wird verstärkt durch das Recht auf Selbstverwirklichung, das durch die Massenmedien zum Bestandteil der öffentlichen Meinung geworden ist. Die Einsicht, daß der Gegenpol zur sich durchsetzenden Entfaltung die Rücksichtnahme auf den anderen ist, damit sich ein soziales Gleichgewicht einpendeln kann, wird nicht geweckt.

Das sind hinsichtlich der Sozialbindungen Voraussetzungen, mit denen viele junge Menschen heute in den Betrieb kommen. Dort erleben sie dann aber Unterstellungsverhältnisse, Ordnungen, Notwendigkeiten zur Rücksichtnahme und Pflichten. Wen wundert es, wenn sie sich schwer tun, das innerlich zu bejahen.

Auf der anderen Seite ist für viele Menschen der Beruf ein entscheidendes Kommunikationsfeld. Das erleben viele erst bewußt, wenn sie die Arbeit verlieren. Gleichzeitig drängen in der letzten Generation viele Frauen aus dem Haus in den Beruf. Das ist sicherlich ganz unterschiedlich und vielschichtig motiviert. Aber das Kommunikationsbedürfnis spielt dabei keine geringe Rolle.

Viele der hier aufgewiesenen Probleme fordern heute das Personalwesen heraus, über die Verwaltungsarbeit hinaus Lösungen zu suchen und zu finden.

Soziale Struktur des Betriebes

Soziale Strukturen ändern sich, sie sind weitgehend abhängig von technischen Entwicklungen, die jeweils neue Anforderungen setzen. Wir haben in der letzten Generation eine deutliche Verschiebung der Berufsfelder von der Landwirtschaft über die Industrie zum Dienstleistungsgewerbe. Jedes dieser Felder entwickelt andere Strukturen, bietet andere Arbeitsmöglichkeiten und setzt andere Formen des Zusammenarbeitens voraus. Vom Schnitter, der noch am Anfang dieses Jahrhunderts in großen Kolonnen das Getreide auf den großen Gütern mähte, bis zum Fahrer eines modernen Mähdreschers war es ein weiter Weg. In der Industrie ist die Entwicklung noch schneller vor sich gegangen. Mit der technischen Rationalisierung hat sich aber auch die soziale Struktur verändert. Ungelernte und Angelernte sind anders zu führen als qualifizierte Facharbeiter, die in höherer Selbständigkeit mit geringerer Aufsicht mehr sich selbst überlassen sind. Das alte Führungsmodell: Befehl und Gehorsam trägt hier nicht mehr. Das alte Klassensystem, in dem die jeweiligen Ansprüche in harter Konfrontation ausgefochten werden, ist sicherlich auch überholt. Aber der Betrieb ist auch keine Familie, wie gelegentlich von einigen Unternehmern behauptet wird. Er ist eine Zweckorganisation, die auf bestimmte Leistungen angelegt ist. Diese Leistungen müssen erbracht werden, das Menschlich-persönliche darf aber auch nicht vernachlässigt werden. Das sollte schon bei den Zielsetzungen berücksichtigt werden. Und dafür sind Konflikte nicht gerade förderlich. Die Konflikttheoretiker nehmen die Konflikte als selbstverständlich an – und in der Tat legt ein egozentrisch orientierter Zeitgeist das nahe – und bieten dann Lösungsmodelle an. Sie verachten die »heile Welt«, die es ihrer Meinung nach nicht gibt. Und die Massenmedien verbreiten diese Konfliktmodelle und beeinflussen damit besonders die jüngeren Jahrgänge. Vor einiger

Zeit wurde in einer Jugendsendung des Fernsehens ein solcher »Konflikt« eines Auszubildenden mit seinem Meister behandelt. Der Moderator schloß die kurze Sendung mit der Aufforderung: »Überlegt Euch einmal alle bis zur nächsten Sendung, wie man den Meister aufs Kreuz legen könnte.«

Zwischen dieser Protesthaltung, die sich aus dem überhöhten Bedürfnis nach Selbstverwirklichung ergibt und der Anpassung im Interesse des Funktionierens des Betriebes muß ein Kompromiß erreicht werden. 1955 schrieb *Freyer* [12] in seiner Theorie des gegenwärtigen Zeitalters über die soziale Situation der Anpassung: »Funktioniere an der Stelle, an der du eingebaut bist, so wie es vorgesehen ist, möglichst noch um zwei Striche besser! Bringe das Ist deiner Arbeit mit ihrem Soll mindestens zur Deckung . . . Und der funktionale Wert deiner Teilleistung im Betrieb, deines Teilproduktes am Gesamtprodukt wird dir als soziale Geltung, vielleicht sogar als Autorität zufallen.« Dieses Modell der perfekten Organisation mit dem Zwang zur totalen Anpassung gilt heute nur noch in besonderen Fällen, wenn auch mancher dem nachtrauern wird. Aber andererseits ist die uneingeschränkte Selbstbestimmung bei der Arbeit aus Sachzwängen heraus kaum zu verwirklichen. Gleichzeitig ist zu bedenken, daß jeder Zuwachs an Selbständigkeit mehr Verantwortung nach sich zieht. Und dann stellt sich in jedem einzelnen Fall die Frage, ob der Mensch überhaupt in der Lage ist, die größere Freiheit mit der entsprechenden Belastung durch die Verantwortung zu tragen. Dabei deutet sich schon an, daß psychologische Diagnose und Beurteilung sich nicht mehr auf Begabungsfeststellungen beschränken können.

Zu den bisherigen Überlegungen gehört auch, daß die heute oft verlangte und gelobte »Teamarbeit« einen Schritt oder mehrere auf dem Weg zur Selbständigkeit und Verantwortung bedeutet, während gleichzeitig die oben dargestellten Kommunikationsprobleme bestehen. Schließlich werden die Arbeitsprozesse immer abstrakter, und das Ganze wird immer weniger überschaubar. Das führt dazu, daß die Abhängigkeit vom System zunehmend personalisiert wird. Die Autorität des Vorgesetzten ist nicht mehr selbstverständlich und allein vom Fachkönnen her zu begründen. Es entwickelt sich eine wachsende Sensibilisierung gegenüber dem, von dem man abhängig ist.

In dieser Lage werden die veränderten Strukturen in ihren Voraussetzungen und Auswirkungen durchdacht und die Führungskräfte auf neue Aufgaben vorbereitet werden müssen.

Wertorientierungen

Das bisher Dargestellte hängt eng mit den Veränderungen in der Wertorientierung zusammen. Dabei ist in unserem Zusammenhang die Frage nach der Stellung des modernen Menschen zur Arbeit entscheidend. Vor 15 Jahren konnte *Kluth* in einem Rundfunkvortrag [13] noch den Satz sagen: »Arbeit und Beruf sind Auftrag und Forderung an den Menschen, nicht Mittel und Möglichkeiten seiner Selbstentfaltung«. Und er meinte weiter: »So sehr auch die moderne Gesellschaft das Dienst- und Pflichtethos ausgehöhlt haben mag, so sehr hängt ihr derzeitiger kultureller und sozialer Standard davon ab, daß sich in den Motivationsschichten des arbeitenden Menschen noch Überreste des Amtsgedankens und des mit ihm verbundenen Pflichtethos erhalten haben.«

Dieser Bestand an traditionellem Pflichtethos ist inzwischen sicher geschrumpft. *Gehlen* hat bereits in den siebziger Jahren mitgeteilt, daß er mit dem Hinweis, man könne dadurch, daß man sich von einer Pflicht voll in Anspruch nehmen ließe, zur Erfüllung seines Lebens kommen, bei Studenten auf blankes Unverständnis stieß. Der Schreiber dieser Zeilen erlebte als Personalchef in den sechziger Jahren das Scheitern von Verhandlungen mit dem Betriebsrat über eine neue Arbeitsordnung, weil der Betriebsratsvorsitzende keine Arbeitsordnung zu unterschreiben bereit war, in der das Wort Pflicht vorkäme. Die Frage ist nur, ob es sich hier um echte Verschiebungen in den Moralvorstellungen handelt, oder ob das vorübergehende Modeerscheinungen sind, die aus ideologischen und z. T. utopischen Vorstellungen übernommen sind.

Das ist aber wichtig genug, um das noch etwas genauer zu untersuchen. *Hondrich* [14] hat die Frage nach den heutigen Bedürfnissen aufgerollt. Er meint: »Zu den Selbstverständlichkeiten der Neuzeit gehört der Anspruch jedes einzelnen, seine Bedürfnisse zu befriedigen. Darin kommt eine individualistische und hedonistische Grundstimmung zum Ausdruck, die dem Individuum und seinem Wohlbefinden Vorrang vor anderen Werten einräumt«. Die Hauptanliegen sind dabei eine Tätigkeit, die den eigenen Neigungen entspricht, ökonomische Stabilität und staatliche Sicherheit. Das Streben nach Anerkennung, nach Respekt, nach Geachtetwerden steht am unteren Ende der Wichtigkeitsskala und ist im übrigen weitgehend befriedigt.

Das wird von *Noelle-Neumann* [15] durch folgende Trendfeststellungen bestätigt, die die Verschiebung der Ziele und Wünsche von 1974 zu 1982 wiedergeben:

Wichtig ist,	1974	1982
Im Leben etwas zu leisten, es zu etwas zu bringen	54%	39%
daß ich von meinen Mitmenschen geachtet werde, Ansehen habe	36%	30%
daß ich vor mir selbst bestehen kann	59%	43%
daß ich an meinem Platz mithelfe, eine bessere Gesellschaft zu schaffen	46%	24%
daß ich mich mit allen Kräften für eine Idee einsetze	23%	15%

Danach hat offensichtlich die Bereitschaft zu einem besonderen persönlichen Einsatz in diesen 8 Jahren erheblich nachgelassen. Dagegen zeigen folgende Themen einen steigenden Trend:

	1974	1982
Das Leben genießen	27%	38%
Viel Freude haben	48%	52%

Das ließe sich durch weitere Untersuchungen bestätigen im ganzen geht es auf ein angenehmes genußreiches Leben hinaus, ohne große Anstrengung, ohne viel persönliches Engagement und Risiko, ein wenig Schlaraffenland ohne Gegenleistung, in dem man sich viel mit sich selbst beschäftigt und dazu noch etwas Hypochondrie leistet.

Von Rosenstiel [2] der diese Einstellung »Leben im Schongang« genannt hat, stellte sie bei 45% der Studenten aus den Bereichen Wirtschaft und Technik kurz vor dem Examen fest, bei denen man im Grunde gerade den Schritt zu einer aktiven, selbständigen und engagierten Gestaltung der Berufsverhältnisse erwarten dürfte. In diesem Trend schließen sich die Deutschen offensichtlich nicht einer internationalen Entwicklung der westlichen Welt an, sie sind eher die Vorreiter.

Nach *Noelle-Neumann* antworteten auf die Frage: »Sind Sie stolz auf Ihre Arbeit, Ihren Beruf?« mit ja: in Deutschland 53%, im Durchschnitt der USA und der EG-Länder 80%.

Es versteht sich wohl von selbst, daß derartige Entwicklungen für die Unternehmens- und Betriebsleitungen nicht belanglos sein können. Sie sind umso bedeutender, als sie mit einer laufenden Verkürzung der Arbeitszeit und einer dementsprechenden Verlängerung der Freizeit einhergehen. Gleichzeitig hat in allen westlichen Ländern die Arbeitslosigkeit ein relativ hohes Niveau erreicht. Da die Arbeitslosigkeit aber nicht nur ein finanzielles, sondern auch in erheblichem Maße ein menschliches Problem bedeutet, werden von da auch Rückwirkungen auf die Wertorientierung ausgehen.

Die Einstellung zur Arbeit wird aber zusätzlich noch durch eine umfassende soziale Absicherung beeinflußt. Wenn mögliche Unterstützungsleistungen in Konkurrenz zum Einkommen aus aktiver Arbeit treten, dann liegt es nahe, die Arbeit unter dem Aspekt des Grenznutzens zu sehen und eventuell auf diese zu verzichten.

Andererseits ist der normale Bürger auf eine verlängerte Freizeit und insbesondere auf die völlige Untätigkeit überhaupt nicht vorbereitet. Das alles macht die Sinnfrage in besonderem Maße aktuell. Im guten Wohlleben, in einem ausufernden Tourismus, auch wenn dieser z. T. bildungsorientiert ist, in einer laufenden Steigerung des Luxus kann wohl kaum der Sinn des Lebens gesehen werden. Vielmehr werden es immer Aufgaben, Pflichten und der Einsatz für andere sein müssen, die dem Leben Sinn und Erfüllung geben können. *Frankl* [16] hat in seinem Buch »Ein Psycholog erlebt das KZ« hinsichtlich der Sinnfrage des Lebens geschrieben, daß es »eigentlich nie und nimmer darauf ankommt, was wir vom Leben noch zu erwarten haben, vielmehr lediglich darauf, was das Leben von uns erwartet«. *Hofstätter* [17] nennt den Sinn das »Durchdrungensein von einer Aufgabe« und ein dreißigjähriger Betriebswirt schrieb mir, daß er und seine Freunde die »Signale« vermißten, die sie für irgend etwas motivieren könnten. Wie soll es aber weitergehen, wenn das Leben kaum noch etwas fordert, die Aufgaben wenig anregen und die Signale ausbleiben?

III Die äußere, vorgegebene Situation

Wirtschafts- und Gesellschaftsordnung

Das bisherige ist alles auf eine freie, soziale Marktwirtschaft bezogen, wie sie in den westlichen Ländern angestrebt und auch weitgehend praktiziert wird. Daß dabei immer etwas staatliche Planung eingehen wird, ist unvermeidbar, wenn man die sozialen Verpflichtungen nicht außer acht lassen und die Entwicklung allein dem Konkurrenzkampf überlassen will. Und es wird in einer Demokratie immer die Auseinandersetzung zwischen unterschiedlichen politischen Gruppen darüber geben, wieviel staatliche Planung und Entscheidung in das wirtschaftliche Geschehen eingreifen darf und soll.

Organisation und ihre Auswirkung

Die Organisation eines Unternehmens wie der ganzen Wirtschaft wird immer darauf gerichtet sein müssen, die gesteckten Ziele mit geringstem Aufwand und größtem Nutzen zu erreichen. Der Wiederaufbau unseres Landes nach der weitgehenden Zerstörung im zweiten Weltkrieg hat gezeigt, wie dieser Arbeitseinsatz von primitivsten Arbeiten mit größter Anstregung und langer Arbeitszeit bis zu Arbeiten mit geringer physischer Belastung und ausgedehnter Freizeit variieren kann.

Gleichzeitig wurde das Ziel, ein angemessenes Leben für alle (Ausschaltung von Hunger und Not) erreicht. Für die weitere Entwicklung sind nun zwei Aspekte wichtig. Einmal hat die technische Entwicklung eine gewisse Eigendynamik. Der Forscher entwickelt aus einem unmittelbaren Erkenntnistrieb neue naturwissenschaftliche und technische Einsichten. Der Techniker und Wirtschaftler überlegt, wie er diese Erkenntnisse praktisch anwenden und welchen Nutzen er daraus ziehen kann. Dabei entsteht der Wohlstand, aber es können auch Überkapazitäten entstehen, die nicht verwendbar sind. Wie sehr wir bei der Zielsetzung in einer Veränderung begriffen sind, wird an der These von *Freyer* [12] von der »Machbarkeit der Sachen« deutlich: »die Frage, was man alles daraus machen kann und mit welchen Verfahren, wird alleinherrschend«. Aber »der Mensch hat sich, indem er der Machbarkeit der Sachen freien Lauf ließ, in eine Welt begeben, in der er rein technisch denken muß, weil er es nur mit Stoffen zu tun hat, denen er seine Zwecke aufdrückt, nicht mit Partnern des Lebens. Das muß Folgen haben, auch für ihn selbst«. Diese Voraussage, vor 30 Jahren niedergeschrieben, bewahrheitet sich heute. Es entstehen Überproduktion und Arbeitslosigkeit einerseits und eine Beschädigung der Umwelt andererseits. Die Überproduktion wird sich wahrscheinlich durch den Markt und internationale staatliche Planungen auffangen lassen und auf ein normales Maß einpendeln. Ob die Arbeitslosigkeit dabei überwunden wird, bleibt fraglich. Sie wird, wenn sie länger besteht, Einflüsse auf die Struktur und Organisation haben. Die Umweltprobleme sind bereits zu einem gefährlichen Politikum geworden. Konnte man bisher Hochleistungen auf breiter Ebene anstreben und prämiieren, um sie immer weiter zu motivieren, so erscheint heute das »Leben im Schongang« für viele gar nicht so absurd, wenn wenige Menschen hohe Leistungen erbringen. Das muß aber völlig neue organisatorische Formen herausfordern, für die wir heute noch keine Konzepte sehen. Das wird sich aber gar nicht so sehr langsam entwickeln, weil die technische Entwicklung mit ungewöhnlicher Geschwindigkeit weiter läuft. Umso mehr wird es aber nötig sein, aus jedem einzelnen Entwicklungsschritt Folgen zu ziehen, um den sozialen Fortschritt nicht allzu sehr hinter dem technischen zurückbleiben zu lassen. Dazu gehört eine Sensibilisierung der Menschen für diese Probleme, und zwar nicht nur der Führenden, die den Fortschritt falsch einschätzen können, sondern auch der Ausführenden, die durch hohe Ansprüche in ihrer Motivation sowohl gebremst wie stimuliert werden können. Dieses Problem wird sich bei verschiedenen sozialen Gruppen in unterschiedlicher Weise stellen.

Belastungen durch Arbeit und Beruf

Es ist eine bemerkenswerte Beobachtung, daß heute, nachdem die gröbsten physischen Belastungen bei der Arbeit vermieden werden, und nachdem auch neue Verfahren nicht ohne Berücksichtigung der menschlichen Voraussetzungen entwickelt werden, die Klage über den Streß immer lauter wird. Wenn man einmal einiges davon abzieht, weil sich hier auch Moden einschleichen, und wenn wir auch der Meinung sind, daß in vielen Fällen die Neurotisierung der Gesellschaft herbeigeredet wird, daß man geradezu zu einer Wehleidigkeit erziehen kann, bleibt bei der Behauptung, einem dauernden Streß zu unterliegen, doch ein wahrer Bestandteil bestehen.

Ursprünglich verstand man unter dem Begriff Streß vor allem eine Belastung der Lebenssituation in vorwiegend körperlicher Hinsicht. Damit waren dann vor allem Überbeanspruchungen durch Schwerarbeit und lange Arbeitszeiten gemeint. Heute ist der Begriff für alle Formen von Belastungen, auch psychischer Art, gebräuchlich, wenn diese nur als solche erlebt werden.

Bei genaueren Beobachtungen und bei Auswertung einer heute kaum noch übersehbaren wissenschaftlichen Literatur zu dem Thema zeigt sich, daß die ernstzunehmende Streßsituation keineswegs nur durch ein Übermaß an Arbeit, starke Anspannung bei verlängerter Arbeitszeit, ungesundes Leben bei vorwiegend sitzender Tätigkeit usw. bestimmt wird. Vielmehr gehen dabei unterschiedliche psychologische und ethische Faktoren mit ein, die rational oft nicht bewußt und sicher nicht dirigierbar sind, weshalb diese Ursachen des Streß dann auch kaum zu vermeiden oder auszuschalten sind. In der Kasuistik jedenfalls stehen sich immer Fälle extrem anderer Lebensbedingungen gegenüber: Einmal gibt es den hart arbeitenden, ungesund lebenden, aber erfolgreichen und vom Sinn seiner Arbeit und deren Anerkennung überzeugten Menschen, der relativ unanfällig gegen die Einwirkung des Streß ist. Andererseits gibt es den um seine Gesundheit sehr besorgten, alle modernen Methoden der Gesundheitsförderung anwendenden Menschen, der bei normal anstrengender Arbeit innerlich unbefriedigt bleibt und in hohem Grade streßanfällig ist. Das bedeutet aber, daß es dabei immer um die Frage geht, wie die persönliche Inanspruchnahme erlebt wird, ob als sinnvoll, im Interesse einer Aufgabe, die man innerlich bejaht, oder als sinnlos, weil die persönliche Orientierung in andere Richtung geht. Deshalb können auch im Betrieb unterschiedliche Faktoren einen echten Streß bewirken. Es kann z. B. die Überforderung oder die Unterforderung sein, die das Erlebnis des Nicht-schaffen-könnens oder der Behinderung an der persönlichen Entfaltung zustande kommen läßt. Beide Situationen sind allerdings relativ leicht vermeidbar, wenn man das immer wiederholte Prinzip »den rechten Mann an den richtigen Platz« einigermaßen verwirklichen kann. Das gilt in gewissem Umfang auch für andere Stressoren wie Arbeitsplatzunsicherheit, Leistungslohnbedingungen, Vorgesetztenverhalten usw. Alle können zum Streß und bis zu psychosomatischen Erkrankungen führen, das geschieht aber nicht zwingend.

Es kann auch bei einer allgemeinen Unzufriedenheit bleiben, die *Sontheimer* [18] geradezu als Schicksal der Überflußgesellschaft bezeichnet hat. Er spricht von einem relativ hohen »Enttäuschungspotential, das zwangsläufig zustande kommt: Entweder »die Enttäuschung über das Ausbleiben des subjektiv erwarteten, durch politische oder sonstige Werbung suggerierten Anstiegs der materiellen Lebensqualität« oder »die Enttäuschung über das Ausbleiben der Befriedigung von Bedürfnissen, die von materiellen Leistungen weitgehend unabhängig sind«. Das bedeutet, daß an irgend einer Form der Enttäuschung jeder teilhaben kann, wenn er nur genügend über seine eigene Lebenssituation reflektiert.

Ganz in dieselbe Richtung gehen die Äußerungen von *Kornhauser* [19]: »Unsere zentrale Interpretation ist die, daß schlechtere psychische Gesundheit sich immer dann einstellt, wenn Arbeits- und Lebensbedingungen zu ständiger Enttäuschung führen und keine Möglichkeiten bieten, wahrnehmbare Fortschritte zu machen bei der Verfolgung stark ersehnter Ziele, die zu unverzichtbaren Elementen individueller Identität geworden sind«. Der entscheidende Punkt ist auch nach unserer Meinung die Enttäuschung. Nun kann man einige Enttäuschungen – wie oben bereits angedeutet – schon vermeiden. Aber ganz ohne Enttäuschungen wird es im Leben der meisten Menschen nicht abgehen. Eine richtige Analyse der eigenen Person oder der Umweltverhältnisse oder von beidem mögen manche Enttäuschungen überwinden helfen. Hier kann der Psychologe sicher mitwirken und so manchen Streß vermeiden helfen. Aber man sollte auch nicht das Selbstmitleid züchten. Jeder Mensch muß, wenn er einigermaßen psychisch gesund das Leben bestreiten will, lernen, mit gewissen Schwierigkeiten fertig zu werden. Deshalb ist es gut, wenn die Vorgesetzten um diese Zusammenhänge wissen. Wir vertreten aber seit langem den Standpunkt, daß daraus im Betrieb keine psychologische Beratungsstelle werden sollte, die dann das Auffangbecken für die Unzufriedenen wird und die Zahl der Unzufriedenen eher vergrößert als vermindert.

IV Soziale Differenzierungen innerhalb des Betriebes

Bevor wir zu dem letzten Kapitel, das die Situationsanalyse und die psychologische Diagnostik als Hilfsmittel für die Lösung der angeschnittenen anthropologischen Fragen behandeln soll, kommen wollen, erscheint es sinnvoll, die wichtigsten Gruppen innerhalb des soziologischen Spektrums der Betriebsangehörigen zu behandeln. Das kann nicht vollständig geschehen, soll aber die Aufmerksamkeit aus einer speziellen Sicht auf die komplizierten menschlichen Verhältnisse lenken. Dabei wird auch auf die Veränderungen der heutigen Gegebenheiten in der nahen Zukunft einzugehen sein.

Die Arbeitslosen und die Arbeitbesitzenden

Es besteht die Gefahr, daß sich bei länger andauernder Arbeitslosigkeit eine Sonderklasse entwickelt, die nicht nur durch finanzielle Einschränkungen gekennzeichnet ist. Die Größe dieser Gruppe ist. z. Zt. kaum genau anzugeben. Die registrierten Arbeitslosen umfassen mit Sicherheit nicht die Gesamtzahl, andererseits befinden sich unter ihnen auch solche, die nicht ernsthaft Arbeit suchen, sondern sich das Leben mit Arbeitslosenhilfe oder Fürsorgeunterstützung irgendwie eingerichtet haben. Insbesondere sind es die, die mit entsprechenden handwerklichen Fähigkeiten etwas Schwarzarbeit machen können und damit ihren bisherigen Lebensstandard einigermaßen halten. Das hängt natürlich auch von örtlichen, familiären und anderen Verhältnissen ab. Andererseits melden sich teilweise Arbeitslose über 50 Jahre nicht mehr beim Arbeitsamt, weil sie keine Chance für neue Arbeit mehr sehen. Das Zahlenspiel beschäftigt zwar die Politiker, bringt uns jedoch in unserer Fragestellung nicht weiter. Aber die psychologische Seite muß uns interessieren: Wie erlebt der Dauerarbeitslose seine Situation? Welche Wirkungen können von dieser Gruppe auf die Gesellschaft ausgehen? Wenn auch oben dargestellt wurde, daß im allgemeinen das Verhältnis zur Arbeit anders geworden ist, daß sich nicht mehr alles Denken und Werten um die Arbeit dreht, wenn auch wie *Lübbe* [20] formuliert hat, »die lebensprogrammatische Bedeutung der relativ zur Arbeitszeit selbstbestimmt verbrachten Zeit zugenommen hat«, so bedeutet das nicht eine allgemein verbreitete Bereitschaft zum Verzicht auf Arbeit überhaupt. Jeder Mensch braucht, wenn er psychisch gesund leben soll, ein gewißes Maß an Selbstbestätigung, an Anerkennung des eigenen Wertes. Das erreicht er nicht nur, aber sehr weitgehend bei der Arbeit. Jedenfalls hat er dort die Möglichkeit, durch eigene Leistung etwas dafür zu tun. Fällt die Arbeit fort, so muß er seine Selbstbestätigung in der Freizeit suchen. Das kann wieder durch Arbeit, (Schwarzarbeit) geschehen, gleich ob das Geld bringt oder nicht. Man sollte diesen Versuch, aus einer Notsituation herauszukommen, nicht gleich moralisch verdammen. Aber kann der Arbeitslose so nicht tätig werden, bleiben ihm nur noch Freizeitaktivitäten, die seine Zeit ausfüllen und ihm das Gefühl geben können, nützlich tätig zu sein. Daß das politische Akzente annehmen kann, ist nicht von der Hand zu weisen, in einer demokratischen Gesellschaft aber auch nicht verwerflich. Wenn diese Möglichkeit auch nicht besteht – und das ist wie bei anderen neuen Tätigkeiten eine Frage der Persönlichkeitsstruktur mit ihren Begabungen, Interessen und Bedürfnissen – dann bleiben die Untätigkeit und die inneren Leere, und die Sinnfrage wird für das eigene Leben dringlich. Daß Jugendliche hier besonders anfällig sind, die noch nie gearbeitet haben, liegt nahe. Weiterhin betrifft das ganze Problem fast immer die ganze Familie, in der oft wenig Verständnis für den arbeitslosen Vater oder die untätigen Kinder besteht. Je größer die Gruppe der so Betroffenen wird und bleibt, umso nachhaltiger werden auf die Dauer die Wirkungen auf die Gesellschaft sein.

Diese Probleme sind nicht psychologisch zu lösen – mit Ausnahme der Fälle echter psychischer oder psychosomatischer Erkrankungen –. Das kann besonders schwierig werden, wenn der Abstand im Lebensstandard zwischen Arbeitslosen und solchen, die noch arbeiten dürfen, sehr groß wird. Im Grunde haben wir schon heute drei Klassen von Erwerbspersonen: die Kinderlosen, die jeweils ein volles Gehalt für sich zur Verfügung haben, ob sie verheiratet sind oder nicht. Dann folgen die Verheirateten mit Kindern und schließlich die Arbeitslosenhilfe- und Fürsorgeempfänger.

Manche meinen heute, daß sich diese Problematik mit dem Auslaufen der starken Geburtsjahrgänge von selbst lösen wird. Dahinter steht eine Tendenz zur Beschwichtigung, weil man dann nichts zu tun braucht. Wir können dem nicht im einzelnen nachgehen, bezweifeln aber diese simplifizierende Vorstellung. Andere hoffen, mit einem Apell an die Solidarität der Arbeitenden mit den Arbeitslosen Verzichte zu erreichen, die die Zahl der Arbeitslosen vermindern könnten. Aber da bleibt es bei rhetorischen Beteuerungen, was nach dem oben Ausgeführten über die Egozentrizität in der Wohlstandsgesellschaft verständlich ist.

Daß hier aber eine ernste Problematik vorliegt, für deren Lösung wir noch keine Konzeption sehen, ist kaum zu bestreiten. Die Versuche, durch überhöhte Ausbildungszahlen wenigstens den Jugendlichen zu helfen, sind anerkennenswert. Aufgabe des Personalwesens müßte es sein, dafür zu sorgen, daß Aus- und Fortbildungsmaßnahmen so angesetzt werden, daß sie die Arbeitschancen der Betroffenen wirklich erhöhen.

Die Führenden und die Unterstellten

Holzkamp [21] hat in der »Neue Anthropologie« geschrieben: »Die entfaltete Form sozialer Kommunikation ist der uneingeschränkte symmetrische Dialog zwischen Menschen. Die Konzeption eines solchen Dialogs ist gewonnen aus der Negation faktischer Restriktionen und der faktischen Asymmetrie menschlicher Kommunikation durch objektive, auf ökonomischen und sozialen Herrschaftsstrukturen gegründete Abhängigkeiten». Er bezieht sich dabei auf Habermas und gibt die Denkweise aller derer wieder, die die »Herrschaft« abschaffen wollen, weil nach ihrer Meinung alle Menschen gleich sind. Die Realität ist anders und zeigt, daß jede von einer größeren Zahl von Menschen zu erfüllende Aufgabe eine Differenzierung im Einsatz der einzelnen und eine Führung verlangt. Aber in der Darstellung wird deutlich, daß dieses Ziel von denen ausgeht, die mit der Führung nicht zufrieden sind. Das kann verschiedene Ursachen haben. Entweder ist der Vorgesetzte zur Führung nicht geeignet oder der

Unterstellte ist weder anpassungsfähig oder anpassungsbereit. Oder beide passen nicht zusammen. Prinzipiell sind diese Probleme mit Ausnahme der fehlenden Anpassungsfähigkeit zu lösen. Voraussetzung ist, daß man auf beiden Seiten Verständnis für die Notwendigkeit der Führung, die berechtigten Ansprüche der Geführten und die Sachzwänge hat.

Man kann mit Sicherheit davon ausgehen, daß die Menschen in unterschiedlichem Maße zur Führung befähigt sind und daß diese Eignung nicht mit der fachlichen Qualifikation einhergeht. Der Forscher, der nach dem Modell des Suchens und Findens arbeiten muß und dafür Zeit und Geduld braucht, wenn er seiner Aufgabe voll gerecht werden will, ist von anderer Persönlichkeitsstruktur als der Betriebsleiter, der nach dem Modell des Entscheidens und Handelns zu operieren hat und oft unter einem erheblichen Zeitdruck steht. Wird das bei der Stellenbesetzung nicht beachtet, dann können bei noch so viel fachlicher Qualifikation erhebliche Schwierigkeiten entstehen. Dann kann bei der Forschung ein Druck entstehen, der den produktiven Einfällen nicht dienlich ist, im anderen Falle können Entscheidungen zu spät getroffen werden. Davon hängt oft der Erfolg ab, die Unterstellten wünschen aber im allgemeinen einen erfolgreichen Vorgesetzten und reagieren entsprechend. In diesem Rückkopplungsprozeß erlebt der Vorgesetzte dann mehr oder weniger Anerkennung und wird dementsprechend sicherer oder unsicherer. Das kann man in guten Zeiten, wenn die äußeren Bedingungen günstig sind, verkraften, in schwierigen Zeiten trägt aber die Führungsunsicherheit zu dem bei, was man heute Mißmanagement nennt.

Deshalb hat man sich in der ganzen Welt im militärischen Bereich bereits sehr früh viel Mühe mit der Auswahl und Ausbildung der Führungskräfte gegeben. Das geschieht heute auch in der Wirtschaft, worauf wir noch zurückkommen werden.

Die Wirkung der Führung hängt aber auch von der Eigenart der Unterstellten ab. Viele von ihnen sehen in einer guten Führung – ob bewußt reflektiert oder unbewußt geahnt – eine gewisse Sicherheit, die ihrem Schutzbedürfnis entgegenkommt. Aber es gibt auch von Natur Rebellen, die sich immer ungerecht behandelt und schlecht weggekommen erleben und es der Führung nicht leicht machen. Deshalb ist es schon wichtig, daß die Führung in einer institutionellen Ordnung einen Rückhalt und eine gewisse Autorität erlebt. Allerdings gibt es auch berechtigte Unzufriedenheit, die entweder durch Sachzwänge entsteht oder durch Unterlassungen oder Fehlentscheidungen der Führenden. Denn auch von ihnen ist niemand unfehlbar.

Diese psychologischen Probleme würden aber bestehen bleiben, wenn man – utopisch gedacht – Führung abschaffen und alles der Entscheidung von Basisgruppen überlassen würde. Überwinden kann man sie nur durch den guten Willen und die Einsicht in die Unzulänglichkeit alles menschlichen Tuns. Daß in dem Verhältnis zwischen Führenden und Geführten heute die Mitbestimmung verlangt und praktiziert wird, kann einiges an Schwierigkeiten vermeiden und im günstigsten Falle auch lösen helfen. Dabei wird die Frage nach der sinnvollen Reichweite der Mitbestimmung wohl immer offen bleiben. Sicher aber ist, daß beide Gruppen, die mit der Führung Beauftragten wie deren unterstellte Mitarbeiter am erfolgreichen Funktionieren eines Unternehmens beteiligt sind. Deshalb ist eine ständige Information aller Beteiligten unerläßlich, die sich nicht nur auf ökonomische Fragen beziehen sollte, sondern auch auf einen gesellschaftlichen Ausgleich orientiert sein muß.

Wichtig ist aber vor allem, daß die Verhältnisse von Führung und Unterstellten möglichst klar und überschaubar gestaltet werden und bei beiden Seiten keine Unklarheit über die Kompetenzen bestehen bleibt. Die Neigung zum Mitreden in allen Fragen, auch ohne Sachwissen und Kompetenzen, die heute bereits bei Kindern und Jugendlichen gefördert wird, macht es den Führenden nicht leicht. Deshalb sollte die soziale Ordnung im Betrieb rational begründet werden, und man sollte auf allgemeine Sprüche, wie etwa »wir sitzen alle in einem Boot«, »wir sind alle eine große Familie«, »bei uns gibt es nur Team-Arbeit« usw., verzichten.

Eine funktionale Rangordnung im Betrieb ist unvermeidlich, sie wird auch im allgemeinen anerkannt, wenn Anforderungen und Privilegien sachlich auf einander abgestimmt sind. Die Mitarbeiter bilden sich immer ein Urteil über ihre Vorgesetzten und ihre Kollegen. Und dann stellen sie im Vergleich ihre Fragen: Kann er mehr, leistet er mehr und ist darin seine höhere Bezahlung begründet? Wird er protegiert, hat er Erfolg mit Ja-sagen oder Schmeicheleien oder Unterwürfigkeit? usw.

Wenn hier Klarheit geschaffen wird, läßt sich das Verhältnis zwischen Führenden und Geführten im Interesse des Unternehmens positiv gestalten.

Die Jungen und die Alten

Das Verhältnis der nachwachsenden Generation zur Generation der Eltern ist meist nicht ohne Spannungen gewesen. Selbst dann, wenn die Entwicklung weitgehend an der Tradition orientiert war, blieben Schwierigkeiten nicht aus. In der Literatur war der Konflikt zwischen Vätern und Söhnen ein beliebtes Thema. Die Entwicklung der letzten Generation kann man aber unter dem Aspekt der Emanzipation sehen und verstehen. Zu allen Zeiten war Emanzipation ein natürlicher Vorgang der Ablösung aus der Vormundschaft der Eltern. Sie war verbunden mit wachsender Selbstständigkeit und der Übernahme der Verantwortung, mindestens für die eigene Person. Nach unserem Verständnis kommt es dabei sehr darauf an, daß der Zeitpunkt des Freiwerdens und der Verselbständigung richtig gewählt und vorbereitet wird. Schiebt man diesen Zeitpunkt zu weit hinaus, bäumen sich die Stärkeren dagegen auf, setzt man ihn zu früh an, so wird für viele die Verantwortung zu einer Belastung. In unserer Zeit hat man den Zeitpunkt für die freie Entscheidung von früher 21 Jahren (Großjährigkeit und Wahlberechtigung) auf 18 Jahre vorverlegt, den Zeitpunkt für die volle Verantwortung aber weiter hinausgeschoben (Sorgepflicht des Vaters, Verantwortung vor dem Jugendgericht). Abgesehen von der Problematik dieser Entscheidung geht es uns hier um die Auswirkungen im Betrieb, und dort besonders im Ausbildungswesen. Wie oben bereits erwähnt, ist die Erziehung zu einem sozialgerechten Verhalten und zu klaren Wertvorstellungen bei gleichzeitig früher Verselbständigung eingeschränkt. Wenn sich aber eine ganze Generation von vielen Wertvorstellungen der Eltern löst – ob das nun radikal oder eingeschränkt der Fall ist – und wenn der Zeitgeist über die Massenmedien in dieser Richtung wirkt, dann führt das zu einer verhaltensmäßigen Orientierungslosigkeit. Nichts ist mehr selbstverständlich, Tabus sollen möglichst gebrochen werden, Entscheidungen werden aus dem Augenblick ohne klare Begründung oder Anlehnung an die Tradition gefällt. Hinter der nach außen gespielten Sicherheit bleibt die innere Unsicherheit und die Suche nach Anlehnung. Nun haben auch früher junge Menschen – meist handelte es sich um junge Männer – im Zuge der Emanzipation vom Elternhaus eine neue »Heimat« gesucht, die Schutz und Kontakt und Orientierungshilfen vermittelte und den Weg in das selbständige Leben erleichtern konnte. Ob es sich dabei um die Jugendbewegung, Jugendabteilungen der Innungen, studentische Korporationen oder Jugendgruppen der Arbeitervereine oder Gewerkschaften handelte, spielt keine Rolle. Das Grundmodell ist überall das gleiche: eine festgefügte und strukturierte Gruppe nahm den Jugendlichen auf und vermittelte ihm Sitten und Gebräuche, Wert- und Orientierungsmerkmale. In jedem Fall war die Zugehörigkeit fixiert, mitunter bestanden sogar bestimmte Aufnahmeriten, gab es Sanktionen für Verstöße gegen die Ordnungen der Gruppe, die bis zum Ausschluß aus der Gruppe gehen konnten.

Demgegenüber ist die Zugehörigkeit zu modernen jugendlichen Kollektiven sehr viel lockerer: von bloß gelegentlicher Teilnahme an Verantstaltungen (Mitmarschieren in Demonstrationen) bis zum Zusammenleben in einer Wohngemeinschaft gibt es alle Übergänge. In allen Fällen ist aber ein Verlassen des Kollektivs jederzeit möglich, die Bindungen unter einander bleiben gering. Und das letztere ist sicherlich beabsichtigt. Darin mag man einen Widerspruch sehen: Das Anschluß – und Schutzbedürfnis auf der einen Seite und die Scheu vor dem Eingehen fester und langdauernder Bindungen andererseits. Das Modell der heutigen jugendlichen Beziehungen ist in der Tat die Clique. In ihr sucht man Sicherheit, aus ihr ausgestoßen zu werden führt zu großer Verunsicherung. Das muß der Ausbilder heute wissen und noch einiges an Menschenkenntnis für die Einschätzung der einzelnen Variationen mitbringen. Er hat es mit heranwachsenden Männern zu tun, die oft ausgesprochen infantile Züge aufweisen, deren Verhalten von der Resignation des Versagers bis zur Aggression des triebstarken Rebellen gehen kann. Hier ist die Anwendung äußerer Disziplinierungsmittel nur mit viel Einfühlung und Geschick sinnvoll. Das gilt alles mit geschlechtsspezifischen Abwandlungen auch für die Mädchen, die sich aber oft schon mehr dem Verhalten der Jungen angleichen, als das früher üblich war. Wie sich das weiter entwickeln wird, ist schwer vorauszusehen. Daß aber Veränderungen, auch in größerem Umfang möglich sind, sollte man berücksichtigen. Das erfordert aber eine ständige, aufgeschlossene Beobachtung von Jahrgang zu Jahrgang.

Eine große Veränderung ist allerdings aus demografischen Daten ablesbar. Dafür gibt die folgende Graphik ein anschauliches Bild:

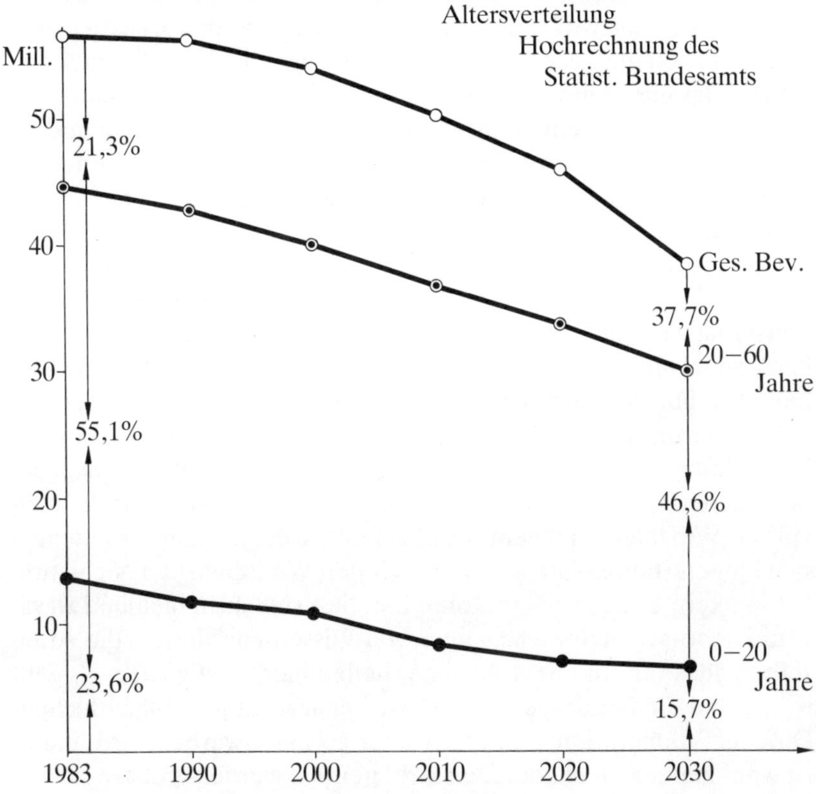

Hier wird der starke Rückgang der starken jungen Jahrgänge von 23,6% auf 15,7% und das Anwachsen der Jahrgänge über 60 von 21,3% auf 37,7% deutlich erkennbar. Dem entspricht der Rückgang der Arbeitsfähigen von 55,1 auf 46,6%.

Das hat aber einen Einfluß nicht nur auf die Rentenfinanzierung, die bereits lebhaft diskutiert wird, sondern auf die Gesellschaftsstruktur und die in ihr sich ergebende Lebensform überhaupt. Das erste große Problem ist bereits akut. Jugendliche bekommen nach der Schule und nach der Berufsausbildung keinen Arbeitsplatz. Die

Clique bekommt dann ein noch größeres Gewicht, weil sie die Langeweile und Vereinsamung wenigstens zum Teil ausgleichen kann. Es ist zwar nicht genau vorauszubestimmen, wann das Überangebot von Jugendlichen in einen erhöhten Bedarf umschlagen wird, weil neben den Jahrgangsstärken dabei natürlich auch die technische Rationalisierung wirksam wird. Es ist auch kaum vorauszusehen, welche Probleme bei einem Einsatz von Jugendlichen, die unausgebildet oder gleich nach der Ausbildung arbeitslos blieben, auftreten werden. Hier wird eine Umstellung in der Bewußtseinslage und im Verhalten gefordert werden (und gefordert werden müssen), die man nicht als Selbstverständlichkeit voraussehen kann, für die aber Hilfestellungen nötig sein werden.

Umgekehrt liegt das Problem bei den Alten: Ihr Anteil steigt von 1983 bis 2030 von 21,3 auf 37,7%. Darunter sind viele, die noch arbeitsfähig sind und die sich heute »zum alten Eisen geworfen« erleben, zumal auch der Gesundheitszustand der Alten sich laufend verbessert. Manche reden schon von der Rückkehr der Alten in den Beruf, wenn die jungen Jahrgänge nicht mehr ausreichen. Aber die Vorstellung, daß man die Menschen wie Figuren auf dem Schachbrett beliebig hin- und herschieben kann, geht an der Wirklichkeit vorbei. Wie man mit einem Beruf zurecht kommen kann, wenn man sich längere Jahre – oft gegen die eigenen Wünsche – an Nichtstun, Einsamkeit, Langeweile gewöhnt hat, das weiß auch niemand zu sagen. Die forschen Sprüche – auch von Wissenschaftlern –, die Alten sollten alles tun, um fit zu bleiben, helfen hier nicht weiter. Es geht wieder um die Sinnfrage, ebenso wie bei arbeitslosen Jugendlichen. Daß der »Generationenkonflikt« aber geringer werden wird, damit ist wohl kaum zu rechnen. Den Arbeitenden werden größere Lasten zufallen, die Alten werden länger gesund bleiben und auch gern weiter mitreden, die Rücksichtnahme bei der Kommunikation ist entweder nicht eingespielt oder verloren gegangen, und der Durchsetzungsdrang auf beiden Seiten wird das Leben nicht erleichtern.

Die Frauen und die Männer

Eine der schwierigsten und spannungsreichsten Entwicklungen der neuen Zeit hat sich aus dem veränderten Verhältnis zwischen Frauen und Männern ergeben. Auch das muß man unter dem Aspekt der Emanzipation sehen. Es geht um die Befreiung aus der sogenannten »Rolle« der Frau, die nicht mehr als etwas naturgegebenes, sondern als aufgezwungene einseitige Unterdrückung angesehen wird.

»In den Staub mit den Feinden der Frau«, »Das nächste Jahrhundert wird uns gehören«, so artikulieren sich einige Frauengruppen in den Massenmedien, wobei die Feinde natürlich die Männer sein sollen. Aber ebenso hat sich die Gegenseite artikuliert: Brigitte Bardot: »Die Frauen von heute sind mir ein Greuel. Sie werden den Männern immer ähnlicher«. Hier sind die Männer auch nicht gerade positiv gesehen, aber sie werden immerhin als notwendiges Pendant anerkannt. Und schließlich hat Hannah Arendt gesagt, als sie gefragt wurde, warum sie nicht für die Emanzipation eintrete: »Ich bin doch nicht verrückt, ich werde doch nicht freiwillig auf meine Privilegien verzichten.« In dieser Polarität kommt vielleicht die Autorin eines einschlägigen Beitrags der Sache am nächsten, wenn sie schreibt: »Gleiche Bezahlung für gleiche Arbeit, ein größeres Mitspracherecht in Politik und Wirtschaft und eine Umgestaltung der durchrationalisierten technokratischen Umwelt wollen viele Frauen, aber sie sind nicht so prüde, noch so sektiererisch, um sich feministischen Randgruppen anzuschließen« *(Becker-Grüll)* [22]. Diese Formulierung hat die heutige Situation wahrscheinlich am besten charakterisiert. Die dort geäußerten Wünsche sind teilweise schon erfüllt oder werden schrittweise erfüllt werden. Uns interessiert hier der berufliche Bereich, d. h. die Frauenarbeit in Betrieb, Verwaltung und anderen Organisationen. Nun hat es die Frauenarbeit immer gegeben, vor allem als mithelfende Familienmitglieder in der Landwirtschaft und beim Handwerk. Da verdienten die Frauen aber z. T. kein eigenes Geld und bei dem Dienstpersonal war es damit knapp. Das war es auch bei den berufstätigen Frauen in der Industrie, wo die Frauen nur die einfachsten Arbeiten erledigen konnten. Der nächste Schritt war dann der umfangreiche Zuzug von Frauen in die einfachen und mittleren Positionen der Verwaltung, wobei es sich vorwiegend um jüngere Frauen handelte, die nach ihrer Verheiratung den Beruf wieder aufgaben. Neu ist der sich ständig verstärkende Zugang von Frauen in gehobene oder leitende Funktionen der Wirtschaft und der Politik. Das hat seine Voraussetzungen darin, daß die Frauen ebenso wie die Männer alle Bildungseinrichtungen besuchen dürfen. Diese

Entwicklung ist sicher positiv zu sehen, und man wird heute – im Gegensatz zu früheren Zeiten – ohne weiteres zugeben, daß die Frauen – über alles gesehen – ebenso begabt sind wie die Männer. Allerdings liegen die Schwerpunkte der Begabung innerhalb der Intelligenzstruktur anders als bei den Männern, woraus sich dann auch andere Interessenschwerpunkte entwickeln. Das hat nicht nur – wie oft behauptet wird – seinen Grund darin, daß die Mädchen als Kleinkind auf eine andere Rolle hin erzogen werden. Die moderne Gehirnforschung zeigt mindestens in Ansätzen, daß es bei den beiden Geschlechtern unterschiedliche Gehirnstrukturen gibt. Dabei lehrt u. E. die Erfahrung, daß es zwischen diesen beiden Polen fließende Übergänge gibt. Diese Feststellungen bedeuten übrigens keine Wertungen. Wenn es heute Frauen gibt, die die Voraussetzungen für früher von Männern besetzten Positionen mitbringen, sollten keine Hemmnisse für die Besetzung dieser Stellen mit Frauen aufgebaut werden. Wenn man weiter berücksichtigt, daß die berufliche Leistung nicht nur auf kognitiven Begabungen beruht, sondern daß dabei ebenso emotionale und willentliche Voraussetzungen eine Rolle spielen, dann sollte man das bei der Stellenbesetzung nicht übersehen. Dann wird sich ergeben, daß manche Postitionen in der Tat besser von Frauen wahrgenommen werden können als von Männern. Bei der Berufstätigkeit der Frauen taucht aber ein anderes, bisher nicht gelöstes Problem auf. Insbesondere verheiratete Frauen stehen immer in der Gefahr, sich durch die doppelte Belastung durch Beruf, Haushalt und eventuell Kinder kräftemäßig zu übernehmen. Gewiß ist im Haushalt durch die moderne Entwicklung vielfältiger Hilfen manches leichter geworden, gewiß sind auch die Männer eher bereit, im Haushalt gewisse Arbeiten zu übernehmen. Das hilft sicher den kinderlosen Frauen. Aber Kinder stellen, solange sie nicht allein existenzfähig sind, ihre Ansprüche. Sie werden eben gelegentlich krank, sie brauchen einen Ansprechpartner (eine Bezugsperson, wie man heute gern sagt) und es fällt der Frau zusätzliche Arbeit zu, einfach weil sie im allgemeinen von Natur aus mit Kindern besser umgehen kann. Die Gefahr, daß manches im Privatleben, insbesondere die Kinder, leicht zu kurz kommt, wenn die Frau voll beruftstätig ist, kann nicht übersehen werden.

Der Umfang dieser Problematik läßt sich etwa an folgenden Zahlen aus der Bundesstatistik 1985 ablesen: Von 26 Millionen Erwerbstätigen sind ca. 10 Millionen Frauen. Von diesen Frauen sind etwa 7,2 Mill. ohne Kinder unter 18 Jahren. Ca. 3,1 Mill. berufstätige Frauen haben Kinder unter 15 Jahren und 1,0 Mill. Kinder unter 6 Jahren. Im Ganzen sind ca. 4,6 Millionen Kinder davon betroffen, daß ihre Mütter einer Erwerbstätigkeit nachgehen, und 3,1 Mill. Frauen sind damit einer Doppelbelastung durch Kinder ausgesetzt. Bei vielen von ihnen ist die Berufsarbeit sicher notwendig, weil der Verdienst für den Lebensunterhalt benötigt wird. Aber viele suchen auch – ohne einen materiellen Zwang – die Kommunikation und ihre Selbstbestätigung im Beruf. Sämtliche Zahlen stammen vom Bundesamt für Statistik. Es wird auch bereits von amtlicher Seite und in der Öffentlichkeit darüber diskutiert, welche Bedingungen man schaffen müsse, um Ehe, Kinder und Beruf miteinander zu vereinigen. Hier braucht die bevölkerungspolitische Frage nicht angeschnitten zu werden. Aber die Belastung der Frau sollte und wird in Zukunft auch ein Problem und eine Aufgabe für das Personalwesen sein, im eigenen Interesse und im Sinne einer Verpflichtung für die Gesellschaft.

Daß sich bei dieser Gesamtentwicklung auch die Situation der Männer verändert, versteht sich von selbst. Bis in dieses Jahrhundert hinein fiel dem Mann die Aufgabe zu, für den Unterhalt der Familie zu sorgen, sie gegenüber der Außenwelt zu schützen, indem er ihr durch eine gewisse Kontinuität in den Lebensverhältnissen einen Raum für eine eigenständige Entwicklung schuf. Der Frau dagegen fiel die Aufgabe zu, die Kinder aufzuziehen und den Binnenraum der Familie zu gestalten. Dieses Grundschema, das sich über einige tausend Jahre erhalten hat, schloß auch noch zwei Bedingungen ein: Die Dauer der Ehe, damit der Familienverband erhalten blieb, und eine größere Kinderzahl, die in der Lage war, die nicht mehr arbeitsfähigen mitzutragen. Das hat sich grundlegend geändert, wie folgende Übersicht zeigt:

		1955	1986
Eheschließungen	(auf 1 000)	8,8	6,1
Geburten	(auf 1 000)	15,7	10,3
Ehescheidungen	(auf 10 000)	9,2	21,0

Dieser Trend hat sich fortgesetzt. Im Laufe des Lebens wird heute ca. jede dritte Ehe geschieden.

Das bedeutet aber, daß die Bindungsbereitschaft bei Mann und Frau geringer geworden ist. Gleichzeitig ist das Selbstbewußtsein der Frau im Durchschnitt erheblich gestiegen. Sie will nicht mehr versorgt und geschützt sein, weil sie sich das selbst zutraut. Der Mann verliert damit eine wesentliche Funktion, die ihm früher die Überlegenheit in der Familie sicherte. Dafür wird von ihm heute die Mitarbeit im Haushalt und bei der Versorgung und Erziehung erwartet. Konkret sieht das aber so aus, daß ihm damit eine bisherige Entlastung entzogen wird. Er fand früher nach seiner Arbeit im besten Falle einen gepflegten Haushalt vor, in dem er sich entspannen und regenerieren konnte. Auch Sorgen mit den Kindern, Schulprobleme usw. wurden ihm weitgehend abgenommen. Das war vor allem für Männer in verantwortlicher Position wichtig, weil sie in einer solchen meist über das normale Maß gefordert wurden. Gewiß ist das optimal gesehen, und es war sicher nicht in allen Ebenen so. Aber es war auch nicht so, wie es heute gern dargestellt wird, daß der Mann nur die Frau beherrschte, ausnutzte und sich bedienen ließ. Zwischen dem Tyrannen und dem Pantoffelhelden (dem softy, wie man heute gern sagt) gab es fließende Übergänge, und es gab auch eine Balance, die der heute angestrebten Partnerschaft nahe kam. Gewiß war im allgemeinen das Gleichgewicht etwas zu gunsten des Mannes verschoben, und eine entsprechende Korrektur kann sich günstig auswirken. Das sollte aber von der beruflichen Position der beiden Partner und ihrer Wesensart her entwickelt werden. Aber da werden gegenwärtig verschiedene Modelle durchgespielt. Das Fernsehen brachte dafür kürzlich ein Beispiel: Der Ehemann, ein Universitätsprofessor, wurde beim Wickeln des Säuglings gezeigt. Er tat das, damit seine Frau Zeit frei hatte, um sich politisch zu betätigen und zu profilieren. Auf die Frage des Reporters, wie er denn mit seinem Beruf klar käme, meinte er: ja, für die Forschung bleibt da keine Zeit übrig. Hier scheint uns die Balance nicht geglückt zu sein, wenn die Arbeitsteilung durch eine berufliche Pflichtverletzung erkauft wird. Daß da manche Männer von vornherein einen Beruf suchen, der nicht allzuviel verlangt, den man im Schongang bewältigen kann, scheint verständlich.

Es mag nun sein, daß unserer Gesellschaft der verstärkte Einstieg der Frau in berufliche, gesellschaftliche und politische Aufgaben gut bekommen wird und die politische Kultur größer wird – obwohl das nach manchen Beobachtungen auch nicht sicher ist – aber das wird auf jeden Fall nachhaltige Veränderungen in der Gesellschaftsstruktur nach sich ziehen, deren Folgen noch nicht abzusehen sind. Das wird auch die Wirtschaft und die Unternehmen nicht unberührt lassen.

Ein weiteres Problem, das auf Mann und Frau zukommt, ist die Zunahme ehelicher Konflikte. In diese Richtung weist die wachsende Zahl von Ehescheidungen, denen so gut wie immer ein längere Zeit schwelender Konflikte vorausgeht. Daß sich dann aber bei gleichzeitiger stärkerer Beanspruchung im Beruf echte Streß-Situationen ergeben können, ist naheliegend. Und das hat vor allem im Beruf eine Konsequenz hinsichtlich des kreativen Schaffens. Neue Ideen, Einfälle, produktives Denken erwachsen im allgemeinen in einer hinreichend entspannten Situation. Man kann das alles nicht herbeizwingen, und in der Anspannung oder gar Verspannung, wie sie nun einmal bei der Verarbeitung von Konflikten selbstverständlich ist, kann man Routinearbeiten und traditionelle Aufgaben noch bewältigen, aber weiter reichen die Kräfte dann nicht. Das kann und wird sich auch bei der Arbeit auswirken.

V Situationsanalyse und psychologische Diagnostik

Analyse und Bewertung der jeweiligen Arbeitssituation

Die bisherigen Darlegungen dürften deutlich machen, daß in der modernen Arbeitswelt komplizierte Verhältnisse und Bedingungen vorliegen, die sich mit der Entwicklung technischer Innovationen auch noch relativ schnell verändern.

Nun ist schon oft beklagt worden, daß die Entwicklung im sozialen, menschlich-organisatorischen Bereich immer erheblich hinter der technischen Entwicklung nachhinkt. Das ist wahrscheinlich richtig und gilt nicht nur ganz allgemein für die Gesellschaft, sondern auch für die Arbeits- und Lebensbedingungen in der Wirtschaft. Deshalb kann es sein, daß eine etwas zu konservative Personalführung (nach der Devise: Es ist schon immer so gegangen) den heutigen

Bedingungen nicht mehr voll gerecht wird. Man wird auch bedenken müssen, daß festgelegte Rahmenbedingungen für die Arbeit (gesetzlicher oder tariflicher Art, oder durch Betriebsvereinbarungen bestimmt) das Geschehen in seinem menschlichen Kontext nicht voll zu erfassen vermögen. Das wird heute auch schon gespürt, wie sich aus den vielfältigen Bemühungen um die Weiterbildung der Führungskräfte ausdrückt.

Dabei wäre zu wünschen, daß man bei der Beurteilung einer Situation von der Ideologisierung und Politisierung der Argumente wegkäme. Eine solche Situationsanalyse müßte sich sowohl auf Vorgänge in der Außenwelt, wie auf solche innerhalb des Berufsfeldes beziehen. Das erstere betrifft vor allem die Vorurteile gegenüber bestimmten Menschengruppen, ob es nun um *die* Jugend, um Ausländer verschiedener Herkunft, um geschlechtsspezifische Unterschiede oder um Altersgruppen handelt. Hier wird allzu oft mit vorgefaßten Meinungen operiert, die einer genaueren Untersuchung keineswegs standhalten, und die man durch eine sachliche Analyse im überschaubaren Bereich korrigieren sollte. Das Problem der Vorurteile kann hier nicht im einzelnen abgehandelt werden, so wichtig es für das Zusammenleben und Zusammenarbeiten der Menschen auch ist. Es kann also nur angeregt werden, sich nicht mit Allgemeinplätzen zufrieden zu geben, wenn es um die Beurteilung einer konkreten Situation geht, sondern mit analytischem Denken die Fakten aufzuspüren, um von diesen die logischen Schlüsse zu ziehen.

Im engeren Sinn auf den Betrieb bezogen geht es dabei um die Beurteilung veränderter Arbeitsbedingungen. Diese verändern sich heute relativ schnell und oft auch durchgreifend, so daß die Umstellung schon zu einem Problem werden kann. Das führt dann auch oft zu Umbesetzungen mit oder ohne Umschulung und das erfordert eine genaue Klärung der Eignung, kaum anders als bei Neueinstellungen. Hierfür gibt es eine Voraussetzung die man nicht umgehen darf, die Klärung der spezifischen Anforderungen.

Anforderungen am Arbeitsplatz

Die Ermittlung der Anforderungen schafft die Grundlage, auf der die Eignung für einen Beruf oder eine Arbeit bestimmt werden kann. Eine noch so gründliche psychologische Diagnostik bleibt im leeren

Raum stehen, wenn die Anforderungen nicht geklärt sind. Diese beziehen sich einmal auf die Begabungen, zum anderen auf die Entfaltungsmöglichkeiten der Persönlichkeitsstruktur. Bei systematischer Personalarbeit sollte man hierfür ein Kriteriensystem zugrunde legen, mit dem man jede Funktion erfassen und für sie die Anforderungsschwerpunkte festlegen kann. Als Beispiel legen wir folgendes Schema vor, das nur ein grobes Raster darstellt, das aber jede weitere Differenzierung zuläßt.

Danach ist dann die Gewichtung für die entsprechende Anforderung festzustellen, und von da aus sind die verschiedenen Funktionen zu vergleichen.

System der Anforderungskriterien

Fachliches Können persönliche Bildung	willentliche Reserven Einsatzbereitschaft	Soziabilität, persönliche Bindungen
Können	Wollen	Begegnen
Manuelle Befähigung	Belastbarkeit (Vitalität)	Kontaktfähigkeit
Kognitive Befähigung Wissen und Erfahrungen	Antriebe (Dynamik) Steuerung (Selbstkontrolle)	Kontaktbereitschaft (Menschliche Wirkung)

In der zweiten Zeile sind Begriffe angegeben die als Faustregel gelten können, die man auch dann gegenwärtig haben sollte, wenn man weiter keine genauere Untersuchung anstellen will.

Es wird gelegentlich die Meinung vertreten, daß man für jeden Einzelfall ein gesondertes Schema aufstellen sollte gewissermaßen »maßgeschneidert«). Wenn man das tut, etwa für einen Kaufmann im Vertrieb einer bestimmten Branche, dann mag das für die Beurteilung eines Einzelfalls einer bestimmten Sparte genügen, aber man begibt sich der Möglichkeit des Vergleichs mit anderen Sparten. Das wird wichtig, wenn eine Beurteilung etwa bei einer Umsetzung ansteht. Dann kann man nicht die Frage beantworten, ob der Betreffende den anderen Anforderungen in der vorgesehenen Funktion gewachsen sein wird. Man könnte auch zu anderen Systemen der Anforderungen kommen – wenngleich das oben angeführte in langjähriger praktischer Arbeit erprobt ist – aber jedes System sollte allgemein angelegt sein, um alle Funktionen erfassen zu können [23].

Psychologische Diagnostik

Sie steht als Mittel zur Lösung psychologischer Fragen, insbesondere bei der Einstellung neuer Mitarbeiter zur Verfügung. Ihre Erkenntnisse können aber auch bei der Personalbeurteilung und bei Umbesetzungen im Betrieb genutzt werden. Bei jeder Frage nach der Eignung eines Menschen für eine besondere Arbeitsaufgabe geht es um drei Aspekte: einmal muß das Bild der Anforderungen bei der entsprechenden Tätigkeit ermittelt werden. Dann sollte die Lebenslage des Betreffenden, aus der er herkommt und in der er lebt, geklärt werden. Schließlich ist die Persönlichkeitsstruktur mit ihren Begabungen, Einsatzkräften und Interessen zu erschließen.

Über die Feststellung der Anforderungen wurde bereits bei der Analyse der Berufsstruktur abgehandelt. Die Lebenslage des zu Beurteilenden versucht man aus dem Lebenslauf abzuleiten. Die Lebenslaufanalyse wird auch unabhängig von speziellen psychologischen Verfahren angewandt, sie ist oft die einzige Erkenntnisquelle, außer den Zeugnissen über Schule und Ausbildung. Früher wurde noch großer Wert auf die Herkunft gelegt und eventuell das persönliche Auftreten bewertet. Das spielt heute keine große Rolle mehr. Wichtiger sind schon – soweit vorhanden – die bisherigen Berufserfahrungen, obwohl man die in der Interpretation des Bewerbers nicht einfach hinnehmen, sondern später mit anderen Erkenntnissen zusammen auswerten sollte.

Das Mittel für diese Erkenntnisfindung ist das Gespräch oder Interview. Dabei darf es allerdings nicht nur ein einfaches Abfragen sein, es geht vielmehr darum, den Partner zum Sprechen zu bringen und das Gespräch so zu leiten, daß das, was im Hinblick auf eine Einstellung interessiert, zur Äußerung kommt. Das ist keine ganz einfache Aufgabe, sie sollte bewußt gestaltet und nicht dem Zufall überlassen bleiben. Wir kennen aus der Praxis Gespräche, in denen der Gesprächsleiter die Firma und die anstehenden Aufgaben ausführlich schildert, den Bewerber aber kaum zum Sprechen kommen läßt.

Des weiteren ist es wichtig, daß bei der Interpretation eines Gespräches wie kaum an einer anderen Stelle Sympathie und Antipathie mit eingehen. Andererseits nimmt man beim Sprechen mehr wahr, als nur den Inhalt des Gesprächs. Z. B. erlebt man, wenn man den Partner ansieht, den Gesichtsausdruck, die Haltung, den Gang und bestimmte Bewegungen des Kopfes und der Hände und man hört seine individuelle Sprechweise. Das alles sind Symptome des Ausdrucks. Versuche, den Ausdruck wissenschaftlich zu deuten, sind vielfältig unternommen worden. Die Schwierigkeit liegt nur darin, daß es sich dabei um flüchtige Symptome handelt, die man nur mit besonderen Vorkehrungen festhalten kann (etwa mit Film oder Tonband), wogegen mancherlei Gründe sprechen. Es ist aber sicher, daß wir uns durch den Ausdruck des Partners beeindrucken lassen. Ob er mit schüchterner Zurückhaltung leise spricht, oder ob er laut und mit aggressiver Forsche sich äußert, das besagt natürlich schon etwas über den Betreffenden und wird auch so erlebt. Dasselbe gilt etwa für den Gang, der alle Spielarten zwischen dem federnd-elastischen Schritt des sportlichen Menschen und dem schlurfenden Schritt greisenhafter Schwäche (den man heute auch bei Jugendlichen beobachten kann) wiedergeben kann. Man denke weiter an die aufgerichtete, sogar etwas betonte Haltung des Selbstbewußten und die leicht gebeugte, »unterwürfige« Haltung des Unsicheren.

Nun sind solche Aussagen, wie die hier angedeuteten, nie mit absoluter Sicherheit zu machen, weil die Entscheidung, ob es sich um einen »echten« Ausdruck oder um einen »gespielten« handelt, nicht leicht ist. Die Beispiele können und sollen aber deutlich machen, daß hier Erkenntnismöglichkeiten ursprünglicher Art vorliegen, von denen wir unbewußt und intuitiv auch Gebrauch machen. *Lorenz* hat betont, daß mindestens bei den höheren Tieren das Ausdrucksgeschehen *das* Kommunikationsmittel untereinander ist. Nur darf man nicht in den Fehler verfallen, sich einzubilden, daß man schon alles wisse, wenn man dem Partner nur in die Augen sehen würde. Das ist besonders gefährlich, wenn es dabei um eine moralische Bewertung geht. »Das sieht man dem schon an, daß er etwas Böses getan hat oder im Schilde führt«, diese Äußerung läßt die Überschätzung der eigenen intuitiven Fähigkeiten erkennen. Man kann das dem Menschen wirklich nicht ansehen. Wenn das so wäre, würden viele Verbrechen nicht stattfinden.

Wir möchten dafür plädieren, den Ausdruck schon etwas bewußter zu verwerten. Aber die gewonnenen Beobachtungen sollten immer durch rational gewonnene Erkenntnisse unterbaut werden.

Andererseits darf man bei der Beurteilung eines Menschen nicht auf das Gespräch verzichten, weil es oft die anderweitig gewonnenen Einsichten erst ins rechte Licht rückt.

Vermag der Ausdruck auch gewisse Erkenntnisse über die Persönlichkeit zu geben, so kann er kaum etwas über die Begabung aussagen. Ob jemand »intelligent« ist oder nicht, das kann man ihm nicht ansehen. Deshalb ist man hier auch schon recht früh andere Wege gegangen und hat eine Testpsychologie zur Intelligenz entwickelt.

Hinsichtlich der Begabungen sind aber immer noch zwei Fehlorientierungen gang und gäbe: Der erste Irrtum besteht in der Vorstellung, daß es *einen* Faktor Intelligenz gibt, der sich in allen Bereichen auswirkt (wer intelligent ist, kann alles), die zweite Fehlannahme geht davon aus, daß für die Leistung nur die Intelligenz maßgebend ist, wobei andere Persönlichkeitsfaktoren übersehen werden.

Nach dem Kriterienschema der Anforderungen ist leicht einsehbar, daß diese Auffassung nicht haltbar ist. Das gilt besonders in einer Zeit, in der die Anforderungen bei einer arbeitsteiligen Wirtschaft immer spezieller werden. Es lag und liegt deshalb nahe, sich einer Wissenschaft zu bedienen, die die Befähigungen des Menschen in differenzierter, wissenschaftlich begründeter Form feststellen kann.

Die ersten Versuche, die Psychologie in der industriellen Wirtschaft anzuwenden, stammen von *Münsterberg,* der dafür den Begriff der Psychotechnik einführte. Es ging dabei um die Eignungsfeststellung von Spezialisten (etwa Kraftfahrern). Die Verfahren waren recht einfach. Man prüfte bei bewährten Spezialisten verschiedene Funktionen für sich. (Z.B. Handgeschick, Sorgfalt, Genauigkeit, Reaktionsvermögen, Aufmerksamkeit usw.). Dann wandte man dieselben Tests, die an den Spezialisten geeicht waren, bei Bewerbern an und konnte im Vergleich die Eignung ablesen. In den zwanziger Jahren begann dann eine neue Sicht, die die Ganzheit und Vielfältigkeit der Persönlichkeit berücksichtigte. Daraus entstand eine neue Testpsychologie, die bis heute weiter entwickelt wurde. Die Zahl der erprobten Tests ist schier unübersehbar. Es gibt praktisch für jede Fragestellung Einzeltests oder Testbatterien, die zwar auch nicht völlig fehlerfrei arbeiten, aber auf jeden Fall objektivere Aussagen machen können, als die einfache Unterhaltung mit dem Probanden. Das ist immer wieder überprüft worden und kann als gesichert gelten. Dabei wird dann auch die Persönlichkeitsstruktur deutlicher erkennbar, als das durch die einfache, unreflektierte Menschenkenntnis möglich ist. Das schließt aber eine schematische Auswertung der Tests aus und bedarf des wissenschaftlich ausgebildeten Psychologen.

Je spezialisierter die Tests aber wurden, umso mehr bemühte man sich auch um die Frage der Gültigkeit: Was sagt der Test genau aus? Mit welcher Sicherheit macht er diese Aussage? Diese Fragen waren durch entsprechende Untersuchungen relativ leicht zu beantworten. Inzwischen sind neue Fragen aufgetreten, die weiter reichen. 1975 veranstaltete die Schweizer Gesellschaft für Psychologie eine Tagung mit dem Thema »Krise der Diagnostik«, woraus ein Buch von *Pulver* [24] entstand. Darin heißt es: »Die Überbetonung verifizierender Wissenschaftlichkeit führt zu schwerwiegenden Problemen, sie entfremdet die Erfassung des Menschen zusehends ihrer Wurzel, der Menschenkenntnis im Alltag und erfordert starre und einseitige, realitätsfremde Denkschemata . . . Führt uns das Streben nach Genauigkeit nämlich dazu, daß wir immer weniger immer exakter erkennen, daß wir also gegenüber dem Alltagswissen Aussage um Aussage zurücknehmen, weil sie (noch)— nicht unsere Präzisionsansprüche erfüllt, dann wird unser Urteilen und Handeln immer schwieriger, zurückhaltender, armseliger – und zuletzt überhaupt unmöglich . . . Die erbarmunglose Eigengesetzlichkeit seiner Methode zwingt den Wissenschaftler nämlich, Realitäten aus den Augen zu verlieren, die für die naive Menschenkenntnis selbstverständlich sind.« Diese sehr kritische Beurteilung rechtfertigt aber unsere Betonung des Gesprächs mit der intuitiven Menschenkenntnis, die wenigstens z. T. die Einseitigkeiten der Testpraxis ausgleichen könnte.

Dazu kommt, daß gerade die Testpraxis bei sehr differenzierten Tätigkeiten versagt, weshalb diese auch bei der Auswahl von Führungskräften wie bei allen Mitarbeitern auf hoher Qualitätsstufe kaum Anwendung findet. Daraus wird verständlich, daß Wissenschaftler, die mit der Praxis verbunden sind, nach neuen Möglichkeiten des Einsatzes der Psychologie gesucht haben. Ein Ergebnis dieses Bemühens liegt in der Methode des »Assesement-Center« [25] vor. Sie ist von den Vereinigten Staaten übenommen, geht aber weitgehend auf die deutsche Wehrmachtpsychologie der dreißiger Jahre zurück. Sie umfaßt wie diese: Einzelinterviews, psychologische Tests, schriftliche Einzelaufgaben, Rollenspiele, Gruppendiskussionen und Vorträge. Sie wird in Seminarform durchgeführt, dauert 2 bis 3 Tage mit 6 bis 12 Teilnehmern, die Beurteilung wird von 2 bis 4 Beurteilern durchgeführt. Hier ist die Testpraxis in Richtung einer Beurteilung auf Grund allgemeiner Menschenkenntnis ausgeweitet, was Schwächen und Vorteile mit sich bringt. Vor allem sollten die Beurteiler aus der Praxis vorher auf diese Aufgabe psychologisch vorbereitet werden. Das geschieht auch, wenigstens zum Teil, ob aber in genügendem Umfang und in angemessener differenzierter Form, darüber sind breitere Erkenntnisse bisher nicht mitgeteilt worden. Die veröffentlichten Bewährungskontrollen überzeugen noch nicht. Man muß sich auch darüber klar sein, daß Voraussagen über Motivation und Einsatzbereitschaft schwieriger sind als solche über Begabungen.

Besonders schwierig ist die Belastbarkeit und Durchhaltefähigkeit vorauszusagen, weil es dafür keine Tests gibt. Und schließlich besteht in vielen Fällen die Möglichkeit der Kompensation, die ebenfalls für die Zukunft schwer bestimmbar ist.

Trotzdem sind bei dieser Kombination von geeichten Testverfahren und praktischer Menschenkenntnis relativ gute Erkenntnismöglichkeiten gegeben, insbesondere wenn man sich zuerst ein Bild von dem Menschen als Persönlichkeit macht, und dann spezielle Fragen der Eignung stellt und beantwortet.

Eine weitere Möglichkeit für die Auslese von Bewerbern ist die Graphologie. Sie wird in Zusammenhang mit anderen Verfahren angewandt oder auch allein zur Grundlage einer Bewertung der Persönlichkeit herangezogen. Sie gehört zur Ausdruckskunde, hebt sich aber aus den oben genannten Ausdrucksdeutungen dadurch hervor, daß die Schrift eine Spur hinterläßt, die für gründliche Untersuchungen beliebig lange zur Verfügung steht. Der Deutungsansatz findet sich darin, daß jeder Mensch trotz gleicher Schriftvorlage beim Schreibenlernen eine eigene Schriftform entwickelt. Das hat auch dazu geführt, daß die Graphologie sich relativ früh als diagnostische Methode entwickelt hat, sie wurde wissenschaftlich begründet durch *Klages* [26]. In der Praxis hat sie eine relativ breite Anwendung erfahren. Bewerber sind eher bereit, eine Schriftprobe oder einen handgeschriebenen Lebenslauf zur Verfügung zu stellen, als sich langwierigen psychologischen Untersuchungen zu unterziehen. Besonders Bewerbern, die bereits einen Berufsweg hinter sich haben und eine qualifizierte Position bekleiden, mag man auch von der Firma aus eine testpsychologische Untersuchung nicht zumuten. Über die Aussagesicherheit und damit über die Wissenschaftlichkeit der Graphologie überhaupt ist viel diskutiert und gestritten worden. Wir würden aus eigener, sehr langer Erfahrung mit beiden Verfahren, meinen, daß der Aussagewert in beiden Fällen keinen großen Unterschied aufweist. Dabei wäre aber zu bemerken, daß die Testpraxis sicher mehr und Zuverlässigeres über die Begabungen und Fähigkeiten aussagen kann, daß die Graphologie bessere Ergebnisse bei der Erkenntnis der Persönlichkeitsstruktur, insbesondere der Soziabilität bietet. Das scheint nicht so sehr verwunderlich, weil die Schrift ja ein wesentliches Kommunikationsmittel ist, weshalb die Form der Kommunikation sich hier am deutlichsten ausdrückt.

Zugegeben werden muß aber, daß der Anteil der Intuition bei der Schriftdeutung wie bei allen Ausdrucksdeutungen relativ hoch ist. Das kann in besonderem Maße zu Subjektivismen führen, weshalb wir Bedenken gegen den wissenschaftlich nicht ausgebildeten Graphologen (mit Ausnahme besonderer hoher Begabung) haben. Denn die wissenschaftliche Ausbildung sollte, wenn sie ihre Aufgaben erfüllt, zu selbstkritischer Distanz gegenüber den eigenen Aussagen führen. Daß es bei der Graphologie ebenso wie bei der psychologischen Testpraxis keine absolute Sicherheit der Aussage gibt, versteht sich in diesem Feld der Psychologie fast von selbst; denn der Mensch ist nicht berechenbar.

Daß heute der Versuch gemacht wird, den Menschen als Ganzen oder hinsichtlich bestimmter Merkmale und Fähigkeiten berechenbar zu machen, nimmt im Zeitalter der Elektronik nicht wunder.

So wird bereits mit Testverfahren experimentiert, bei denen von der Testanweisung über die Durchführung, die Auswertung bis zum Gutachten alles über den Computer abgewickelt werden soll. Dann braucht man, wenn das Verfahren einmal erprobt ist, keinen Psychologen mehr, aber die Aussagefähigkeit eines solchen Verfahrens ist minimalisiert.

Wenn dann noch als Prüfaufgabe das multiple-choice Verfahren eingeführt wird, in dem bei jeder schriftlichen Frage drei Antworten vorgegeben werden, von denen eine angestrichen werden soll, wenn man auf jedes Gespräch mit dem Probanden verzichtet, dann ist das Verfahren völlig mechanisiert. Das sind nach unserem Verständnis

Rückfälle in die Anfänge der Psychotechnik, wobei diese noch humaner war. Es wurde wenigstens mit dem Probanden gesprochen, dabei kam eine gewisse Kommunikation zustande, die der verständige Psychologe immer auch zur Beurteilung möglicher Kompensationsmöglichkeiten nutzte.

Aber diese moderen Verfahren machen das Problem der psychologischen Diagnostik besonders deutlich: Wenn man z. B. rein intellektuelle Aufgaben, bei denen das Gedächtnis eine erhebliche Rolle spielt, zur Grundlage der Zulassung zum Medizinstudium macht, dann liegt dem die Ansicht zu Grunde, daß dieses allein auf den kognitiven Fähigkeiten aufbauen soll. Daß beim späteren Arzt aber mehr mitspielt und mitspielen soll, ist hier völlig ausgeklammert. Die Wirtschaft sollte diesen Irrweg nicht beschreiten.

Personalbeurteilung

Bei verschiedenen Gelegenheiten ergibt sich die Notwendigkeit, die Mitarbeiter im Betrieb zu beurteilen. Der erste Anlaß ist die Probezeit, nach der man sich entscheiden muß, ob der Mitarbeiter im Betrieb bleiben soll oder nicht. Dann ist eine Beurteilung vor Versetzungen oder Beförderungen sinnvoll und schließlich hat es sich auch als zweckmäßig erwiesen, vor der Vergabe von Leistungszulagen eine differenzierte Beurteilung durchzuführen. In jedem dieser Fälle hängen von der Beurteilung erhebliche Konsequenzen für den Mitarbeiter ab. Das sei an einigen Beispielen deutlich gemacht. Im Zuge der weiteren Rationalisierung durch die moderne Elektronik wird ein Teil der einfachen Arbeitsplätze in Zukunft wegfallen. Hier geht es immer um die Frage ob und wo die Freigesetzten weiter verwendet werden können. Natürlich spielt dabei eine Rolle, welche anderen Arbeitsplätze man überhaupt zur Verfügung hat. Aber man sollte auch nicht Umbesetzungen ohne Klärung der Eignung vornehmen. Da dabei oft Umschulungen notwendig werden, ist die Klärung von Anforderungen am neuen Arbeitsplatz und der vorhandenen Eignung besonders wichtig. Umschulungen auf Verdacht sollte es nicht geben, weil sich dann sehr bald die Frage stellt, wieviel Umschulungen der Mensch verträgt, bis er sein Vertrauen verloren hat. Das gilt in gleicher Weise für das bloße »Unterbringen« freigesetzter Personen, das dann auf ein Probieren, ob der Betreffende der neuen Aufgabe gewachsen ist, hinausläuft. Als zweites Beispiel mag der Industriekaufmann dienen, der bisher in der kaufmännischen Verwaltung arbeitete und dessen Funktion vom Computer übernommen wird. Wenn sich dann eine Chance im Vertrieb ergibt, hält man eine Umbesetzung für ohne weiteres möglich. Aber auch hier führt das nicht selten zu Enttäuschungen, wenn man die Eignung vorher nicht feststellt. Er wird einige Kenntnisse über die Vertriebsorganisation mitbringen, er wird auch die Produkte kennen und sich weitere Warenkenntnisse relativ leicht erwerben können. Aber die Hauptfrage, ob er den speziellen Anforderungen der Vertriebsaufgabe von der Persönlichkeitsstruktur gewachsen sein wird, ob er die nötige Belastbarkeit und Kontaktfähigkeit bzw. Überzeugungskraft mitbringt, ob er statt am Schreibtisch auch vor Ort arbeiten kann, läßt sich nicht von seiner bisherigen Tätigkeit her beantworten. Bevor man ihn in ein Risiko laufen läßt, zu dem er sich durch besseres Vorwärtskommen bei unzureichender Selbsteinschätzung anregen läßt, sollte man auch hier eine differenzierte Beurteilung durchführen. Das ist besonders wichtig, wenn diese Umstellung mit einer gewissen Rückstufung für einige Zeit verbunden ist, bis er sich in die neue Aufgabe eingearbeitet und noch etwas dazu gelernt hat. Dann genügt nicht einfach die Wahrung des Besitzstandes bei der Entlohnung, dann muß man wahrlich auch den Kollegen gegenüber mit hinreichender Klarheit argumentieren können.

In allen solchen und ähnlichen Fällen, in denen Personalbeurteilung gefordert ist, ergibt sich aber auch die Frage, durch wen diese durchzuführen ist. Obwohl es sich im Grunde um psychologische Aufgaben handelt, sind wir doch der Meinung, daß hier nicht die psychologisch-wissenschaftliche Diagnostik, sondern die Menschenkenntnis des Betriebsvorgesetzten zum Zuge kommen muß. Die Aufgabe gehört auf Grund seiner Kenntnis bei der bisherigen Arbeit in die Hand des Vorgesetzten. Dazu kann man ihn vorbereiten, man kann ihm auch Hilfsmittel in Form von Personalbeurteilungsbogen in die Hand geben. Gute Erfahrungen haben wir damit gemacht, daß die Beurteilungen gemeinsam vom Vorgesetzten und einem Mitarbeiter des Personalwesens durchgeführt werden. Gerade im Gedankenaustausch bleibt man nicht so leicht an Einzelmerkmalen hängen, sondern kann ein Persönlichkeitsbild entwickeln, das man dann mit dem Anforderungsprofil vergleichen kann. Dabei ist auch die Bewertung vorhandener Schwächen und die Möglichkeit der Kompensation sicherer abzuschätzen. Dabei kann dann auch die oben (nach *Deusinger* [3] erwähntc Vorstellung vor dem Aufbau der Persönlichkeit in der Diskussion abgeglichen werden. Ausführliches findet sich zur Frage der Personalbeurteilung bei *Dirks* [23].

VI Schlußbemerkungen

Wir haben unsere Darlegungen über die anthropologischen Aspekte des Personalwesens bisher auf die derzeitigen Verhältnisse bezogen und nur gelegentlich auf eine Zukunftsperspektive hingewiesen. Was die Jetztzeit betrifft, so gilt für die Problematik auf einen Nenner gebracht die Aussage von *Wellmann* [27]: »Die steigende Arbeitsproduktivität ist der archimedische Punkt zum Verständnis der Industriestaaten. . . Aus der Bestimmung der eigenen Identität erwachsen die humanen Bedürfnisse«.

Diese Bedürfnisse unterliegen den Veränderungen, die mit der Entwicklung der Wirtschaft und Gesellschaft einhergehen. Sie müssen nach unserem Verständnis an einer in den Institutionen konsolidierten Moral gemessen und gegebenenfalls korrigiert werden. Man sollte nicht, wie Szessny seinerzeit meinte und auch heute noch manche Liberalen für richtig halten, die Moral aus den Bedürfnissen ableiten. Deshalb geht dann der Weg zur Selbstverwirklichung auch nicht allein über die Befriedigung der Bedürfnisse, er sollte auch die Selbstdisziplin und die Pflichterfüllung mit einschließen.

»In dem Maße aber, in dem dieses zivilisatorische Selbstverständnis an allgemeiner Überzeugungskraft verliert, verdunkelt sich für den einzelnen, was immer er tue, der Sinn seiner Arbeit *(Wellmann)*. Das zivilisatorische Selbstverständnis umfaßt u. A. die Überzeugung ob »die Technik alles in allem eher ein Segen oder ein Fluch für die Menschheit ist.« Die Frage hat *Strümpel* [30] untersucht und kommt zusammengefaßt zu dem Ergebnis, daß in den Jahren von 1966 bis 1986 ein deutlicher Trend zur Abwertung der Technik vorliegt. Damit hängt dann auch die Frage zusammen, wie es mit der Wirtschaft und Technik weitergehen soll. Der Glaube an den unbegrenzten Fortschritt ist zweifellos zurückgegangen.

In der Diskussion um das Wachstum als Grundlage unseres Wohlstands werden sehr kontroverse Ansichten vertreten. Während die einen mindestens ein gedämpftes Wachstum voraussagen, meint *Otten* in den Gewerkschaftlichen Monatsheften [28], daß in den nächsten Jahren ein stürmisches Wachstum bevorstehe. Grund dafür ist nach seiner Meinung die schnelle Entwicklung moderner Technologien und eine Entwicklung zu mittleren und kleinen Unternehmenseinheiten.

Hier scheint der Wunsch der Vater der Theorie zu sein. Wir sind aber überhaupt Voraussagen gegenüber skeptisch geworden, ob diese nun vom club of Rome oder von anderen Wissenschaftlern stammen. Wenn man etwa das Buch »Unsere Welt 1985« [29] heute liest, stellt man fest, daß zwar in vielen Beiträgen dieser internationalen Wissenschaftler der Trend richtig angedeutet ist, die präzise Voraussage aber keineswegs eingetreten ist.

Deshalb kann man auch so schwer Konzeptionen für die Zukunft entwickeln. Es bleibt für das Personalwesen der Zukunft aber sicher die Aufgabe, die Entwicklungen unter anthropologischem Aspekt sorgsam zu beobachten, um wenigstens kurzfristig das Richtige einleiten zu können. Gerade ein schneller Wechsel ist aber im menschlichen Bereich schwierig, weil hier keineswegs alles machbar ist.

Auf eine solche moderne Auffassung der Personalarbeit kann man nur verzichten, wenn zwei Entwicklungen Wirklichkeit werden würden, die totale Bürokratisierung oder die totale Ideologisierung der Arbeitsverhältnisse.

Anmerkungen

1 Vgl. *Schmölders, G.*, Das Bild vom Menschen in der Wirtschaftstheorie, in *Gadamer, H. G.* (Hrsg.), Neue Anthropologie, Bd. 3, Stuttgart 1972.
2 Vgl. *von Rosenstiel, L.*, Identifikationskrise, in: Psychologie und Praxis, 29/1985.
3 Vgl. *Deusinger, M.*, Interpersonale Beurteilung, Göttingen 1980.
4 Vgl. *Eysenck, H. J.*, Die Ungleichheit des Menschen, Kiel 1976.
5 Vgl. *Lorenz, K.*, Wieviel Tier steckt im Menschen?, in: Christ und Welt, 24. 12. 1969.
6 Vgl. *Lorenz, K.*, Die Rückseite des Spiegels, München 1972.
7 Vgl. *Freud, S.*, Das Unbehagen in der Kultur, Frankfurt/M. 1930.
8 Äußerungen von *Herbert Marcuse* während der Studentenrevolte Ende der 60er Jahre.
9 Vgl. *Mitscherlich, A.*, Auf dem Weg zur vaterlosen Gesellschaft, München 1967.
10 Vgl. *Dirks, H.*, Verhaltenstraining, Verhaltensänderung, in: Literaturberater Wirtschaft 3/1980.
11 Vgl. *Graumann, C. F.*, Forschungen der Psychologie über Arbeit und Motivation des Menschen, Universitas 1982.
12 Vgl. *Freyer, H.*, Theorie des gegenwärtigen Zeitalters, Weinheim 1956.
13 Vgl. *Kluth, H.*, Die bürgerliche Gesellschaft und die Arbeit, Rundfunkvortrag 1971.
14 Vgl. *Hondrich, K. O.*, Bedürfnisse im Wandel, Wiesbaden 1983.
15 Vgl. *Noelle-Neumann, E.*, Der Zweifel am Verstand, in: FAZ vom 24. 7. 1984; Allenbacher Jahrbuch 1983.
16 Vgl. *Frankl, V.*, . . . trotzdem ja zum Leben sagen. Ein Psychologe erlebt das KZ, München 1946.
17 Vgl. *Hofstätter, P. R.*, Das Warum und das Wie, in: Merkur 1985.
18 Vgl. *Sontheimer, K.*, Unzufriedenheit im Überfluß, in: FAZ vom 9. 7. 1983.
19 Vgl. *Karnhauser, A.*, Mental health of the industrial worker, New York 1965.
20 Vgl. *Lübbe, H.*, Der Wertwandel und die Arbeitsmoral, in: FAZ vom 10. 12. 1983.
21 Vgl. *Holtkamp, K.*, Verborgene anthropologische Voraussetzungen der allgemeinen Psychologie, in: *Gadamer, H.* (Hrsg.), Neue Antropologie, Bd. 5, Stuttgart 1973.
22 Vgl. *Becker-Grüll, S.*, Artikelserie in der FAZ vom Oktober 1981.
23 Vgl. *Dirks, H.*, Personalwirtschaft, Königstein i. T. 1975.
24 Vgl. *Pulver, U.*, Ist Psychodiagnostik verantwortbar?, o. O. 1978.
25 Vgl. *Dirks, H.*, Assessment-Center. Konzeption, Probleme, Ergebnisse, in: Psychologie und Praxis, 2/1982.
26 Vgl. *Klages, L.*, Handschrift und Charakter, 28. Aufl., Bonn 1982.
27 Vgl. *Wellmann, B.*, Arbeit, Existenzsicherung, Lebenswelt, in: Veröffentlichungen der Walter-Raymond-Stiftung, Bd. 19, o. J.
28 Vgl. *Otten, D.*, Vor uns die goldenen 90er Jahre, in Gewerkschaftliche Monatshefte, 1986.

29 Vgl. *Jungk, R.* (Hrsg.), Unsere Welt 1985, Frankfurt 1964.
30 Vgl. *Strümpel, B.*, Wie erleben die Bürger die Wirtschaft?, in: Wirtschaftsdienst 1986/1.

Technik, Ökonomie und Humanität

Edgar Nawroth

Die gegenwärtige erregte Diskussion um Probleme des Umweltschutzes, der Arbeitsteiligkeit, der Energieversorgung und der Gentechnologie – um nur einige zu nennen, läßt darauf schließen, daß das existentielle Spannungsverhältnis von Ökonomie und Humanität bei uns unausgeglichen ist. Nicht wenige werden von der Sorge bedrückt, als wäre uns der technologische Fortschritt mangels wirksamer Kontrolle bereits aus der Hand geglitten. Der Verdacht auf Fehlentwicklungen mit verhängnisvollen Langzeitwirkungen für Mensch und Natur, nimmt zu. Die Frage, ob wir tatsächlich Humanität hinter technologischem Fortschritt und wirtschaftlichem Gewinnstreben haben zurücktreten lassen, rückt deutlicher in den Mittelpunkt der öffentlichen Diskussion.

Im folgenden geht es um die sozialethische Verhältnisbestimmung von Technik, Ökonomie und Humanität, und im besonderen um die Frage, wie das Instrument Technik sowie wirtschaftliche Sachgesetzlichkeit einzusetzen sind, damit die individuellen Interessen und sozialen Bedürfnisse des heutigen Menschen befriedigend zu ihrem Recht kommen können.

Grundsätzlich gilt: Technik, Ökonomie und Humanität stehen zueinander in Wechselwirkung und sind aufeinander angewiesen. Technischer Fortschritt ist die Voraussetzung für wirtschaftliches Wachstum; technische Neuerungen und wirtschaftlicher Aufschwung ermöglichen ihrerseits werthafte Bedürfnisbefriedigung und sozialen Fortschritt im Dienst der Humanität.

Eine offene Gesellschaft, die insgesamt aus humanitären Überlegungen freiwillig Konsumverzichte größeren Ausmaßes zu leisten bereit wäre, ist eine wirklichkeitsfremde Konstruktion.

Um so bedeutsamer sind die bildungsmäßigen Vorgaben aller Beteiligten als Grundlage für die geistige und ethische Bewältigung des technologischen Fortschritts im Rahmen produktiver Marktwirtschaft. Es handelt sich dabei um die ordnungspolitische Rangfolge des Wertes »Humanität« im Vergleich zu den Sachwerten »Technik und Wirtschaft«.

Die folgende Untersuchung richtet sich zunächst auf die

- Sinnfrage des technologischen Fortschritts, denn die zunehmende technologische Skepsis ist im Grunde eine Sinnfrage.

Es folgen zweitens Erwägungen über die

- Ordnungsfunktion der sozialen Marktwirtschaft, die einen wichtigen Beitrag leistet zur »Entdeckung« des Menschen im Wirtschaftsablauf.

Die Ergebnisse werden drittens gegenübergestellt der

- Humanität des technischen und wirtschaftlichen Fortschritts, die auf die Menschenwürde in Technik und Wirtschaft abzielt.

I Sinnfrage des technologischen Fortschritts

Für die Verhältnisbestimmung von technischem Fortschritt und Humanität in der Bundesrepublik ist zunächst die naheliegende Frage von Bedeutung, worauf eigentlich der zunehmende Zweifel an der Industriekultur zurückzuführen ist. Immerhin gibt zu denken, daß in unseren Nachbarstaaten mit gleich hohem Zivilisationsrang – wie etwa in Frankreich, England und den Beneluxländern – von Technologiefurcht und Fortschrittsangst diesen Ausmaßes nicht die Rede sein kann, von den Ostblock-Ländern ganz zu schweigen.

Wie tiefgreifend der sich hier abzeichnende Bewußtseinswandel ist, zeigt ein vergleichender Blick zurück. Er bestätigt, daß der technologische Fortschritt des 19. Jahrhunderts bis etwa zur Mitte des 20. Jahrhunderts von den Zeitgenossen als Erweis für die alles beherrschende menschliche Intelligenz und Vernunft gewertet wurde. Aus der engen Verbindung von wechselseitiger Befruchtung von Physik, Chemie und Technik, der naturwissenschaftlichen Grundlagenforschung und der industriellen Produktion entstand zwischen 1830 und 1930 das sogenannte »goldene Zeitalter« der deutschen Wissenschaft und Forschung.

Unvergessen sind Forscherpersönlichkeiten wie *Gaus* und *Fraunhofer, Siemens* und *Röntgen, Liebig, Pasteur* und Koch [1]. Nicht zu übersehen ist seit den 80er Jahren des 19. Jahrhunderts die führende Rolle deutscher Industrieprodukte auf dem Weltmarkt unter dem Gütezeichen »Made in Germany«. Für deutsche Kreativität spricht schließlich auch die deutsche Spitzenstellung im internationalen Patentrecht und bei der Vergabe der Nobelpreise [2].

Wie erklärt sich nun die auffallende Technologie-Skepsis?

Die Mehrzahl derjenigen, die sich heute in bewußter Distanzierung zur modernen technischen Welt von der Devise »Zurück zur Natur!« faszinieren lassen, dürfte sich nicht darüber im klaren sein, daß hinter der Technikfeindlichkeit und dem Kulturpessimismus von heute eine einflußreiche gesellschaftsphilosophische Theorie am Wirken ist. Wer die letzten fünfundzwanzig Jahre mit ihren ideologisch geprägten Strömungen und Auseinandersetzungen in etwa überblickt, findet die Annahme bestätigt, daß es sich bei diesem Widerstand im Kern um gezielte Grundlagenkritik an der Leistungsgesellschaft und Industriekultur insgesamt handelt.

Infrage werden gestellt: Wachstum, Leistung, Produktivität, Strukturwandel, Anpassungsbereitschaft und Wettbewerb als Richtwerte der Arbeitsgesellschaft.

Das berechtigt zu einer ersten Feststellung, die sich in der folgenden Überschrift wiederfindet:

Technologie-Skepsis im Ideologie-Verdacht

Diese Skepsis wurde von langer Hand literarisch vorbereitet. Technikutopien und Gegenutopien, in denen sich Faszination und zugleich Fluch der Technologie zu eindrucksvollen Visionen verdichten, sind seit Generationen für das literarische Schaffen eine anziehende Thematik. Maßgebend für diese literarische Gattung ist das jeweilige Menschenbild, das derartige Visionen bedingt, sowohl nach der optimistischen wie der pessimistischen Seite hin.

Eine gewisse Vorläuferfunktion für nachhaltigen Entwicklungs- und Kulturpessimismus erfüllen die beiden Werke des englischen Schriftstellers *Wells* (1866–1946) »Die Zeitmaschine« (1895) und »Der Krieg der Welten« (1898). Die hier zugrunde gelegte pessimistische These von der unausweichlichen Degenerierung menschlicher Zukunft aufgrund moralischen und gesellschaftlichen Verfalls wurde für eine ganze Literaten-Generation wegweisend. Das trifft auf den kritischen Roman des Engländers *Huxley* »Schöne neue Welt« (1932) ebenso zu wie auf den Zukunftsroman seines Landsmannes *Orwell* »1984« (1949) [3].

Gegensätzlich nach der bejahenden wie der kritisch ablehnenden Seite hin ist die Technikaufnahme des deutschen Expressionismus vor allem der 20er Jahre.

Als einflußreichster Wegbereiter ist hier an erster Stelle der deutsche Geschichtsphilosoph *Spengler* (1880–1936) zu nennen.

Spengler sah, von einem deterministischen Geschichtsbegriff ausgehend, im Geschichtsablauf nichts anderes als die unbeeinflußbare Folge in sich unabhängiger Kulturepochen, deren Entstehung, Blüte und Verfall angeblich unter einer Lebensgesetzlichkeit stehen. Die gegenwärtige westliche Kultur habe in ihrem zivilisatorischen Spätstadium ihren Höhepunkt bereits überschritten.

Für den »Untergang des Abendlandes« (erschienen zwischen 1919–1922) machte er den von ihm pessimistisch gedeuteten technologischen Menschentyp verantwortlich, der aus Machtgier und mit Hilfe ungeheuerlicher technischer Überlegenheit die Natur vergewaltige und dabei Menschlichkeit, Geist und Kultur vernichte.

Es überrascht festzustellen, wie diese Saat in der nachfolgenden Generation und schließlich in der gegenwärtigen Ablehnung des technologischen Fortschritts erneut auflebte.

Philosophisch untermauert wurde diese weitgehend gefühlsmäßig gesteuerte Gedankenrichtung durch die Gesellschaftskritik und Gesellschaftstheorie des Philosophen *Marcuse* (1898–1979), des geistigen Vaters der Studentenrevolte der 60er Jahre.

Seine Grundtendenz, die bestehenden Gesellschafts- und Wirtschaftsstrukturen kritisch zu hinterfragen und sich vom »eindimensionalen« produktionsintensiven Denken erstarrter Bürgerlichkeit abzusetzen, verdichtete sich innerhalb der studentischen Generation zur »großen Weigerung« gegenüber der gesamten Industriekultur.

Für *Marcuse* ist die hochentwickelte Technik ein »Instrument destruktiver Politik« [4], weil sie angeblich auf ein totales System sozialer Beherrschung ausgerichtet ist [5].

Wie total die Technik den Menschen beherrscht, erkennt man nach *Marcuse* daran, daß das menschliche Denken unserer Epoche einen ausgesprochen funktionalen und technischen Charakter angenommen habe. Es stehe fast nur noch im Dienste des technischen Apparates und des dazu gehörigen Establishments.

Dieses enthusiastisch aufgenommene irrationale Verdammungsurteil des bestehenden Systems hat weite Kreise bis hin zu durchaus gutwilligen konstruktiven Denkern gezogen. Der eingeleitete »lange Marsch durch die Institutionen» bis hin zu einflußreichen Stellen der Gegenwart war auch hier erfolgreich.

Heute errreichen uns die letzten Wellenschläge dieses tendenziösen Umbruchs und zwar in den grün-alternativen Wertvorstellungen, die sich ebenfalls gegen die traditionellen Richtwerte der Arbeitsgesellschaft wenden. Der Freiburger Politologe *Guggenberger* kennzeichnet die geistige Situation der Bundesrepublik mit der Feststellung:

»Wir erleben gegenwärtig das Neben-, Gegen- und Ineinander zweier Gesellschaften mit je eigenem Werthimmel, die alles andere als friedliche Koexistenz zweier Bewußtseinshorizonte, deren einer sich noch immer deutlich an den Notwendigkeiten der industriellen Arbeits- und Wachstumsgesellschaft orientiert, während der andere sich ebenso deutlich an den Bedürfnissen und Interessen der im Entstehen begriffenen Freizeitgesellschaft ausrichtet . . . [6]«.

Mit anderen Worten:

Das aufklärerische unbedingte Vertrauen auf Vernunft, Wissenschaft und Fortschritt ist auf dem besten Wege, vom »postmateriellen« Wertwandel der »nachindustriellen Gesellschaft« abgelöst zu werden. Die Weisung der 50er Jahre »Stabilität durch Wachstum« hat sich nicht durchhalten können aufgrund der Erfahrung, daß Wachstum unter bestimmten Voraussetzungen entstabilisiert und sowohl ökologisch wie gesellschaftlich rechenschaftspflichtig geworden ist.

Dieser Bewußtseinswandel wurde mit vorangetrieben durch die sogenannte »kritische« Wissenschaft, die sich – im Unterschied zur traditionellen Wissenschaftsauffassung – nicht mehr in erster Linie auf objektiv gültige Erkenntnis gerichtet weiß, sondern als »politisch orientierte« Wissenschaft gesellschaftlich engagiert ist mit dem Ziel einer Veränderung des gegenwärtigen gesellschaftlichen Systems.

Zu den kritischen Anfragen dieser Denkrichtung gehört die nach der Sinnhaftigkeit der vorherrschenden technischen Zivilisation, die verneint wird. »Man fordert eine Ethik der Technik«, wie *Wild* treffend zusammenfaßt, »und versteht darunter fast ausschließlich eine asketische Einstellung, einen weitgehenden Verzicht auf das Machbare . . . Nicht der Durchbruch nach vorn zu einer ressourcenschonenden, sauberen und menschenfreundlichen modernen Technik wird propagiert, sondern man fordert den Ausstieg aus der technischen Zivilisation um beinahe jeden Preis – so wörtlich *Amery* –, die Rückkehr zu vorindustriellen Lebensformen und eine asketische Gesinnung [7]«.

Diese Feststellung bestätigt den Ideologieverdacht dieser Art Technologiekritik, die mit der Forderung nach Rückkehr zu natürlichen Lebensgrundlagen zugleich gesellschaftliche Grundlagenkritik verbindet. Maßgebend ist die Absicht, aus der unüberschaubar gewordenen, verunsichernden Industriegesellschaft auszusteigen.

Man kann diese Schlußfolgerung nicht ohne weiteres als »Hysterie« abstempeln, denn sie ist ein Ergebnis der derzeitigen technologischen Entwicklung. Die Kernenergie-Technik wurde zum Inbegriff der Großtechnologie, die aufgrund unüberprüfbarer Langzeitwirkungen gesundheitlicher, erbbiologischer und auch gesellschaftlicher Art und wegen der damit verbundenen ausgeweiteten Verantwortlichkeiten unkontrollierbar zu werden droht. Die neuen Möglichkeiten der Elektronik und Gentechnologie haben mit der Vision des Unheimlichen die Tendenz zum Ausbruch aus der technischen Zivilisation verstärkt [8].

Diese kulturkritische Problemsicht ist nur eine, wenn auch einflußreiche Quelle heutiger Technologie-Furcht. Aus der Sicht der Arbeitnehmerschaft wurde die Sorge, es würden durch die technologischen Neuerungen mehr Arbeitsplätze gefährdet als gesichert, zur Mitursache der Technologie-Feindlichkeit. Diese Sorge ist ernst zu nehmen.

Technologiefortschritt und Beschäftigungslage

Tatsächlich hat der technische Fortschritt in verschiedenen Berufszweigen zu unterschiedlichen, z. T. erheblichen Umstrukturierungen geführt, die mit Arbeitsplatzverlusten verbunden sind.

Das Prognos-Makintosh-Institut kommt in einer für das Bundesforschungs-Ministerium (BMFT) im Jahre 1980 durchgeführten Untersuchung über die Auswirkungen des technologischen Fortschritts auf die Beschäftigungslage zu folgenden Ergebnissen:

10% aller Berufe werden kurzfristig und erheblich von der Technologisierungswelle betroffen; mittelfristig etwa zu 47%, darunter nahezu alle Fertigungsberufe; kaum oder nicht davon erfaßt werden rund 43%, unter ihnen die Dienstleistungs- und Handwerksberufe [9].

Vorliegende Prognosen, wonach bis etwa 1995 von den 2,7 Millionen Arbeitsplätzen bis zu 30% automatisierbar und bis zu 40% formalisierbar sind, werden ebenfalls mit Sorgen zur Kenntnis genommen, selbst unter der Voraussetzung, daß der technische Wandel durchweg mehr Zeit braucht als vermutet wird. Immerhin werden von der zunehmenden Technisierung der Organisations-, Büro- und Verwaltungsberufe in erster Linie die Beschäftigungsmöglichkeiten für Frauen betroffen.

Umfassender ist der Einfluß der Informationstechnik, die erwartungsgemäß kurz- oder mittelfristig über die Hälfte aller Beschäftigten erreichen dürfte. Spürbare negative Auswirkungen auf die Beschäftigungsbilanz erwartet man ebenfalls von der fortschreitenden Einführung der Mikro-Elektronik. Es ist zu bedenken, daß in der Serienfertigung eingesetzte Industrieroboter im Zweischichten-Betrieb vier Arbeitnehmer freistellen können.

Vorausschätzungen darüber, wann in etwa mit einem Ausgleich der technologisch bedingten Arbeitsplatzverluste durch neu geschaffene Arbeitsmöglichkeiten zu rechnen ist, pendeln sich um das Jahr 1995 ein.

Erschwerend fällt dabei ins Gewicht, daß wir selber den notwendigen Ausgleich zwischen positiven und negativen Auswirkungen des technologischen Fortschritts auf unsere Beschäftigungslage verzögern. Wir überlassen die Schaffung neuer Arbeitsplätze, die sich aus der Entwicklung und dem Bau modernster Geräte ergibt, weitgehend denen, von denen wir die Maschinen beziehen, vorwiegend den Amerikanern und Japanern. Wir selber rationalisieren mit der Einfuhr der neuen Geräte im ersten Anlauf Arbeitsplätze weg.

Immerhin deckt nach dem Stand von 1982 der technologische Import unseren Bedarf an Mikro-Computern zu 75%, an numerisch gesteuerten Werkzeugmaschinen zu 50% und an eingesetzten Robotern zu 40% [10].

Angesichts dieser Auswirkungen auf unsere Beschäftigungslage drängt sich die Schlußfolgerung auf, die Gefahr einer Ausuferung modernen Technologieeinsatzes zu Lasten unserer Arbeitsplätze durch drastische Einschränkung des Technologie-Imports eingrenzen zu sollen.

Wer so argumentiert, ist sich freilich nicht darüber im klaren, daß der technologische Fortschritt nicht in unser Belieben gestellt ist.

Die Bundesrepublik als Wirtschaftsfaktor mit verhältnismäßig wenig eigenen Rohstoffquellen ist wesentlich auf Export angewiesen, der durch Importe ausgeglichen werden muß. Das bedeutet praktisch, daß sich unsere Arbeitsprodukte auf dem Weltmarkt durchsetzen müssen, während zahlreiche andere Fertigungsbereiche auf dem Inlandsmarkt mit dem Import in Leistungswettbewerb zu treten haben.

Ob wir wollen oder nicht: der wirtschaftliche und technologische Leistungsstandard unserer Konkurrenten auf dem Weltmarkt ist der für uns unausweichliche Leistungsmaßstab, den wir noch zu übertreffen haben, wenn wir wirtschaftlich bestehen wollen.

Eine weitere realistische Überlegung kommt hinzu, die auch der Präsident der Bundesanstalt für Arbeit, *Franke,* geltend macht:

Der technologische Fortschritt gefährdet zwar einzelne Gruppen von Arbeitsplätzen, bringt aber der Wirtschaft insgesamt mehr Sicherheit. Erfahrungsgemäß erschließen die Produkte neuer Technologien auch neue Märkte und damit mehr Wachstum und neue Arbeitsplätze.

Man rechnet damit, daß allein die Informationstechnik als größte Wachstumsbranche der 80er Jahre einen jährlichen produktiven Zuwachs bis zu 30% bringt.

Rückschauend kommt die Analyse der strukturellen wirtschaftlichen Entwicklung von *Krupp* zu der Feststellung, es seien in den 70er Jahren in den Branchen mit voranschreitender Modernisierung und beschleunigtem Einsatz von Industrierobotern aufgrund der gesteigerten Arbeitsplatzproduktivität so viele Arbeitsplätze gesichert bzw. neu geschaffen worden, besonders deutlich in der Automobilindustrie, daß das Ergebnis insgesamt positiv zu werten sei [11].

Sinnfrage der technologischen Entwicklung

Das hat zu einer Polarisierung innerhalb der Technikdiskussion geführt, die sich zwischen »alternativen« Techniken zu entscheiden hat. Es ist die Rede von »harter« Technik, wie sie in den modernen Industrieländern mit Arbeitsteilung, Zentralisierungs- und Rationalisierungsmaßnahmen, Wirtschaftswachstum und Anonymität der Arbeitsleistung vorherrschend ist. In ihr hat die Großtechnologie, vertreten durch die Kernenergie und Mikro-Elektronik, ihren Platz.

Der »harten« wird die »weiche« Technik »mit menschlichen Zügen«, nach der Konzeption von *Schumacher* auch »mittlere« Technik oder »sanfte« Technologie genannt, als Wunschvorstellung gegenübergestellt.

Kennzeichnend für sie sind Einschränkung der Arbeitsteilung, der Zentralisierungsmaßnahmen und Wachstumspolitik, Bevorzugung der überschaubaren mittleren Betriebsgrößen, Einsatz naturnaher Energiequellen wie Wind, Sonne und Biogas. All dies wird eingefügt in den Rahmen einer gesellschaftlichen Lebensordnung mit menschlichen Maßen und unter Befürwortung einer »asketischen Weltkultur« *(C. F. v. Weizsäcker)*, insgesamt also einer Idealvorstellung.

Von sachkundiger Seite wird eingeräumt, daß eine dezentralisierte »mittlere« Technologie unter bestimmten wirtschaftspolitischen Systemvoraussetzungen durchaus sinnvoll sein kann, z.B. in Entwicklungsländern. Für hochentwickelte Industrienationen beginnt die Problematik dieser Art »sanfter« Technik da, wo im internationalen Wirtschaftszusammenhang ihre Wettbewerbsfähigkeit aufhört [12].

So sehr auf den ersten Blick eine derartige humanverantwortliche Technologie-Politik bestechen mag: eine überzeugende Antwort auf die Frage nach der Sinnerfüllung der technologischen Entwicklung unter unseren hochindustrialisierten Voraussetzungen kann sie deswegen nicht geben, weil sie wirklichkeitsfremd ist.

Wir müssen also weiterfragen!

Für eine nüchterne Problemsicht steht zunächst fest, daß der technologische Fortschritt keinem Selbstzweck dient, sondern auf den Menschen und die Verbesserung seiner Lebensumstände bezogen sein muß. Im Personsein des Menschen, in seinem Anspruch auf Entfaltung, Selbstverantwortung und Eigeninitiative in Freiheit liegt der eigentliche Angelpunkt der erfahrbaren Lebensumwelt und auch des technischen Bereichs.

Was hat nun der technische Wandel dort, wo er zum Tragen gekommen ist, dem arbeitenden Menschen wirklich gebracht? Neue

Eintönigkeit, vermehrte Hilfsarbeiterfunktionen und damit berufliche Abwertung, wie verschiedentlich verallgemeinernd behauptet wird?

Bei der Bestandsaufnahme dieses Problemfeldes hat das Institut für Arbeitsmarktforschung der Bundesanstalt für Arbeit durch Fallstudien nachgewiesen, daß technische Neuerungen durchweg – über reine Bedienungs- oder Überwachungsfunktionen von Maschinen hinaus – erhöhte Qualifikationsanforderungen mit sich bringen, die eine ebenso qualifizierte Ausbildung voraussetzen.

Die Einführung der Mikroprozessoren-Technik beispielsweise verlangt für die abstrakter und komplexer werdende Arbeit mehr geistige Beweglichkeit, analytisches Denken und »integrierte Sachbearbeitung«, von dementsprechend erhöhter Verantwortungsbereitschaft ganz abgesehen [13].

Was die Annahme der Neuerungen seitens der Arbeitnehmer betrifft, haben die bisherigen Erfahrungen zu einer bemerkenswerten Feststellung geführt:

Diejenigen Arbeitnehmer, die in Organisation, Produktion, Verwaltung und Absatz mit neuen Technologien umzugehen gelernt haben, bejahen nach anfänglichen Vorbehalten in überwiegender Mehrheit ihre Einführung als begrüßenswerten Fortschritt.

Nach einer INFAS-Umfrage von 1981 bei Arbeitnehmern an technologisch veränderten Arbeitsplätzen bezeichneten 50% ihre Arbeit als interessanter und nur 13% als monotoner, 48% als leichter und 15% als schwerer [14].

Im Grunde wird durch dieses Ergebnis die Betriebserfahrung bestätigt, daß technikfeindliches Verhalten weitgehend auf Informationsmangel zurückzuführen ist. Er wird am ehesten dann abgebaut, wenn man in allgemeinverständlichen Erläuterungen den technisch-wissenschaftlichen Hintergrund umstrittener technischer Verfahren klarlegt.

Aufschlußreich in dieser Hinsicht sind die vorgelegten Untersuchungen von *Schmidtchen* über die Entwicklung in der Metallindustrie. In dieser Branche haben bereits über 60% der Beschäftigten mit derartigen technischen Neuerungen zu arbeiten, davon 34% an elektronisch gesteuerten Arbeitsplätzen.

Wie von den Betroffenen festgestellt wird, hat der Übergang zur Elektronik sowohl für den Arbeitsablauf wie für das Arbeitsergebnis erhebliche Vorteile gebracht. 70% bewerten den Arbeitsablauf als sehr oder ziemlich interessant, weil er bei geringerer körperlicher Beanspruchung und gleichmäßigerem Ablauf vielfältiger und geistig anregender geworden sei.

Mit der stärkeren geistigen Konzentration am elektronischen Arbeitsplatz sei eine Zunahme an Selbständigkeit und Kontrollfreiheit und damit zugleich ein deutliches Mehr an Motivation feststellbar.

Hinzu kommt, daß mit dem Ersatz der Handarbeit und verbesserter Arbeitsgestaltung Kapazitätserhöhungen und größere Genauigkeit im Arbeitsergebnis verbunden sind. 78% der Befragten bezeichnen sich daher als mit ihrer Arbeit zufrieden und lehnen eine Rückkehr zum vorigen Zustand ab [15]. Zu den Vorteilen, die die moderne Technik dem Arbeitnehmer gebracht hat, gehört nicht zuletzt die Entlastung von gesundheitsgefährdendem Arbeitseinsatz, wie sie besonders der Industrieroboter ermöglicht hat.

Vorwiegend in der Fertigungstechnik und Werkzeughandhabung eingesetzt, haben diese Geräte ganz erheblich zur *Humanisierung der Arbeitswelt* überall dort beigetragen, wo körperliche Anstrengung, gefährlicher Arbeitsablauf, Lärm- und Staubbelästigung und andere Erschwernisse zu bewältigen waren.

Als humanisierender Faktor mit großer Breitenwirkung ist schließlich auch die Wirtschaftlichkeit der technologischen Entwicklung zu bewerten. Der technische Fortschritt ermöglicht in hervorragendem Maß die Sinnerfüllung der Wirtschaft. Die bestmögliche und zugleich kostengünstige Versorgung mit Wirtschaftsgütern und Dienstleistungen im Rahmen einer sozialen Marktwirtschaft und im internationalen Wettbewerb gehört heute für die überwiegende Mehrheit zum selbstverständlichen Besitzstand unserer Industriekultur, von dem nach wie vor auch die Aussteiger zehren. Ein überkommener Besitz wird häufig erst dann gebührend gewertet, wenn er durch außergewöhnliche Ereignisse in Frage gestellt wird. Die Ölkrise hat das erneut bestätigt.

Schon diese begrenzte Übersicht läßt erkennen, daß technische Neuerungen der Gegenwart mit dazu beigetragen haben, die Lebensbedingungen des arbeitenden Menschen erheblich zu verbessern, was berufliche Voraussetzungen und Anforderungen, das Erfolgserlebnis am Arbeitsplatz und körperliche Arbeitsentlastung des einzelnen betrifft.

Arbeitnehmer würden sich nicht mehrheitlich für den technischen Fortschritt erklären, wenn für sie nicht zugleich ein menschlich-sozialer Gewinn damit verbunden wäre.

Der technische Fortschritt hat sich zweifellos vor unseren Augen nicht nur als umweltbelastender Krisenherd, sondern weit mehr noch als gestaltende Kraft in der Hand des schöpferischen Menschen erwiesen, die alle Bereiche der modernen Industriekultur und Zivilisation erfaßt hat. Wir erleben jeden Tag von neuem, daß unsere wirtschaftlichen, sozialen und politischen Entscheidungen maßgeblich vom Stand der verfügbaren Technik her beeinflußt werden.

Ein Blick zurück bestätigt zudem, daß die Kulturgeschichte der Menschheit von ihrem Uranfang bis zur Gegenwart zugleich eine Kulturgeschichte der Technik ist. Die Erfindung als gestaltgewordene Idee des kreativen Menschengeistes und der technische Fortschritt als dynamischer Prozeß waren immer wesentliche Gestaltungskräfte kulturellen Aufbauwillens.

Die Sinnfrage der Technik findet ihre letztgültige Beantwortung in der unbestreitbaren Kulturfunktion des technologischen Fortschritts im Dienst der Arbeitsgesellschaft.

II Ordnungsfunktion der sozialen Marktwirtschaft

Für die Verhältnisbestimmung von Ökonomie und Humanität ist die ordnungspolitische Frage grundlegend, wie wirtschaftliche Sachgesetzlichkeit und sittliche Normen, gesellschaftliche Verantwortung und volkswirtschaftliche Sachzwänge miteinander in Einklang zu bringen sind.

Dieses Spannungsverhältnis, mit dem sich jede Wirtschaftspolitik auseinandersetzen muß, hat durch die Umweltschutzproblematik, die alle modernen Industrienationen erfaßt hat, erneute Aktualität erhalten. Zudem hat die mit Leidenschaft geführte Kernenergie-Debatte allenthalben deutlich gemacht, daß die Voraussetzungen und die Entwicklungsrichtung eines wirklich humanen Fortschritts eng verbunden sind mit der grundsätzlichen Einbindung auf neue Eckwerte wirtschaftspolitischer Zielsetzungen, wenn man aus der

Vergangenheit zu lernen bereit ist. Das trifft für den privatwirtschaftlichen Bereich ebenso zu wie für den der Volkswirtschaft.

Mit der hier angedeuteten Polarität sinnvollen wirtschaftlichen Handelns zwischen Sachgesetzlichkeit und sittlicher Bindung hängt unmittelbar die Grundfrage nach dem Wirtschaftsverständnis zusammen. Es entscheidet über die Funktion des arbeitenden Menschen und die im Wirtschaftsablauf anzuwendenden Sozialprinzipien.

Der Mensch im neuzeitlichen Wirtschaftsdenken

Das Wirtschaftsverständnis der Gegenwart geht auf verschiedene dogmengeschichtliche Quellen und wirtschaftstheoretische Schulmeinungen zurück. Sie reichen von der klassischen Wirtschaftsauffassung der frühen kapitalistischen Epoche über den Neoliberalismus bis hin zur Theorie der sozialen Marktwirtschaft, wie sie *Müller-Armack* formuliert hat. Dieses Erbe tritt mit seinen verschiedenen Ideen-Elementen im heutigen Wirtschaftsdenken mehr oder weniger deutlich zu Tage und ist hier von Interesse.

Die sogenannte klassische Wirtschaftstheorie, die im 18. und 19. Jahrhundert maßgebend von dem Engländer *Smith* (1723–1790) und dem Franzosen *Quesnay* (1694–1774) geprägt worden ist, wurde mit ihrer Arbeitswertlehre, der Preistheorie, der Einkommensverteilungs- und Wachstumstheorie sowie der Geld- und Außenhandelslehre für die aufkommende Volkswirtschaftslehre grundlegend.

Für diese Wirtschaftstheorie ist zunächst die rein funktionaltheoretische, auf die Marktabläufe (Katallaktik) konzentrierte Sichtweise kennzeichnend. Sie hat von Anfang an die Besinnung auf den wirtschaftenden Menschen, seine Personwerte und seinen personalen Bezug zum Wirtschaften, hinter der Analyse der »naturgesetzlich« verstandenen Wirtschaftsabläufe zurücktreten lassen.

Von Einfluß war hierbei die zeitgenössische Philosophie der Aufklärung, näherhin der deistisch begründete »Harmonie-Optimismus« der englischen Moralphilosophie (*Hume* und *Shaftesbury*). Für den Deismus waren die Wirtschaftenden im Grunde nichts anderes als Funktionsträger der sogenannten »prästabilierten« kosmischen Harmonie (*Leibniz*), d.h. der von Gott im voraus festgelegten harmonischen Übereinstimmung von Wirtschaftsgesetz und wirtschaftlichem Gemeinwohl.

Der vom Deismus herkommende und wirtschaftstheoretisch unterbaute Gedanke vom Menschen als »Funktionsträger« hat von Anfang an die Organisation des arbeitsteiligen industriellen Produktionsprozesses maßgeblich mit beeinflußt.

In der durchschnittlichen Fabrikarbeit wurde der Arbeiter eingesetzt und zwar als Gehilfe und Zubehör der Maschine, auf wenige wiederholbare Handgriffe abgerichtet und ohne Überblick über den Produktionsablauf. Arbeiterschutzpolitik wurde bis in die 80er Jahre des 19. Jahrhunderts zurückgedrängt zugunsten der Produktivitätssteigerung und des Warenabsatzes.

Humanität in Gestalt menschenfreundlicher Arbeitszeitverkürzung, der Eingrenzung der Kinder-, Frauen- und Mütterarbeit, der Sonntagsheiligung wurde von *Bismarck* bis zuletzt bekämpft aus Gründen der Produktivitätssteigerung und internationalen Wettbewerbsfähigkeit.

Dieses produktionsintensive Wirtschaftsdenken setzt sich fort in der neoklassischen Wirtschaftsauffassung, die heute in verschiedenen liberalen Varianten gängiger Lehrbücher wie auch im Wirtschaftsalltag selbst von Einfluß ist.

Kennzeichnend für das neoklassische Wirtschaftsverständnis ist zunächst der rein formale, d. h. inhaltlich unbestimmte, Wirtschaftsbegriff. Ausgehend von der an sich plausiblen Tatsache, daß es im Grunde die Knappheit an Wirtschaftsmitteln wie auch an entsprechenden Dienstleistungen ist, die zu haushälterischer Sparsamkeit zwingt, verstehen die Vertreter dieser Richtung unter Wirtschaft durchweg nichts anderes als die Gesamtheit der menschlichen Handlungen, die auf die Verringerung der Güterknappheit und die haushälterische Verwendung der knappen Mittel nach Maßgabe des Vernunftprinzips gerichtet sind.

Noch kürzer gefaßt ist dann Wirtschaft das durch die Güterknappheit bedingte haushälterische Verfahren nach dem ökonomischen Vernunftprinzip [16].

Ebenso formal umschreibt die neoklassische Theorie den Zweck der Wirtschaft. Er wird mit maximaler Produktivität ineinsgesetzt, weil ein maximiertes Sozialprodukt am ehesten den unübersehbaren Bedarf der Volkswirtschaft zu befriedigen imstande sei. Damit wird unbesehen das wirtschaftliche Gesamtinteresse mit dem Marktinteresse der Kaufkräftigen gleichgesetzt.

Es liegt in der Logik dieser Wirtschaftstheorie, daß der funktionsfähige Wettbewerb als das Ordnungsprinzip der Wirtschaft insgesamt gewertet wird. Nicht weniger bestimmend für diese Sicht ist zudem die sogenannte »Marktgerechtigkeit« als Inbegriff der äquivalenten Tauschgerechtigkeit nach Maßgabe von Leistung und Gegenleistung auf dem Markt. Ihr wird sachgesetzliche Objektivität und Unbestechlichkeit nachgesagt.

Eine gewisse Korrektur dieser Markttheorie brachte im weiteren Verlauf der Entwicklung der Neoliberalismus bzw. der Ordo-Liberalismus der Freiburger Schule unter *Eucken* (1891–1950).

Ausgehend von der Erfahrung, daß der sich selbst überlassene freie Wettbewerb durch Vermachtung seine Ordnungs- und Integrationskraft einbüßt, fordern neoliberale Theoretiker als »neue Ordnungsidee« die »Veranstaltung« des Wettbewerbs mit Hilfe einer Rahmenordnung des »starken« Staates, der als »Platzhalter« des Wettbewerbs jegliche Vermachtung auf dem Markt ausschließen soll.

Der institutionell »veranstaltete« Wettbewerb im Schutze eines entsprechenden »Datenkranzes« gilt dann allerdings für *Eucken* und seine Gruppe als »wesentliches Ordnungsprinzip« der Wirtschaft, als Garant einer »neuen Harmonieerwartung« *(Böhm)* und »geräuschlosen Koordination« *(Röpke)* [17]. In dieser neoliberalen Ordnungsidee kommt zugleich das Alte und das Neue des liberalen Erbes zum Ausdruck.

Auf alle Varianten der liberalen Markttheorie trifft zu, daß der betont funktionalen Deutung des Wirtschaftsgeschehens auch die abstrakte Fachsprache entspricht. Sie handelt von Arbeit, Boden und Kapital, von Angebot und Nachfrage, von Kaufkraft und Konsum, von der Arbeit als Marktware und dem Markt als einem Beziehungssystem von automatisch gelenkten Interaktionen. Der handelnde Mensch selbst mit seinen Erwartungen und Ansprüchen an die Wirtschaft tritt nicht in Erscheinung. Hinter dieser Zurücksetzung steht mehr als nur begriffliche Abstraktheit einer rein praktischen Fachsprache.

Nicht anders verfuhr die aufkommende Betriebswirtschaftslehre. Der konzentrierte Blick auf den Betrieb als Produktionsfaktor, auf seine optimale technisch-ökonomische Ausstattung und Funktionsfähigkeit ließ keinen Platz mehr für die Berücksichtigung der menschlichen Problematik des lebendigen Produktionsfaktors Arbeit. Er wurde lediglich als auswechselbarer Betriebskostenfaktor gewertet.

Ein Wandel in der Problemsicht trat langsam erst im Verlauf der weiteren Entwicklung ein.

Schrittweise Aufwertung des Menschen im Wirtschaftsablauf

Als in den dreißiger Jahren aufgrund des amerikanischen Beispiels die Arbeitsforschung in den Vordergrund trat und sich eine bewußte »Vermenschlichung« des Betriebslebens anbahnte und zwar auf dem Wege über die Pflege der menschlichen Beziehungen, der Menschenführung und der betrieblichen Sozialpolitik, dann wiederum vorwiegend unter dem Gesichtspunkt der zu erzielenden Leistungssteigerung und Kostenreduzierung im Rahmen einer betriebsorientierten »Menschenökonomie«.

Wie aus der Programmatik des nach dem 1. Weltkrieg eingerichteten »Deutschen Instituts für technische Arbeitsschulung« (DINTA) zu entnehmen ist, ging es damals im wesentlichen noch darum, »einen ›Betriebsmenschen‹ heranzuziehen, für den die Arbeitsstelle *das* Lebenszentrum darstellen sollte« [18].

Von der Sache her ergab sich eine deutlichere Hinwendung der Wirtschaftswissenschaft zum Menschen, als mit dem Aufschwung der konsumorientierten Produktionswirtschaft die gezielte Berücksichtigung vorhandener Bedarfsansprüche mit Hilfe der aufkommenden Markt- und Absatzforschung notwendig machte. Noch immer aber war es weder Humanität noch Ethik, sondern vordergründig das wirtschaftliche Kalkül, das zu einer schrittweisen Aufwertung des konsumierenden Menschen als »König« innerhalb der Wirtschaft führte.

Einen neuen Denkansatz enthält das Konzept der »sozialen Marktwirtschaft«, das nach dem 2. Weltkrieg in erster Linie von *Müller-Armack*, dem Staatssekretär von *Ludwig Erhard*, entwickelt und verwirklicht wurde. Sein Ziel war es, im Interesse einer »sozialen Irenik« das Prinzip der Marktfreiheit mit dem durch die marktwirtschaftliche Leistung gesicherten sozialen Fortschritt und Ausgleich zu verbinden. Dafür sah er ein Instrumentarium erheblicher Einkommensausgleichskorrekturen vor, dem in der »zweiten Phase« der sozialen Marktwirtschaft eine integrierende Gesellschaftsordnungspolitik vorrangig an die Seite gestellt werden sollte [19].

Müller-Armack stellte seine Theorie kritisch einem auf neoliberaler Seite anzutreffenden »Wettbewerbsfetischismus« entgegen, vor dem er warnte mit dem Hinweis, der Markt könne nicht eine letztgültige soziale Ordnung schaffen [20]. Die Einkommensbildung des Marktes beispielsweise hält er für »sozialblind« [21] und die marktwirtschaftlichen Einkommensverschiedenheiten für »sozial unerwünscht« [22], weshalb sie durch nachträgliche Einkommensausgleichskorrekturen zu mildern seien.

Nach *Müller-Armack* war später die Rede von »sozialer Symmetrie« als gesellschaftlichem Postulat und als Inbegriff aller ausgleichenden wirtschafts- und sozialpolitischen Maßnahmen zur Verwirklichung sozialer Gerechtigkeit zwischen den Sozialpartnern.

Ihr entscheidendes Instrument, das »Gesetz zur Förderung der Stabilität und des Wachstums der Wirtschaft«, ist zugleich die Voraussetzung der *»Konzertierten Aktion«*, die zum erstenmal im Jahresgutachten des Sachverständigenrates vom November 1965 vorgeschlagen worden war.

Sie hatte zum Ziel, mit Hilfe volkswirtschaftlicher Information in Form von Jahreswirtschaftsberichten mit dem sozialen Dialog zugleich auch ein koordiniertes Verhalten der einzelnen Sozialpartner zur Stabilisierung des Konjunkturablaufes im Interesse des volkswirtschaftlichen Gesamtwohles herbeizuführen.

Marktwirtschaft als Sozialprozeß

Diese hier skizzierte Entwicklung des Wirtschaftverständnisses nähert sich schrittweise der Wirtschaftsauffassung, wie sie von der Philosophie der christlich-sozialen Denkrichtung und vom Lehramt der katholischen Kirche vertreten wird. Im Unterschied zum Formalbegriff der Wirtschaft, der sich abstrakt lediglich auf die haushälterische Verwendung der knappen Mittel gemäß dem ökonomischen Vernunftprinzip bezieht und damit über das Vorfeld der rein technischen Vernunft nicht hinauskommt, wird vom kirchlichen Lehramt das Wirtschaften in erster Linie in seiner Beziehung zum wirtschaftenden Menschen inhaltlich festgelegt und gewertet.

Nach der Auffassung des Konzils ist das »Erscheinungsbild des Wirtschaftslebens« von der grundlegenden Tatsache geprägt, daß der Mensch »Urheber, Mittelpunkt und Ziel aller Wirtschaft« ist. Daher sei auch im Wirtschaftsleben »die Würde der menschlichen Person und ihre ungeschmälerte Berufung wie auch das Wohl der gesamten Gesellschaft zu beachten und zu fördern« [23]. Zur eigentlichen Zweckbestimmung des Wirtschaftsablaufs wird erklärt, sie bestehe weder in der Pruduktionssteigerung als solcher noch in der Erzielung von Gewinn oder der Ausübung von Macht, sondern im Dienst am Menschen und zwar »am ganzen Menschen«.

Diese Grundausrichtung des Wirtschaftslebens auf den Menschen wird vom Konzil verdeutlicht sowohl im Hinblick auf seine materiellen Bedürfnisse, aber ebenso auch auf das, was er für sein geistiges, sittliches, spirituelles und religiöses Leben benötigt. Das gelte ausdrücklich, so wird hinzugefügt, »für alle Menschen und jeden einzelnen« [24].

Im Grunde wird damit das Wirtschaftsgeschehen umschrieben als die Zusammenfassung aller durch die wirtschaftliche Knappheit bedingten Vorgänge mit dem erklärten Ziel, allen Gesellschaftsgliedern als Leib-Geist-Wesen die hinreichenden materiellen Voraussetzungen für die lebensnotwendige Bedarfsdeckung dauernd zu gewährleisten und, wie in Quadragesimo anno hinzugefügt wird, »die Entfaltung eines veredelten Kulturlebens zu ermöglichen« [25].

Die bestmögliche Unterhaltsfürsorge als Inbegriff der materiellen Wohlfahrt aller, die ihrerseits die Voraussetzung für das geistige und sittliche Wohlergehen ist, gilt demnach als ursprünglicher Sozialzweck der Wirtschaft. Da das gesellschaftliche Wohl seinem Inhalt nach das eigentliche Objekt der Sozialethik ist, untersteht die Wirtschaftsordnung insgesamt der Sozialethik im weiteren Sinn, die neben der Gesellschaftsethik auch die Staats- und Wirtschaftsethik umfaßt.

III Humanität des technischen und wirtschaftlichen Fortschritts

Die Verhältnisbestimmung zwischen Technik, Ökonomie und Humanität, die sich zunächst auf die Sinnfrage von Technik und Wirtschaft bezog, richtet sich im folgenden auf die ethische Fragestellung.

Die dargelegte grundsätzlich positive Wertung des technischen Fortschritts und des Marktwirtschaftsystems in ihrer beiderseitigen unverzichtbaren Kulturfunktion darf nicht außer acht lassen, daß Technik und Wirtschaft nach wie vor dynamische Problemfelder bleiben, die sich nicht selbst und ihrer je eigenen Sachgesetzlichkeit überlassen bleiben können. Die Möglichkeit des Mißbrauchs ist immer gegeben, wie die öffentliche Diskussion bestätigt.

Im folgenden geht es darum, unter welche gemeinsam anzuerkennenden Vorbedingungen die technologische Dynamik und der Wirtschaftsvollzug zu stellen sind, damit sie als humanorientiert gekennzeichnet und bejaht werden können. Damit kommt das Wertproblem ins Blickfeld, d.h. die Frage, ob Technik und Wirtschaft überhaupt unter »sachfremde« ethische Normen gestellt werden können, ohne daß dadurch ihr eigengesetzlicher Funktionsablauf verfälscht wird. Zuvor aber ist Klarheit zu schaffen über das menschliche Selbstverständnis inmitten der Maschinenwelt und der wirtschaftlichen Sachzwänge, das in jedem Fall für den technologischen und wirtschaftlichen Vollzug verantwortlich ist. Daß in dieser Hinsicht Ideologien im Spiele sind, ist zu erwarten.

Den Ausgangspunkt der humanitären Besinnung bildet eine erste normative Feststellung.

Vorrangstellung des Menschen in der Maschinenwelt

Hinter dieser auf den ersten Blick selbstverständlich erscheinenden Feststellung steht eine Bedrohung eigener Art, die den Menschen unserer Tage in den tieferen Schichten seines Selbstverständnisses und seines Selbstwertbewußtseins trifft. Gemeint ist die auffallende Mythologisierung des technischen Fortschritts, die sich mit dem Nimbus der Fortschrittlichkeit umgibt und zudem literarisch und künstlerisch verbreitet wird.

Diesem eigenartigen Zeichen der Zeit liegt die psychologisch interessante Erfahrung zugrunde, daß der schöpferische Mensch nicht selten der Versuchung erliegt, Ergebnisse der eigenen Schaffenskraft in einem bestimmten Zeitpunkt der Entwicklung aus dem von ihm selbst eingeleiteten kreativen Kausalzusammenhang herauszulösen und zu verselbständigen, ja zu personifizieren.

Ein typisches Beispiel für diese Art Mythisierung ist der Computer. Die elektronischen Datenverarbeitungsmaschinen als Symbole für die gegenwärtige »dritte technische Revolution« sind auf dem besten Wege, aufgrund erstaunlicher Leistungen zum faszinierenden Mythos der nahen Zukunft zu werden. Da ist nicht nur die Rede von »Elektronengehirnen«, »Denkmaschinen« und »maschineller Intelligenz«; der Computer nimmt sogar Gestalt an als der »vierte Sozialpartner«, der angeblich neben die Arbeitgeber, Gewerkschaften und den Staat getreten ist [26].

In bezug auf den Computer ist *Steinbuch* der Überzeugung, es könne eines Tages Maschinen geben, die aus der Auseinandersetzung mit ihrer Umwelt sich selbst in ihrer Konstruktion und in ihrem Programm so abändern, daß sie vielleicht eines Tages Bewußtsein haben werden wie der Mensch [27]. Was die umstrittene Verwendung des Begriffs »maschinelle Intelligenz« betrifft, ist *Steinbuch* der Meinung, diesen Begriff dem Menschen vorbehalten zu wollen, sei ein Beweis für »Hinterwelt«; desgleichen die Tendenz, »die menschliche Existenz zu überhöhen, zu mystifizieren, aus dem Bereich des rational Verstehbaren herauszunehmen, gewissermaßen einen wissenschaftlichen Podest für uns Menschen zu bauen«. Wer sich dazu hergebe, »an diesem Podest mitzubauen«, sei Ideologe [28].

Nach der Theorie des Pariser Professors *Berteaux* ist es durchaus möglich, daß dem Menschen eines Tages von der Maschine auch die »Substrat-Funktion« genommen wird, die er jetzt noch innehat [29]. Diese Bemerkung läßt eine spezifische menschliche Selbsteinschätzung erkennen, die im Kern ideologisch geprägt ist.

Die grundsätzliche Bedeutung der Thesen *Steinbuchs* und anderer Vertreter der gleichen Denkrichtung liegt darin, daß hier das Verhältnis Mensch-Maschine in der tieferen Schicht eines materialistischen Selbstverständnisses anvisiert wird, worin das Kernproblem derartiger Mythenbildungen zu suchen ist. Der Mensch gilt als Teil, als Faktor der Maschinenwelt, deren Gesetzmaßigkeiten er selbst unterworfen ist. Er wird damit seiner Verantwortung für den technischen Bereich entledigt. Technologische Ethik erschöpft sich demnach im Respekt gegenüber der Eigengesetzlichkeit der Maschinenwelt.

Dieser neomaterialistischen Ideologie ist mit Entschiedenheit entgegenzuhalten, daß eine humanverantwortliche Gestaltung des technischen Fortschritts nur dann möglich ist, wenn die absolute Vorrangstellung des Menschen in der Maschinenwelt ernst genommen und seine Verantwortung für die technologische Entwicklung unterstrichen wird.

Diese selbstverständliche Sonderstellung des Menschen in der Welt der Automaten, die von ihm selbst geschaffen worden sind, ist weder ein Zeichen hochmütiger Überbewertung seiner selbst noch ein Beweis mystifizierender Überhöhung der menschlichen Existenz, was *Steinbuch* behauptet [30], sondern lediglich die logische Folgerung aus überpositiven Denkvoraussetzungen.

Mit anderen Worten: Auch der modernste Computer ist nach wie vor nur totes Instrument. Er vermag ausschließlich nur das zu leisten, was der Mensch als Erstursache ihm als Werkzeug zu leisten eingibt, indem er ihn laufend programmiert, voll integriert und auslastet.

Die überraschenden quantitativen Ergebnisse einer vollintegrierten Hochleistungsapparatur dieser Art heben dieses existentielle Abhängigkeitsverhältnis zwischen Mensch und Maschine keineswegs auf.

Computerleistungen erhalten also nicht schon deshalb eine neue übermenschliche Qualifikation, weil sie aufgrund fortschreitender Programmierung und Anreicherung das physische Fassungsvermögen des menschlichen Intellekts und Gedächtnisses übersteigen. Die Spekulation auf einen selbsttätigen Umschlag von der Quantität vollintegrierter Programmierung in die neue, seinshaft viel höhere Qualität eigenschöpferischer Denkleistung ist unhaltbar [31].

Nach wie vor bleibt bestehen:

- Allein der Mensch denkt, der Computer aber schaltet in Rückkoppelung an Speicherelemente.

- Allein der Mensch ist schöpferische Erstursache der Maschinenwelt, Hochleistungsmaschinen aber bleiben Werkzeuge, die von sich aus den Maschinenstatus nicht überwinden können.

Das bedeutet praktisch: Als Erstursache trägt der Mensch auch die Erstverantwortung für den technologischen Fortschritt, der in keiner Entwicklungsphase sich selbst und einer fiktiven inneren Gesetzmäßigkeit überlassen ist.

Aus dieser grundsätzlichen Rückbesinnung auf die eigenschöpferische und zugleich erstverantwortliche Funktion des Menschen als Person ergibt sich für den technologischen Bereich eine entscheidende Schlußfolgerung, die in der folgenden Überschrift dokumentiert ist:

Humanverantwortliche Einbindung der technologischen Entwicklung

In der gegenwärtigen erregten Kernenergie-Diskussion deutet alles darauf hin, daß Fortschritt als Schlüsselbegriff der technologischen Entwicklung im Gefolge begründeter Zukunftssorge fragwürdig geworden ist. Er ist neu zu bestimmen.

Ausgangspunkt für die begriffliche Umorientierung ist die Klarstellung, von der schon die Rede war, daß technologischer Fortschritt kein Selbstzweck ist, sondern in seinem Kerngedanken auf den Menschen als Person und seine Selbstentfaltung in Freiheit bezogen ist. Insofern ist echter Fortschritt stets humaner Fortschritt, der dem Menschen zu dienen hat.

Dieser humane Bezug ist für die technologische Entwicklung, was ihren Urspung, ihr gestalthaftes Gepräge und ihre Zweckbestimmung betrifft, das entscheidende Strukturprinzip.

Das besagt: Die Technik ist ein Produkt des schöpferischen Menschen, sie wird von ihm eingesetzt, er allein gibt ihr die Zweckausrichtung und mit ihr die moralische Qualifikation, die von ihm zu verantworten ist. Die *sittliche Bewandtnis technologischer Entscheidungen* erhält zusätzlich eine besondere soziale Note, wenn technische Neuerungen einen Bezug haben zur Lebensumwelt vieler Menschen und kommender Generationen. Derartige Projekte, durch welche die Umwelt belastet oder verändert wird, verlieren ihren privaten Charakter. Sie sind an gesellschaftliche Mitverantwortung gebunden. Das Gleiche gilt freilich auch für die Verweigerung einer Entscheidung, die für die Lebensinteressen vieler von Belang ist.

Erschwerend kommt für den verantwortlich Handelnden hinzu, daß technische Neuerungen zunehmend immer auch unbeabsichtigte schädliche Nebenwirkungen nach sich ziehen, die ebenfalls zu verantworten sind. Wissenschaftler und Ingenieure befinden sich durchweg in der unbefriedigenden Situation, daß sie bezüglich der Neben- und Folgewirkungen ihrer technischen Neuerungen mehr zu verantworten haben, als sie exakt vorausberechnen können.

Das bedeutet praktisch, daß mögliche Risiken nach bestem Wissen und Gewissen gegeneinander abzuwägen sind, wenn gehandelt werden muß. Jeglicher Fortschrittswille würde erstarren, wollte man restlose Überschaubarkeit aller Folgewirkungen, absolute Sicherheit und Irrtumslosigkeit im Entscheidungsstadium zu unverzichtbaren Handlungsbedingungen erklären.

Es gibt keine absolute Sicherheit im technischen Alltag wie es keine Risikofreiheit im menschlichen Leben gibt. Eine konfliktfreie Technologie wäre daher eine *utopische Technologie.* Realistisch ist allein das Bemühen um menschenmögliche Eingrenzung und ein Mindestmaß negativer Folgewirkungen auf dem Wege über Risikoabwägung, Verhältnismäßigkeit des Einsatzes und ethischen Kompromiß [32].

Für die Neubestimmung des technischen Fortschritts ist ein zeitgemäßes Problem von aktueller Bedeutung, nämlich die *ökologische Eingrenzung der technologischen Entwicklung.*

Gerade am Umweltschutzproblem wird erkennbar, wie sehr in der Tat der gesellschaftlich erstrebenswerte Fortschritt rechenschaftspflichtig geworden ist. Seine ethische Rechtfertigung besteht im Grunde darin, daß er als humaner Fortschritt sich zugleich der ursprünglichen Zielsetzung der sichtbaren Schöpfung ein- und unterordnet.

Wie lebenswichtig dieser Grundsatz ist, bestätigt unsere eigene Situation. Mit der Zunahme technischer Eingriffe in die Natur, die uns heute überwiegend als technisch gestaltete Natur begegnet, wächst auch der Umfang der nicht mehr überschaubaren Naturbelastung.

Die jahrelange Vorherrschaft eines weitverbreiteten quantitativ geprägten Leistungsbegriffs und die einseitig produktionsintensive Festlegung des gesellschaftlichen Fortschritts hat unsere Lebensumwelt in einer Form beeinträchtigt, daß man seit geraumer Zeit zu Recht von einer ökologischen Krise spricht.

Die naiv-unwissende und fahrlässige Einstellung produzierender und konsumierender Zeitgenossen hat in bezug auf das wechselseitige Abhängigkeitsverhältnis zwischen Lebewesen und Lebensumwelt, das sogenannte Ökosystem, zu zerstörerischen Eingriffen in unseren Naturhaushalt geführt. Nach Auskunft von Experten rückt der Zeitpunkt immer näher, wenn wir nicht hart durchgreifen, daß lebensnotwendige Stabilisierungskreisläufe des Naturgeschehens unwiderruflich zusammenbrechen.

Die ökologische Eingrenzung technischen Fortschritts widerspricht nicht der Eigengesetzlichkeit der Technik, sondern fügt ihn, seiner ursprünglichen Dienstfunktion gemäß, in die gesellschaftliche Gesamtlebensordnung ein, damit er sich nicht selbst aufhebt. Ökologische Ethik und technischer Fortschritt sind aufeinander bezogen und aufeinander angewiesen. Damit wird weder einer übertriebenen Naturmystik noch der vielzitierten Öko-Diktatur noch einer unterschiedslosen Zivilisationskritik das Wort geredet. Es wird lediglich die Erfahrungstatsache unterstrichen, daß auf weite Sicht kein Fortschritt durchgehalten werden kann, der sich an der Natur versündigt.

In diesem Zusammenhang drängt sich die heute viel diskutierte Frage auf, inwieweit dem Christentum eine Mitschuld an der ökologischen Krise anzulasten sei. Wer freilich biblische Aussagen über den Menschen, der als »Krone der Schöpfung« um seiner selbst willen geschaffen und zum Herrscher über die gesamte Schöpfung bestimmt worden sei, um literarischer Effekte willen aus dem exegetischen Gesamtzusammenhang herauslöst und verabsolutiert, kann leicht in ihnen den Erweis einer verhängnisvollen »orthodoxen christlichen Arroganz gegenüber der Natur« vermuten [33]. *Amery* z. B. rechnet die Naturausbeutung als »Ende der Vorsehung« zu den »gnadenlosen Folgen des Christentums«, zurückzuführen auf den biblischen Ursprung des maßlosen Herrenanspruchs der neuzeitlichen Menschheit [34].

Wer den vielzitierten Herrschaftsauftrag der Bibel »Macht euch die Erde untertan!« (Gen 1, 28) in exegetischer Engführung als Legitimation für Unterwerfung, Ausbeutung und Mißbrauch der Natur deuten zu können glaubt, läßt außer acht, daß dieser Auftrag an die vorausgehende Erschaffung des Menschen nach Gottes Ebenbild gebunden ist (Gen 1, 26).

Demnach erfüllt der Mensch den ihm übergebenen Herrschaftsauftrag im Sinne des Schöpfers nur dann, wenn er sich an die gleichen Prinzipien gebunden weiß, die offensichtlich den Schöpfungsakt selbst bestimmt haben: Ja zum Leben und seiner Erhaltung, Verantwortung und Schutz für die Mitkreatur, Anerkennung des Eigenwertes der Schöpfung als immerwährender Lobpreis des Schöpfers.

Damit wird zum Ausdruck gebracht: Die Menschenwürde als oberste Norm sittlichen Handelns, die in der sittlichen Eigenverantwortung der Person gründet, schließt die Verantwortung für alles Lebendige und für die Lebensumwelt insgesamt mit ein. Nach christlicher Auffassung setzt die Natur der technologischen Entwicklung Grenzen. Als Lebensgrundlage für Fortschritt und Wachstum hat sie Anspruch auf Erhaltung und Förderung. Ihr Eigenwert, der aus der Erschaffung durch Gott hervorgeht, verbietet mißbräuchliche Ausbeutung der Rohstoffquellen ebenso wie gleichgültige Vernachlässigung der Landschaftspflege.

Zur humanverantwortlichen Einbindung der technologischen Entwicklung gehört aus der Sicht des betroffenen Arbeitnehmers nicht weniger dringlich die *Sozialverträglichkeit technischer Neuerungen.*

Wenn heute darüber kein Zweifel mehr besteht, daß bei der gegenwärtig angeheizten Technik-Furcht den Verantwortlichen darum zu tun sein muß, der unaufhaltsamen technologischen Entwicklung eine möglichst breite Grundlage der Zustimmung und Annahmebereitschaft gerade innerhalb der Arbeitnehmerschaft zu sichern, dann dürfen bei der Einführung neuer Techniken nicht allein Überlegungen der wirtschaftlichen Produktivität, Gewinnsteigerung und Konkurrenzfähigkeit bestimmend sein. Vielmehr sind dabei auch die Auswirkungen auf die Arbeitnehmer als gleich wichtig zu berücksichtigen.

So sind z.B. neu aufkommende Anforderungen und Belastungen der Arbeitsplätze an EDV-Anlagen und in der computergesteuerten Produktion durch Bildschirmarbeit, erhöhte Konzentration und Kontaktmangel an isolierten Arbeitsstellen ernst zu nehmen und erträglicher zu gestalten.

Im Interesse des Betriebsklimas in modernen Anlagen ist zudem im Blick zu behalten, daß heute durch elektronische Datenverarbeitung über Überwachungsgeräte eine fast lückenlose Kontrolle der Menschen im Betrieb ermöglicht wird. Neben betriebsbezogenen Daten können ebenso Daten der persönlichen Arbeitsleistung, der Ausschußquote, der Fehlzeiten am Arbeitsplatz, der Krankentage und andere mehr abgerufen werden. Eine »elektronische Personalakte«, die über die Arbeitsleistung hinaus auch Daten über das soziale Verhalten speichert, nähert sich bedenklich dem Schreckbild des »gläsernen Menschen« als Endergebnis allseitiger Überwachung, die die Menschenwürde verletzt.

Um die Sozialverträglichkeit der technologischen Entwicklung weitmöglichst zu sichern, sind die Mitwirkungs- und Mitbestimmungsrechte der Betriebs- und Personalräte zu gewährleisten und zwar bei der Planung und Einführung elektronischer Datenverarbeitung und Mikroelektronik in der Produktion ebenso wie bei der Erfassung und Verwertung aller personbezogenen Daten im Betrieb [35]. Dabei kann es sich freilich nicht um ein lähmendes Veto-Recht gegen technische Neuerungen, sondern nur um ein tarifvertraglich festzulegendes Mitgestaltungsrecht bei ihrer Anwendung am Arbeitsplatz handeln.

Der »ökologische Schock«, die Gefahr einer Ausuferung der atomaren Kriegsrüstung, die Karrikatur des »gläsernen Menschen« sowie die Horrorvision mißbrauchter Gen-Technologie und Cloning-Forschung in der »Fabrik des neuen Menschen«: diese und andere Erfahrungen und Befürchtungen lassen sich nur dann aus der Welt schaffen, wenn sich die Verantwortlichen in gemeinsamer Besinnung auf gemeinsam anzuerkennende humanverantwortliche Bindungen des technologischen Fortschritts einigen. Aus der grundsätzlichen Rückbesinnung auf die eigenschöpferische und zugleich erstverantwortliche Funktion des kreativen Menschen als Person ergeben sich nicht nur für den technologischen Fortschritt, sondern ebenso auch für den wirtschaftlichen Bereich, der mit der Technik existentiell verbunden ist, eindeutige Schlußfolgerungen.

Wirtschaftsgestaltung als gesellschaftlicher Kulturprozeß

Mit dem Begriff der Wirtschaftsgestaltung wird unmittelbar die wirtschaftsethische Problemstellung angesprochen. Die Neue Zürcher Zeitung (NZZ) hat sich in einer ernst zu nehmenden Studie mit dem komplizierten Beziehungsnetz zwischen Wirtschaft und Ethik befaßt unter der Überschrift: »Wirtschaft und Ethik. Von den Berührungsängsten zweier Primadonnen«. Es hätte zwar in den letzten zehn Jahren, wie verschiedene Indikatoren bestätigen, die wirtschaftsethische Fragestellung an Interesse gewonnen, trotzdem bleibe das »Auseinanderdriften zwischen Wirtschaft und Ethik« nach wie vor feststellbare Tatsache.

Die betont nützlichkeitsbezogene Mentalität der Ökonomen habe zur Folge, daß andere Ethiken oder Wertsysteme fast vollständig aus dem wirtschaftlichen Denken verdrängt bzw. ins »Armenhaus der Nationalökonomie« verbannt worden seien, obwohl Wirtschaft und Ethik untrennbar aneinandergekettet sind [36]. Im Grunde geht es bei dieser Stellungnahme um das Spannungsverhältnis von *wirtschaftlicher Sachgesetzlichkeit und Wirtschaftsethik*.

Unter Wirtschaftsethik versteht man ganz allgemein die Normwissenschaft für das wirtschaftlich »richtige« Handeln. Da immer nur ein Wert richtunggebende Norm sein kann, ist Wirtschaftsethik als die Lehre von den wertorientierten Normen zu verstehen, durch die die Sinnerfüllung der Wirtschaft gewährleistet wird.

Die »Richtigkeit« wirtschaftlichen Handelns ist nach zwei Seiten hin zu bestimmen, nämlich

- nach den sachbezogenen Normen, die sich aus der Zwecksetzung und Sinnerfüllung des Wirtschaftens insgesamt ergeben und in die Grundforderung zusammenfassen lassen: *Wirtschafte sachgemäß!*
- nach den sittlichen Normen, die jedes freie menschliche Handeln der sittlichen Verantwortung und Beurteilung unterstellen und für das wirtschaftliche Verhalten in der allgemeinen Forderung Geltung beanspruchen: *Wirtschafte gewissenhaft!*

Mit der »sachgemäßen Richtigkeit« sind Kenntnis und Anwendung der sogenannten Wirtschaftsgesetze gemeint. Sie haben ganz sicher für den technisch richtigen Vollzug eine bestimmte Bedeutung, z. B.

das Greasham'sche Münzgesetz, das Wallras'sche Gesetz, die Gossen'schen Gesetze, die Grenznutzentheorie, der Preismechanismus und die Gesetze von Angebot und Nachfrage. Ihre nur bedingte Bedeutung ist jedoch stets im Auge zu behalten, d.h. sie gelten nur unter bestimmten Voraussetzungen. Das unterscheidet sie von sogenannten Naturgesetzen.

Während in den physikalischen Naturgesetzen (Anziehungskraft, Schwerkraft u.a.m.) absolut stetige und daher meßbare und voraussehbare Kräfte wirksam sind, kann im Raum der Wirtschaft von einer derartigen Stetigkeit wirksamer Kräfte nicht die Rede sein. Die Veränderlichkeit sowohl der äußeren Umstände wie der wirkenden Kräfte selbst ist stets zu berücksichtigen. Die Menschen handeln zudem nicht als programmierte Automaten, sondern aufgrund ihrer Willensfreiheit und Motivationsbreite. Diese schließt auch unberechenbare Wirkursachen mit ein (Modeeinflüsse, Angstkäufe), die von der reinen Theorie nicht vorgesehen sind.

Das heißt mit anderen Worten: Die Wirtschaftsgesetze sind nicht verbindlich vorgegebene anonyme Sachzwänge, sondern im Grunde Vernunftgesetze. Weil der Marktteilnehmer bestimmte wirtschaftliche Notwendigkeiten einsieht und sich danach richtet, entstehen Wirtschaftsgesetze. Sie sind nur Folgerungen, die sich aus der Wirtschaftserfahrung, aus der gemeinsamen Wirtschaftsaufgabe und dem sachrationalen Zweck-Mittel-Zusammenhang ergeben, nicht aber umgekehrt.

Es besteht demnach kein Gegensatz zwischen Wirtschaftsgesetz und Wirtschaftsethik, sondern vielmehr aufgrund ihres vernunftgemäßen Denkansatzes wechselseitige Bezogenheit.

Als Normwissenschaft für das wirtschaftlich »richtige« Verhalten setzt die Wirtschaftsethik in erster Linie die Sachkenntnis für das technisch richtige, also sachrationale Wirtschaften voraus. Nur das ist ethisch einwandfrei, was auch als vernünftig, also der Natur der Sache entsprechend, zu bezeichnen ist [37].

Der wirtschaftliche Sachverstand hat mit den »Wirtschaftsgesetzen«, die erfahrungsgemäß über den Zusammenhang zwischen bestimmten Mitteln und den durch sie erreichbaren bestimmten Zielen orientieren, zu rechnen. In der Wahl der Ziele bleibt der einzelne jedoch frei. Die sittliche Verantwortung des Wirtschafters wird also durch Wirtschaftsgesetze nicht aufgehoben, sondern nur klar umschrieben. Wenn er sich der erkannten Wirtschaftsgesetze bedient, dann unter der Voraussetzung, daß er die zu erwartenden Auswirkungen sittlich verantworten kann. Insofern ist und bleibt der wirtschaftende Mensch auch Herr über die Gesetzmäßigkeit des Wirtschaftsablaufs.

Es hat sich aufgrund unserer Erfahrungen beim wirtschaftlichen Wiederaufbau der Nachkriegszeit erwiesen, daß eine planvoll gestaltete Wirtschaftsform im Sinne einer sozialverantwortlichen Kombination freiheitlicher und planerischer Elemente durchaus funktionsfähig und produktiv sein kann.

Grundsätzlich gilt: in der Stufenordnung christlich-sozialer Wertüberzeugungen beanspruchen die sittlichen und sozialethischen Normen den obersten Rang. Ihnen sind die unmittelbar wirtschaftsethischen Normen untergeordnet. Diese Normwelt ist dem wirtschaftlichen Verhalten vorangestellt und daher in jedem Fall verbindlich.

Ein »Auseinanderdriften« zwischen Wirtschaft und Ethik ist dann gegeben, wenn ein Unternehmer davon ausgeht, daß für sein wirtschaftliches Verhalten, koste es was es wolle, allein die eigenbetriebliche Bilanz verbindlich zu sein habe. Es besteht dann die Gefahr, daß er mit diesem kurzsichtigen Verhalten auf die Ebene der »Grenzmoral« *(Götz Briefs)* absinkt. Die Grenzmoral führt, wie *Schöllgen* treffend bemerkt, »in das Halbdunkel der Übergänge von Recht und Unrecht, von Gut und Böse« und orientiert sich »an der untersten möglichen Grenze des Erlaubten« [38].

Diese Art Unterbietung an der Grenze des »anständigen« Verhaltens ist insofern ein moralischer Abbau und eine Zersetzungserscheinung, als andere Wettbewerbsteilnehmer im eigenen Interesse zum Mittun veranlaßt, wenn nicht gezwungen werden. Abhilfe schafft hier allein solidarische Gruppendisziplin.

Aufgrund ethisch-normativer Voraussetzungen verbietet sich im Wirtschaftsleben von vornherein jede »doppelte Moral«, die zwischen Wirtschaftsalltag und privat-christlichem Verhalten unterscheidet. Wirtschaftsethisch gesehen ist es zudem unmöglich, eine wirtschaftliche Handlung als »richtig« zu bewerten, wenn sie zwar einzelbetrieblich gesehen erfolgreich kalkuliert, in ihrer Auswirkung aber gemeinschädlich ist, z. B. durch Vernachlässigung des Umweltschutzes.

Für die »Richtigkeit« sinnerfüllten Wirtschaftens ist die *Verflechtung von Produktions- und Verteilungspolitik* nicht weniger bedeutsam. Die volkswirtschaftliche Verteilungsgerechtigkeit, die für die überwiegende Mehrheit des Wirtschaftsvolkes eine unmittelbare Existenzfrage ist, kann auf weite Sicht weder durch die Verteilungsautomatik des freien Marktes noch durch nachträgliche Einkommensausgleichs-Korrekturen steuerlicher Art zufriedenstellend gelöst werden, obwohl letztere immer notwendig bleiben werden.

Zunächst ist festzuhalten, daß der wirtschaftliche Produktionsausstoß kein Selbstzweck ist, dessen Wert sich mit der wachsenden Quantität von selbst steigert. Dieser Wert wird vielmehr an geltendgemachten Bedürfnissen und ihrer Befriedigung gemessen.

Andererseits steht fest, daß der Verbraucher Güter als Gebrauchswerte verschieden hoch einschätzt und eine jeweils unterschiedliche Bedürfnisskala aufstellt, je nach dem ob er ein hohes oder niedriges Einkommen und eine entsprechende Dringlichkeit besitzt. Das hat volkswirtschaftlich gesehen zur Folge, daß sich die Zusammensetzung des Sozialprodukts ändert, je nach dem, ob die Verteilungspyramide flacher oder steiler ist, d.h. ob möglichst breite Schichten oder nur eine begrenzte Oberschicht Vermögen bilden können. Die Verbrauchergewohnheiten ändern sich mit steigendem Einkommen ganz erheblich.

Das Urteil über den objektiven Wert der Leistung und Wertschöpfung einer Wirtschaftsepoche hängt demnach wesentlich von der Tatsache einer angemessenen Verteilung ab. Produktions- und Verteilungspolitik gehören deshalb zusammen. Die wünschenswerte Eigenkapitalbildung in Arbeitnehmerhand kann jedoch nicht nur von der individuellen Sparbereitschaft abhängig gemacht werden. In unserer durch bewußt überhöhte Konsumleitnormen zunehmend dynamisierten Konsumgesellschaft bedeutet der Appell an die Sparmoral für breite sparunfähige Schichten einen deutlich spürbaren Abstieg vom erreichten Lebenshaltungsniveau durch Konsumverzichte.

Da bisher vorwiegend die Bezieher höherer Einkommen prämienbegünstigt sparen konnten, bietet unter anderem die investive Ertragsbeteiligung im Rahmen von Tarifverträgen und Betriebsvereinbarungen, die seit 1965 auf christlich-soziale Initiativen zurückgeht, den weniger Verdienenden die Möglichkeit zur Vermögensbildung.

Ziel dieser Sparmöglichkeit ist die Annäherung der schichtenspezifischen Einkommenslage und Lebenserwartungen der Gesellschaftsgruppen untereinander. Das bedeutet praktisch: mehr Sinnerfüllung der sozialen Marktwirtschaft durch bewußte Kombination von Kaufkraftverteilung, Produktionsausrichtung und Existenzsicherung für alle.

Damit bestätigt sich auch im Bereich der Verteilungsgerechtigkeit folgende Grunderfahrung: Von einer sozialen Marktwirtschaft kann nur dann die Rede sein, wenn die personale Würde und die Grundrechte des wirtschaftenden Menschen in jeder Phase des Wirtschaftsgeschehens voll zur Geltung kommen, also sowohl in den wirtschaftlichen Startbedingungen als auch im Wirtschaftsablauf der Betriebswelt und vor allem in der gerechten Ertragsbeteiligung. Das heißt: Die volkswirtschaftliche Produktivität bemißt sich nicht nur und nicht in erster Linie nach der Höhe des Produktionsausstoßes, sondern nach den Kriterien, *wie* die Produktivitätssteigerung zustande gekommen ist und *wem* sie anteilhaft zufließt.

Damit wird indirekt bestätigt: Der Wettbewerb als rein mechanisches Koordinierungsprinzip kann nicht zugleich absolutes Ordnungsprinzip für die Wirtschaft insgesamt sein. Er ist kein Naturgesetz, sondern ein Vernunftgesetz und bedarf als relativer Ordnungsfaktor der sozialethischen Normierung durch das volkswirtschaftliche Gesamtwohl.

Soll der Wettbewerb bei den gegebenen ungleichen Startpositionen für jeden Teilnehmer sinnvoll und tragbar sein, dann bedarf er der Ordnung und gesellschaftlichen Kontrolle. Regulatives Prinzip dieser Kontrolle ist der Sozialzweck der Wirtschaft.

Der fundamentale Grundsatz von der Freiheit und Ordnungskraft des Wettbewerbs nach Maßgabe des Sozialzwecks der Wirtschaft, der den normierten, also »unvollkommenen« Wettbewerb anstrebt, bildet eines der wesentlichen Unterscheidungsmerkmale zwischen liberaler und betont gesellschaftlicher Auffassung der Wirtschaft.

Neben der Verteilungsgerechtigkeit ist für die Sinnerfüllung und Weiterentwicklung der sozialen Marktwirtschaft die *gesellschaftliche Einbindung des Wirtschaftswachstums* in gleicher Weise unverzichtbar. Wie die gegenwärtige Diskussion um Wirtschaftswachstum, Automatisierung, Rationalisierung und Kernenergie bestätigt, ist der wirtschaftlich-technische Fortschritt fragwürdig geworden. Und das besonders dann, wenn Entscheidungen dieser Art sich negativ auswirken auf Arbeitsmöglichkeiten und die Lebensumwelt vieler.

Geht man davon aus, daß Wirtschaftswachstum und technologischer Fortschritt keinen Selbstwert und Selbstzweck darstellen, sondern letzten Endes an ihrer Dienstfunktion für Mensch und Gesellschaft zu messen sind, dann ergeben sich daraus eindeutige sozialethische Forderungen. Sie beziehen sich im Kern auf die Frage, inwieweit Wachstum und technische Neuerung gesellschaftlich erwünscht und in sozialverantwortliche Folgenabwägung einzubinden sind.

Der Hinweis auf das Umweltschutzproblem führt spontan zu jener produktionsintensiven Denkweise hin, die als »Kult der Wachstumsrate um jeden Preis« viel von sich reden gemacht hat. In der Wiederaufbauphase notwendig und berechtigt, führte dieser unkontrollierte Kult im Laufe der Jahre mit großer Breitenwirkung zu einer einseitig materiell betonten Festlegung des gesellschaftlichen Fortschritts. Dieser wurde gleichgesetzt mit der Wachstumsrate des Brutto-Sozialprodukts und der Erhöhung des Lebensstandards.

Die Auswirkungen des Slogans »Wachsen oder weichen!« liegen für uns heute auf der Hand: Da jede Wachstumssteigerung auf entsprechende Investitionen angewiesen ist, ergibt sich daraus eine gewisse Zwangsläufigkeit des investiven Kreislaufs.

Andererseits führte das ausschließlich an quantitativer Steigerung orientierte Wachstumsdenken in verschiedenen Branchen zur sattsam bekannten Auslastungsproblematik überzogener Produktionskapazitäten. Man suchte ihr damals wie heute notgedrungen durch forcierte Verkaufsstrategie zu begegnen. Zur Zeit ist die mangelnde Auslastung – bei Kaufkraftschwund und Absatzschwierigkeiten – eine Ursache vieler Zusammenbrüche.

Zu unseren Erfahrungen gehört auch die Einsicht, wie bedingt im Grunde der markttheoretisch begründete Einwand ist, wonach der steigende technische Fortschritt immer wieder neue Konsumangebote eröffne, die ihrerseits erneute Investitionen rentabel erscheinen ließen. Dieser favorisierte Investitionskreislauf stößt heute unter anderem an die Grenze der überhandnehmenden sozialen Kosten im Zusammenhang mit der allgemeinen Umweltgefährdung.

Bei dieser kritischen Rückschau kann es sich selbstverständlich nicht darum handeln, grundsätzlich gegen jegliches quantitative Wachstum zu sein. Worum es letzten Endes geht, ist vielmehr

- die Sinnfrage produktiven Wirtschaftens;
- die Bereitschaft des produktionsintensiven Denkens, neue Eck- und Grenzwerte anzuerkennen;
- der gesellschaftlich vertretbare und erwünschte humane Fortschritt.

Obwohl es schwierig sein dürfte, in einer freien Marktwirtschaft objektive Kriterien für die Sinnhaftigkeit weiterer Wachstumssteigerung aufzustellen und Wachstumsgrenzen inhaltlich festlegen zu wollen, bleibt dennoch in einer sozialen Marktwirtschaft die unausweichliche wirtschaftspolitische Aufgabe bestehen, den Wachstumsprozeß qualitativ zu überprüfen und wenn notwendig umzuorientieren, wenn er sich nicht selbst aufheben soll.

Was heißt »qualifiziertes Wachstum« – ein Lieblingswort der Gewerkschaften heute?

»Qualifiziertes Wachstum« setzt die unternehmerische Bereitschaft voraus, über markttheoretische und einzelbetriebliche Überlegungen hinaus zusätzliche Gesichtspunkte in Betracht zu ziehen, die dem Sozialzweck der Wirtschaft gerecht werden.

Zu den Indikatoren eines qualifizierten Produktivitätsfortschritts gehört in erster Linie die verbindliche Einbeziehung voraussehbarer gesellschaftlich bedeutsamer oder gesundheitlich nachteiliger Folgewirkungen in die eigene Planungskompetenz. Auch in bezug auf technische Neuerungen müssen wir zur Festlegung sozial erträglicher Grenzen kommen, die eine Mitbestimmung der Betroffenen vorsieht.

Wer beispielsweise eine Ausweitung der kontinuierlichen Maschinenlaufzeit durch Sonntagsarbeit – über festgelegte Ausnahmefälle hinaus – mit Amortisations- und Wettbewerbszwängen begründet, kehrt die humanorientierte Wertrangfolge, wonach der personbezogene Arbeitseinsatz über dem des Kapitals steht, um.

Das bedeutet praktisch: Der wirtschaftliche Fortschritt ist gegenüber der Lebensqualität rechenschaftspflichtig geworden. Das hohe

Maß an garantierter Freiheit für uns alle ist nur dann – auch im wirtschaftlichen Bereich – zu verantworten und zu sichern, wenn ihr eine Bindung gegenübersteht: die Bindung an einen gesellschaftlichen Zweck.

Die für verantwortliches Wirtschaften grundlegende wirtschaftsethische Forderung, auch die wirtschaftliche Investitions- und Produktionsfreiheit habe sich heute durch die freiwillig übernommene und praktizierte Verantwortung gegenüber dem Sozialzweck der Marktwirtschaft zu legitimieren, hat eine bemerkenswerte institutionelle Berücksichtigung gefunden durch die *»Sozialbilanz« als Leitnorm fortschrittlicher Unternehmenspolitik.*

Hinter der Wegmarke »Sozialbilanz« steht eine Gruppe von Wirtschaftswissenschaftlern, Unternehmern und Managern, die sich unter der Leitung von *Dierkes* in der Stiftung »Gesellschaft und Unternehmen« zu einer Arbeitsgemeinschaft zusammengeschlossen haben, deren Grundsatz- und Aktionsprogramm einer betont gesellschaftlichen Auffassung der Marktwirtschaft entspricht [39].

Die Mitarbeiter dieser Gruppe gehen von der erwiesenen Tatsache aus, daß heute die Regierung wie auch die breite Öffentlichkeit in steigendem Maß die Berücksichtigung sozialer Kosten im unternehmerischen Entscheidungsprozeß fordern. Gleichzeitig werde ein stärkeres Engagement der Unternehmungen bei der Lösung zentraler gesellschaftlicher Probleme erwartet.

Gesellschaftliche Verantwortung des Unternehmens sei daher heute nicht mehr die Frage des Ob, sondern des Was und Wie. Die Zahl der Unternehmensleitungen, die die Ansicht, daß die Privatwirtschaft hier einen wesentlichen Beitrag leisten müßte, wenn das Ziel »höhere Lebensqualität« mehr als ein modisches Schlagwort sein soll, nehme ständig zu.

Die ideelle Voraussetzung einer derartigen konkreten Humanisierung der Leistungsgesellschaft liegt zunächst in der Bereitschaft des Unternehmens zur gesellschaftlich-sozialen Mitverantwortung.

Als eigentliches Ziel wird herausgestellt die Institutionalisierung von Gewinnzielen und gesellschaftlicher Verantwortung der Unternehmen. Voraussetzung dafür ist ein »Sozialprogramm-Management«, das angewiesen ist auf bestimmte analytische Erhebungen. Diese beziehen sich auf die soziale Umwelt der betreffenden Wirtschaftsregion; auf die Beziehungen der Unternehmen zu ihrer sozialen Umwelt bezüglich positiver und negativer Auswirkungen; auf Ziele und Programme der Unternehmen, die die Ordnungsprobleme ihrer Region berücksichtigen. Diese verschiedenen Gesichtspunkte sollen in einer gesellschaftlich orientierten »Sozialbilanz« zusammengefaßt werden.

Als ordnungspolitischer Angelpunkt wird herausgestellt: die Entwicklung eines gesellschaftsbezogenen Rechnungs-, Planungs- und Informationswesens für Unternehmen, das die Sozialbilanz und gesellschaftliche Nutzenrechnung integriert. Demnach sollen gesellschaftliche Kosten und Nutzen zusammen mit der Gewinn- und Verlustrechnung in einer Gesamtmatrix dargestellt werden. Zugleich soll diese Aufstellung Analyse und Bericht über die gesellschaftsbezogenen Sonderprogramme, in Geldeinheiten bewertet, enthalten.

Als wesentliches Erfolgselement wird ein neues System der Leistungsbeurteilung der leitenden Mitarbeiter herausgestellt. Es soll die gesellschaftlichen Zielvorstellungen der leitenden Mitarbeiter aufnehmen und ebenso belohnen wie die Erreichung der Gewinnziele.

Die bisherigen Erfahrungen hätten bestätigt, daß dieses System praktikabel ist; daß es nicht zu wesentlichen Ausgabensteigerungen, sondern mehr zu einer Umschichtung der gesellschaftsbezogenen Aufwendungen führt, daß es in hervorragendem Maße das Mittelmanagement stimuliert, was der Gesamtorganisation zugute komme.

Es wird vermerkt, daß bereits eine Reihe von Unternehmen in Deutschland einen dementsprechenden Anfang gesetzt hätten. Um diese Versuche zu intensivieren, hat die Stiftung einen Arbeitskreis »Sozialbilanzen und gesellschaftliche Nutzenrechnung« gegründet. Nach Auffassung dieser Arbeitsgemeinschaft lautet das Plädoyer an die europäische Wirtschaft, gemeinsam mit der Forschung dazu beizutragen, das dargelegte Konzept weiter zu entwickeln und auf diese Weise auf einen »humanen Kapitalismus« hinzuarbeiten.

Die hier vorgelegte sozialethische Verhältnisbestimmung von Technik, Ökonomie und Humanität ermöglicht einige abschließende Bemerkungen über die *Zukunft der Industriekultur*.

Der Ausweg aus den zahlreichen Problemen, die bei uns mit dem bisher nicht hinreichend kontrollierten technischen Fortschritt verbunden sind, kann nicht in der allgemeinen Wende zum einfachen Leben und zu einer asketischen Zivilisationskultur liegen, so wichtig die Kategorie der Verzichtleistung als »vergessener Faktor« in unserer Wohlstandsgesellschaft auch sein mag. Es wäre bei uns nur eine verschwindende Minderheit bereit, die erforderlichen Einschränkungen in Kauf zu nehmen.

Die Lösung kann nur in einer besseren, humangeprägten Technologie liegen, die in der Lage ist, die durch die Technik geschaffenen Probleme auch technisch wieder zu beseitigen und neue Märkte zu erschließen; sie ist auch zu erwarten von der gesellschaftlichen Normierung des notwendigen Wirtschaftswachstums.

Da die unbeabsichtigten Belastungsfolgen der technischen Entwicklung aller Voraussicht nach zunehmen werden, dürfte für die kommenden technologiebedingten Auseinandersetzungen, soweit überhaupt möglich, frühzeitige Überschaubarkeit der möglichen Folgen und Alternativen durch verstärkte Information vordringlich sein.

Es hat sich erwiesen, daß Technik-Furcht und Kulturpessimismus am ehesten durch systematische Technik-Aufklärung auf der Grundlage eines interdisziplinären Gesprächs abgebaut werden können. Da die technologischen Fragestellungen weitgehend eingebettet sind in gesellschaftliche Ordnungsprobleme, ist der Gesellschaftswissenschaftler ebenso gefordert wie der Ingenieurwissenschaftler, derNaturwissenschaftler wie auch der Geisteswissenschaftler. Zusammenarbeit dieser Art bietet Voraussetzungen dafür, daß die wünschenswerte Entfaltung technologischer Möglichkeiten wie auch die Eindämmung unerwünschter Nebenwirkungen des technischen Fortschritts vorangebracht werden können.

Darüber hinaus ist technisches Verständnis auf möglichst breiter Grundlage auch an den einzelnen Bürger heranzutragen und zwar auf dem Weg über unsere öffentlichen Bildungsinstitutionen. Ohnmächtiger Maschinenstürmerei und kritischer Ablehnung der Industriekultur ist wirksam in erster Linie durch Sachkenntnis zu begegnen, die das öffentliche Vertrauen zu Wissenschaft und Technik wiederherstellt.

Eine zusätzliche Belastung kommt auf die im Produktionsprozeß Tätigen zu: die erforderliche berufliche Qualifizierung auf möglichst breiter Grundlage als Schlüssel zur Bewältigung des technischen

Wandels. Wie die Arbeitsmarktentwicklung erkennen läßt, wird in naher Zukunft nicht so sehr der investive Kapitaleinsatz, als vielmehr die hinreichende Reserve an qualifizierten Arbeitnehmern ein zu erwartender Engpaß für die erforderliche technologische Weiterentwicklung unseres Marktwirtschaftssystems sein. In der gegenwärtigen Phase intensiven technologischen Wandels mit sich ändernden und neuen Berufen ist daher für alle Arbeitnehmer die Bereitschaft zur beruflichen Weiterbildung und zur flexiblen Umstellung auf andere Berufe unausweichlich.

Dieses berufliche Qualifizerungsgebot ist besonders für die berufstätigen Frauen aktuell, da die Büro-, Verwaltungs- und Organisationstätigkeiten als typische Frauenberufe erwartungsgemäß am ehesten mit Technisierung zu rechnen haben.

Für die Technisierung und Humanisierung der Marktwirtschaft ist zudem die spezifische berufliche Vorbereitung der Führungskräfte im großbetrieblichen Bereich unerläßlich. Die fortschrittlichen Bemühungen um humanere Gestaltung der Arbeitsabläufe haben zu Neuerungen geführt, denen es über eine Verbesserung der Arbeitsbedingungen hinaus um gezielte Umstrukturierung des industriellen Produktionsablaufs mit Hilfe neuer Organisationsprinizipien zu tun ist.

Diese sind bekannt geworden unter den Stichworten: systematischer Arbeitsplatzwechsel (job rotation), Arbeitserweiterung (job enlargement), Arbeitsbereicherung (job enrichment), teilautonome Gruppenarbeit und Arbeitsplatzteilung (job sharing).

Es liegt auf der Hand, daß mit diesen Ordnungsansätzen die Unternehmensführung vor zusätzliche Entscheidungen gestellt wird. Sie ergeben sich aus der erforderlichen Delegation von Verantwortung, der Abgrenzung teilautonomer Tätigkeitsfelder und dem kooperativen Führungsprinzip als Ordnungselementen moderner Organisationslehre.

Unmittelbar damit verbunden sind: gezielte Personalpolitik mit Hilfe arbeitspsychologsich qualifizierter Leitender Angestellter, Umstellung des Führungsstils und verstärkter Informationsfluß imUnternehmen.

Diese Bemühungen unterstreichen den Willen zum Partnerschaftsprinzip als verbindlicher Leitnorm des arbeitsteiligen Wirtschaftsablaufs. Partnerschaft setzt volle wechselseitige Anerkennung und gerechte Bewertung aller beteiligten Kräfte und Leistungen voraus. Die innere Begründung des Partnerschaftsprinzips als eines wesentlichen Faktors freiheitlichen Selbstverständnisses heute liegt in der Wertung der menschlichen Arbeit und ihrer Personbezogenheit. Alle übrigen Elemente des wirtschaftlichen Lebens haben im Vergleich zur menschlichen Arbeit nur instrumentalen Charakter.

Das Ergebnis der vorgelegten Untersuchung läßt sich im die abschließenden Worte zusammenfassen: Intelligenz, Verantwortungsbereitschaft und Ethik in einer Weltanschauung, die den Eigenwert der Natur ebenso zu achten weiß wie die Lebensinteressen des Arbeitenden und der Industriegesellschaft sind die Bürgen humanverantwortlicher Technologie und Wirtschaftstheorie.

Nur in diesem sozialethisch gefestigten Rahmen darf der Mensch alles, was er kann.

Anmerkungen

1 Vgl. *Probst* 1984, S. 34.
2 Vgl. *Maier* 1985, Nr. 3.
3 Vgl. *Kuschel* 1982, S. 138 f.
4 Vgl. *Marcuse* 1967, S. 238.
5 Vgl. *Marcuse* 1967, S. 258, 265.
6 Vgl. *Wild* 1986, S. 6.
7 Vgl. *Wild* 1986, S. 11.
8 Vgl. *Fritzsche* 1986.
9 Vgl. *Neubauer* 1985, Nr. 99.
10 Vgl. a. a. O.
11 Vgl. a. a. O.
12 Vgl. *Steinbuch* 1981, Nr. 286.
13 Vgl. *Dostal* 1985.
14 Vgl. *Wild* 1986, S. 11.
15 Vgl. *Neubauer* 1985, Nr. 99.
16 Die Mehrheit der Nationalökonomen hat sich diese formale Sicht zu eigen gemacht, so z.B. *E. Carell, H. Jäger, W. A. Jöhr, A. Amonn, O. v. Zwiedinek-Südenhorst, G. Weisser und H. v. Stackelberg*. Vgl. *Nawroth* 1962, S. 374.
17 Vgl. *Eucken* 1950, S. 241.
18 Vgl. *Decker* 1967, S. 183.
19 Vgl. *Müller-Armack* 1955, S. 86.
20 Vgl. *Müller-Armack* 1948, S. 85.
21 Vgl. *Müller-Armack* 1955, S. 97.
22 Vgl. *Müller-Armack* 1948, S. 109.
23 Vgl. Gaudium et Spes (1965), Nr. 63.
24 Vgl. Gaudium et Spes, Nr. 64.
25 Vgl. Quadragesimo anno (1931), Nr. 75.
26 Vgl. *Schneider* 1968, S. 13.
27 Vgl. *Frey* 1968, S. 13.
28 Vgl. *Steinbuch* 1968, S. 93.
29 Vgl. *Berteaux* 1963, S. 15.
30 Vgl. a. a. O., S. 94, 20.
31 Vgl. *Nawroth* 1977, S. 173 f.
32 Vgl. *Korff* 1983, S. 8.
33 Vgl. *Withe* 1970, S. 28 f.
34 *Amery* S. 16; zit. *Lohfink,* S. 14 f.
35 Vgl. KAB 1986, S. 16.
36 Vgl. *Linder* 1986, Nr. 254.
37 Vgl. *Auer* 1982, S. 16 f.
38 Vgl. *Schöllgen* 1964, Sp. 383.
39 Vgl. *Dierkes, Marchal, Hemmer, Pieroth.*

Literatur

Amery, C.: Die gnadenlosen Folgen des Christentums. Hamburg 1972.

Auer, A.: Darf der Mensch alles, was er kann? in: *Buch, A. J.; Splett, J.* (Hrsg.): Wissenschaft, Technik, Humanität, Frankfurt 1982, S. 11–35.

Berteaux, P.: Maschine, Denkmaschine, Staatsmaschine. Entwicklungstendenzen der modernen Industriegesellschaft, in: Bergedorfer Protokolle, Bd. II (1963).

Decker, F.: »Die Entdeckung des Menschen.« Die Stellung des Menschen in den Wirtschafts- und Sozialwissenschaften, in: Die Neue Ordnung (NO) 1967, S. 179–188.

Dierkes, M.: Die Unternehmung als gesellschaftliche Institution. Von der sozialen Marktwirtschaft zum humanen Kapitalismus, in: Die Neue Ordnung 1974, S. 345–364.

Dostal, W.: Technologische Entwicklung und ihre Auswirkungen auf Arbeitsplätze und Arbeitskräfte, Vortrag in Sasbachwalden (6. 3. 1985).

Eucken, W.: Die Grundlagen der Nationalökonomie. 6. Aufl., Berlin 1950.

Frey, G.: Beseelte Maschinen? in: Rheinischer Merkur. Nr. 24 (1968).

Fritzsche, B.: Die zwei Gesichter des Fortschritts, in: NZZ (12. 5.) 1986.

Gaudium et Spes (Gs), Rom 1965.

Hemmer, E.: Gesellschaftlich verantwortliche Unternehmenspolitik. Zur Diskussion um die Sozialbilanz, in: Die Neue Ordnung 1980, S. 415–423.

KAB: Grundsatzerklärung von Rottenburg-Stuttgart v. 7. 6. 86, in: Unser Dienst, Nr. 1 (1987).

Korff, W.: Ethik und Technik. Kriterien bei der systematischen Nutzung der Naturkräfte, in: Atom und Strom. Jg. 29 (1983), S. 5–11.

Kuschel, K. J.: Die Krise des Homo Faber, in: *Buch, A./Splett, J.:* Wirtschaft, Technik, Humanität, Frankfurt 1982, S. 136–174.

Linder, Willy: »Wirtschaft u. Ethik. Von den Berührungsängsten zweier Primadonnen«, in: NZZ Nr. 254 (1986).

Lohfink, N.: »Macht euch die Erde untertan!« in: Orientierung 1974, S. 137–142.

Maier, N.: Welche Lebenserwartungen hat die Industriekultur noch? in: DT Nr. 3 (1985).

Marchal, P.: Die neue Dimension des Dr. Dierkes, in: Die Zeit, Nr. 51 (1974).

Marcuse, H.: Der eindimensionale Mensch, Neuwied 1967.

Müller-Armack, A.: Wirtschaftslenkung und Marktwirtschaft, 2. Aufl., Hamburg 1948.

ders.: Wirtschaftspolitik in der sozialen Marktwirtschaft, in: *Boarman, P. M.:* Der Christ und die soziale Marktwirtschaft, Stuttgart 1955.

Nawroth, E.: Die Sozial- und Wirtschaftsphilosophie des Neoliberalismus, 2. Aufl., Heidelberg-Löwen 1962.

ders.: »Philosophie und Technik. Zur Problematik der Denkmaschine«, in: Die Neue Ordnung 1977, S. 81–96; 173–183.

Neubauer, F.: Was bringt uns die »schöne neue Roboterwelt?« in: DT Nr. 99 (1985).

Pieroth, E. (Hrsg.): Sozialbilanzen in der Bundesrepublik Deutschland. Ansätze, Entwicklungen, Beispiele, Düsseldorf–Wien 1978.
Probst, A.: Mensch und Technik, Hans-Seidel-Stiftung e.V., München 1984.
Quadragesimo Anno, Rom 1931.
Wild, W.: Die Auswirkungen des grün-alternativen Wissenschaftsverständnisses auf die Forschung, in: Freiheit der Wissenschaft, H. 3 (1986), S. 6–11.
Withe, L.: Die historischen Ursachen unserer ökologischen Krise, in: *Lohmann, M.* (Hrsg.): Gefährdete Zukunft. München 1970, S. 28 f.
Stork, H.: Einführung in die Philosophie der Technik, Darmstadt 1977, S. 100.
Schneider, G.: »Der vierte Sozialpartner«, in: Handelsblatt 50 (1968).
Schöllgen, W.: »Grenzmoral«, in: Kath. Soziallexikon, Innsbruck–Wien–München 1964, Sp. 383.
Steinbuch, K.: Falsch programmiert, Stuttgart 1968.
ders.: »Zukunft ohne Technik?, in: NZZ Nr. 286 (1981).

Von der betrieblichen Bildungsarbeit zur Organisationsentwicklung

Horst Becker

Die Bedeutung der Ausbildung und Fortbildung der Mitarbeiter in den Unternehmungen hat in den letzten Jahrzehnten ständig zugenommen. Der Wandel von Arbeitsanforderungen und Arbeitsbedingungen zieht neue Weiterbildungsaufgaben nach sich. Die technische Entwicklung und wirtschaftlicher Wandel verändern die Arbeitswelt stetig. Für die Zukunft gilt dies noch mehr. Produktion, Dienstleistung und Verwaltung sind davon gleichermaßen betroffen.

I Ziele der Aus- und Weiterbildung

Die Aus- und Weiterbildung in den Unternehmen hat eine dreifache Zielsetzung, wobei die verschiedenen Ziele sich wechselseitig bedingen.

Bildungarbeit soll dem Erreichen der Unternehmensziele dienen

Ausgangspunkt der Bildungsarbeit ist die Erkenntnis, daß der wirtschaftliche Erfolg des Unternehmens weitgehend von der Qualifikation der Mitarbeiter abhängt. Der Mensch nimmt unter den betrieblichen Produktionsfaktoren eine Sonderstellung ein: er kann durch seine Entscheidung die eigene Leistungsfähigkeit und die Leistungsfähigkeit anderer beeinflußen und über den Einsatz sämtlicher Produktionsfaktoren bestimmen. Je eher gewährleistet werden kann, daß Mitarbeiter qualifiziert und in ihrer Lern- und Leistungsbereitschaft bestärkt werden, je mehr das Problemlösungspotential erhöht sowie Fachkenntnisse, Führungsverhalten und Kooperationsfähigkeit verbessert werden, um so mehr bestehen für das Unternehmen langfristige Entwicklungschancen. Die Aus- und Weiterbildung der Mitarbeiter wird damit zu einer wichtigen unternehmenspolitischen Investition.

Bildungsarbeit soll zur persönlichen Entwicklung und Entfaltung der Menschen im Unternehmen beitragen

Die Mitarbeiter im Unternehmen werden nur dann in der beruflichen Arbeit Befriedigung finden und sich auch menschlich bestätigt fühlen, wenn sie die Zusammenhänge kennen und die ihnen gestellten Aufgaben wirklich erfüllen können. Sie wollen über die Arbeitsaufgaben und ihre Entwicklungsmöglichkeiten informiert, den steigenden Anforderungen entsprechend qualifiziert und auf die sich vollziehenden Veränderungen in allen Wissens- und Arbeitsgebieten vorbereitet sein. Insofern liegt die Weiterbildung auch im Interesse des einzelnen, der nicht nur weiterkommen, sondern sich in der betrieblichen Arbeit persönlich entfalten möchte.

Bildungsarbeit soll den gesamtgesellschaftlichen Fortschritt fördern

Die Aus- und Weiterbildung wirkt über die Unternehmensgrenzen in den gesellschaftspolitischen Bereich hinein, insofern als die Menschen im Unternehmen die Veränderungen auf technisch-wirtschaftlichem und gesellschaftlichem Gebiet verstehen lernen, um sie aktiv mitbestimmen zu können.

II Die betriebliche Berufsausbildung

Die Berufsausbildung hat im Rahmen der langfristigen Personalpolitik die Aufgabe, qualifizierte Nachwuchskräfte für die technischen und kaufmännischen Funktionsbereiche in ausreichender Zahl rechtzeitig bereitzustellen. Entsprechend dieser Aufgabenstellung sind den jugendlichen Mitarbeitern sowohl Kenntnisse und Fertigkeiten zu vermitteln als auch ihre Fähigkeiten und Verhaltensweisen zu fördern, damit sie auch in einer sich ändernden Arbeitswelt den vom Unternehmen gestellten Leistungsanforderungen gerecht werden. Diese Zielsetzung dient sowohl dem Unternehmen, leistungsfähige und leistungsbereite Mitarbeiter zu haben, als auch den Jugendlichen, die mit ihrer Berufsqualifikation die Grundlage erhalten, ihre Berufs-, Arbeitsmarkt- und Lebenschanden optimal zu nutzen.

Die Berufsausbildungsmaßnahmen sind daher so zu gestalten, daß die Jugendlichen über die Anforderungen der Ausbildungsordnung hinaus qualifiziert auf die technologisch-organisatorischen Herausforderungen der zukünftigen Arbeitswelt vorbereitet werden, um auf die betrieblichen Anforderungen flexibel reagieren zu können.

Berufliche Qualifikationen können in unterschiedlichen Berufsbildungssystemen an verschiedenen Lernorten erworben werden. In der Bundesrepublik Deutschland ist die Verzahnung von Praxis und Theorie, das Zusammenwirken von Ausbildungsbetrieb und Berufsschule typisch für das berufliche Bildungssystem. Dieses duale System ist außerordentlich flexibel und leistungsfähig und hat sich auch in den Zeiten, in denen die Jugendlichen der geburtenstarken Jahrgänge die Schulen verließen, hervorragend bewährt.

III Wandel und Qualifikationsanforderungen

National und international zeichnet sich die Wirtschaft durch einen starken wirtschaftlichen, technologischen und organisatorischen Wandel aus. Dabei nehmen Intensität und Tempo des Wandels eher noch zu. Die Nutzung neuer Technologien wird für die Unternehmen vielfach zu einer Überlebensfrage; sie sind unverzichtbares Rüstzeug, wenn ein Unternehmen am Markt bestehen will.

Wesentlicher Auslöser der technologsichen Entwicklung sind die Fortschritte auf dem Gebiet der Mikroelektronik. Bildschirmtechniken im kaufmännischen Bereich sowie CAD- und CAM-Systeme, NC- und CNC-gesteuerte Werkzeugmaschinen, »Leitstandtechnik« und Industrieroboter im technischen Bereich werden in den Unternehmen immer häufiger eingesetzt. In der Zukunft wird es verstärkt zu einer Vernetzung bisher noch selbständiger Teilsysteme kommen, d. h. zu integrierten Produktionsplanungs- und Steuerungssystemen, die einen durchgängigen rechnergestützten Informationsfluß zwischen verschiedenen Betriebsbereichen gewährleisten.

Die neuen Techniken führen in zunehmendem Maße zu Änderungen der Arbeitsstrukturen. Sie wandeln die betrieblichen Organisations- und Verfahrensabläufe und bewirken neue Arbeitsbedingungen. Dies hat zwangsläufig Konsequenzen für die arbeitenden Menschen. Arbeitsplätze gehen verloren oder sie erhalten andere Inhalte mit veränderten Anforderungen. Auch neue Arbeitsplätze – vornehmlich mit Planungs-, Organisations- und Kontrollaufgaben – entstehen. Damit wandeln sich die Arbeitsinhalte und Arbeitsbedingungen sowie die Qualifikationsanforderungen in immer rascherer Folge.

Die Dynamik des technischen Fortschritts wird weiter zunehmen. Für die Bildungsarbeit in den Unternehmen sind daher Informationen über die Qualifikationsanforderungen an den Arbeitsplätzen der Zukunft erforderlich. In den Unternehmen fehlen aber vielfach noch Früherkennungssysteme im Sinne von Informations-, Kommunikations- und Kooperationssystemen zwischen Planungsabteilungen, betroffenen Unternehmensbereichen und den Bildungsabteilungen bei anstehenden technischen und organisatorischen Neuerungen. Häufig führt die Unsicherheit über die künftigen Arbeitsanforderungen zu einer Verbreiterung des Faktenwissens, das wegen der zunehmenden Unüberschaubarkeit allerdings kaum einen Beitrag zur Zukunftssicherung zu leisten vermag. Notwendig ist vielmehr die Förderung von Qualifikationen, die langfristig Gültigkeit besitzen und die eine rasche Umstellung der Kenntnisse und Fertigkeiten in veränderten beruflichen Situationen erleichtern.

Generell wird damit die Forderung nach einem immer besseren beruflichen Anpassungsvermögen verbunden, das in der öffentlichen Diskussion oft mit den Schlagworten »Flexibilität« und »Mobilität« umrissen wird. Hierzu gehört u. a. die Fähigkeit, berufliche Situationen zu analysieren, die Voraussetzungen für die Lösung eines Problems zu sehen, Lösungsalternativen zu erkennen, Folgen von alternativen Lösungen zu beurteilen und aufgrund beruflicher Erfahrung sach- und situationsgerecht zu entscheiden.

Hiermit werden *Schlüsselqualifikationen* angesprochen, die es den Mitarbeitern erleichtern, sich auf künftige Berufsanforderungen besser einzustellen. Beispielhaft für solche Qualifikationen sind zu nennen:

- Die Fähigkeit, Wichtiges von weniger Wichtigem zu trennen;
- Die Fähigkeit, Bezüge herzustellen und Strukturen zu erkennen;
- Die Fähigkeit, einzelne Sachverhalte in größere Zusammenhänge einzuordnen;
- Die Fähigkeit zur Verknüpfung von Theorie und Praxis;

- Die Befähigung zur Kommunikation;
- Die Fähigkeit, Zeit und Mittel einzuteilen;
- Die Fähigkeit zur Zusammenarbeit, Ausdauer, Konzentration, Genauigkeit, Mitverantwortung und Leistungsfreude;
- Kenntnisse von Verfahrens- und Arbeitsabläufen.

Konsequenzen für die Bildungsarbeit

Aus diesen Schlüsselqualifikationen ergeben sich Zielrichtungen für eine zukunftsoritentierte Gestaltung der Berufsausbildung.

Bildungsmaßnahmen müssen so angelegt sein, daß Schlüsselqualifikationen dauerhaft gefördert werden. Dies hat Konsequenzen für die Ausbildungsinhalte, die Ausbildungsorganisation und insbesondere für das methodische Vorgehen.

Zwangsläufig ergibt sich die Frage, wie und wo Schlüsselqualifikationen am besten erworben werden. Die Qualifikationsforschung verfügt noch nicht über gesicherte Erkenntnisse. Der Anspruch, nur über den Lernort Schule, d.h. nur über schulische Inhalte diese Fähigkeiten zu fördern, ist mehr als fraglich. Unbestritten ist dagegen, daß vielmehr zwischen dem methodischen Vorgehen und dem Erwerb von Schlüsselqualifikationen eine engere Beziehung besteht. Zwar gibt es heute und wird es auch künftig keinen Lehrgang »Förderung von Fähigkeiten« geben, aber durch das Vermitteln von Einsichten, das Darstellen von Zusammenhängen und Abhängigkeiten und das Aufzeigen von Konsequenzen werden Fähigkeiten auf Dauer gefördert. Nicht nur die Frage, was und wie etwas geschieht, sondern die Frage nach den Ursachen, den Voraussetzungen, Abhängigkeiten und Konsequenzen, also die Begründung beruflicher Vorgänge, muß im Mittelpunkt moderner Bildungsarbeit stehen. Das methodische Vorgehen erhält damit eine zentrale Bedeutung im Hinblick auf die zukünftigen Anforderungen.

Insbesondere der Einsatz teilnehmeraktivierender Methoden fördert die *Problemlösungs-* und *Entscheidungsfähigkeit,* die *Kommunikationsfähigkeit* und die *sozialen Fähigkeiten.* Sie verbessern zudem die *Motivation* und die *Leistungsbereitschaft* der Lernenden. So können z.B. durch die fragend-entwickelnde Methode, durch den Einsatz von praxisnahen Fällen, Situations- und Entscheidungsaufgaben, durch Planspiele, Projekt- und Leittextmethoden Problemlösungsfähigkeiten trainiert werden. Mit Methoden wie Gruppenarbeit, Partnerarbeit und Rollenspiele können Situations- und Sozialverhalten trainiert werden. Durch praktische Übungen mit modernen Techniken können u. a. Verhaltensweisen wie Konzentration, Sorgfalt, Belastbarkeit und Verantwortungsbewußtsein gefördert werden.

Im Interesse der beruflichen Qualifikation des Nachwuchses gilt es, diese Beziehungen bewußt zu machen und in betriebliche Bildungsarbeit umzusetzen.

Hierzu ist eine laufende fachliche und pädagogische Fortbildung der Ausbilder erforderlich. Zur fachlichen Fortbildung gehört vorrangig der Umgang mit modernen Techniken; zur pädagogischen Fortbildung die Themenbereiche wie Psychologie, Motivation und Kommunikation und insbesondere Maßnahmen, die geeignet sind, die methodische Befähigung der Ausbilder zu verbessern.

Inhaltlich ist eine Konzentration auf wesentliche und typische Bildungsinhalte (exemplarisches Lernen), eine Trennung von grundsätzlichen und nebensächlichen Inhalten, von Präsenz- und Katalogwissen erforderlich. Die bestehenden Curricula sind daher auf inhaltliche Überfrachtung zu prüfen. Ganz entscheidend ist aber, daß die betriebliche Praxis für den Lernenden systematisiert und pädagogisch aufbereitet wird, d. h. daß vorrangig das Arbeitsprozeßwissen, die Verfahrens- und Arbeitsabläufe, die Durchdringung der Arbeitsaufgaben mit moderner Technologie und die Darstellung der betrieblichen Zusammenhänge in den Mittelpunkt der betrieblichen Bildungsarbeit gestellt werden.

IV Anlässe zur Weiterbildung

Bildungsmaßnahmen dienen der Förderung von Mitarbeitern und der Lösung von aktuellen oder zukünftigen Arbeitsproblemen.

Dabei sind verschiedene Anlässe möglich, nämlich

Arbeitsaufgaben:

- Einarbeitung eines neuen Mitarbeiters;
- Einarbeiten in ein neues Aufgabengebiet;
- Erweiterung der bisherigen Aufgabenstellung;
- Vorbereitung auf eine neue Tätigkeit;
- Erweiterung und Vervollkommnung vorhandener Kenntnisse und Fähigkeiten.

Führung von Mitarbeitern:

- Vorbereitung auf Führungspositionen;
- Wiederholte Vertretung eines Vorgesetzten;
- Übernahme von Ausbildungsaufgaben;
- Qualitiative Erweiterung der Aufgaben in Richtung auf Zielsetzungs-, Planungs-, Entscheidungs- und Kontrollfunktionen;
- Übernahme von Aufgaben mit Führungsverantwortung.

Entwicklung der Organisation:

- Veränderung des Aufgabengebietes durch Einführung neuer Systeme, Methoden oder Abläufe;
- Entwicklung der Zusammenarbeit und Optimierung der Arbeitseffizienz in einzelnen Bereichen;
- Verbesserung der Zusammenarbeit verschiedener Bereiche bei der Lösung übergreifender Aufgaben;
- Intensivierung der Arbeit von Arbeits-, Planungs- und Projektgruppen;
- Optimierung der Arbeitssituation und Förderung der Persönlichkeitsentfaltung der Mitarbeiter

Den Anstoß zu betrieblichen Trainingsmaßnahmen gibt in der Regel ein persönliches oder betriebliches Arbeitsproblem, eine »Soll-Ist«-Abweichung: »Irgendwas« in der betrieblichen Realität entspricht nicht den Erwartungen oder den Anforderungen und Zielen.

Solche Arbeitsprobleme sind entweder technisch-organisatorisch bedingt (Strukturprobleme) oder sie sind Verhaltensprobleme, bedingt durch die am Arbeitsablauf beteiligten Menschen.

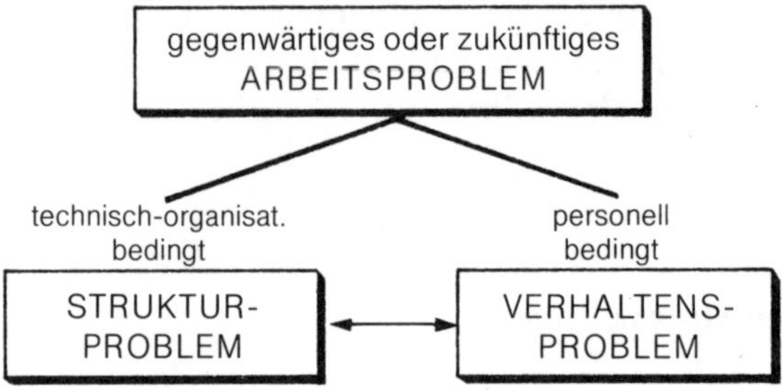

Technisch-organisatorisch bedingte Arbeitsprobleme (Strukturprobleme), z. B. Mängel in der Arbeitsumgebung, sind auf direktem Wege durch betriebliche Bildungsmaßnahmen nicht zu lösen. Indirekt lassen sich aber auch hier durch Problemlösungstrainigs Änderungen in die Wege leiten.

Verhaltensprobleme lassen sich im allgemeinen auf *drei Ursachen* zurückführen:

- auf mangelndes Wissen;
- auf mangelndes Können;
- auf mangelndes Wollen.

Das Erkennen dieser Ursachen ist wesentlich für die Frage, ob und in welcher Art betriebliche Weiterbildungsmaßnahmen zur Lösung der Verhaltensprobleme beitragen können. Ein Bildungsproblem ist immer dann gegeben, wenn mangelndes Wissen oder Können die Ursache des Problems ist. Bei mangelndem Wollen ist nur noch bedingt ein Bildungsproblem gegeben. Nur soweit es realistisch erscheint, sind durch Bildungsmaßnahmen Einstellungs- und Verhaltensänderungen einzuleiten.

Aus- und Weiterbildung ist *kein* Selbstzweck. Ziel aller Bildungsbemühungen ist die Verbesserung der Arbeitssituation in jeder Hinsicht. Zweck der Maßnahmen ist es, die Qualifikation, den Leistungsstand und die Entfaltungsmöglichkeiten der Mitarbeiter zu erhöhen, die Kommunikation und die Zusammenarbeit zu verbessern

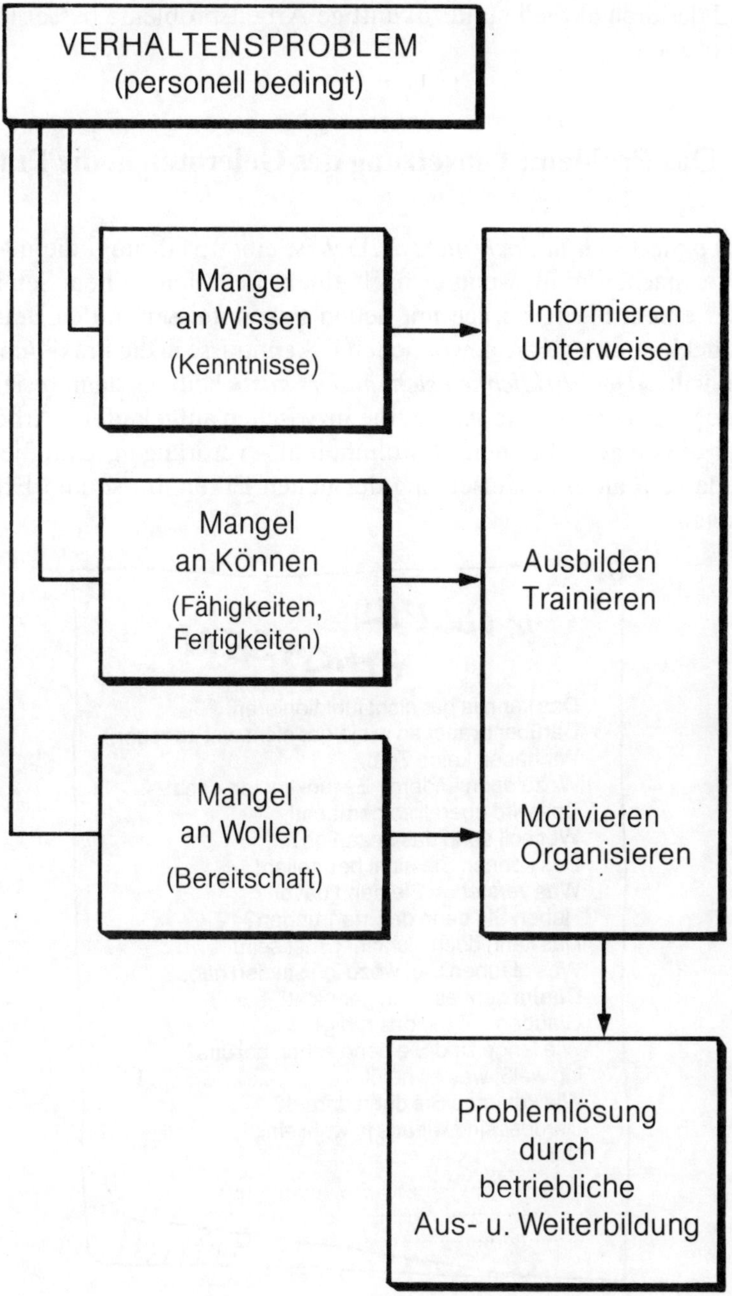
VERHALTENSPROBLEM
(personell bedingt)
Mangel
an Wissen
(Kenntnisse)
Mangel
an Können
(Fähigkeiten,
Fertigkeiten)
Mangel
an Wollen
(Bereitschaft)
Informieren
Unterweisen
Ausbilden
Trainieren
Motivieren
Organisieren
Problemlösung
durch
betriebliche
Aus- u. Weiterbildung

und dadurch aktuelle und zukünftige Arbeitsprobleme besser lösen zu können.

V Das Problem: Umsetzung des Gelernten in die Praxis

»Es ändert sich ja doch nichts!« Das ist eine Erfahrung, die manch einer machen muß, wenn er nach einem Lehrgang, einem Seminar oder einem Fachgespräch mit neuen Erkenntnissen in den Betrieb zurückkommt und die gewonnenen Erkenntnisse in die Praxis umsetzen will. *»Die Wirklichkeit sieht anders aus!«* heißt es dann resignierend. Der betriebliche Alltag, die inzwischen aufgelaufene Arbeit – und die eingeschliffenen Gewohnheiten – verdrängen häufig jeden Gedanken an eine Umsetzung der neuen Erkenntnisse und Erfahrungen.

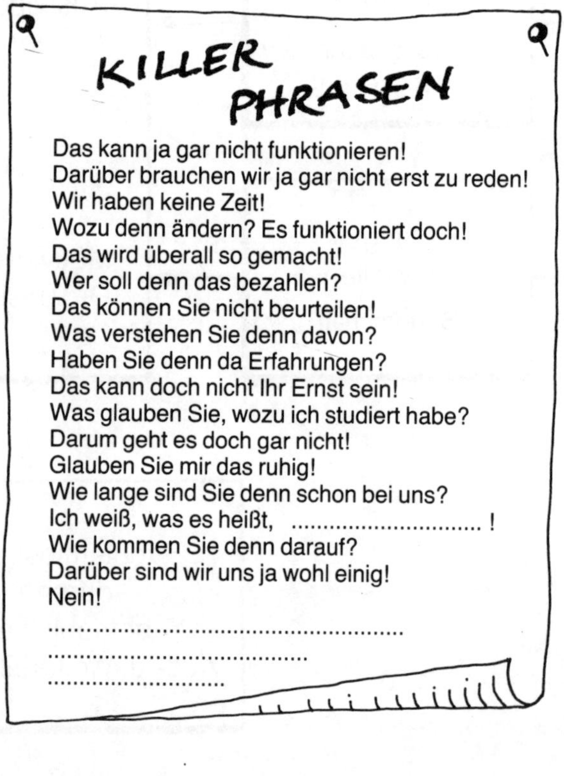

Die Arbeitssituation im Betrieb und die Lernsituation im Seminar werden oft als zwei verschiedene Dinge betrachtet, die wenig miteinander zu tun haben.

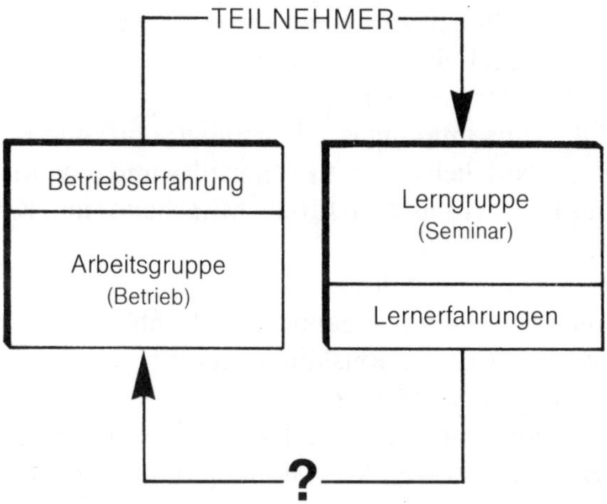

Die Zusammenhänge zwischen den am Arbeitsplatz zu verrichtenden Aufgaben und den im Seminar geworbenen Erkenntnissen werden nicht oder noch zu wenig gesehen. Von dem, was sich der Lernende in der Weiterbildungsveranstaltung aneignete (Wirkungen im Lernfeld), wird nur wenig in der Arbeitssituation angewandt (Wirkungen im Funktionsfeld).

VI Bedingungen für erfolgreiche Anwendung

Um also die Anwendung des Gelernten in der betrieblichen Praxis zu erleichtern, kommt es vor allem darauf an, die unterschiedlichen Bedingungen im Seminar (Lernfeld) und am Arbeitsplatz (Funktionsfeld) entsprechend miteinander in Einklang zu bringen.

Die *Übertragung der Lernerfolge* eines Mitarbeiters in die Arbeitssituation hängt von verschiedenen Einflußfaktoren ab:

- *vom Mitarbeiter selbst*
  seiner Motivation, seinen Fähigkeiten, den handlungsbedingungen am Arbeitsplatz
- *vom Verhalten des Vorgesetzten*
  seiner Bereitschaft, den Mitarbeiter zu fördern, seinem Interesse an den Lerninhalten des Seminars, seiner Bereitschaft, die Umsetzung der Lernergebnisse zu fördern
- *vom Verhalten der Kollegen*
  von der Übereinstimmung der Lerninhalte mit den Gruppennormen, von der Nützlichkeit des Lernerfolgs und davon, ob die Umsetzung des Lernerfolgs auch für die Mitarbeiter und Kollegen vorteilhaft ist
- *vom Betriebsklima im Arbeitsbereich*
  das entweder lernbegünstigend oder lernhemmend sein kann. Lernklima und Organisationsklima beeinflussen sich gegenseitig
- *von den Einflüssen im Seminar*
  von den aufgenommenen Lerninhalten und den Lernerfahrungen, vom Referenten und vom Verhalten der anderen Seminarteilnehmer

VII Von der Lernerfolgskontrolle zur Erfolgsförderung

Wir erkennen, daß es nicht genügt, ein umfassendes System betrieblicher Aus- und Weiterbildungsangebote zu entwickeln und dies durch Erfolgskontrollen laufend zu verbessern. Es kommt vielmehr darauf an, auch die Bedingungen, unter denen ein Training stattfindet sowie die Bedingungen, unter denen Trainingserfahrungen angewendet werden, entsprechend zu berücksichtigen und zu beeinflussen. Die Lernerfolgskontrolle wird zur *Erfolgsförderung* mit dem Ziel, optimale Bedingungen für die Umsetzung des Gelernten in die betriebliche Praxis herbeizuführen.

Entscheidend ist dreierlei:

(1) daß die Bildungsarbeit in die Unternehmenspolitik voll integriert ist und von der Unternehmensleitung, den Führungskräften und dem Betriebsrat unterstützt wird,

(2) daß die Mitarbeiter die Möglichkeit ihrer Beteiligung an Trainingsmaßnahmen erkennen und die Chancen zur Mitwirkung an innerbetrieblichen Lernprozessen wirklich nutzen,
(3) daß die betrieblichen Vorgesetzten die Weiterbildung als Führungsaufgabe begreifen, selbst lernbereit sind und die Mitarbeiter in der gewünschten Weise fördern.

Der stufenweise Aufbau eines besseren *Organisationsklimas* wird durch die Lernprozesse beschleunigt, andererseits wird das Lernklima im Unternehmen durch ein besseres Organisationsklima positiv beeinflußt. Es kommt also darauf an, die Arbeitssituation im ganzen zu verändern.

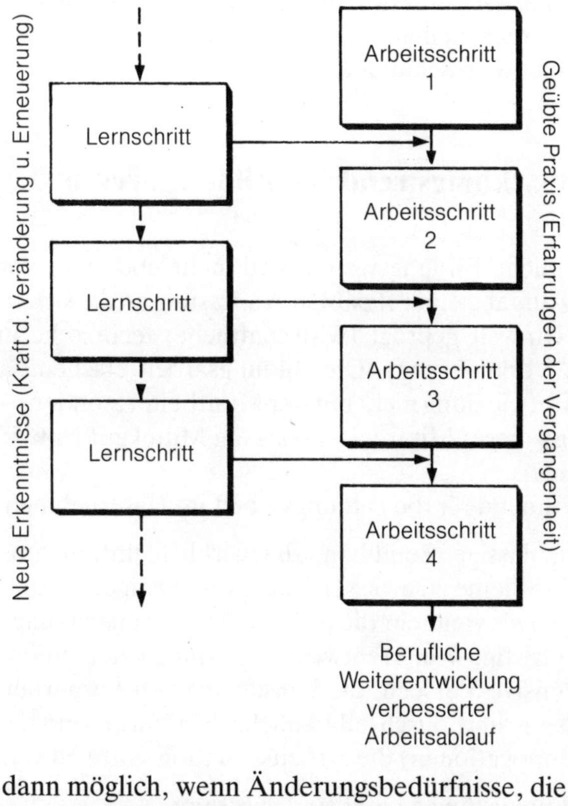

Das ist dann möglich, wenn Änderungsbedürfnisse, die in der Arbeitssituation spürbar werden, durch Bildungsaktivitäten aufgegriffen und in eine angemessene Lernsituation überführt werden.
Entwicklungsprozeß

Die Lernergebnisse und Lernerfahrungen müssen den Änderungszielen entsprechen und in der Arbeitssituation eine Neuorientierung bewirken, die – nach einer Phase der Erprobung – bei den Beteiligten weitere Lernbedürfnisse auslöst. Das setzt voraus, daß mehrere Mitglieder einer Arbeitsgruppe am Seminar teilnehmen. So kann sich aus der Arbeitssituation im Betrieb allmählich eine Lernsituation entwickeln, wobei die Lerngruppe zugleich die effektive Arbeitsgruppe ist, aber – und das macht den qualitativen Unterschied aus – eine »lernende Arbeitsgruppe«, die sich betrieblich ständig weiterentwickelt.

Der entscheidende Gesichtspunkt ist der, daß die Änderungsbedürfnisse einer Organisation und die Lernbedürfnisse ihrer Mitglieder kontinuierlich ineinander greifen und einander verstärkend wirksam werden (Siehe Schaubild vorangehende Seite).

VIII Entwicklungstrends im Bildungswesen

Das betriebliche Bildungswesen wird mehr und mehr von der notwendigen Aufgabe einer flexiblen Anpassung an die sich ständig verändernde Umwelt geprägt (wirtschaftliche, technische und gesellschaftliche Veränderung). Die Bildungsarbeit erscheint als Hauptmittel zur Entwicklung nicht nur der Mitarbeiter, sondern – durch die Entwicklung dieser Mitarbeiter – als ein Mittel zur Entwicklung des Unternehmens.

Kennzeichnend für die Bildungsarbeit im Unternehmen ist

(1) das unablässige Bemühen, die wirklich unternehmensspezifischen Probleme zu erfassen, und zwar weniger die aktuellen Tagesfragen als vielmehr die potentiellen Voraussetzungen, welche die langfristige Weiterentwicklung ermöglichen, und
(2) der intensive Versuch, die Umsetzung von Lernerfahrungen zu verbessern und durch allmähliche Einführung neuer Erkenntnisse (Innovationen) die Arbeitssituation selbst zu verändern.

Folgende *Entwicklungstrends* sind wirksam:

- In der Bildungsarbeit geht es nicht mehr nur um die Vermittlung von Kenntnissen und Fertigkeiten, sondern zunehmend auch um

die Weckung von Einsichten, um die Entfaltung der Persönlichkeit, um die Entwicklung von sozialen Fähigkeiten.
- An die Stelle der statischen Ausrichtung der Bildungsarbeit auf feststehende Arbeitsabläufe tritt die Bemühung, daß Problemlösungspotential der Mitarbeiter zu erhöhen, das die dynamische Bewältigung neuer Situationen erlaubt.
- Aus einer einmalig durchzuführenden Bildungsmaßnahme wird oft eine Dauereinrichtung. Einzelaktivitäten werden – nach dem Baukastenprinzip – zu Elementen eines komplexen Weiterbildungssystems, das eine hohe Flexibilität garantiert.
- Wurden die Mitarbeiter früher als zu »Schulende« betrachtet, als Objekte der Bildungsarbeit, so werden sie mehr und mehr zu aktiv Mitwirkenden im Bildungsprozeß, die schon an der Planung von Trainingsmaßnahmen beteiligt sind und als selbstverantwortlich Lernende den Trainingsablauf und die Verwertung der Lernergebnisse mitbestimmen.
- Lag der Schwerpunkt der Bildungsmaßnahmen ursprünglich außerhalb des Arbeitsplatzes, so verlagert er sich immer mehr auf den Arbeitsplatz selbst, auf bestimmte Funktionen, auf den Arbeitsablauf und auf konkrete Probleme der Zusammenarbeit.
- Wurden früher die Mitarbeiter gemäß ihrer Funktion oder ihrer hierarchischen Stellung als einzelne ausgebildet, so geht die Entwicklung heute vom Training des einzelnen zum Training der Gruppe und vom Training der Gruppe zum Training ganzer Betriebe.

IX Von der Personal- zur Organisationsentwicklung

Da genügt es dann nicht mehr, den einzelnen Mitarbeiter zu trainiren, wenn die Arbeitskollegen nicht mitziehen oder das Arbeitsfeld, in dem er das Gelernte anwenden soll, im Grunde unverändert bleibt. Folgerichtig laufen dann die Bemühungen darauf hinaus, nicht nur den einzelnen, sondern die Gruppe, die Abteilung, den ganzen Betrieb zu »trainieren«, und zwar nicht nur partiell, etwa hinsichtlich einer bestimmten fachlichen Fertigkeit, sondern umfassend, also im Hinblick auf eine höhere Arbeitseffektivität, auf bessere Zusammenarbeit und neu zu ordnende Arbeitsläufe. Die Trainingsarbeit verändert sich. Sie wird zu einer umfassenden Lernstrategie. Aus der Personalentwicklung wird *»Organisationsentwicklung«*.

X Ziele der Organisationsentwicklung

Organisationsentwicklung, meist kurz OE genannt, ist die kontinuierliche Bemühung, einen Betrieb und die in ihm tätigen Menschen zu befähigen, den Betrieb den Anforderungen der Umwelt entsprechend kritisch zu durchleuchten und umzugestalten. *OE ist also ein Prozeß des gezielten Selbsterneuerns einer Organisation.*

Ziel der Organisationsentwicklung ist

- die Verbesserung der erlebten Arbeitssituation der beteiligten Menschen (Humanität) und
- die Verbesserung der Leistungsfähigkeit der Organisation (Produktivität).

Beide Ziele sind gleichrangig und interdependent.

Organisationsentwicklung will Produktivität und Menschlichkeit miteinander in Einklang bringen. Das geschieht in einem planmäßigen Entwicklungsprozeß, in dem alle Beteiligten lernen, im Miteinander ihre Probleme selbständig zu lösen.

XI Kriterien der Organisationsentwicklung

Die Auswertung vieler bisher erfolgreich durchgeführter Organisationsentwicklungs-Projekte hat gezeigt, daß bei der Durchführung eine Reihe von Gesichtspunkten beachtet werden müssen, die näher zu erläutern sind.

Das Verhalten der Menschen und die Verhältnisse, unter denen sie arbeiten, dürfen nicht getrennt voneinander, sie müssen im Zusammenhang gesehen werden. Wenn überhaupt etwas verändert und verbessert werden kann, dann – das ist unsere Überzeugung – nur durch die am Arbeitsprozeß beteiligten Menschen selbst. Diese können aber – das ist nicht unsere Überzeugung, sondern unsere Erfahrung – allein und auf sich gestellt wenig machen. Daher stammt wohl auch ein Teil jener Ohnmacht, jener Verdrossenheit und Gleichgültigkeit, die heute so viele Menschen erfaßt hat. Wir können auch wenig machen, wir – damit sind diesmal die Manager gemeint und alle, die sich verantwortlich fühlen. Wir können wenig für andere machen. Wir wissen nicht einmal, ob das, was wir für andere planen, auch wenn wir es selbst für gut halten, von den anderen überhaupt gewünscht wird. Und erst recht nicht, wie es sich auswirkt.

Die Einführung von Neuerungen und dauerhaften Veränderungen können heute nicht mehr durch Anweisungen vom grünen Tisch aus durchgesetzt werden – das haben Soziologen wie *Fürstenberg* u. a. am Beispiel ›Reformwiderstand‹ eindringlich geschildert – auch nicht durch eine neue, besonders raffinierte Management-Strategie, die einseitigen Interessen dient, eine Strategie, die einige mehr oder weniger Sachkundige einbezieht und die Gesamtheit der Betroffenen ausschließt oder sie letztlich doch manipuliert. Dadurch werden nur neue Unsicherheiten und Widerstände aufgebaut, gerade aus Angst vor der verordneten Veränderung. Ergebnis: Die im Ansatz vielleicht wirklich gut gemeinten Maßnahmen werden von den Mitarbeitern einfach unterlaufen oder – den Auswirkungen nach zu urteilen – ins Gegenteil verkehrt. Das bekannteste Beispiel: Gespart muß werden, egal was es kostet.

Was aber können wir tun? Die Frage, vor die wir uns immer wieder neu gestellt sehen, heißt: Ertragen oder Verändern?

»Mach dir nichts draus!« ist der Ratschlag, der einem über Schwierigkeiten hinweghelfen soll. *»Mach was draus!«* müßte es heißen, weil Schwierigkeiten, als Herausforderung verstanden, positive Veränderungen möglich machen. Dieser Ansatz, sofern er nicht auf den einzelnen beschränkt bleibt, sondern Gruppen und ganze Betriebe umfaßt, ist der Kerngedanke der Organisationsentwicklung.

Organisationsentwicklung wird in der Praxis nur durch eine Reihe von methodischen Schritten möglich, nämlich dadurch,

(1) daß die Menschen eigene Schwierigkeiten als Herausforderung erleben und als gemeinsames Problem erkennen *(Gemeinsames Problembewußtsein);*
(2) daß die Menschen durch einen Außenstehenden angeregt und ermutigt werden, diese Probleme aufzugreifen und selbständig zu lösen *(Mitwirkung eines Beraters);*
(3) daß die Probleme gemeinsam aufgegriffen werden und die Betroffenen an der Erarbeitung von Maßnahmen zur Problemlösung aktiv mitwirken *(Beteiligung der Betroffenen);*
(4) daß sämtliche das Problem bedingende Faktoren, die sachlichen Ursachen ebenso wie die zwischenmenschlichen Hintergründe, geklärt und bearbeitet werden *(Klärung von Sach- und Beziehungsproblemen);*
(5) daß durch die intensive Auseinandersetzung mit den sachlichen und persönlichen Problemen kreative Fähigkeiten geweckt und andere Einstellungen und Verhaltensweisen entwickelt werden *(Erfahrungsorientiertes Lernen);*
(6) daß dies alles in einem gemeinsamen Prozeß geschieht, der von allen getragen, immer wieder neu reflektiert und kontinuierlich weitergeführt wird *(Prozeßorientiertes Vorgehen);*
(7) daß alle Einflußkomponenten im Systemzusammenhang berücksichtigt und die als wirksam erkannten Kräfte in den Problemlösungsprozeß einbezogen werden *(Systemumfassendes Denken).*

Dadurch werden Entwicklungen möglich, die zu *Veränderungen der Verhaltensweisen und der Verhältnisse* führen.

Aus dieser programmatischen Aufgliederung lassen sich die wesentlichen Kriterien der Organisationsentwicklung leicht ableiten:

Gemeinsames Problembewußtsein

Ausgangspunkt von Maßnahmen zur Organisationsentwicklung ist meist eine gewisse Unzufriedenheit mit den bestehenden Verhältnissen, die den Wunsch nach Veränderung weckt.

Die entscheidenden Fragen lauten: Was sind unsere Ziele? Was sind unsere Probleme? Was muß bei uns anders werden, damit wir in Zukunft unsere Ziele besser erreichen als in der Vergangenheit?

Mitwirkung eines Beraters

In aller Regel kann ein Organisationssystem mit den beteiligten Menschen sich nicht – wie *Baron von Münchhausen* – am eigenen Schopf aus dem Sumpf heraus ziehen. Es ist ein Berater oder Moderator notwendig, der entweder von außen oder aus den eigenen Reihen kommen kann. Diese Einwirkung eines »Change Agent« ist nicht Fachberatung, sondern als »Prozeßberatung« zu verstehen. Der Moderator gibt Hilfen zur Selbsthilfe.

Beteiligung der Betroffenen

Die Entwicklung und Veränderung der Organisation muß unter aktiver Mitwirkung der betroffenen Organisationsmitglieder erfolgen. Der Problemträger wird zum Problemlöser. Durch gemeinsame Bemühung aller Beteiligten um eine konstruktive Lösung wächst das Engagement, die Kompetenz und die Identifikation mit dem, was man selber mitgestaltet hat.

Klärung von Sach- und Beziehungsproblemen

Bei der Organisationsentwicklung geht es um konkrete Probleme der täglichen Zusammenarbeit und der gemeinsamen Zukunft. Dabei werden nicht nur Sachprobleme, sondern auch Kommunikationsprobleme behandelt. Außerdem kommen nicht nur die internen Angelegenheiten der beteiligten Gruppe, sondern auch ihre Beziehungen nach »außen« zur Sprache.

Erfahrungsorientiertes Lernen

Der Mensch ändert seine Einstellung und sein Verhalten nur durch praktische »Erfahrungen am eigenen Leibe«, im direkten Kontakt mit anderen Menschen und in der direkten Auseinandersetzung mit konkreten Problemen, von denen er selbst betroffen ist. Offene Information und aktive Mitarbeit der Betroffenen in Arbeitsgruppen spielen deshalb in der Organisationsentwicklung eine zentrale Rolle bei der Lösung der konkreten betrieblichen Probleme.

Prozeßorientiertes Vorgehen

Veränderungsbemühungen dürfen nicht statisch, sie müssen dynamisch – als ein gemeinsamer Entwicklungsprozeß – begriffen werden. Nicht nur Ergebnisse sind wichtig, sondern auch die Art und Weise des Vorgehens. Dabei besteht eine enge Wechselwirkung zwischen Weg und Ziel. Das »Wie« bestimmt oft über das »Was«. Die Planung erfolgt von Schritt zu Schritt aufgrund von Auswertung und Reflexion der jeweils erzielten Ergebnisse.

Systemumfassendes Denken

Kennzeichnend für das Vorgehen der Organisationsentwicklung ist der systemtheoretische Ansatz: Individuum, Organisation, Umwelt und Zeit müssen ganzheitlich, d.h. in ihren Wechselwirkungen und Systemzusammenhängen gesehen werden. Bei der Veränderung einzelner Elemente oder Subsysteme einer Organisation sind die Konsequenzen für andere Elemente und für das Gesamtsystem zu berücksichtigen. Wünschenswerte Verhaltensänderungen müssen mit entsprechenden Strukturveränderungen einhergehen – und umgekehrt. Den jeweiligen Machtkonstellationen ist besondere Beachtung zu schenken. Außerdem darf die Zeitperspektive nicht vernachlässigt werden: Organisationen haben – ebenso wie Individuen – ihre eigene Geschichte und eine eigene Identität. Die lebendige Vergangenheit ist bei der Zukunftsplanung zu berücksichtigen.

XII Der strategische Ansatz

Anlaß für die Einführung von OE-Programmen ist meist eine vage Unzufriedenheit mit den bestehenden Verhältnissen, die den Wunsch nach Änderungen auslöst (Druck von außerhalb, Probleme innerhalb des Unternehmens, Änderungswünsche der Führungsspitze). Voraussetzungen und Ziele müssen vorab geklärt werden (Situationsanalyse). Dabei muß den psychologischen und sozialen Randbedingungen die gleiche Aufmerksamkeit geschenkt werden wie den technischen und organisatorischen. Ziele der Organisationsentwicklung sind nicht nur Struktur-, sondern auch Verhaltensänderungen. Diese sind nur durch erfahrungsorientiertes Lernen möglich, das am besten durch gruppendynamische Trainings in Gang kommt. Sie ermöglichen offene und intensive Kommunikation, gemeinsames Planen, direkte und verantwortliche Mitwirkung der am Problem Beteiligten.

Die Lösung liegt nicht in irgendeiner Methode, etwa im Führen durch Zielsetzung, im Verhaltenstraining, in der Team-Entwicklung oder im Projekt-Management, sondern in einer Kombination der verschiedenen Verfahren im Hinblick auf aktuelle Problemlösungen.

Nur das sinnvolle Ineinandergreifen verschiedener Möglichkeiten aufgrund der spezifischen Situation in einem Betrieb kann das einleiten, was wünschbar und machbar ist: eine schrittweise Entwicklung der Organisation auf der Basis eines gemeinsamen Lernprozesses.

XIII Perspektiven

So wird das Bildungswesen mehr und mehr als Instrument der Unternehmensentwicklung verstanden. Für viele Unternehmen ist es zu einer Überlebensfrage geworden, ob angesichts der radikalen technologischen und organisatorischen Veränderungen die Firmenangehörigen an ihren Arbeitsplätzen nach Kräften mitziehen, ob sie sich über die wichtigsten Fragen im Betrieb verständigen oder sich auf

Nebenkriegsschauplätzen austoben. Die Frage, wie die »Human Resources« erschlossen werden können, wird immer ausdrücklicher gestellt. Die Ausbildung und Weiterbildung leistet hierzu einen wichtigen Beitrag.

Die systematische Förderung der Mitarbeiter, ihrer Kenntnisse und ihrer Befähigung sowie die Entwicklung ihrer Bereitschaft zur Zusammenarbeit wird zur zentralen Aufgabe des betrieblichen Personalwesens. Die Wettbewerbsfähigkeit der Unternehmen, die auf der Qualität der angebotenen Produkte und Dienstleistungen beruht, hängt weitgehend von den Menschen ab, die dafür verantwortlich sind, die Anforderungen vielfältiger Art in wirtschaftliche Innovationen umzusetzen.

So wird die Weiterbildung – wie die Ausbildung – zum Produktionsfaktor. Sie gehört daher zur Unternehmensplanung ebenso wie Investitionen, Forschung und Entwicklung. Aus- und Weiterbildung in Gang zu setzen und zu fördern ist Aufgabe der Unternehmensleitung. Daß die Bedeutung dieser Aufgabe zunehmend mehr erkannt wird, kommt auch darin zum Ausdruck, daß die Aufwendungen für Bildung in den Unternehmen vielfach die Aufwendungen für die betrieblichen Sozialleistungen übersteigen.

Die Wirtschaft steuert, von der Ausbildung einmal abgesehen, zur gesamten Weiterbildung in Trägerschaft und Finanzierung den größten Teil bei: Rund 50% der jährlich mehr als vier Millionen Teilnehmer an Maßnahmen der beruflichen Weiterbildung nehmen betriebliche Angebote wahr. Die Ausgaben der Unternehmen für Weiterbildung betragen mehr als 10 Milliarden DM im Jahr. Zwei Drittel der Weiterbildungsaktivitäten der Wirtschaft gelten der Qualifizierung auf technischem Gebiet.

Die Anforderungen steigen. Die Qualifizierung der in den Unternehmen beschäftigten Mitarbeiter ist die vorrangige Aufgabe der Bildungsarbeit in der Wirtschaft. Das trägt auch zur Sicherung der Arbeitsplätze bei. Zugleich knüpft hier der Gedanke der Qualifikationsoffensive für Arbeitslose an. Eine praxisnah gestaltete berufliche Ausbildung und Weiterbildung hat eine wichtige Funktion für den Abbau von Arbeitslosigkeit; sie erhöht die Chancen für den Einstieg in eine neue Beschäftigung.

Ziel und Aufgabe der Weiterbildung besteht auch darin, Selbstverantwortung zu fördern und Eigeninitiative in Gang zu setzen. Die

Freiheit der Persönlichkeit ist unlösbar mit der Bildung des Menschen verbunden. Ein wachsendes Maß an Wissen, Einsicht und menschlicher Reife ist Voraussetzung dafür, daß der einzelne bewußt und verantwortungsvoll die Ordnung im Betrieb und in der Gesellschaft mittragen und gestalten kann. Insofern hat betriebliche Bildung eine gesellschaftspolitische Dimension. Auch die Qualität von Führung und Kooperation ist ein Problem der Weiterbildung.

Rechnen im Personalwesen – von der Lohn- und Gehaltsrechnung zum Personal-Controlling

Erich Potthoff

In den Industriestaaten der Gegenwart ist das Rechnen in den Unternehmen zu einem technisch hochentwickelten Führungsinstrument geworden. In der Betriebswirtschaftslehre wird die Aufgabe des Rechnungswesens in einer Unternehmung als umfassendes System für quantifizierbare Informationen verstanden. Seine Aufgaben lassen sich gliedern in: Dokumentationsrechnung, Planungsrechnung und Kontrollrechnung [1]. Aufgabe der Dokumentationsrechnung ist es, alle benötigten Daten zu sammeln, zu ordnen und für die Disposition und Entscheidung der Führungskräfte aufzubereiten. Üblicherweise gehören dazu Buchhaltung und Jahresabschlußrechnung, Kosten- und Erlösrechnung. Bei der Dokumentation sind nicht zuletzt die gesetzlichen Anforderungen ebenso wie die Wünsche der Eigentümer, Gläubiger, Arbeitnehmer und der weiteren Öffentlichkeit zu beachten. Die Planungsrechnung ist Grundlage für zukunftsgerichtete betriebliche Entscheidungen. Die hier aufzubereitenden Daten dienen im umfassenden Sinne der Steuerung von Zielgrößen. Mit der Kontrollrechnung soll zum einen überwacht werden, ob vorgegebene Ziele erreicht wurden; zum anderen sind bei Abweichungen neue Entscheidungen zu treffen. Das so skizzierte Rechnungswesen wird vielfach auch als Unternehmensrechnung bezeichnet.

I Lohn- und Gehaltsrechnung als Grundlage der Dokumentationsrechnung

Die Abrechnung von Löhnen und Gehältern war ursprünglich ein wesentlicher Teil des Personalwesens. Wenn die Arbeiten hierfür inzwischen auch von der elektronischen Datenverarbeitung übernommen worden sind, ist die Bedeutung dieses Rechenwerks für die Mitarbeiter ebenso wie für das Personalwesen geblieben. Es sei nur hingewiesen auf die zahlreichen Entgeltformen und verschiedenartigen Entgeltsysteme, auf die vielfältigen Rechtsvorschriften und die häufigen Änderungsnotwendigkeiten. Im einzelnen ist zwischen der Bruttorechnung, Nettorechnung, Zahlungsrechnung und der Auswertungsrechnung zu unterscheiden [2]. Für die Bruttolohnrechnung sind zahlreiche Vorarbeiten erforderlich, wenn Fertigungsbetriebe vorhanden sind. Zur Errechnung des Nettoentgelts sind die jeweils gültigen, gesetzlichen Vorschriften und Bestimmungen zu beachten. Die Zahlungen müssen an verschiedene Empfänger geleistet werden. Neben den Mitarbeitern gehören dazu die Steuerbehörden und die Ämter der Sozialversicherung.

Aufgabe der Auswertungsrechnung ist, Ergebnisse und Belege für die unternehmensinternen Belange zu erarbeiten. Ihre Empfänger sind die Geschäftsbuchführung und die Betriebsrechnung. In der Geschäftsbuchführung werden die Zahlen aus der Lohn- und Gehaltsabrechnung übernommen und mit den übrigen Geschäftsvorfällen zum Jahresabschluß (Bilanz und Gewinn- und Verlustrechnung) verarbeitet. Bei der Kostenartengliederung des Personalaufwands sind nicht nur die Gliederungsvorschriften des Aktiengesetzes für die Bilanzaufstellung zu beachten, sondern ebenso die unternehmensinternen Anforderungen, die sich im Kontenplan niederschlagen. Umfang und Aufgliederung werden einmal von der Größe und der Struktur der Unternehmung bestimmt, zum anderen aber auch von den Auswertungszwecken. So kann die Aufteilung der Kostenarten für den Personalaufwand z. B. bereits den schwankenden Beschäftigungsgrad berücksichtigen. Es wird dann nach solchen Kostenarten unterschieden, die sich den Schwankungen des Beschäftigungsgrades leicht anpassen lassen und solchen, die mehr oder weniger fest bleiben. Die Aufgliederung sollte so weit gehen, daß alle wichtigen Kostenarten des Personalwesens überwacht werden können. Natürlich darf die Wirtschaftlichkeit des Rechnungswesens nicht aus dem Auge gelassen werden.

Neben der Kostenartengliederung ist ebenso wichtig, wie der Inhalt des einzelnen Kontos abzugrenzen ist. Hierfür sind die Kontierungsrichtlinien maßgebend, die in den Unternehmungen für den Kontenplan festgelegt werden. Da der Personalaufwand im Vergleich zwischen den Unternehmungen eine große Rolle spielt, ist hier schon darauf zu achten, daß die Kostenarten der Unternehmungen innerhalb eines Wirtschaftszweiges einheitlich abgegrenzt sind. Dabei ist wichtig, daß über die für Betriebsvergleiche erforderlichen Mindestgliederungen hinaus weitere Verfeinerungen für das einzelne Unternehmen nicht unterbunden werden dürfen. In der Betriebsrechnung, auch Betriebsabrechnung oder Betriebsbuchhaltung genannt, werden die Ergebnisse der Kosten- und Leistungsrechnung in tabellarischer oder kontenmäßiger Form erfaßt. Hierfür gibt es keine gesetzlichen Vorschriften. Sie ist nach den Verhältnissen der einzelnen Unternehmungen und nach den jeweiligen Anforderungen der Unternehmensführung in der Praxis sehr unterschiedlich. Das gilt auch für die recht vielfältigen Abgrenzungsfragen. Es ist deshalb durch Kontierungsrichtlinien dafür zu sorgen, daß die Kosten- und Erlösarten in ihrer Definition klar abgegrenzt sind. »Hier darf es keine Zweifel und keine Manipulationsspielräume geben. Sodann bedürfen die Kontierungsrichtlinien der steten Anpassung an veränderte Verhältnisse« [3]. Es ist nicht zuviel gesagt: Das Rechnen im Personalwesen beginnt bei der Lohn- und Gehaltsrechnung.

II Vielfältige Gliederung des Personalaufwands

Ab 1. Januar 1987 sind die Vorschriften des Bilanzrichtlinien-Gesetzes vom 19. Dezember 1985, einem Artikelgesetz, in Kraft getreten. Die erweiterten Vorschriften des HGB für die Aufstellung von Jahresabschlüssen, ihre Prüfung und Offenlegung gelten nunmehr für alle Kapitalgesellschaften, also Aktiengesellschaften, Kommanditgesellschaften auf Aktien und Gesellschaften mit beschränkter Haftung. Umstritten ist noch, ob auch die sogenannten Kapitalgesellschaften & Co. dazu gehören. Die neuen Vorschriften des HGB sind nach Größenordnungen abgestuft anzuwenden.

Eine wichtige Neuerung ist, daß nach § 264 Abs. 1, Satz 1 HGB der Jahresabschluß um einen Anhang zu erweitern ist, der mit der Bilanz und der Gewinn- und Verlustrechnung eine Einheit bildet. Daneben ist wie bisher ein Lagebericht aufzustellen. Neu ist ferner, daß die Gewinn- und Verlustrechnung nach § 275 Abs. 1, Satz 1 sowohl nach dem Gesamtkostenverfahren als auch nach dem Umsatzkostenverfahren aufgestellt werden kann. Die Gliederung nach dem Gesamtkostenverfahren, das nach dem alten Aktiengesetz vorgeschrieben war, bringt eine übersichtlichere Darstellung der einzelnen Kostenarten; beim Umsatzkostenverfahren werden die betrieblichen Aufwendungen überwiegend nach Funktionsbereichen aufgegliedert, und zwar nach Herstellungskosten, Vertriebskosten und allgemeine Verwaltungskosten.

Im Gliederungsschema der Gewinn- und Verlustrechnung nach dem Gesamtkostenverfahren (§ 275 HGB) wird eine besondere Position Personalaufwand ausgewiesen, unterteilt nach: Löhne und Gehälter, soziale Abgaben und Aufwendungen für Altersversorgung und für Unterstützung, mit dem gesonderten Ausweis des Aufwands für Altersversorgung. Aufwendungen, die darüber hinaus für die Mitarbeiter geleistet wurden, sind in der Position »Sonstige betriebliche Aufwendungen« zusammenzufassen. Eine Aufgliederung ist nicht vorgesehen, kann aber in einer Vorspalte aufgenommen werden. Beim Umsatzkostenverfahren sind die Personalaufwendungen im Aufwand der genannten einzelnen Funktionsbereiche enthalten. Nichtsdestoweniger müssen sie aber auch veröffentlicht werden und zwar nach § 285 Nr. 8 im Anhang. Maßgebend hierfür ist das erwähnte Schema des Gesamtkostenverfahrens. Weitere Informationen über den Personalaufwand werden in der Regel im Lagebericht gegeben, worin oft ein besonderer Abschnitt als Sozialbericht bezeichnet wird. Darin werden meist auch die Personalaufwendungen aufgeführt, die in der Bilanz nicht gegliedert ausgewiesen sind. Einzelne Unternehmungen geben besondere Sozialberichte heraus.

Die an der einzelnen Kapitalgesellschaft Beteiligten wie Aktionäre, Gläubiger, Arbeitnehmer ebenso wie die Tarifvertragsparteien und eine weitere wirtschaftliche Öffentlichkeit sind an den ausgewiesenen Zahlen über den Personalaufwand besonders interessiert, allerdings mit unterschiedlichen Schwerpunkten.

Für alle Unternehmungen gilt, daß der über Löhne und Gehälter hinausgehende Personalaufwand in den letzten Jahrzehnten beträchtlich gestiegen ist. Es ist der Teil, der in der Diskussion als Personalzusatzkosten oder Personalnebenkosten bezeichnet wird. In Beiträgen der Deutschen Gesellschaft für Personalführung und einzelner größerer Wirtschaftsverbände wird eine differenziertere Erfassung der verschiedenen Personalkostenarten vorgeschlagen. Die Problematik sei mit wenigen Hinweisen verdeutlicht. So sind nach den handelsrechtlichen Vorschriften unter der Position »Löhne und Gehälter« im Jahresabschluß der Kapitalgesellschaften neben den Vorstandsbezügen alle individuell zurechenbaren Nebenbezüge und in Sachwerten gewährte Bezüge zu verbuchen. Zu den »sozialen Abgaben« zählen die gesetzlichen Abgaben für die Pflichtversicherung, der sog. Arbeitgeberanteil; nicht dazugerechnet werden Aufwendungen, die aufgrund eines Tarifvertrages oder einer Tarifvereinbarung zu verbuchen sind. Die im Krankheitsfalle an die Mitarbeiter weitergezahlten Löhne und Gehälter oder besondere Zuschüsse fallen auch nicht unter die »sozialen Abgaben«, sondern unter die Position »Löhne und Gehälter«. Demgegenüber werden in Theorie und Praxis andere Gliederungen vorgeschlagen.

Der Zentralverband der elektrotechnischen Industrie e.V. arbeitet z. B. mit der Unterscheidung nach gesetzlich verursachtem Personalzusatzaufwand, tariflich verursachtem und betrieblich verursachtem Personalzusatzaufwand. Das Statistische Bundesamt unterscheidet neben dem Direktgehalt als Entgelt für geleistete Arbeit die einzelnen Personalnebenkosten als Entgelt für nicht-geleistete Arbeit. In anderen Fällen wird nach gesetzlichen, nach tariflichen und nach freiwilligen Aufwendungen unterschieden, wobei die Bezeichnung »freiwillig« in den Gewerkschaften sehr kritisiert wird. Da Löhne und Gehälter und dementsprechend auch die darauf gezahlten Personalzusatzkosten in den Vereinbarungen zwischen den Tarifvertragsparteien eine große Rolle spielen, ist es wichtig, von welchen Basisdaten Beziehungszahlen gebildet werden. Werden z.B. »die Personalzusatzkosten als alle Aufwendungen (definiert), die neben dem Nettoeinkommen für geleistete Arbeit für einen Arbeitnehmer anfallen«, können diese 150% und mehr betragen. Die zitierte Definition unterscheidet sich wesentlich von allen anderen Darstellungsarten und führt daher zu solch hohen Zahlenwerten [4].

III Personalkosten in der Kosten- und Leistungsrechnung

Die interne Betriebsabrechnung beschränkt sich auf den Haupttätigkeitsbereich der Unternehmung, in der Industrie z. B. die Fertigung. Ihre Grundlage ist die Kosten- und Leistungsrechnung. Darin sind Kosten stets Güterverbrauch für bestimmte Leistungsergebnisse (Produkte, Dienstleistungen). Leistung wird im Rechnungswesen als

Arbeitsergebnis verstanden, als die bewertete Erstellung von Gütern oder Dienstleistungen, wobei die Wertansätze verschieden sein können. Es können Preise sein, die sich durch Angebot und Nachfrage am Markt bilden. Die Bewertung kann aber auch von den entstandenen Kosten ausgehen, z.B. bei den Fertig- und Halberzeugnissen oder bei den Leistungsergebnissen der Mitarbeiter in Gestalt der gezahlten Löhne und Gehälter.

In der Kosten- und Leistungsrechnung werden die Aufwendungen aus der Lohn- und Gehaltsrechnung in die Kostenartenrechnung übernommen, in der die Kosten nach den Kriterien des Rechnungszwecks gegliedert werden. Nach der Zurechenbarkeit auf die Erzeugnisse oder Dienstleistungen wird zwischen Einzelkosten (direkte Kosten) und Gemeinkosten (indirekte Kosten) unterschieden. Die Gemeinkosten können nur mit Hilfe von Schlüsseln oder Zuschlagsätzen auf die Leistungen zugerechnet werden. Sie werden über die sogenannte Kostenstellenrechnung ermittelt; ein anderes Gliederungskriterium der Kostenarten kann die Abhängigkeit vom Beschäftigungsgrad sein, wobei zwischen fixen und variablen Kostenarten unterschieden wird. Fixe Kosten fallen in einem bestimmten Zeitabschnitt in gleicher Höhe an, unabhängig davon, ob die Beschäftigung schwankt.

In den vergangenen Jahrzehnten haben die Personalkosten in wachsendem Maße Fixkostencharakter angenommen. Hierfür sind verschiedene Ursachen maßgebend. Mit der Mechanisierung und Automatisierung gibt es ganze Betriebsteile, in denen der Arbeitsprozeß ohne jede menschliche Unterstützung abläuft. Gleichzeitig steigt aber der Bedarf für Pflege und Wartung des Maschinenparks, die weitgehend unabhängig sind von der jeweiligen Auslastung. Unabhängig vom Beschäftigungsgrad sind auch die Mitarbeiter, die in der Arbeitsvorbereitung, Planung und Kontrolle tätig sind.

Betragen die Personalkosten mehr als ein Drittel der Gesamtkosten – in einzelnen Unternehmungen oder Wirtschaftszweigen erreichen sie 50% und mehr – ist es notwendig, ein genaues Bild von der Struktur der Lohn- und Gehaltskosten zu haben. Sie sollen mindestens einmal jährlich für Gehalt-, Akkord- und Zeitlohn mit den dazugehörigen und gesondert auszuweisenden Nebenkosten ermittelt werden. Dabei empfiehlt sich, die Mitarbeiter nach Sozialversicherungsgrenzen zu strukturieren. Bei

Großunternehmen mit unterschiedlichen Arbeitsstrukturen sind genaue Vorstellungen von der Personalkostenstruktur besonders wichtig [5]. Sie sind Grundlage für die Tarifvereinbarungen. Bei in Prozenten ausgedrückten Erhöhungen des Entgelts werden sich die Personalkosten in der Regel nicht nach der ausgehandelten linearen Tariferhöhung verändern. Das ist einmal auf die Personalnebenkosten zurückzuführen, die vielfach 50% und mehr des Direktlohns ausmachen. Da viele dieser Positionen von den Tariferhöhungen nicht berührt werden, steigt der Gesamtblock der Personalkosten weniger stark als mit den prozentualen Sätzen der Lohnerhöhung.

Zum anderen wirkt sich die sogenannte Lohndrift aus. Sie ergibt sich aus der vielfachen Übung, daß die Unternehmungen über den Tarifsätzen liegende Effektivlöhne und -gehälter, Leistungszulagen zahlen, einen Bonus ausschütten oder eine Ergebnisbeteiligung haben; daraus entsteht oft ein beachtlicher Abstand zwischen den Tarif- und Effektivlöhnen. Je nach dem wie er sich verändert, spricht man von positiver oder negativer Lohndrift. In den Tarifverhandlungen werden häufig über die Löhne und Gehälter hinaus Sonderregelungen vereinbart, z. B. durch Sockelanhebungen und Erhöhung um Festbeträge.

Arbeitszeitverkürzungen, sei es in Form von mehr Urlaub oder Reduzierung der Arbeitsstundenzahl, führen rechnerisch beim Arbeitnehmer zu einer Einkommensverbesserung, beim Arbeitgeber zu einer Kostenbelastung. Es ist dann eine Frage, wie er diese auszugleichen in der Lage ist. Je größer der Wettbewerb zwischen einzelnen Unternehmungen im nationalen und im internationalen Markt ist, desto häufiger kommt es zu Schwankungen des Umsatzes. Bei Strukturwandlungen, wie sie in diesen Jahren durch das Vordringen neuer Spitzentechniken weltweit verursacht werden, kann es zu nachhaltigen Umsatzrückgängen und damit fehlender Kapazitätsauslastung führen. Es bedarf dann vielfältiger Personalanpassungsmaßnahmen; teilweise muß Personal abgebaut werden. Die Entscheidungen hierüber verlangen eine genaue Kenntnis der Kostenstruktur im Personalbereich. Das gilt nicht zuletzt für den Vergleich der Arbeitskosten mit anderen Wettbewerbern. Bei Vergleichen mit ausländischen Staaten spielen die Wechselkursänderungen eine wichtige Rolle.

Bei dieser Bedeutung der Personalkosten in der Kosten- und Leistungsrechnung ist noch einmal darauf hinzuweisen, wie wichtig es ist, daß sie den Aufgaben gemäß richtig erfaßt und zeitlich abgegrenzt werden. So decken sich z. B. die Abrechnungsperioden der Betriebsbuchführung nicht immer mit den Zeiträumen, in denen die Ausgaben für das Personal getätigt wurden. Personalkosten, die einmalig, wie z. B. Weihnachtsgeld oder periodenverschieden z. B. Urlaubslöhne, anfallen, sind auf die einzelnen Abrechnungsperioden zu verteilen, um die Ergebnisse der Kostenrechnung nicht zu verzerren und aussagefähig zu halten [6]. Ebenso muß bei der Auswertung aller Ergebnisse von Arbeitsleistungen bedacht werden, daß in der Regel auch Änderungen in der Arbeitsorganisation darauf eingewirkt haben können. Es sind z. B. neue Arbeitsverfahren eingeführt oder der zu bearbeitende Gegenstand ist geändert worden. Daran ist besonders zu denken, wenn Betriebsvergleiche angestellt werden.

IV Wirtschaftlichkeitsrechnungen, ihre Möglichkeiten und Grenzen

Wenn man bedenkt, wie ausführlich Investitionen in Sachanlagen auf ihre Wirtschaftlichkeit hin berechnet werden, überrascht es, daß bei unmittelbaren oder mittelbaren Investitionen im Personalwesen davon kaum die Rede ist. Ein Grund hierfür kann darin gesehen werden, daß im Gegensatz zu den Anlagen der Personalbestand, als Gesamtheit der Beschäftigten einer Unternehmung, im Bewußtsein der Beteiligten weniger als *Aktiv-Potential* empfunden wird. Von seiner Qualität und seiner Verfügbarkeit hängt es aber ab, ob die von der Unternehmungsführung gesteckten Ziele erreicht werden. Das im Personalbestand vorhandene *Leistungspotential* ist wichtig für die von der Unternehmung zu erfüllenden Aufgaben. Das *Mitarbeiterpotential* ist aber nirgendwo eine Rechengröße und tritt daher in der überkommenen Rechnungslegung nicht in Erscheinung.

Nichtsdestoweniger hat auch hier der Begriff der Investitionen seinen Sinn. So ist eine der wichtigsten Investitionsentscheidungen mit der Einstellung neuer Mitarbeiter verbunden. Es wird kein »Kaufpreis« gezahlt, dafür aber die Verpflichtung eingegangen, unter Umständen auf Lebenszeit ein bestimmtes Einkommen zu garantieren, was entsprechende regelmäßige Zahlungen auslöst. Bei Unternehmensvergleichen innerhalb des gleichen Wirtschaftszweigs läßt sich schon feststellen, welche Investitionspolitik beim Personalbestand betrieben wurde. Es kann sein, daß die Qualität der Mitarbeiter erheblich voneinander abweicht, weil über Jahre hinweg eine unterschiedliche Personal-(Investitions-)Politik betrieben wurde.

Investitionen in dieses Arbeitsleistungspotential der Mitarbeiter lassen sich aber nicht ohne weiteres mit Investitionen in Sachanlagen vergleichen. Die Leistungen sind weniger gewiß zu ermitteln. Der laufende Personalaufwand wird stark von außen beeinflußt. Auch über das Ende der Leistung eines Mitarbeiters ist keine sichere Aussage möglich. Im Rahmen des herkömmlichen Rechnungswesens ist daher eine rechnerische Erfassung nicht gegeben. Nichtsdestoweniger sind wirtschaftliche Rechnungen – wenn auch nur näherungsweise – durchaus am Platze.

In der Praxis gibt es auch bei Sachinvestitionen einfache betriebswirtschaftliche Investitionsrechnungen. Sie sind insbesondere da anwendbar, wo eine direkte Zurechnung von Erlösen nicht möglich ist, z. B. beim Kauf von Büromaschinen. Man wendet dann die Kostenvergleichsrechnung an. Die Anschaffungskosten mehrerer Maschinen werden miteinander verglichen. Aber auch dieses Verfahren läßt sich nicht einfach auf die Personalinvestition übertragen. In der Praxis weiß man schon, daß der Mitarbeiter mit dem vergleichsweise geringeren Gehaltsanspruch keineswegs die für das Unternehmen beste Lösung gewesen ist. In Unternehmungen mittlerer Größe zwingt aber oft das vorhandene Gehaltsniveau dazu, auf einen Mitarbeiter mit hohen Gehaltsansprüchen zu verzichten.

Das Problem bei der Wirtschaftlichkeitsrechnung im Personalwesen ist, daß wohl die Kostenseite bekannt ist, dagegen keine exakten Aussagen über den Ertrag gemacht werden können. Solche Sachverhalte haben wir allerdings auch bei anderen Investitionen. In der betriebswirtschaftlichen Investitionslehre wird mit der Nutzwert-Analyse gearbeitet, wenn die Entscheidungskriterien nicht oder nur zum Teil monetär erfaßt sind. Man hat hierfür eine in sich geschlossene Entscheidungsrechnung entwickelt, die verschiedene Verfahrensschritte jeweils mit einer Meßskala kennt. Die Durchführung ist schwierig. In Anlehnung daran können jedoch einfachere Überlegungen und Rechnungen gestellt werden. Sie sind z. B. im Bereich der Ausbildungsinvestitionen häufiger anzutreffen. Da man wohl jeweils die Kosten aber nicht die Erträge kennt, werden hierfür mögliche Nutzenüberlegungen angestellt. So können frei werdende Stellen aus den eigenen Reihen besetzt werden. Bei der Ausbildung im Außendienst ist z. B. als Nutzen festgestellt worden, daß die Klagen der Kundschaft geringer wurden. Ähnliche Nutzwert-Anlagen können bei Sonderaktionen, z. B. für den Unfallschutz angestellt werden. Von allem Leid bei den Betroffenen abgesehen, kosten die Unfälle den Unternehmungen Geld. Unfälle in Fertigungs- oder Gewinnungsbetrieben können z. B. mit Stillstandszeiten, Produktionsausfällen, Kosten für die erste Hilfe verbunden sein, u. U. mit zusätzlichen Lohnkosten bei längerer Arbeitsunfähigkeit. Je mehr die Unfallzahlen in den Betrieben zurückgehen, desto weniger Unfallkosten fallen an.

Vor einigen Jahren war in einem Bericht über die Untersuchung von 52 deutschen Lebensversicherungsunternehmen zu lesen, daß die Führungskräfteplanung zu unsystematisch und überwiegend ohne Investitionskalkül betrieben wurde [7]. Eine Beratungsfirma hatte die Firmen von 1974 bis 1979 untersucht und 1981 das Ergebnis veröffentlicht. Die Führungskräfte waren durchschnittlich 12 bis 15 Jahre in demselben Unternehmen tätig. Allein die Gehaltsaufwendungen entsprachen in diesem Zeitraum einer abgezinsten Gesamtinvestition von 2 Millionen DM für einen leitenden Mitarbeiter. Einer der Verbesserungsvorschläge war, daß eine konsequente personalwirtschaftliche Steuerung der Führungskräfte und des Führungspotentials geschaffen wird. Wirtschaftlichkeitsrechnungen stehen nicht im Widerspruch zu der besonderen sozialen Zielsetzung im Personalwesen. Wenn auch die Interessen der an einer Unternehmung Beteiligten (Aktionäre, Geschäftsführung, Mitarbeiter und Gläubiger) verschieden sind, einigt sie doch das gemeinsame Ziel der Unternehmungserhaltung, von spekulativ Eingestellten abgesehen. Wollen die Unternehmungen im Wettbewerb bestehen, müssen sie einen positiven Saldo zwischen Aufwendungen und Erträgen, also Überschüsse oder Gewinne erzielen. Das bedeutet nicht Gewinnmaximierung, da Nebenziele zu berücksichtigen sind. Alle sind daher am geringen Aufwand interessiert, in der Industrie also an geringeren Herstellkosten, um den Überschuß zu vergrößern, der in Sachleistungen und im Personalwesen investiert werden kann.

V Planungs- und Kontrollrechnung

Die Planungs- und Kontrollrechnung ist ein wichtiges Instrument der Unternehmungsführung. Ihr Zahlenwerk kann aus Mengen-, Zeit- und Wertangaben bestehen, die das betriebliche Geschehen quantitativ abbilden [8]. Im Mittelpunkt des kaufmännischen Unternehmens steht die *ergebnis- und liquiditätsorientierte Planungs- und Kontrollrechnung*. Die Kosten des Personalwesens sind darin Bestandteil der allgemeinen Kostenplanung. Grundlage des Personalkostenplans ist der Personalbedarfsplan, der von den Verantwortlichen für die Kostenstellen aufgestellt wird. Hierauf aufbauend werden die Personalkosten eingesetzt. Wie bei der Planung der anderen Funktionsbereiche ist auch bei der Personalkostenplanung das Problem, wie die zukünftigen Kosten ermittelt werden. In kleineren Unternehmungen geht man von der Schätzung der Bereichskosten aus. Meist werden aber Einzelkostenartengruppen ermittelt. Die wichtigste Kostengruppe sind die in den Kostenstellen anfallenden Löhne und Gehälter. Dabei kann weiter differenziert werden zwischen den Tariflöhnen und Tarifgehältern und den außertariflichen Entgelten. In Fertigungsbetrieben wird zwischen Zeitlohn und Akkordlohn unterschieden.

Eine wichtige Unterlage für die Ermittlung zukünftiger Personalkosten ist die erwähnte Strukturanalyse der Löhne und Gehälter. Die Schätzung der zukünftigen Tarifentwicklung ist recht schwierig, wirken doch sehr differenzierte wirtschafts- und gewerkschaftspolitische Faktoren darauf ein. Dabei wird meist unterstellt, daß die für das Tarifgehalt ermittelten Steigerungssätze auch für die Gehälter der sogenannten außertariflichen Angestellten gelten.

Eine wichtige Kostenartengruppe sind die Personalzusatz- oder Personalnebenkosten. In vereinfachter Form können sie mit einem Prozentsatz dem Entgelt zugeschlagen werden. Es läßt sich genauer schätzen, wenn sie gut aufgegliedert sind. Deshalb ist schon bereits in der Dokumentationsrechnung an die wünschenswerte Aufteilung der Kosten für die Personalplanung zu denken. Eine Schwierigkeit ist, daß sich Tariferhöhungen und Veränderungen einzelner Lohn- und Gehaltsbestandteile, z.B. Ergebnisbeteiligung, Weihnachts- und Urlaubsgeld unterschiedlich in den Personalnebenkosten niederschlagen. Die Praxis kennt hier sehr umfassende Rechnungen [9].

Unabhängig vom jeweiligen Verfahren ist die Planung der Personalkosten zu kontrollieren. Bei Abweichungen von den Soll-Ergebnissen ist festzustellen, worauf sie zurückzuführen sind. Das kann genauere Untersuchungen verlangen, wenn sich die Abweichungen lokalisieren lassen. Gegebenenfalls sind diese mit den verantwortlichen Führungskräften zu erörtern. Haben sich die Planungsvoraussetzungen geändert, muß über Anpassung der Plansätze beraten werden. Die Personalbedarfsplanung kann dazu führen, daß für den Planungszeitpunkt ein Mehrbedarf oder ein Personalüberhang ermittelt wird. Wird ein Mehrbedarf festgestellt, ist zu prüfen, ob es sich um Ersatzbedarf, Neubedarf oder um beides handelt. Die dann erforderliche Beschaffung muß in der Regel ebenfalls planungsmäßig durchgeführt werden. Die zu treffenden Maßnahmen hängen von verschiedenen Faktoren ab.

Die Planung der Personalbeschaffung gehört neben anderen Planungsarten zu den Personalmaßnahmenplänen. Ihre Aufgabe ist es, die Gewinnung des erforderlichen Personals nach Qualifikation und Zahl so vorzubereiten, daß sich zum Planungszeitpunkt Personalbedarf und der benötigte Personalbestand decken. Ein weiterer Maßnahmenplan ist die Planung des Personaleinsatzes. Ihr Ziel ist, das verfügbare Personal so auf die zu erfüllenden Aufgaben vorzubereiten, daß sie termingerecht durchgeführt und die Mitarbeiter ihrer Qualifikation entsprechend arbeiten können.

Langfristige Einsatzpläne werden oft durch besondere Einflüsse ausgelöst. Dazu gehören Änderung der Betriebsgröße und einzelner Tätigkeitsbereiche, umfangreicher Arbeitsplatzwechsel sowie systematische Personalentwicklungsmaßnahmen. Ein wichtiges Instrument der langfristigen Einsatzplanung ist der Stellenbesetzungsplan. Einsatzpläne sind besonders notwendig, wo eine beständige Leistungsbereitschaft erforderlich ist, wie z.B. bei der kontinuierlichen Fertigung in einzelnen Industriezweigen oder in Dienstleistungsbetrieben.

Ist ein Personalüberhang ermittelt worden, sind die hier zu treffenden Maßnahmen schwierig. Zahlreiche Interessen sind zu beachten und abzuwägen. Vor allem ist wichtig, die Ursachen zu ermitteln, ob es sich um vorübergehende (saisonale oder konjunkturelle) oder nachhaltig andauernde Veränderungen (Strukturwandlungen) handelt. Im einzelnen kann zwischen vorbeugenden oder alternativen Maßnahmen und den Maßnahmen des direkten Personalabbaus unterschieden werden. Zu den Maßnahmen des direkten Personalabbaus können gehören: Vorzeitige Pensionierung, Aufhebung des Arbeitsvertrags auf der Grundlage von Abfindungen, Ausgleichszahlungen, Leistungen aus der betrieblichen Altersversorgung, Kündigungen und eventuell anzeigepflichtige Massenentlassungen. In allen Fällen sind umfangreiche Berechnungen erforderlich. Dabei sind vielfach langfristige Kosten- und Nutzenüberlegungen anzustellen. Bei Betriebsänderungen sind die Bestimmungen des Betriebsverfassungsgesetzes über den Interessenausgleich oder die Milderung der wirtschaftlichen Nachteile für den Arbeitnehmer durch den Sozialplan zu beachten (§ 112 BVG 1972).

Die sich laufend ändernden Bedingungen in den Märkten und in der technischen Entwicklung verlangen von den Unternehmen, daß sie sich dem nicht nur durch organisatorische sondern auch technische Neuerungen anpassen; es bedarf gleichzeitig einer Planung für die Qualifikation der Arbeitnehmer. Ziel einer planmäßigen Personalentwicklung ist es, die Fähigkeiten der Mitarbeiter nicht nur an den bestehenden sondern vor allem an die zukünftigen Anforderungen neuer, durch die Entwicklung der Technik bedingte Arbeitsplätze anzupassen. Sie ist teilweise eine komplementäre Aufgabe zur Personalbedarfsplanung, wenn Personallücken oder neue Stellen vorrangig von Mitgliedern aus der Unternehmung besetzt werden sollen. Zum anderen gehören alle Maßnahmen dazu, die auch der individuellen beruflichen Entwicklung des Mitarbeiters dienen. Nach Feststellung des Entwicklungsbedarfs sind die Bildungsmaßnahmen zu planen, wozu auch die Lernziele und Lerninhalte gehören. Zu den Maßnahmenplänen gehört auch die Planung der Löhne und Gehälter. Sie ist eng mit den übrigen Personalplänen, z.B. der Personalentwicklungsplanung, verbunden. Haben sich Mitarbeiter höher qualifiziert, wird in der Regel ihr Entgelt neu geregelt.

Generell ist zu bedenken, daß mit Lohn und Gehalt nicht nur die Nutzung der menschlichen Arbeit abgegolten wird, die sich im Rechenwerk der Unternehmung als Aufwand und Kosten niederschlägt. Lohn und Gehalt sind gleichzeitig Wertmaßstab für die vom einzelnen Mitarbeiter erbrachte Leistung, und außerdem sind sie die wesentliche Grundlage der Lebenshaltung. Im einzelnen spielt wieder eine Rolle, ob eine Tarifbindung besteht oder nicht. Bei der Vielfalt der Arbeitsanforderungen und der Gestaltungsformen besteht leicht die Gefahr, daß bei der Entgeltregelung zu kasuistisch verfahren wird. Es ist daher erforderlich, sich systematisch und laufend über die praktische Entwicklung der Regelungen im Unternehmen zu unterrichten.

Während bei den bisher erörterten Maßnahmenplänen die Ausgaben hierfür unmittelbar den im Betriebe Tätigen zugerechnet werden können, trifft das für die Planung der Personalerhaltung nur teilweise zu. Zu den klassischen Maßnahmen gehören die Arbeitssicherheit und der Gesundheitsschutz. Sie sind durch umfangreiche gesetzliche Vorschriften und Bestimmungen vorgegeben. Gleichwohl bleibt ein großes Feld für die unternehmerische Initiative zur Verbesserung der Sicherheit am Arbeitsplatz. Dazu gehören weiter die verschiedenen Maßnahmen der menschengerechten Arbeitsgestaltung im Zeichen der fortschreitenden Mechanisierung und Automatisierung. Im einzelnen kann zwischen störungsbedingten und vorbeugenden Personalerhaltungsmaßnahmen unterschieden werden. Erstere zielen darauf ab, die beeinträchtigte Leistungsfähigkeit oder Leistungsbereitschaft im Störungsfall wieder herzustellen. Die vorbeugende Planung für die Sicherheit am Arbeitsplatz erstreckt sich auf die Maßnahmen zur Verhütung von Unfällen und Berufskrankheiten [10].

Zu jeder Planung gehört die Kontrolle. Das gilt auch für die Maßnahmenpläne im Personalwesen. Da sie sich bei der Durchführung jeweils in Kosten niederschlagen, sind sie durch die hier in der Regel vorgegebenen Budgetzahlen für kürzere oder längere Abschnitte festgelegt, die in die ergebnis- und liquiditätsorientierte Planungsrechnung eingehen. In solchen Budgets sind die geplanten Ausgaben erfaßt, die vom Bereich des Personalwesens, z. B. für die Personalbeschaffung, Personalentwicklung oder Personalerhaltung vorgesehen sind. Solche Maßnahmenbudgets können auf der Maßnahmenabrechnung aufbauen, die wie die Betriebsabrechnung gegliedert ist. Wichtig ist wieder, daß die Kostenarten ausreichend aufgegliedert sind. Wie in den übrigen Funktionsbereichen besteht die Schwierigkeit, sie richtig abzugrenzen.

Kontrollrechnungen erstrecken sich aber nicht allein darauf, zuprüfen, ob die budgetierten Kosten eingehalten worden sind. Wenn für die verschiedenen Maßnahmenpläne im Personalwesen Kosten entstehen, ist natürlich zu fragen, ob und in welchem Umfange sie zur Motivation der Mitarbeiter und zur Verbesserung der Personalleistung beigetragen haben. Bei den Leistungen der Mitarbeiter kann nach Mengenleistung, Qualitätsleistung und Sparleistung unterschieden werden [11]. In Literatur und Praxis stehen die Mengenleistungen (Stück, Kilogramm, Tonne, Zahl der Vordrucke u.a.) im Vordergrund. Sie sind einfach zu zählen oder zu messen. Bei unterschiedlichen Mengen bedarf es der Verrechnungsfaktoren, um sie addieren zu können. Eine besondere Art von Verrechnungsfaktoren sind die Vorgabezeiten in der Leistungsentlohnung. Als Leistungsmaßstab hierfür dient die sogenannte Normalleistung.

Die Qualität einer ausgeführten Arbeit kann definiert werden als das Ausmaß der Übereinstimmung zwischen Ausführungsvorschrift und Ausführung. Dementsprechend sind Fehler eine unzulässige Abweichung. Zur Erfassung der Qualitätsleistung ist es daher erforderlich, die Qualitätsfehler und -minderleistungen festzustellen. Die Sparleistung ist die auf die Arbeitsmittel bezogene Komponente der Leistung. Im einzelnen kann zwischen einer Sparleistung im Sinne der Nutzung und im Sinne des Verbrauchs unterschieden werden. Bei der Kontrolle geht es auch um ein Ist-Soll-Verhältnis. Können Personalleistungen nicht durch Messen und Zählen von Mengen und Zeiten erfaßt werden, wird nach Methoden des Vergleichens und der Beurteilung verfahren. Bei der Leistungsbewertung von Angestelltentätigkeiten werden sogenannte Leistungsstandards verwendet. Zur Erfassung der menschlichen Arbeitsleistung ist allerdings zu bedenken, daß die meisten Arbeitsleistungen das Ergebnis aus menschlicher und sachlicher Arbeitsleistung sind. Es muß also stets daran gedacht werden, daß auch von den Sachmitteln her das Leistungsergebnis beeinflußt wird.

Eine in der Praxis häufig verwendete Kennzahl der Personalleistung ist die Arbeitsproduktivität. Sie ist eine spezielle Verhältniszahl aus der allgemeinen Produktivitätskennzahl, mit der in der Wirtschaft die Ergiebigkeit der Produktion gemessen wird, und zwar als das Verhältnis von Produktionsmenge und Faktor-Einsatz. Die Arbeitsproduktivität wird im engeren und weiteren Sinne definiert. Nach der VDI-Richtlinie 2800 ist es das Verhältnis von mengenmäßiger Leistung zum mengenmäßigen Einsatz; in der Montanindustrie ist das Verhältnis von Tonnenleistung pro Schicht und Person eine gebräuchliche Kennzahl. Sie kann auch auf die Arbeitsstunden bezogen werden. Im weiteren Sinne wird die Arbeitsproduktivität als das Verhältnis von Ertragsgröße und Arbeitseinsatz definiert. Die Ertragsgröße braucht danach nicht nur eine Mengenleistung zu sein, sie kann auch eine Wertgröße z. B. die Umsatzsumme sein. Ebenso können unter Arbeitseinsatz nicht nur Beschäftigtenzahlen und Arbeitszeit, sondern auch Personalkosten in Beziehung gesetzt werden. Leistungskennzahlen sind eine wichtige Grundlage für die leistungsabhängige Lohndifferenzierung. Hierfür ist der Leistungsgrad eine wichtige Kennzahl. Er drückt das Verhältnis beeinflußbarer Ist- zur beeinflußbaren Bezugs-Mengenleistung aus. Grundlage ist die Beurteilung der Intensität und der Wirksamkeit des Bewegungsablaufs des arbeitenden Menschen in einem Arbeitsvorgang. Dabei kann man von einer Durchschnittsleistung, von der Standardleistung nach einem System vorbestimmter Zeiten oder von der REFA-Normalleistung ausgehen.

VI Personalkennzahlen und Personalstatistik

Ist eine umfassende Unternehmensplanung vorhanden, in der die verschiedenen Funktionsbereiche einschließlich des Personalwesens mit ihren Teilplanungen integriert sind, ist die Plankontrolle ebenso einbezogen. Wenn auch in zunehmendem Maße, insbesondere die größeren Unternehmen eine umfassende Planungs- und Kontrollrechnung besitzen, ist die Zahl der Unternehmen nicht gering, für die das nicht zutrifft. Sie haben meist eine Unternehmensplanung, die nur auf unternehmerische Teilbereiche beschränkt ist. Es kann durchaus so verfahren werden, wenn sich die Teilplanungen auf die wesentlichen Einsatzfaktoren konzentrieren. Ein Beispiel hierfür ist, daß oft nur ein Finanzplan aufgestellt wird, weil die Finanzierungsaufgabe für die Unternehmung wesentlich ist. Die hierfür erforderlichen Zahlen einzelner Teilbereiche werden dann pauschaliert eingesetzt.

Unterlage für die Steuerung und Überwachung einzelner Funktionsbereiche, so auch des Personalwesens, können Kennzahlen und Statistiken sein. Kennzahlen und Statistiken haben die vierfache Aufgabe der Information, der Entscheidungshilfe, der Kontrolle und der Dokumentation. Kennzahlen gehen noch darüber hinaus, indem sie Ziele und Vergleichsgrößen wiedergeben, die in den verschiedenen Phasen des Entscheidungsprozesses von Bedeutung sein können. So spricht man von einer Prognosefunktion in der Planungsphase, von einer Vorgabe- und Koordinierungsfunktion in der Phase der Durchführung und von einer Kontrollfunktion in der Kontrollphase.

Um die Wirksamkeit einzelner Beschaffungsverfahren zu beobachten, können Einstellungsquoten, Verbleibensquoten oder Kennzahlen über relative Beschaffungskosten ermittelt werden. Im Bereich der Personalentwicklung gibt es Kennzahlen für den durchschnittlichen Bildungsaufwand pro Mitarbeiter oder in Form von Beschickungsquoten. Bei der Personalerhaltung geht es darum, Zusammenhänge zwischen Maßnahmekosten und den beabsichtigten Nutzen aufzuzeigen. Kennzahlen beziehen sich hier auf die Zahl der Betriebsunfälle, auf die Unfallkosten, Fluktuationskosten oder Kosten von Krankheitsausfallzeiten. Bei den Kennzahlen kann unterschieden werden zwischen Gliederungszahlen, Beziehungszahlen, Meß- und Indexzahlen. Die Beziehungszahlen können sich auf die Leistung, die Kosten, die Zeit und die Arbeitskraft beziehen. Beziehungszahlen lassen sich mit Hilfe von Meßzahlen in Zeitreihen aufbereiten, z. B. die Entwicklung der Ausländer- und Lehrlingszahlen, der Ausfall- und Mehrarbeitsstunden, der Arbeitsproduktivität. Im Gegensatz zu isolierten Kennzahlen geben Kennzahlensysteme nicht nur einzelne Aspekte sondern die Gesamtheit der betrieblichen Zusammenhänge wieder.

Die Personalstatistik dient in besonderem Maße der Information. Ihre Nutzer sind innerhalb des Unternehmens neben der Geschäftsführung, die Leitung des Personalwesens, des Controlling – soweit vorhanden – sowie Führungskräfte und Betriebsrat im Rahmen ihrer Zuständigkeiten und Verantwortung. Personalstatistiken sind gleichzeitig wichtige Unterlagen für die Information außerbetrieblicher Stellen wie Ämter oder Verbände. In der personalwirtschaftlichen Statistik werden die gleichen Methoden der Erfassung, Aufbereitung und Darstellung angewandt wie auch sonst in der Betriebsstatistik. Der Informationswert von Statistiken hängt sehr davon ab, ob das Zahlenwerk anschaulich wiedergegeben wird oder nicht.

Personalstatistiken werden für die einzelnen personalwirtschaftlichen Komponenten des Unternehmens erstellt. Dazu gehören die Arbeitsplatzstatistik, die Statistik über den Personalbestand, Arbeitszeitstatistiken, Leistungs- und Kostenstatistiken. Bei den Arbeitszeitstatistiken spielen die Statistiken über Fehlzeiten eine große Rolle. In den letzten Jahren sind viele Unternehmungen, vor allem solche mit größeren Personalbeständen, zu computergestützten Informationssystemen übergegangen. Es begann mit der maschinellen Lohn- und Gehaltsabrechnung. Danach wurden andere statistische und administrative Aufgaben einbezogen. Schließlich wurden auch Programme für dispositive Zwecke eingebaut. In Wissenschaft und Praxis sind sie mit unterschiedlichen Bezeichnungen, meist Abkürzungen, im Gebrauch. Wegen der befürchteten Gefährdung für die Persönlichkeitsrechte der Mitarbeiter werden gemäß § 87 BVG mit dem Betriebsrat Betriebsvereinbarungen zum Personalinformationssystem abgeschlossen. Die Einführung oder Erweiterung computergestützter Personalinformationssysteme bedarf daher besonders sorgfältiger Vorbereitung.

VII Humanvermögensrechnung

Mit den erwähnten Nutzwertanalysen werden Überlegungen der betriebswirtschaftlichen Investitionsrechnung über das Sachvermögen auf die Ausgaben für das nachhaltige menschliche Leistungsvermögen, auch Humanvermögen genannt, übertragen. Eine solche Rechnungslegung kann zur Humanvermögensrechnung (human resources accounting) erweitert werden. Sie ergänzt dann die herkömmliche Rechnungslegung durch eine Sonderrechnung, in der die Aufwendungen des Unternehmens für menschliche Arbeitsleistung als Aktivposten behandelt werden, da sie zukünftige Erträge bedeuten. Es sind verschiedene Methoden entwickelt worden, das Humanvermögen in seiner verschiedenen Ausprägung zu bewerten. Dazu gehört insbesondere der Wert der Mitarbeiter für die Organisation. Im einzelnen werden monetäre und nichtmonetäre Methoden vorgeschlagen, wenn Messungen in Geldwerten nicht verfügbar sind. In den USA gibt es Versuche, die Bewertung des Humanvermögens in die herkömmliche Jahresabschlußrechnung einzufügen [12].

Gegenüber der Verbindung von Humanvermögensrechnung und Jahresabschluß bestehen in der deutschen Fachliteratur Bedenken. Von den Vertretern der Unternehmungen wird schon auf die umfangreiche Sozialberichterstattung nach den Bestimmungen des Betriebsverfassungsgesetzes und auf den vielfach recht ausführlichen Sozialbericht im Lagebericht für die Aktiengesellschaften hingewiesen. Fachvertreter der Betriebswirtschaftslehre schlagen vor, ein Personalindikatorensystem mit vorrangig qualitativen Elementen zu entwickeln. Konkrete Vorschläge für entsprechende Kennzahlensysteme sind bei Fritz Bisani und Michel Domsch in ihren Beiträgen im zitierten Sammelband über die Humanvermögensrechnung zu finden. Vertreter der Gewerkschaften stehen den Konzepten einer Humanvermögensrechnung weitgehend kritisch gegenüber, weil sie zu wenig an den Arbeitnehmerinteressen orientiert sind. Sie könne nur dann erreicht werden, wenn das interne Rechnungswesen selber umstrukturiert wird. Eine Projektgruppe im Wirtschafts- und Sozialwissenschaftlichen Institut des Deutschen Gewerkschaftsbundes (WSI) hat entsprechende Grundlagen in einer »arbeitsorientierten Einzelwirtschaftslehre« erarbeitet.

Überblickt man die Geschichte des Rechnungswesens in den Unternehmungen, so wurde es in einem jahrzehntelangen Prozeß weiterentwickelt und immer aussagefähiger. Solche langen Fristen sind verständlich, wenn wir an die Vielfalt der Unternehmungen, sowohl hinsichtlich ihrer Aufgaben als auch ihrer Größe, denken. So werden auch die Vorstellungen zur Humanvermögensrechnung nur Schritt für Schritt weiter entwickelt werden können, zumal sie erhebliche Auswirkungen auf die steuerliche Behandlung der Unternehmungen hat. Anstelle einer die herkömmliche Bilanz ergänzende Rechnung bietet sich daher die erwähnte Entwicklung von entsprechenden Personalindikatorensystemen an.

VIII Verantwortung für das Rechnen im Personalwesen

Werden die mit den Belangen des Personalwesens verbundene Aufgaben zusammengefaßt und organisatorisch in einem Funktionsbereich verselbständigt, finden wir dafür Bezeichnungen wie Personalwirtschaft, Arbeits- und Sozialwirtschaft, Personal- und Sozialabteilung. Hier sei verkürzt von Personalinstanz die Rede. Aus den vorstehenden Ausführungen wird deutlich, daß von hier aus vielfältige horizontale und Querbeziehungen zum Stellengefüge der gesamten Unternehmung bestehen. Der Leiter der Beschaffung, der Produktion oder des Absatzes hat nicht nur über Sachen zu disponieren und sachliche Abläufe zu steuern; dazu gehören auch Mitarbeiter, die im Leistungsprozeß eingeschaltet sind. Die Linieninstanzen sind primär dafür verantwortlich, stets den richtigen Mann an den richtigen Platz zu stellen. Mit der Personalbeurteilung sind Ausführung und Ergebnis der Arbeiten zu kontrollieren. Darüber hinaus sind die Mitarbeiter bei einzelnen Anlässen, wie Versetzung, Erhöhungen des Entgelts, zu beurteilen, wenn dies nicht in regelmäßigen Abständen schon geschieht. In enger Verbindung mit der Personalbeurteilung ist über das Personalentgelt zu entscheiden, insbesondere ist die zugrundeliegende Arbeit zu bewerten. Schließlich obliegt es jeder Linieninstanz, sich nicht nur um das sachliche, sondern auch das personelle Leistungsvermögen zu kümmern. Dazu zählen die vielfältigen Maßnahmen der menschengerechten Arbeitsgestaltung ebenso wie des Arbeitsschutzes und der Unfallverhütung.

Aufgabe des Rechnungswesens ist es, alle Geldbewegungen und den Kapitalfluß zu verfolgen, systematisch nach Ertrag und Aufwand zu ordnen und darüber zu berichten. Dazu dienen die Bilanz und die Gewinn- und Verlustrechnung einerseits und das innerbetriebliche Rechnungswesen andererseits. Sein Schwerpunkt liegt in der Errechnung und in dem Nachweis von Kosten und Leistungen zum Zweck der Betriebsbeobachtung und -steuerung. Unter dem Aspekt der

Einheit des Rechnungswesens werden von ihm denn auch alle Zahlen des Personalwesens ermittelt und berechnet, die in der Untermehmungsrechnung, extern und intern, benötigt werden. Dazu gehört die ergebnis- und liquiditätsorientierte Planungs- und Kontrollrechnung. Der Bereich Rechnungswesen ist gleichzeitig dafür verantwortlich, daß die anderen Funktionsbereiche Einkauf, Fertigung oder auch Personalwesen die erforderlichen Daten und Rechnungsergebnisse sowie Kennzahlen und Statistiken erhalten. Der Leiter der Personalinstanz hat dann wie jede andere Linieninstanz Mitwirkungsrechte bei der Aufwands- und Kostengliederung, beim Aufbau von Kennzahlensystemen, Statistik oder Personalinformationssystemen.

Ist in der Unternehmung eine besondere Controllingabteilung bzw. ein Controllingbereich in der Geschäftsführung vorhanden, können die eben genannten Aufgaben des Rechnungswesens, der Planung und Berichterstattung hier eingebaut sein. Bei größeren Unternehmungen ist meist eine Trennung zwischen dem Controllingbereich und einem Bereich Finanz- und Rechnungswesen zu finden, wobei sich die Aufgabe des Rechnungswesens auf die Geschäftsbuchführung konzentriert; dahingegen Planung, Betriebsabrechnung und Statistik zur Controllinginstanz gehören. In Unternehmungen mit einem besonderen Controllingbereich ist dieser in erster Linie an Aufbau und Weiterentwicklung eines Erfolgs- und Kostencontrollings interessiert. Da der Controller nicht selber planen soll, aber dafür zu sorgen hat, daß die Pläne sach- und zeitgerecht zustandekommen, besitzt er eine entsprechende Richtlinienkompetenz. Dementsprechend gibt er für die verschiedenen Funktionsbereiche Planungsrichtlinien heraus. Die verschiedenen Teilpläne werden vom Controller koordiniert und zur Gesamtplanung zusammengefaßt. In solchen Planungsrichtlinien sind die Personalbedarfsplanung oft mit der Kostenplanung verbunden. Personalbedarfs- und Kostenpläne werden von den einzelnen Linieninstanzen aufgestellt und weitergegeben.

Daneben fallen im Personalwesen Kosten an, die durch die verschiedenen Maßnahmenpläne entstehen. Hierfür ist der Leiter des Personalwesens verantwortlich. Diese Personalkosten werden auch nichtproduktive Kosten oder Budgetkosten genannt, weil sie in Budgets zusammengestellt werden müssen. De facto haben wir damit eine Art Zweiteilung der Kostenverantwortung im Personalwesen, nämlich geteilt zwischen den Linieninstanzen und der Instanz für das Personalwesen. Konflikte entstehen überall da, wo Maßnahmen des Personalwesens einzelne Linien-Funktionen beeinflussen können. Das ist z.B. der Fall, wenn längerfristige Personalmaßnahmen geplant werden sollen.

Aus den ersten Kapiteln ist deutlich geworden, wie unter den besonderen Bedingungen des Personalwesens die Aufgaben der Planung, der Kontrolle und der Berichterstattung darüber miteinander verbunden sind. Das erfordert eine möglichst enge Zusammenarbeit aller daran beteiligten Mitarbeiter. Es wäre folgerichtig, alle Aufgaben der Personalplanung und Personalkontrolle in einer Abteilung Personal-Controlling zusammenzufassen [13]. Das gilt vor allem für große Unternehmungen. Wäre sie die Spitze eines Konzerns, könnte es in den nachgeordneten Beteiligungsgesellschaften Sub-Controller geben. Es tritt dann aber die Frage auf, wem dieser Funktions-Controller für das Personalwesen zu unterstellen ist.

Im Sinne der bisherigen Entwicklung kann die Meinung vertreten werden, daß, so wie die Einheit des Rechnungswesens, auch die Einheit des Controlling organisatorisch gewährleistet sein müsse. Der Funktions-Controller für das Personalwesen wäre dann mit anderen Funktions-Controllern unmittelbar dem Zentral-Controller unterstellt. Unbeschadet dessen könnten sie ihren Sitz in den einzelnen Funktionsbereichen oder auch Geschäftssparten haben. Deren Leiter hätten dann aber nur eine disziplinarische Kompetenz. Der Einheit des Personalwesens kann dann dadurch Rechnung getragen werden, daß der Personalinstanz bestimmte funktionale Rechte eingeräumt werden, z. B. bei der Gestaltung von Planungsrichtlinien oder der Auswertung von Abweichungen und dem Bericht darüber.

Bei der gestiegenen Bedeutung des Personalwesens spricht vieles dafür, das *Personalcontrolling* als Teilaufgabe des Personalressorts zu sehen. In diesem Falle bleiben beim Zentral-Controller die Richtlinienkompetenzen, die die Einheit des Controlling gewährleisten sollen. Im übrigen aber untersteht der Personal-Controller fachlich und disziplinarisch dem Leiter der Personalinstanz. Personalplanung, Kontrolle der Abweichungen und Personalinformation lassen sich dann besser zusammenfassen und koordinieren. Vorhandene Mitarbeiter fachlicher Art können bedarfsgerechter tätig werden;

fehlen solche, sind sie dem Bedarf entsprechend auszubilden. Je umfassender z. B. in personalintensiven Unternehmen das Personalwesen aufgebaut ist, desto notwendiger ist es, seine Funktionseinheit zu gewährleisten. Der Leiter der Personalinstanz ist aber gefordert, daß in Konfliktlagen mit dem Kosten- und Erfolgscontrolling ein Kompromiß zwischen den sozialen, personenbezogenen Belangen der Mitarbeiter und den rechnerisch ökonomischen Zielen der Unternehmung gefunden wird.

Wichtiges Ziel für das Rechnen im Personalwesen ist, daß die oft nebeneinanderstehende ökonomische und soziale Sicht zu einer ganzheitlichen Denkweise miteinander verbunden werden.

Anmerkungen

1 Vgl. *Coenenberg, A.*, Unternehmensrechnung, München 1976, S. 2.
2 Vgl. *Olfert, K./Steinbuch, P. A.*, Personalwirtschaft, Ludwigshafen/Rhein 1984, S. 316 ff.
3 Vgl. Arbeitskreis Krähe der Schmalenbach-Gesellschaft – Deutsche Gesellschaft für Betriebswirtschaft e.V., Unternehmensorganisation, 5. Aufl., Stuttgart 1985, S. 154.
4 Vgl. *Albach, H./Klemens, R./Friede, Chr.*, Kosten der Arbeit, Stuttgart 1985, S. 1.
5 Vgl. *Gruppe, G.*, Betriebswirtschaftliche Aspekte des Personalwesens, in: Schmalenbachs Zeitschrift für betriebswirtschaftliche Forschung, 1977, S. 716.
6 Vgl. *Eisele, W.*, Technik des betrieblichen Rechnungswesens, 2. Aufl., München 1985, S. 445.
7 Vgl. Blick durch die Wirtschaft, Ausgabe vom 13. August 1981, Nr. 153, S. 4.
8 Vgl. *Hahn, D.*, PuK. Planungs- und Kontrollrechnung, 3. Aufl., Wiesbaden 1985, S. 35.
9 Vgl. *Gruppe*, a.a.o., S. 719.
10 Vgl. *Bisani, F.*, Personalwesen, Opladen 1976, S. 124.
11 Vgl. *Timme, H.*, Leistung am Arbeitsplatz, München 1967, S. 12 und S. 55.
12 Vgl. *Schmidt, H.* (Hrsg.), Humanvermögensrechnung. Instrumentarium zur Ergänzung der unternehmerischen Rechnungslegung – Konzepte und Erfahrungen. Veröffentlichungen der Stiftung »Gesellschaft und Unternehmen«, Berlin – New York 1982, S. 99.
13 Vgl. *Potthoff, E./Trescher, K.*, Controlling in der Personalwirtschaft, Berlin – New York 1987, S. 270 ff.

Die Tarifpolitik und ihre Bedeutung für das betriebliche Personalwesen

Paul Gert von Beckerath

Die Tarifpolitik kann auf eine nahezu hundertjährige Geschichte zurückblicken. Doch ihre große Bedeutung hat sie seit dem Ende des Zweiten Weltkrieges in vierzigjähriger Entwicklung erlangt. Ihr Einfluß auf die Personalpolitik der Unternehmen kann nicht hoch genug angesetzt werden. Es ist daher unerläßlich, auf das Instrument des Tarifvertrages und seine Auswirkungen auf das Personalwesen der Betriebe, wenn auch nicht in allen seinen Verzweigungen, einzugehen. Ein kurzer geschichtlicher Rückblick soll deutlich machen, wie sich die beiden Partner, die Organisationen der Arbeitnehmer und die Vereinigungen der Arbeitgeber oder die Unternehmen, soweit sie selber unmittelbare Verhandlungspartner der Gewerkschaften sind, aufeinander eingespielt haben.

I Die Entstehung von Tarifverträgen

Ansätze einer kollektiven Regelung der Arbeitsbedingungen zwischen zwei gleich starken Vertragspartnern, wie das Wesen eines Tarifvertrages in knapper Form definiert werden kann, lassen sich bis in das zünftische Handwerk des Mittelalters zurückverfolgen. In den Jahren 1351 und 1362 traten in Speyer die Gesellenladen der Weber den Meisterzünften als Kampforganisationen gegenüber, um auf die Gestaltung der bis dahin einseitigen Arbeitsordnung der Zunft mitbestimmenden Einfluß auszuüben [1].

Nach dem Beginn der industriellen Revolution, welche in Deutschland wesentlich später als in England einsetzte, wie auch wegen des Fehlens freier sozialer Organisationen, kam es erst ziemlich spät zum Abschluß von Tarifverträgen. Eine Anzahl von weiteren Ursachen für die nur langsam beginnende Einführung von Tarifverträgen lag in den Gründen und Begründungen, die in der Frühzeit sowohl von seiten der Arbeitnehmerorganisationen wie auch der Vereinigungen der Arbeitgeber einem Abschluß von Tarifverträgen entgegengehalten wurden.

Sie konnten zueinander nicht kommen: Zur Einstellung der Gewerkschaften

Die Gewerkschaftsbewegung war seit ihrer Entstehung in der zweiten Hälfte des 19. Jahrhunderts untereinander sehr zerstritten. Die sozialistischen Gewerkschaften, auf der Basis streng marxistischen Gedankengutes und marxistischer Prinzipien stehend, hielten es für einen Verrat ihrer Prinzipien, sich zu dem Instrument des Tarifvertrages zu bekennen, weil seine Verwendung Verhandlungen mit dem Klassenfeind Arbeitgeber bedingt hätte.

Ein in Leipzig begründetes Gewerkschaftskartell hat zu jener Zeit seine Mitglieder verpflichtet, »jeder festlegenden, die eigenen Initiative beseitigende Tarifgemeinschaft [2] mit größter Entschlossenheit entgegenzutreten«. Erst auf dem Frankfurter Gewerkschaftskongreß im Jahre 1899 wurde eine Beteiligung an Tarifverträgen unter gewissen Voraussetzungen als ein Mittel der Gewerkschaftspolitik anerkannt. Die Einstellung der Gewerkschaften wandelte sich insofern grundlegend, als man begann, den Abschluß von Tarifverträgen als einen Beweis für die Anerkennung der Gleichberechtigung der Gewerkschaften seitens der Unternehmer bei der Festlegung von Arbeitsbedingungen anzusehen.

Dieser innerhalb relativ kurzer Zeit erfolgte Umschwung in der Einstellung gegenüber Tarifverträgen war zum Teil das Ergebnis eines Erstarkens der gewerkschaftlichen Zentralverbände und ihrer verantwortlichen Leitungsorgane sowohl gegenüber den Unternehmern, denen sie sich nunmehr als Vertragspartner besser gewachsen fühlten, wie auch gegenüber den radikalsozialistischen Strömungen, die in den Jahren 1890 bis 1895 noch spürbar von den Nebenwirkungen der Unterdrückungsperiode gekennzeichnet waren.

Ein anderer Teil der Gewerkschaftsbewegung, nämlich die *Hirsch-Dunckerschen Gewerkvereine,* hatte den Gedanken des Tarifvertrages bereits 1869 in sein Programm aufgenommen; allerdings vermochte er ihn auf lange Zeit nicht zur Geltung zu bringen.

Gewisse Formen von Tarifverträgen gab es bereits in den vierziger und sechziger Jahren des vorigen Jahrhunderts in verschiedenen Handwerken und gewerblichen Kleinindustrien, wie z. B. im Bergischen Land. Jedoch eine stetige und organische Entwicklung des Gedankens des Tarifvertrages läßt sich seit den fünfziger Jahren des vorigen Jahrhunderts bis hinein in das 20. Jahrhundert lückenlos lediglich bei den Buchdruckern verfolgen. In diesem Gewerbezweig ist die Technik der Arbeits- und Lohntarifierung seit dem 15. Jahrhundert feststellbar. Die soziale Annäherung zwischen den Meistern und ihren intellektuell hochstehenden Gehilfen hat frühzeitig dazu geführt, daß die ursprünglich einseitigen Tarifierungen den Charakter einer gemeinschaftlichen Vereinbarung annahmen.

Mangels einer fehlenden geschlossenen Organisation der Buchdruckermeister kam es jedoch erst nach einer längeren Anlaufzeit zu einer Tarifvereinbarung für Leipzig. Im Jahre 1869 erfolgte die Gründung eines »Reichsverbandes der Prinzipale«. 1873 gelang nach langwierigen Auseinandersetzungen schließlich der Abschluß einer nationalen Tarifgemeinschaft, die auf jeweils fünf Jahre befristet war. Im Kampf um eine Arbeitszeitverkürzung von zehn auf neun Stunden im Jahre 1891 brach sie jedoch auseinander. Nachdem es gelungen war, die Tarifpartner wieder zusammenzuführen, hat diese Tarifgemeinschaft der Buchdrucker unter stetiger Weiterentwicklung ihrer Organisation und deren Verträge fortbestanden.

Die Einwände der Arbeitgeber

Wir hatten oben bereits darauf hingewiesen, daß in den gewerblichen Klein- und in den Handwerksbetrieben an verschiedenen Orten tarifvertragsähnliche Vereinbarungen bestanden hatten. Die eigentliche Großindustrie blieb jedoch dem Gedanken tarifvertraglicher Regelungen noch für längere Zeit verschlossen. Typisch hierfür ist der am 5. 5. 1905 einmütig gefaßte Beschluß des Zentralverbandes Deutscher Industriellen [3], in welchem es heißt, daß man »den Abschluß von Tarifverträgen zwischen den Arbeitgeberorganisationen und den Organisationen der Arbeiter als der deutschen Industrie und ihrer gedeihlichen Entwicklung überaus gefährlich« betrachtet.

In diesem Beschluß kommt die grundsätzliche Gegnerschaft gegenüber dem Instrument der Tarifverträge zum Ausdruck. Ein ausführlicher Artikel in der Kölnischen Zeitung No. 668 vom 12. Juni 1910 [4], also fünf Jahre nach dem oben zitierten Beschluß des Zentralverbandes, ist ein Beweis für den immer noch in aller Deutlichkeit bestehenden Widerstand. Die Frage der Kollektivarbeitsverträge zwischen Arbeitgebern und Arbeitnehmern gehöre zu den meist umstrittenen Problemen der Sozialwissenschaft. Trotz der erheblichen Zunahme der Anzahl der abgeschlossenen Tarifverträge, stehe man namentlich in den Kreisen der Industrie den sozialethischen Wirkungen der Tarifverträge sehr skeptisch gegenüber und halte eine Generalisierung der Arbeitsbedingungen überhaupt nur in einer beschränkten Anzahl von Produktionszweigen für durchführbar. Die Anwendbarkeit sei begrenzt auf kleine und lokal gelegene Gewerbe.

Die Meinungen gingen am meisten darüber auseinander, ob der Tarifvertrag in die Großindustrie, die elektrische und die Maschinenindustrie, die chemische Industrie, die Textilindustrie, in den Bergbau und das Hüttenwesen überhaupt jemals allgemeinen Eingang finden könnte. Von den Ende des Jahres 1908 durch den kollektiven Arbeitsvertrag erfaßten Arbeitnehmern seien nur sehr wenige in der eigentlichen Großindustrie tätig. Es sei somit der kollektive Arbeitsvertrag, trotz der großen Fortschritte, die er habe erzielen können, in der Großindustrie so gut wie gar nicht vertreten. Die Schablone des Tarifvertrages stoße bei der Erfassung der komplizierten Arbeitsprozesse, welche ständig einer Veränderung unterworfen seien, auf unüberwindliche Schwierigkeiten, so heißt es weiter in dem Artikel der Kölnischen Zeitung.

Unter Bezugnahme auf den Buchdruckervertrag verlautet es in einem früheren Artikel der Kölnischen Zeitung vom 13. 1. 1910 [5]: Von den vielen Gründen, die Tarifverträgen in der Industrie entgegenstünden, sei besonders hervorzuheben, daß mit der Festlegung der Arbeitsbedingungen vor allem die Akkordvereinbarungen die Bewegungsfreiheit der Industrie hemmen würden. Beeinflußt werde die Entwicklung der Produktivität der Arbeit, was zu einer Gefährdung der Wettbewerbsfähigkeit führen müsse. Es bestehe eine Gefahr der Unterbindung des technischen Fortschritts als eine Auswirkung von Tarifverträgen.

Einflußnahme der öffentlichen Meinung und Wirkung der Kriegsfolgen

Wissenschaft und Politik begannen sich in dieser Epoche der Problematik der Tarifverträge anzunehmen. Im Jahre 1907 fanden im

Reichstag Debatten über dieses Thema statt. Desgleichen nahm die öffentliche Meinung dem Gedanken des Tarifvertrages gegenüber eine freundliche Haltung ein.

Im Verlauf des Ersten Weltkrieges entwickelte sich eine starke Unterstützung des Tarifvertragswesens. Dazu trug die politische Haltung der deutschen Gwerkschaften bei. Auch die Militärbehörden begünstigten den Abschluß von Tarifverträgen. Die Annäherung der Arbeitgeber und der Arbeitnehmer ließ das Verständnis für Tarifverträge wachsen. Sie war der Einsicht förderlich, daß die Schattenseiten der Tarifverträge nicht so gravierend seien, wie man sich dies unter dem Einfluß ideologischer Verhärtung vorgestellt hatte. Die aufgeworfenen Gräben ebneten sich nach den langjährigen Auseinandersetzungen langsam ein.

II Die Entwicklung nach Kriegsende

Schon bald nach dem Eintreten der Waffenruhe, nämlich am 23. Dezember 1918, brachte erstmals die »Verordnung über Tarifverträge, Arbeiter- und Angestelltenausschüsse und die Schlichtung von Arbeitsstreitigkeiten« die gesetzliche Anerkennung und eine vorläufige rechtliche Regelung des Tarifvertrages.

Ende 1912 hatte es im Deutschen Reich 10.730 Tarifverträge gegeben, welche 159.930 Betriebe und 1.574.285 Arbeitnehmer erfaßt hatten. Am 1. Januar 1916 gab es 7.533 Tarifverträge mit 788.755 Betrieben und 11.140.521 Arbeitnehmer [6]. Ende 1920 wuchs die Anzahl der Tarifverträge auf 11.624 mit 434.504 Betrieben und 9.561.323 Arbeitnehmern.

Zur Charakterisierung des Inhalts der Tarifverträge während der Weimarer Republik sei hingewiesen auf die Ausführungen über den Inhalt der Verträge, welche *Adolf Weber* in seinem Buch »Der Kampf zwischen Kapital und Arbeit« [7] (1930) gemacht hat. Danach wurden als Hauptgebiete unterschieden: 1) Geltungsbereich; 2) Geltungsdauer; 3) Arbeitszeit; 4) Arbeitslohn; 5) Schlichtung von Arbeitsstreitigkeiten und 6) Sonderbestimmungen, also im Prinzip ebenso wie heute.

Die Zentralarbeitsgemeinschaft

Ein weiteres wichtiges Ereignis war dem Erlaß der Verordnung über die Tarifverträge etc. vorausgegangen, nämlich die Bildung der Zentralarbeitsgemeinschaft zwischen Gewerkschaften und Arbeitgeberverbänden vom 15. November 1918, welche wohl mit Recht als die »in der Sozialgeschichte vielleicht bedeutsamste, wenn auch heute weithin vergessene Grundsatzvereinbarung zwischen Gewerkschaften und Arbeitgebern« *(O. Esser)* [8] bezeichnet worden ist. Diese Zentralarbeitsgemeinschaft hat nur wenige Jahre bestanden.

In der Vereinbarung über die Gründung ist neben einigem anderen erstmals festgelegt worden, daß »die Arbeitsbedingungen für alle Arbeiter und Arbeiterinnen entsprechend den Verhältnissen des betreffenden Gewerbes durch Kollektivvereinbarungen mit den Berufsvereinigungen der Arbeitnehmer festzusetzen« sind.

Diese Vereinbarung stellt den Durchbruch des Tarifvertrages als Regelungsinstrument dar, wie auch den Beginn regelmäßiger Verhandlungen.

Die Forderung nach einer freien Tarifpolitik

Der Industrielle *Borsig* [9] hat im Jahre 1924 eine Forderung aufgestellt, die für die weitere Entwicklung von besonderer Bedeutung werden sollte: »Die Arbeitgeberverbände lehnen die Tarifverträge nicht ab. Sie betrachten hierbei die Arbeitsgemeinschaft als die wesentliche Grundlage für die Entwicklung des Tarifvertrages. Die Arbeitsgemeinschaft ist auf dem Boden freier Tarifvertragspolitik aufgebaut. Die Arbeitgeberverbände können deshalb nur einer *freien* Tarifvertragspolitik zustimmen, die von staatlichen Zwangseingriffen freibleibt und beiderseits von verantwortungsbewußten, tariftreuen, auf dem Boden der Arbeitsgemeinschaft stehenden Organisationen getragen wird.«

Zurückblickend auf die damalige Zeit muß hervorgehoben werden, daß die Verletzung der Prinzips der freien Tarifvertragspolitik durch das Institut der staatlichen Zwangsschlichtung einen »großen Anteil an der Entfremdung hatte, die zwischen den Partnern des Wirtschaftslebens und den Mitgliedern dieser Partner und ihrer jeweiligen Organisationen eintrat... Mit dem Instrument der Zwangsschlichtung sind Interessenausgleich und dauernde Befriedung auf vitalen Gebieten nicht erreichbar«. *(O. Esser)* [10].

Für das Zustandekommen der Tarifautonomie sowie die Ablehnung jeglicher staatlicher Einflußnahme auch auf dem Gebiet der Schlichtung sind nach dem Zweiten Weltkrieg die Erfahrungen aus der Endzeit der Weimarer Republik von entscheidender Bedeutung geworden.

Die Eigenständigkeit der Tarifverbände am Ende der Weimarer Republik wurde mit dem Gesetz zur Ordnung der Nationalen Arbeit vom 20. 1. 1934 beendet. Die Kompetenz zur Festlegung von Arbeitsbedingungen wurde auf einen Treuhänder der Arbeit übertragen, der als Behörde die »Tarifordnungen«, d. h. staatliche, gesetzesvertretende Rechtsverordnungen, erließ.

III Tarifpolitik nach dem Zweiten Weltkrieg

Einige Anmerkungen zur Entwicklung der rechtlichen Situation

Hueck [11] macht in seinem Aufsatz zur »Entwicklung des Tarifrechts« (1950) darauf aufmerksam, daß unter den Faktoren, die die Gestaltung der Entgelte und der sonstigen Arbeitsbedingungen und damit die gesamte Stellung des Arbeitnehmers bestimmen, der Tarifvertrag den ersten Platz einnimmt; und zwar *vor* Gesetz, Betriebsvereinbarung und Einzelvertrag. An dieser Situation dürfte sich auch bis zum heutigen Tage nichts Wesentliches geändert haben. An die Stelle der Vereinbarung der Arbeitsbedingungen durch Einzelvertrag ist seit der damaligen Zeit weitgehend eine kollektive Regelung getreten.

Zur Zeit der Jahrhundertwende fehlte jegliche rechtliche Grundlage für den Tarifvertrag. Erstmals durch die erwähnte Verordnung vom 23. 12. 1918 über Tarifverträge usw. wurde eine solche Grundlage geschaffen. Diese sogenannte Tarifvertragsordnung blieb während der gesamten Zeit der Weimarer Republik maßgebend. Ein geplantes Tarifvertragsgesetz, das eine ausführliche Regelung enthalten sollte, ist nicht zustandegekommen. In der Tarifvertragsordnung fand die Unabdingbarkeit der Tarifinhalte ihre Festlegung, so daß sie, welche bisher nur die Bedeutung schuldrechtlicher Abreden der Vertragsparteien untereinander gehabt hatten, nun den Charakter zwingender Rechtsnormen erhielten. Hiermit wurde der rechtliche Charakter des Tarifvertrages grundlegend verändert.

Die Tarifvertragsordnung enthielt auch die Möglichkeit einer Allgemeinverbindlichkeitserklärung der Tarifverträge. Damit waren die auch heute noch maßgeblichen Grundsätze des Rechts der Tarifverträge geschaffen. Weitere rechtliche Festlegungen sollten erst in einem Tarifvertragsgesetz erfolgen, zu welchem es dann nicht mehr gekommen ist.

In der Diskussion der damaligen Zeit hat die Frage, inwieweit sich der Staat beim Zustandekommen von Tarifverträgen einschalten solle, einen breiten Raum eingenommen. Dies bezog sich insbesondere auf die Frage der Schlichtung zur Vermeidung und zur Beendigung von Arbeitsstreitigkeiten. Man entschied sich schließlich dazu, dem Staat im Allgemeininteresse den Auftrag zu geben, zur Herbeiführung des Arbeitsfriedens einzugreifen und somit gegen die eine oder die andere Partei Zwang anzuwenden. Es konnten demnach ein Schlichter oder sogar der Reichsarbeitsminister auch gegen die Einwände der Verbände Schlichtungssprüche für verbindlich erklären und damit Zwangstarife schaffen.

Die Entstehung der Tarifautonomie

Nach Beendigung des nationalsozialistischen Zwischenspiels kam am 9. April 1949 relativ schnell das neue Tarifvertragsgesetz im Vereinigten Wirtschaftsgebiet zustande. Es löste die Verordnungen der Militärregierungen ab. Durch das Bundesgesetz über die Erstrekkung des Tarifvertragsgesetzes vom 23. 4. 1953 erhielt das Tarifvertragsgesetz für das Vereinigte Wirtschaftsgebiet Geltung für die gesamte Bundesrepublik (damals noch mit Ausnahme des Saarlandes und West-Berlin).

Der Inhalt dieses Tarifvertragsgesetzes schloß weitgehend an die Tarifvertragsordnung der Weimarer Republik und die auf ihm beruhende Rechtsprechung an. Wichtigstes Ergebnis war jedoch, daß die

Grundlagen für einen Zwangstarif nicht wieder aufgenommen wurden. Die Gewerkschaften und Arbeitgeberverbände hatten sich in einer Entschließung darauf geeinigt, eine Schlichtung grundsätzlich in Selbstverantwortung ohne staatliche Mitwirkung und ohne staatlichen Zwang durchzuführen. Wesentlich ist daher, daß die Ablehnung des Zwangstarifes ständig große Anforderungen an das Verantwortungsbewußtsein und die Disziplin der vertragschließenden Verbände stellt.

Die im Grundgesetz verankerte Tarifautonomie ist ein konstitutives Element der freiheitlich marktwirtschaftlich orientierten Wirtschafts- und Gesellschaftsordnung geworden. Ein sozialer Frieden ist ohne sie undenkbar [12].

Von der ständigen Respektierung der zugrunde gelegten gesamtwirtschaftlichen Verantwortung wie auch der ökonomischen Erfordernisse durch beide Tarifpartner hängt es ab, ob dieses System der freien Verhandlung von Tarifverträgen auf die Dauer bestehen kann; ob es im Grundsatz vertretbar ist, daß der Staat den Tarifpartnern den Freiraum gegeben hat und erhält.

In der Formulierung der Vereinbarungen über die Zentralarbeitsgemeinschaft von Gewerkschaften und Arbeitgebervereinigungen im Jahre 1918 hieß es zur Aufgabe von Tarifverträgen, daß sie »die Arbeitsbedingungen für alle Arbeiter und Arbeiterinnen entsprechend den Verhältnissen des betreffenden Gewerbes durch Kollektivvereinbarungen« festsetzen. Diese Differenzierung nach den ›betreffenden Gewerben‹ besitzt auch heute gemäß den Organisationen der Industriegewerkschaften und den fachlichen Vereinigungen der Arbeitgeber Gültigkeit.

Das Tarifvertragsgesetz in seiner Fassung aus dem Jahre 1969 sagt im § 1: »Der Tarifvertrag regelt die Rechte und Pflichten der Tarifvertragsparteien und enthält Rechtsnormen, die den Inhalt, den Abschluß und die Beendigung von Arbeitsverhältnissen sowie betriebliche und betriebsverfassungsrechtliche Fragen ordnen können.« In einer Fußnote hierzu wird hinzugefügt: »Hiernach erfolgt die Regelung von Entgelten und sonstigen Arbeitsbedingungen grundsätzlich in freier Vereinbarung zwischen den Tarifvertragsparteien durch Tarifverträge.« Dies ist, auf einen kurzen Nenner gebracht, die Definition dessen, was unter dem Begriff der Tarifautonomie zu verstehen ist.

Die Tarifautonomie setzt die beiden Tarifparteien in ein Boot und unter ein Dach. Sie wirken auf die Personal- und Sozialpolitik im Betrieb ein. Sie stehen beide unter dem ungeschriebenen Gesetz, daß nur das verteilt werden kann, was erarbeitet worden ist und daß gleichzeitig auch noch in angemessener Weise für den zukünftigen Bestand des Unternehmens Vorsorge getroffen werden muß. Und wenn zuweilen das Kampfgeschrei bei den Tarifverhandlungen sehr laut ertönt und sich die Auseinandersetzungen bis zum offenen Kampf, dem Streik und der Aussperrung ausweiten, so müssen die Tarifpartner dennoch bei aller Taktik des Augenblicks die Weitsicht der Strategie im Auge behalten, daß jeder offene Kampf sein Ende in einem Friedensschluß finden muß, welcher den hohen wirtschaftlichen und psychologischen Aufwand der Auseinandersetzung rechtfertigt. Hinzu kommt, daß durch das intensive Zusammenspiel aller Teile einer modernen Volkswirtschaft nicht allein Schädigungen in dem Wirtschaftszweig eintreten, in welchem gekämpft wird, sondern zwangsweise Auswirkungen auch in anderen Wirtschaftszweigen spürbar werden.

Im Tarifvertragsgesetz ist die Rede von den Tarif*parteien;* weitgehend hat sich im heutigen Sprachgebrauch der Begriff Tarif*partner* eingebürgert. Beide Begriffe leiten sich vom lateinischen Wort pars, d. h. Teil, ab. Und so ist es ja auch: Bei einem Vertrag trägt ein jeder seinen Teil bei; zwei Teile oder mehrere schließen den Vertrag. Nur das Wort Partei hat einen härteren, streitbareren Klang, während der Partner eher bereit ist, den anderen als gleichberechtigten Gegenüber anzuerkennen. Möglicherweise klingt in dem Begriff Partei noch etwas nach aus der Anfangszeit des Tarifwesens, als man sich gegenseitig noch gar nicht mochte, als man es auf sein Panier geschrieben hatte, daß es ein Vergehen sei, mit dem anderen überhaupt zu reden. Auch heute noch gehört es zum ›Ritus‹, mit harten Worten aufzutreten, um seiner Gefolgschaft damit zu erkennen zu geben, daß die andere Seite nicht geschont wird.

Allerdings stehen auch hier, zumindest in einigen Branchen, die Zeichen auf Wandel, auf Annäherung. Es wirken sich u. a. veränderte Sozialfunktionen aus, welche in der Relation Arbeiter : Angestellte zum Ausdruck kommen. In anderen Ländern, so z. B. der Schweiz, wurde in diesem Jahr das fünzigjährige Bestehen des »Friedensabkommens« zwischen den Sozialpartnern begangen, welches im Jahre 1937 unter bedrohlichen politischen und wirtschaftlichen Verhältnissen zur Abwehr staatlicher Eingriffe geschlossen worden war. Damals verpflichteten sich die Partner »wichtige Meinungsverschiedenheiten und allfällige Streitigkeiten nach Treu und Glauben gegenseitig abzuklären, sie nach den Bestimmungen dieser Vereinbarung zu erledigen zu suchen und für ihre ganze Dauer unbedingt den Frieden zu wahren« [13].

Worum geht es bei Tarifverträgen?

Es ist eine bemerkenswerte Beobachtung, daß in der Bundesrepublik Deutschland die Literatur über das Instrument des Tarifvertrages ziemlich dünn gesät ist. Zwar gibt es in den Zeitschriften der Gewerkschaften vielfältige Aufsätze, Untersuchungen und Analysen zur Taktik und Strategie der Tarifverhandlungen; auch gibt es hier oder dort Bücher zu diesen Themen. Sie sind jedoch spärlich vertreten. Auf Arbeitgeberseite findet man in Zeitschriftenpublikationen wie auch in Jahresberichten von Organisationen Berichte über abgelaufene Entwicklungen. Grundsätzliche Darstellungen, wie sie z. B. in dem Buch von *Jack Barbash* [14] vorliegen, haben wir nicht gefunden.

Barbash sieht (1948) [15] Löhne und Arbeitszeit als die entscheidenden Faktoren des Tarifvertrages. Er bezeichnet als die Prinzipien, die der gewerkschaftlichen Haltung hinsichtlich von Lohnforderungen zugrunde liegen, auf einen kurzen Nenner gebracht: 1) mehr Lohn und kürzere Arbeitszeit, 2) Aufrechterhaltung des Gleichgewichts im formalen und informalen Status der Arbeitnehmer im Betrieb und 3) Bewahrung der Wettbewerbssituation des Betriebes, des Industriezweiges oder um welche industrielle Einheit es sich bei einer spezifischen Tarifverhandlungssituation auch handeln mag. Diese Darstellung ist sehr aufschlußreich, weswegen sie hier zitiert worden ist.

In unserem Lande werden Tarifverträge in ihrer Mehrzahl zwischen Verbänden abgeschlossen, obwohl auch die Möglichkeit besteht, einen Abschluß zwischen einem Unternehmen und der zuständigen Industriegewerkschaft zu tätigen. Die Rechtsnormen der Tarifverträge gelten als zwingendes Recht für die beiden Tarifparteien, also den Mitgliedern der Arbeitgeberverbände und der Gewerkschaften, die unter den Geltungsbereich des Tarifvertrages fallen. In der Praxis ist es üblich, daß Arbeitgeber, die tarifgebunden sind, den Tarifinhalt auf alle Arbeitnehmer ihres Betriebes anwenden, auch wenn sie nicht Mitglied der jeweiligen Gewerkschaft sind. Wird ein Tarifvertrag durch den Bundesminister für Arbeit und Sozialordnung als allgemeinverbindlich erklärt, erfassen seine Rechtsnormen in seinem Geltungsbereich auch die bis dahin nicht tarifgebundenen Arbeitgeber und Arbeitnehmer.

Tarifverträge gliedern sich in Lohn- und Gehaltstarife mit einer in der Regel einjährigen – oder wenn auf mehrere Jahre abgeschlossen, mit stufenweisen im voraus fixierten Erhöhungen – Laufzeit einerseits und in die Mantel- oder Rahmentarifverträge mit den allgemeinen Arbeitsbedingungen, welche längere Laufzeiten besitzen. Die Trennung der Materie von Lohn und Gehalt einerseits und allgemeinen Arbeitsbedingungen andererseits wird seit mehreren Jahren nicht mehr in strenger Form aufrecht erhalten. Es erfolgen, wie es in der Fachsprache lautet, ›Paketschnürungen‹ von Lohn und Gehalt sowie zwischen mehreren oder einzelnen Materien aus dem Bereich der allgemeinen Arbeitsbedingungen, wie z. B. Arbeitszeit, die zuweilen einen sehr hohen Grad an Komplexität erreichen können. Derartige ›Pakete‹ ermöglichen es den Verhandlungspartnern, einen Ausgleich zwischen Forderungen und betrieblichen Realisationsmöglichkeiten zu gewährleisten.

Die Verhandlung und der Abschluß von Tarifverträgen erfolgt in der Regel auf regionaler Ebene. Wenn, wie es unter gewissen Umständen vorkommen kann, der Abschluß der Verträge auf Bundesebene erfolgt, so kann ein solcher Abschluß als Musterfall angesehen werden, der zur Annahme den regionalen Verbandseinheiten empfohlen wird. Seiner Herkunft nach rührt der Abschluß von Tarifverträgen deshalb aus den Regionen her, weil unterschiedliche Lebenshaltungskosten vorherrschten, die in ihrer Höhe z. B. von Norden nach Süden verliefen. Solche Unterschiede haben sich im Laufe der Jahre angenähert.

In den Arbeitgeberverbänden sind Unternehmen verschiedener Größenordnungen mit unterschiedlicher Ertragskraft und verschiedenartigen Produktionsprogrammen und -strukturen organisiert.

Somit muß bei den Kollektivverhandlungen darauf geachtet werden, daß nicht Maximalbedingungen abgeschlossen werden, die einzelne Unternehmen überfordern könnten. Nur so besteht die Möglichkeit, daß den einzelnen Unternehmen neben der Belastung aus Tarifverträgen auch noch ein Spielraum für eine individuelle betriebliche Personal- und Sozialpolitik verbleibt.

Für den betrieblichen Personalaufwand spielen noch die sogenannten Lohnnebenkosten, auch ›verdeckte Lohnkosten‹ genannt, eine nicht unwesentliche Rolle. Sie resultieren, soweit es sich nicht um betriebliche Aufwendungen handelt, aus gesetzlichen und tariflichen Lohnnebenkosten.

Zuweilen taucht in der Diskussion über Tarifverträge, insbesondere auf Gewerkschaftsseite, das Stichwort vom ›betriebsnahen Tarifvertrag‹ auf. *Salm* versteht darunter Verträge, die den größten Teil des betrieblichen Verdienstes bzw. seiner Berechnungsgrundlage tariflich absichern wollen [16].

Ziele der Tarifpolitik

Wenn man die Ergebnisse der Tarifpolitik der fünfziger und beginnenden sechziger Jahre betrachtet, wird ganz deutlich, daß es sich weitaus überwiegend um Einkommens- und Arbeitszeitverträge gehandelt hat. Es ging zu jener Zeit darum, angesichts der gestiegenen Wirtschaftskraft der deutschen Volkswirtschaft die Erträge in Form von Lohn und Gehalt sowie die erhöhte Produktivität der Arbeitszeit zu nutzen, um sie zur Erhöhung des Lebensstandards des deutschen Arbeitnehmers zu verteilen. Man hat diese Art der Tarifpolitik mit dem Begriff einer quantitativen Tarifpolitik belegt. Dies hat dazu geführt, daß der deutsche Arbeitnehmer sowohl hinsichtlich seines Arbeitseinkommens wie auch im Hinblick auf die Kürzung seiner Arbeitszeit an die Spitze in der Welt gerückt ist. Es war jedoch einsehbar, daß eine solche Entwicklung irgendwo eine Grenze erreichen mußte. Die durch die Tarifgestaltung verteilten Margen wurden schmaler. So finden sich in den Verlautbarungen der Tarifpartner in zunehmendem Maße Überlegungen über andersartige Zielsetzungen der Tarifpolitik.

Das Tarifvertragsgesetz setzt den Verhandlungspartnern kaum wesentliche Grenzen hinsichtlich der Materien, die sie in ihren Gesprächen aufgreifen können. Das Bundesverfassungsgericht hat in zwei Urteilen in den Jahren 1954 und 1964 den Beteiligten auferlegt, »eine sinnvolle Ordnung und Befriedigung des Arbeitslebens« durch ihre Tätigkeit zu bewirken. Diese Urteile bestätigen die Freizügigkeit im Aufgreifen von neuen Materien; sie auferlegen den Tarifparteien die Aufgabe, latente Probleme aufzuspüren und sie einer adaequaten Lösung zuzuführen. Solche Probleme variieren von Branche zu Branche; nicht überall haben ähnliche Probleme das gleiche Gewicht und die gleiche Dringlichkeit der Lösung.

Wenn es bislang so üblich war, daß die Gewerkschaften als die Fordernden auftraten, während sich die Arbeitgeber abwartend verhielten, so sind in Zukunft auch die Arbeitgeber aufgefordert, solche Probleme oder Problemkreise auf den Verhandlungstisch zu legen, die eine betriebliche Aktualität besitzen. Insbesondere aber müssen sie es als in ihrem besonderen Interesse liegend betrachten, zur Verhandlung anstehende Probleme wirklichkeitsnahen Lösungen zuzuführen.

Der Deutsche Gewerkschaftsbund hat schon in den fünfziger Jahren in sogenannten Aktionsprogrammmen Ziele für die Tarifpolitik festgelegt und auf seinen Gewerkschaftstagen beschlossen. Änderungen in diesen Zielsetzungen haben verschiedentlich stattgefunden. Auch war es für die Industriegewerkschaften nicht zwingend bindend, sich an solche Beschlüsse zu halten. Auf je höherer Ebene solche Beschlüsse gefaßt werden, einen desto höheren Abstraktionsgrad und damit Realitätsferne besitzen sie. Die Fachorganisationen betrachten nach wie vor auf Arbeitgeber- wie auf Arbeitnehmerseite die Tarifpolitik als ihre ureigene Materie.

Auch die Ideologie spielt bei der Proklamation von Zielen eine Rolle. Ein typisches Beispiel hierfür ist die im Jahre 1953 aufgetauchte Forderung nach einer ›expansiven Lohnpolitik‹, die damals von *Viktor Agartz* vertreten wurde. Nach seiner Auffassung sind »die Gewerkschaften ausschließlich Interessenvertretungen ihrer Mitglieder« [17]. Daraus folgt, daß »die gewerkschaftliche Lohnpolitik allein auf sich gestellt ist, da eine aktive Preispolitik im Rahmen unserer in Deutschland praktizierten Marktwirtschaft nicht vorhanden, und auch nicht beabsichtigt ist, eine aktive Preispolitik zu betreiben« [18].

Man kann von vier Säulen sprechen, die neben der betrieblichen Personalpolitik gestaltenden Einfluß nehmen auf das Personalwesen im Betrieb. Hierbei handelt es sich von ›oben nach unten‹ betrachtet, d.h. vom höchsten zum niedrigsten Abstraktionsgrad aus gesehen, um das Gesetz, den Tarifvertrag, die Betriebsvereinbarung und den Einzelarbeitsvertrag.

Gegenüber der gesetzlichen Regelung hat der Tarifvertrag vier Vorteile [19]: Er läßt speziellere auf Branchen, Regionen und einzelne Arbeitnehmergruppen bezogene Regelungen zu als das Gesetz; er ist schneller der wirtschaftlichen und sozialen Entwicklung anzupassen, womit er eher der Dynamik der Industriegesellschaft entspricht. Die Begrenzung des Geltungsbereiches und der Laufzeiten lassen ihn dazu geeignet erscheinen, experimentelle neue Regelungen einzuführen, welche generelle endgültige Regelungen durch das Gesetz vorbereiten können. Schließlich wird der Tarifvertrag von autonomen Partnern abgeschlossen, womit er eher einer freiheitlichen Ordnung entspricht.

Der Tarifvertrag hat sich einen Teil jenes Raumes erobert, der bisher durch das Gesetz ausgefüllt worden ist. Dies zeigt sich beispielsweise bei den folgenden Materien: Die betriebliche Arbeitszeit, zuletzt geregelt durch die Arbeitszeitordnung aus dem Jahre 1938, ist seitdem ausschließlich durch Tarifverträge weiterentwickelt worden. Auch der Urlaub, als Materie im Bundesurlaubsgesetz 1963 fixiert, wird seitdem ausschließlich in Tarifverträgen geregelt. Das Urlaubsgeld, als eine zusätzliche Leistung, ist durch Tarifverträge geschaffen worden. Hieraus läßt sich der Schluß ziehen, daß die Tarifparteien in Konkurrenz zum Gesetzgeber getreten sind. Am Beispiel der Bauwirtschaft läßt sich nachweisen, daß durch den ersten Abschluß eines Vermögensbildungsvertrages die Tarifvertragsparteien das politische Gesetzgebungsverfahren vorangetrieben haben.

Im Jahre 1967 macht *Rugo* in einem Aufsatz über neue Tendenzen in der Tarifpolitik [20] auf die Wandlungen in der Tarifpolitik, so wie sie sich in der Praxis abgezeichnet haben, aufmerksam: Es sind Abschlüsse gegen die negativen Folgen des technischen Fortschritts (Rationalisierungsschutz) getroffen worden. Außerdem wurden in Verträgen Bildungsurlaub, Urlaubsgeld, die Festlegung vermögenswirksamer Leistungen, die Anerkennung der gewerkschaftlichen Ordnungsfunktion wie die Aufrechterhaltung der Arbeitsverhältnisse im Winter behandelt und einem Abschluß zugeführt.

Im Jahre 1986 besitzen seit dem Erlaß des ersten Vermögensbildungsgesetzes (312-DM-Gesetz) vom 12. 7. 1961 rund 95% aller Arbeitnehmer einen tarifvertraglichen Anspruch auf vermögenswirksame Leistungen. Der durchschnittliche Jahresbetrag hat sich 1985 auf 502 DM erhöht, während für rund 60% der Arbeitnehmer 624 DM vorgesehen sind [21]. Es ist eine bemerkenswerte Tatsache, daß Materien, die in Tarifverträgen an einer Stelle Eingang gefunden haben, sehr häufig übertragen werden auf andere Branchen. Ein einmal angeschnittenes Tarifthema setzt sich in der Regel fort und wird weiter entwickelt. Jährliche Vorreiter setzen Maßstäbe für die späteren Verhandlungen in anderen Branchen.

Im Jahre 1979 werden in der Übersicht über Tarifabschlüsse, die vom Bundesministerium für Arbeit und Sozialordnung jährlich erstellt wird, neue Tarifverträge zum Schutz gegen nachteilige Folgen moderner Technologien, über Beihilfen bei Arbeitslosigkeit, zusätzliche Altersversorgung, Zusatzleistungen bei Kurzarbeit u. a. erwähnt. Zur Kategorie der Arbeitszeitregelungen gehören auch Verträge, welche zusätzliche Altersfreizeiten für ältere Arbeitnehmer vorsehen.

Gesellschaftspolitische Entwicklungen finden in Tarifverträgen ihren Niederschlag. Dazu gehören auch Manteltarifverträge, die für Arbeiter und Angestellte gemeinsam abgeschlossen werden. Im Jahre 1985 gelten inzwischen für mehr als die Hälfte aller Arbeitnehmer solche gemeinsamen Manteltarifverträge. Für das gleiche Jahr berichtet die Übersicht des BMA, daß nur für rund 7% der Arbeitnehmer einheitliche Entgelttarifverträge abgeschlossen worden sind, so u. a. im Braunkohlenbergbau, im Energieversorgungsbereich, in der Mineralölverarbeitung sowie in einer größeren Anzahl von Bereichen des Nahrungs- und Genußmittelsektors. Erstmals im Jahre 1987 ist es nach mehrjährigen Verhandlungen in der chemischen Industrie gelungen, einen solchen Entgelttarifvertrag zustande zu bringen, der bundesweite Gültigkeit besitzt. Seitens der Gewerkschaft ist dieser, im Detail mit erheblichen Schwierigkeiten verbunden gewesene Vertrag, als die Erreichung einer verbesserten Gerechtigkeit der Lohn- und Gehaltsfindung im Vergleich der Arbeitnehmergruppen untereinander bezeichnet worden. Für gleiche, gleichwertige und vergleichbare Tätigkeiten soll zukünftig ein gleiches Entgelt gezahlt werden [22]. Mit diesem Tarifvertrag entfällt in den Betrieben die Trennung zwischen Arbeitern und Angestellten, welche auf längere Sicht nicht mehr gerechtfertigt erscheint. Bestehende sozialrechtliche Unterscheidungen können die Tarifpartner nicht beseitigen.

Bereits im Jahre 1970 hatte *Otto Brenner* [23] in einem Vortrag über die gewerkschaftliche Tarifpolitik in den siebziger Jahren zum Ausdruck gebracht, daß die Gewerkschaften »die Tarifpolitik bisher nie als ein Instrument ausschließlich zur Durchsetzung materieller Verbesserungen verstanden« haben. Es sei eine wesentliche Aufgabe der Tarifpolitik, neben der Erhöhung des materiellen Lebensstandards prinzipielle Forderungen durchzusetzen, die auf eine Verbesserung der gesellschaftlichen Stellung der Arbeitnehmer und auf eine Sicherung ihrer sozialen Existenz abzielen. *Brenner* hat in dem gleichen Vortrag gesagt, daß ein Mehr an Zukunftsforschung, an Wissen um die Stärke heutiger Entwicklungstendenzen erforderlich sei, um besser auf die Lösung der Probleme von morgen vorbereitet zu sein.

Betrachtet man rückblickend diese Überlegungen, dann kann mit Recht ihre Gültigkeit im Hinblick auf den Trend bestätigt werden, den die Tarifpolitik genommen hat. Aus der quantitativen ist in der Zwischenzeit eine ›qualitative‹ Tarifpolitik geworden, ein Begriff, der sich eingebürgert hat, wenn sich auch über seine glückliche Wahl streiten läßt.

Über die Wirkungen der Tarifpolitik

Unsere Ausführungen im vorgangegangenen Abschnitt erheben in der Aufzählung der Beispiele keineswegs den Anspruch auf Vollzähligkeit; wohl aber sollte es sich um eine Belegung von Zielsetzungen handeln, die im Laufe der letzten beiden Jahrzehnte in die Tarifpraxis Eingang gefunden haben.

Die Tarifpartner setzen mit ihrem Handeln wirtschaftliche Daten. Die Tarifpartner werden aber auch in ihrem Handeln von wirtschaftlichen Daten beeinflußt und geführt. Der Tarifvertrag hat die Möglichkeit, auf gesellschaftliche Strukturen einzuwirken, sie zu gestalten. Beispiele hierfür waren die einheitlichen Manteltarifverträge für Arbeiter und Angestellte. Wichtigeres Beispiel ist der einheitliche Entgelttarifvertrag für Arbeiter und Angestellte. Zusatzleistungen zum Arbeitslosengeld des Staates auf dem Wege über Tarifverträge wirken sich auf die soziale Situation des arbeitslosen Arbeitnehmers aus. Das Problem des Abbaues des ›Auszubildenden-Berges‹ kann durch ein geeignetes Handeln der Tarifparnter positiv beeinflußt werden, so wie es durch das Stillhalteabkommen in der chemischen Industrie hinsichtlich der Erhöhung der Ausbildungsvergütungen bei gleichzeitiger Verpflichtung zu Mehreinstellungen von Auszubildenden erfolgte.

Das Abkommen über die Teilarbeitszeit in der chemischen Industrie trug der Erkenntnis Rechnung, daß immer mehr Arbeitnehmer in der Bundesrepublik sich Beschäftigungsformen wünschen, die ein flexibles Arbeitsangebot gestatten. Inzwischen sollen bereits drei Millionen Menschen einer Teilzeitarbeit nachgehen. Beim Übergang von der Industriegesellschaft in eine Dienstleistungsgesellschaft wächst der Bedarf nach einer Flexibilisierung der Arbeitszeit [24].

Die Verringerung der wirtschaftlichen Konzessionsspielräume einerseits und die rasche Wandlung von Arbeitsbedingungen durch Rationalisierung und Automation andererseits haben zu einem Wandel im Charakter der Tarifpolitik geführt, die man als qualitative Tarifpolitik bezeichnet. Ihr Inhalt läßt sich kaum auf eine allgemeine Formel bringen.

Arbeitgeber wie Gewerkschaften haben zur Kenntnis nehmen müssen, daß in der Öffentlichkeit Kritik an den Formen und Inhalten der Tarifpolitik geübt worden ist. »Arbeitgeberverbänden und Gewerkschaften ist Immobilismus und mangelnde Kreativität bei der Bewältigung ihrer Aufgabe vorgeworfen worden« [25]. Eingebürgert hat sich die Forderung nach einer Flexibilisierung der Arbeitszeitpolitik, da sie auch nach der Ansicht des Sachverständigenrates zur Begutachtung der gesamtwirtschaftlichen Entwicklung in seinem Jahresgutachten 1984/85 »die Möglichkeiten enthält, die Belastungen aus der Arbeitszeitverkürzung geringer zu halten, als es ohne solche Regelungen möglich wäre«.

Es ist die Forderung erhoben worden nach einer »maßgeschneiderten Tarifpolitik« als Antwort auf die zunehmende strukturelle

Differenzierung. Es wird vom Tarifvertrag eine bessere Abstimmung auf die betriebliche Situation verlangt und damit die Erlangung einer größeren Elastizität. Die Differenzierung der Tarifpolitik müsse an die Stelle von tariflichen Einheitslösungen vor allem im Bereich der allgemeinen Arbeitsbedingungen treten. In verstärktem Umfange sollten eigenständige, auf die Bedürfnisse des jeweiligen Wirtschaftszweiges, seiner Betriebe und seiner Arbeitnehmer abgestellte Antworten auf die veränderte gesellschaftspolitische Entwicklung gesucht und gefunden werden [26].

Die Diskussion um die Wandlung der Tarifvertragspolitik findet nicht nur in der Bundesrepublik statt. Ähnliche Argumente tauchen auch in der Schweiz auf und eine nicht geringe Rolle spielt bei diesen Diskussionen der Wandel in den Vorstellungen der Menschen, was sie für und in ihrem Leben als einen Wert betrachten, was sie als wertvoll ansehen. Gewerkschaften wie Arbeitgeber, Betriebsräte wie betriebliche Führungskräfte sind bei der Beantwortung der vom arbeitenden Menschen aufgeworfenen Fragen gefordert. Wir haben es mit einer Individualisierung des arbeitenden Menschen zu tun. Es gilt, geeignete Formen und Antworten für die aufgeworfenen Fragen zu entwickeln.

IV Tarifpolitik in der Praxis

Wie Tarifforderungen entstehen

Die alljährlich von neuem entflammenden Emotionen und Auseinandersetzungen der Tarifparteien beschäftigen nicht nur die Medien und damit die gesamte öffentliche Meinung. Sie sind auch ein beliebtes – oder auch unbeliebtes Thema –, mit dem sich die professionellen Vertreter von Verbänden wie auch alle diejenigen befassen, die von Tarifverträgen betroffen sind. Auch Wissenschaftler untersuchen mit ihren Methoden Tarifverhandlungen, wobei sie gern von einem »Ritus« sprechen. Sie versuchen die Prozesse, die bei solchen Verhandlungen ausgelöst werden und ablaufen, analytisch und soziologisch zu durchleuchten und zu erklären. Vor allem in den USA besteht auf diesem Gebiet eine langjährige Tradition.

Die Frage, die immer wieder auftaucht und diskutiert wird, ist die, ob es nicht möglich sei, die Ergebnisse, die ihren Niederschlag in Tarifverträgen finden, auf einem anderen Weg, als es in der Vergangenheit und auch gegenwärtig üblich ist, zu erzielen. Man müßte diese Frage genauer formulieren: Lassen sich die Ergebnisse in einer Marktwirtschafft nicht auf einem prinzipiell anderen, weniger emotionalen, d. h. mehr rationalen Weg erreichen?

Wahrscheinlich ist dies nicht der Fall; jedenfalls hat man bisher noch keine entsprechende Methode gefunden. Wohl aber ist zu beobachten, daß die Verhandlungen bei der Zunahme der Vielschichtigkeit der zu behandelnden Probleme mit weniger stimmlichem Aufwand, d. h. mehr unter Ausschluß der Öffentlichkeit und damit in größerer Ruhe nach außen geführt werden. Die Probleme erfordern für ihre Lösung einen höheren Aufwand an Phantasie. Allerdings setzt dies auch ein höheres Maß an Vertrauen der Verhandlungspartner auf die gegenseitige Verläßlichkeit sowie eine verständnisvolle Einsicht in die strukturellen Prozesse voraus, die auf beiden Seiten ablaufen.

Die gegenseitige Annäherung durch Handeln bei den Verhandlungen ergibt sich einfach daraus, daß man trotz aller Bemühungen, die sich bis in das Mittelalter zurück verfolgen lassen, einen ›gerechten‹ Lohn ausfindig zu machen, auch heute noch nicht weiß, wie der richtige oder angemessene Lohn ermittelt werden könnte. So erhält die Verhandlung über Löhne wie auch die sonstigen materiellen Materien von Tarifverträgen ihren politischen Charakter. Es will eben immer jeder mehr.

Külp [27] gibt auf die Frage, ob die gern als ›Kuhhandel‹ oder ›Teppichhandel‹ ironisch bezeichneten Verhandlungsmethoden sinnlos seien, die Antwort, daß man dies nicht so sehen könne, denn die Gewerkschaften seien bei der Aufstellung ihrer Eingangsforderungen bemüht, die Möglichkeiten ihres Verhandlungspartners realistisch einzuschätzen [28]. Je besser dies gelungen sei, desto eher bestehe die Chance, daß sich der Kompromiß, zu welchem es letztendlich kommen muß, in der Mitte zwischen Eingangsforderung und Anfangsangebot einstellt. *Külp* sieht es als ein Maß für den Integrationsgrad der Tarifpartner an, wenn der erzielte Kompromiß in der Mitte liegt [29].

Verhandlungen, die zum Abschluß von Tarifverträgen führen, werden in aller Regel dadurch eröffnet, daß die Gewerkschaften nach der Kündigung bestehender Verträge ihre Ausgangsforderungen an die Arbeitgeberverbände schriftlich übermitteln. Hierbei ist es wichtig zu berücksichtigen, daß der Aufstellung der Forderungen ein häufig langwieriges Verfahren innerhalb der Mitgliedschaft der Gewerkschaft vorangegangen ist. Eine Gewerkschaft hat es mit einer in der Regel sehr differenzierten Mitgliedschaft zu tun, die nicht nur aus Arbeitern und Angestellten, sondern auch aus der Gruppierung nach Hilfs-, angelernten und Facharbeitern bestehen kann, deren jeweilige Vorstellungen über das, was sie als forderungswichtig erachten, weit voneinander abweichen können. Forderungen, die aufgestellt werden, unterliegen also einem oft schwierigen Abstimmungsprozeß. Die Gewerkschaften erstreben aber auch die Zustimmung derjenigen Arbeitnehmer, die derzeitig noch nicht bei ihnen organisiert sind, und schließlich sind sie an einem positiven Widerhall in der gesamten Bevölkerung interessiert [30].

Diesem Ziel dient eine zuweilen massiv geführte Öffentlichkeitsarbeit, welche, wenn auch auf andere Art und Weise und mit anderer Zielsetzung, auch auf Arbeitgeberseite ihre Aufgabe zu erfüllen hat. Hier spielt vor allem die Argumentation über die wirtschaftliche Situation eine Rolle. Ein Bedürfnis nach solidarischem Zusammenstehen der Mitgliedschaften besteht bei beiden Vertragspartnern. Die Notwendigkeit zu einem solidarischen Zusammenstehen besteht bei den Verbänden der Arbeitgeber insbesondere bei Situationen, in denen neue Wege der Tarifpolitik und tarifpolitischer Lösungen beschritten werden und wenn die Zusammensetzung der Branchen, für die Tarifverträge abgeschlossen werden, sehr unterschiedlich ist. Es ist für den Außenstehenden und ganz besonders denjenigen, der die diffizile Materie von Tarifverhandlungen nicht aus eigener Anschauung erlebt hat, schwer, die verschlungenen Wege des Ablaufs einer in der Regel sich über lange Zeiträume erstreckende Verhandlung nachzuvollziehen. Auch bei dem auf diesem Gebiet Erfahrenen können die Ergebnisse oft Erstaunen hervorrufen.

Es kommt dies nicht von ungefähr, da Verhandlungen bekanntlich von zumindest zwei Partnern geführt werden, daß sie in jedem Falle

Kompromisse darstellen, zu denen zwei Partner Vorschläge einbringen in Situationen, die sich vielfältig ändern und verändern können. Gerade aus dieser knappen Charakterisierung dürfte deutlich werden, daß es zuweilen sehr schwer fällt, ein Verhandlungsergebnis in seiner Eigenart nachträglich zur Darstellung zu bringen, d.h. es zu begründen.

Über die Rollenverteilung bei Tarifverhandlungen

Bei der Führung von Tarifverhandlungen hat jeder der Partner seine ihm zugeordnete Rolle. Wenn die Gewerkschaften durch die Aufstellung ihrer Forderungen den Verhandlungsprozeß eröffnen, so ist es die Aufgabe der Arbeitgeber durch die Argumentation über die wirtschaftliche Tragbarkeit der Höhe der Forderung für die Betriebe die eigenen Interessen, die Interessen der Gesellschaft, der Volkswirtschaft und der Arbeitnehmer zu vertreten.

So überraschend dies zunächst klingen mag, bedarf es der Klarstellung, daß die Arbeitgeberseite ganz gewiß die Interessen vertritt, bei denen es um die Gewinnquote der Unternehmen geht. Aber es geht nicht nur um diese, sondern im gleichen Zuge auch um die Sicherheit der Arbeitsplätze und die Investitionskraft der Betriebe. Es geht um die Entscheidung, was konsumiert und was für die Zukunft investiert werden kann. So sind die Interessen der Arbeitnehmer und der Arbeitgeber miteinander verknüpft, wenn Tarifverhandlungen geführt werden. Die Gewerkschaften vertreten in der Regel die Kaufkrafttheorie, daß die Produktion der Betriebe nur dann abgesetzt werden könne, wenn eine entsprechende Kaufkraft der Arbeitnehmer vorhanden ist. Dieser Gesichtspunkt mag richtig sein; jedoch ist dies nicht als einziger Gesichtspunkt zu beachten.

Die nach außen erfolgende Darstellung des Ablaufs der Tarifverhandlungen ist für die Angehörigen der Tarifparteien ein Gradmesser dafür, ob und wie sich die Verhandlungsführenden für die Interessen ihrer Organisationsmitglieder eingesetzt haben, ob nicht etwa ›bessere‹ Ergebnisse ›verschenkt‹ worden seien. Dies hat seinen besonderen Aspekt jeweils vom Standpunkt des Angehörigen einer Tarifpartei.

Ist letztendlich ein Kompromiß in Form eines neuen Tarifvertrages zustandegekommen und besteht die Ansicht, daß ein ›Optimum‹ bei den Verhandlungen erzielt worden sei, dann wird sich nach einiger Zeit der Pulverdampf der verschossenen Platzpatronen verziehen und wieder Ruhe einkehren. Es kommt darauf an, daß auf beiden Seiten ›hart‹ gekämpft worden ist, damit auf beiden Seiten der Mitgliedschaften die Überzeugung einkehrt, daß die Auseinandersetzungen unter Anstrengung aller Kräfte geführt wurden.

Die auf beiden Seiten des Tisches sitzenden Verhandlungspartner dürfen den Respekt gegenüber dem anderen nicht verlieren. Denn häufig kommt es vor, daß zu den Kommissionsmitgliedern auf der Arbeitgeberseite solche Unternehmer oder leitende Angestellte von Betrieben gehören, deren Mitarbeiter und Arbeitnehmer Mitglieder der Verhandlungskommission der Gewerkschaft sind. Das Leben muß weitergehen. –

Im übrigen ist zu berücksichtigen, daß beide Tarifpartner in ihrer materiellen Tarifpolitik nicht frei sind von der Entwicklung wirtschaftlicher und politischer Daten [31], die im Zeitpunkt der Verhandlungen vorherrschen. Es kommt auch vor, daß sich wirtschaftliche Situationen in dem Zeitraum zwischen der Kündigung des Tarifvertrages und dem Beginn der Verhandlungen über einen neuen Tarifvertrag wesentlich verändern.

Die Tarifparteien sollten ständig bereit sein, sich mit unkonventionellen Lösungsansätzen für die Art der Durchführung von Tarifverhandlungen auseinanderzusetzen und sich ihnen gegenüber offenzuzeigen [32]. Sie sollten jedenfalls vermeiden, sich im Vorfeld von Verhandlungen übermäßig und allzu lautstark auf bestimmte Daten festzulegen; denn umso schwerer wird ihnen nach Abschluß eines Vertrages die Rückkehr in den Alltag des wirtschaftlichen Lebens werden [33]. Für den Praktiker auf dem Tarifgebiet ist es eine bemerkenswerte Beobachtung, daß sich nach Abschluß eines Tarifvertrages die Argumentationsweisen von Gewerkschaften und Arbeitgebern häufig umkehren, indem von den Gewerkschaften für das Zustandekommen des Abschlusses Begründungen der Arbeitgeber benutzt werden, während auf Arbeitgeberseite so manche Begründung auftaucht, die die Gewerkschaften vormals verwandt hatten, wenn es darum geht, ihren eigenen Mitgliedern das erzielte Ergebnis ›schmackhaft‹ zu machen [34].

Wie sich die Tarifpartner begegnen

Wer die Möglichkeit hat, den Stil von Tarifverhandlungen in verschiedenen Branchen zu beobachten und mitzuerleben, kommt an der Feststellung erheblicher Unterschiede nicht vorbei. Erklärungsgründe hierfür gibt es mannigfache. Zunächst einmal kommt darin eine gewachsene Tradition zum Ausdruck, wie sie in den verschiedenen Branchen besteht oder vielleicht auch nicht. Es spielt eine Rolle, welchen Bekanntheitsgrad die Verhandlungspartner miteinander haben, wie sie sich gegenseitig einschätzen, d. h. welches Vertrauensverhältnis besteht.

Sicherlich wird der Stil auch geprägt durch die Materie, den Stoff und das Produkt des jeweiligen Industriezweiges und nicht zuletzt durch deren Menschen, sowie die Risiken, welche bei der täglichen Arbeit zu berücksichtigen sind. Alle Menschen, die im Laufe ihres Arbeits- und Berufslebens von einer Branche zu einer anderen gewechselt haben, wissen darüber zu berichten, daß es wentliche Unterschiede gibt z. B. zwischen Bergbau und Chemie, zwischen Metall und Textil usw. Der Umgang mit dem Material formt und beeinflußt das Verhalten der Menschen.

Auch dort, wo noch eine größere menschliche Ferne zwischen den Tarifparteien besteht, macht sich heute die Einsicht breit, daß gemeinsam überlegt werden muß, »welchen Beitrag die Tarifparteien leisten können, daß deutschen Unternehmen und Arbeitnehmern keine übergroßen Nachteile entstehen« [53]. Und man ist sich darüber klar, daß in der Tarifpolitik »sehr viel Sachverstand bei Alternativen zur Technologie-Politik« benötigt wird. Auch die Gewerkschaften »wollen sie nicht nur abblocken, sondern gestalten, und zwar im Vorfeld, wo entschieden wird. Wir sind darauf angewiesen, daß Leute, die in den Betrieben unmittelbar an den entscheidenden Stellen sitzen, bei uns mitarbeiten« [36].

V Über den Umfang der Tarifvertragsmaterie

Mit einigen Zahlen wollen wir abschließend einen Überblick über das Ausmaß des Tarifvertragswesens geben, wie es sich in der Bundesrepublik Deutschland seit dem Erlaß des Tarifvertragsgesetzes im Jahre 1949 entwickelt hat. Von 1949 bis zum Ende des Jahres 1986 sind insgesamt 221.000 Tarifverträge vereinbart und in das Tarifregister des Bundesministeriums für Arbeit und Sozialordnung eingetragen worden. Von diesen Tarifverträgen besitzen zur Zeit 44.000 Tarifverträge Gültigkeit. Hiervon gelten 14.000 Tarifverträge für einen einzelnen Bereich bzw. ein einzelnes Unternehmen [37].

Im Jahre 1986 haben die Tarifvertragsparteien rund 6.200 neue Tarifverträge abgeschlossen. Neben den Lohn- und Gehaltserhöhungen spielten Verkürzungen der Wochenarbeitszeit eine vorrangige Rolle.

Unter den abgeschlossenen Tarifverträgen befanden sich rund 400 Manteltarifverträge, in denen für einen längeren Zeitraum allgemeine Arbeitsbedingungen geregelt wurden, sowie rund 1.700 Änderungs-, Ergänzungs- und Sonderabkommen zu Manteltarifverträgen, rund 3.600 Lohn- und Gehaltstarifverträge, zum Teil mit Ausbildungsvergütungen, und rund 500 Tarifverträge über Ausbildungsvergütungen.

Tarifverträge bestehen für Wirtschafts- und Dienstleistungszweige, in denen rund 90% aller Arbeitnehmer tätig sind. Mit einer Allgemeinverbindlichkeitserklärung, die auf Antrag einer Tarifvertragspartei gemäß § 5 Tarifvertragsgesetz vom Bundesminister für Arbeits- und Sozialordnung oder von einem Landesarbeitsminister ausgesprochen werden kann, werden die Rechtsnormen des Tarifvertrages in seinem Geltungsbereich auch für die bisher nicht tarifgebundenen Arbeitgeber und Arbeitnehmer verbindlich. Die Anzahl der allgemeinverbindlichen Tarifverträge bewegt sich seit Jahren um 600. Branchen, in denen Tarifverträge für allgemeinverbindlich erklärt wurden, sind u. a. das Baugewerbe, das Maler- und Lackiererhandwerk, das Dachdeckerhandwerk, das Friseurhandwerk u. a. m. In den letzten Jahren wurden rund 150 Tarifverträge für allgemeinverbindlich erklärt, während etwa ebenso viele allgemeinverbindliche Tarifverträge außer Kraft getreten sind [38].

Anmerkungen

1 Handwörterbuch der Staatswissenschaften Jena 1910; S. 1094–1133; S. 1097.
2 a. a. O., S. 1103.
3 a. a. O., S. 1108.
4 Kölnische Zeitung No. 668; Samstag, den 18. 6. 1910.
5 Kölnische Zeitung No. 42; Samstag, den 13. 1. 1912.
6 40. Sonderheft zum Reichsarbeitsblatt am 1. 1. 1926 (Jg. 1927).
7 *Weber, Adolf:* Der Kampf zwischen Kapital und Arbeit. 5. erw. Auflage, Tübingen 1930, S. 490.
8 Aus einem unveröffentlichten Vortragsmanuskript von BDA-Präsident *Otto Esser,* Düsseldorf 12. 1. 1985, S. 2.
9 *Fritz, K. R.:* Die Stellung der Arbeitgeber und Arbeitnehmer zum Tarifvertrag (Dissertation Würzburg 1931, S. 250).
10 wie unter 8, S. 3
11 *Hueck, Alfred:* Die Entwicklung des Tarifrechts. In: Der Arbeitgeber vom 15. 12. 1950, S. 78–82.
12 Aus einem unveröffentlichten Vortragsmanuskript von BDA-Präsident *Otto Esser* zu: Die gesamtwirtschaftliche Bedeutung der Tarifpolitik, gehalten in Würzburg am 14. 3. 1979.
13 Zitiert nach »Sozialpartnerschaft in der Schweiz – 50 Jahre Friedensabkommen« von *Wolfgang Wyrenbergh,* Frankfurter Allgemeine Zeitung vom 18. 7. 1987.
14 *Barbash, Jack:* Labor Unions in action, New York/London 1948, S. 69.
15 Ebenda.
16 *Salm, Fritz:* Betriebsnahe Tarifverträge in: Sozialer Fortschritt, z. Jg., 1958, S. 246.
17 *Agartz, Viktor:* Beiträge zur wirtschaftlichen Entwicklung 1953: Expansive Lohnpolitik, aus: Mitteilungen des wirtschaftswissenschaftlichen Instituts 1952 – 1953, S. 245–247.
18 Ebenda.
19 *Triesch, Günther:* Tendenzen der Entwicklung des Tarifvertragswesens in der Bundesrepublik Deutschland, in: Industriegesellschaften im Wandel – Japan und die BRD; herausgegeben von *Karl Hax* und *Willy Kraus,* Bielefeld 1960; S. 139.
20 *Rugo, Heinz:* Neue Tendenzen der Tarifpolitik, in: Bundesarbeitsblatt 7/1967, S. 177.
21 Tarifvertragliche Arbeitsbedingungen im Jahre 1985, enthalten in: Recht der Arbeit 1986, Heft 5, S. 312 ff.
22 Die Umschau: Gewerkschaftliche Umschau – Zeitschrift für die Funktionäre der Industriegewerkschaft Chemie-Papier-Keramik vom 17. 3. 1986, S. 2.
23 *Brenner, Otto:* Gewerkschaftliche Tarifpolitik in den siebziger Jahren, in: Kieler Vorträge, NF 63, Tübingen 1970; S. 11.
24 Zeitarbeit wird immer gefragter, vor allem in kleinen Betrieben, in: Frankfurter Allgemeine Zeitung vom 5. 5. 1987.
25 Gesamtmetall – Bericht der Geschäftsführung 1981–1983, S. 7 f.

26 BDA – Argumentendienst zur Lohnpolitik vom 15. 1. 1985, S. 5 f.
27 *Külp, Bernhard:* Der Lohnfindungsprozeß der Tarifpartner, Darmstadt 1977, S. 21.
28 Ebenda.
29 *Külp, Bernhard:* Das Verhalten der Tarifpartner, eine soziologische Analyse. In: Der Arbeitgeber, Nr. 22, 1967, S. 655.
30 Ebenda.
31 Wie unter 14, S. 22.
32 *Kirchner, Dieter:* Neue Perspektiven für die Tarifpolitik – der Versuch einer anderen Lösung: kein Teppichhandel mehr. In: Frankfurter Allgemeine Zeitung vom 24. 5. 1975, Nr. 118, S. 12.
33 *Molitor, Karl:* Lohnpolitik ohne Dogma – die Tarifverhandlungen brauchen neue Perspektiven. In: Frankfurter Allgemeine Zeitung vom 22. 8. 1981.
34 Ebenda.
35 Interview Fragen an *Werner Stumpfe,* in: Kölner Stadt-Anzeiger, Nr. 135/6 vom 22. 6. 1987.
36 Interview *Franz Steinkühler,* in: Kölner Stadtanzeiger, Nr. 106/4 vom 7. 5. 1987.
37 Tarifvertragliche Arbeitsbedingungen im Jahre 1986, in: Recht der Arbeit, 1987, Heft 3, S. 169 ff.
38 Tarifvertragliche Arbeitsbedingungen im Jahre 1985, in: Recht der Arbeit, 1986, Heft 5, S. 312 ff.

Das Selbstverständnis des Betriebsrates im Zusammenwirken mit dem betrieblichen Personalwesen

Edgar Ballarin

IV Zusammenarbeit der Betriebsparteien

Der personelle Bereich
Der soziale Bereich
Wege und Methoden der Zusammenarbeit
Einigungsstelle
Kompromiß oder Konfrontation
Gemeinsame Verantwortung bei der Darstellung des Kompromisses
Rücksichtnahme auf die Belegschaft
Lückenlose Information der Belegschaft

V Schlußbemerkung

I Einleitung

Wenn man über das Thema »Das Selbstverständnis des Betriebsrates im Zusammenwirken mit dem betrieblichen Personalwesen« nachdenkt, muß man wissen, daß das Betriebsverfassungsgesetz bei den Parteien einen fest umrissenen Rahmen vorgibt, in dem sie sich zu bewegen haben. In der Präambel wird die Forderung aufgestellt, daß »Arbeitgeber und Betriebsrat im Zusammenwirken mit den im Betrieb vertretenen Gewerkschaften und Arbeitgebervereinigungen vertrauensvoll zum Wohle der Arbeitnehmer und des Betriebes zusammenarbeiten«. Da aber letztlich Menschen mit dem Gesetz befaßt sind, sollte man berücksichtigen, daß Theorie und Praxis häufig zwei Paar Schuhe sind. Viele Beispiele in den Betrieben der Bundesrepublik zeigen, daß diese vertrauensvolle Zusammenarbeit manchmal noch ein zartes Pflänzchen ist, welches dagegen in anderen Betrieben bereits so stark gewachsen ist, daß über das Gesetz hinaus weitere und neue Wege der Kooperation beschritten werden.

II Selbstverständnis des Betriebsrates

Mitbestimmung – Keine Alleinbestimmung

Wenn man also vom Selbstverständnis des Betriebsrates spricht, muß der Betriebsrat die eigene Position im Zusammenwirken mit der Personalabteilung abstecken. Im Rahmen der Gesetzgebung ist der Betriebsrat niemals dazu ausersehen worden, die Personalabteilung zu ersetzen. Ich gehe immer davon aus, daß der Betriebsrat im Rahmen des Gesetzes Kontrollfunktionen besitzt, keine Direktiven zu erteilen hat und nur dort einwirken sollte, wo es Verstöße gegen die bestehenden Gesetze gibt. Er kann also nicht eine Personalabteilung ersetzen. Die Personalabteilung ist jedoch gehalten, ihm alle zur Beschlußfassung notwendigen Unterlagen zur Verfügung zu stellen.

Der Betriebsrat muß sich dabei aber immer deutlich klar darüber sein, daß er bei seinen Entscheidungen keine Alleinbestimmung, keine Überbestimmung, sondern nur eine *Mitbestimmung* im Rahmen seiner *Kontrollfunktionen* hat. Natürlich muß er bei aufgedeckten Mißständen kraft seiner Kontrollfunktion darauf drängen, diese abzustellen. Es kann aber auch seine Aufgabe werden, eigene Vorstellungen vorzutragen, um die Situation zum Wohle der Mitarbeiter zu entwickeln. Allerdings wird es auch in diesem Falle notwendig sein, ökonomische Aspekte nicht aus dem Auge zu lassen, wobei ich zugebe, daß, je finanzstärker ein Unternehmen ist, der Betriebsrat in diesem Bereich größere Spielräume hat.

Qualifikation des Betriebsrates

Nun wird aber die Frage auftauchen, wie schaffen es die Betriebsräte, die manchmal sehr komplizierten wirtschaftlichen und betrieblichen Zusammenhänge zu erkennen und dann die angemessenen Entschlüsse zu fassen. Im Gegensatz zu den Personalabteilungen steht ihnen kein Stab von versierten Fachleuten wie Juristen und Betriebswirtschaftlern zur Verfügung. Und trotzdem haben sie es, bis auf wenige Ausnahmen, immer wieder geschafft, praktikable Lösungen für die Betriebe zu vereinbaren. Hierfür können eine Menge Beispiele genannt werden: Schichtarbeit, Lohn und Gehalt, Altersversorgung, Aus- und Weiterbildung. Die Frage ist so zu sehen, daß die Mehrzahl der Betriebsratsmitglieder, die alle ein Wahlamt ausüben, bereits durch die Wähler aufgrund ihrer Qualifikation in den Betriebsrat gewählt worden sind.

Sicherlich kann es auch hier negative Beispiele geben. Ich glaube aber, sie sind in der Minderheit. Berufliche Ausbildung und die Erfahrung an ihren Arbeitsplätzen geben ihnen die Grundlage für ihre Weiterbildung, auch für ihre Betriebsratsarbeit. Ein Unternehmen, das seinen gewählten Betriebsratsmitgliedern nicht die zusätzliche Gelegenheit zu einer gezielten Fortbildung gibt, handelt kurzsichtig. Denn um ausgewogene Entscheidungen zu treffen, muß der Betriebsrat einen auf das Unternehmen bezogenen hohen Wissensstand haben. Fortschrittliche Unternehmen haben dies längst erkannt und bieten neben gewerkschaftlichen oder außerbetrieblichen Schulungen eigene Veranstaltungen an, die auf hohem Niveau stehen.

Der Gesetzgeber hatte geglaubt, durch eine Erhöhung der Anzahl der Betriebsräte ihre Qualität zu verbessern. Ich glaube, daß diese Auffassung nichts gebracht hat, im Gegenteil, das Gremium ist dadurch durchschnittlicher geworden. Sicherlich hat das Gesetz in den Bildungsmaßnahmen nach § 37 Abschn. 6 und Abschn. 7 BetrVerfG nunmehr die Möglichkeit geschaffen, die Qualifikation der Betriebsräte zu erhöhen und ihnen ein Rüstzeug mit auf den Weg zu geben, welches ihnen erlaubt, an den Entscheidungen des Unternehmens in vernünftiger Weise beteiligt zu werden. Nur durch die Anhebung der Anzahl der Betriebsräte hat sich die Qualität jedoch nicht verbessert. Man sollte allerdings berücksichtigen, daß der größte Teil der Betriebsräte schon immer bemüht war, wenn sie ein solch verantwortungsvolles Amt übernommen haben, an sich zu arbeiten, um die Qualifikation für die zu fällenden Entscheidungen zu erhalten. Je länger also ein Betriebsratsmitglied dieses Amt ausübt und je verantwortungsvoller er sich diesem Amt gegenüber verhält, desto größer wird seine Qualifikation sein. Ich glaube, daß dies auch die Belegschaften erkannt haben.

Wenn es um die Qualifikation der Betriebsräte geht, darf ihre *rhetorische Begabung* nicht außer acht gelassen werden. Denn was nützen noch so viele Erfolge, wenn man sie einer Belegschaft nicht verkaufen kann. Eine gewisse Redebegabung ist demnach für jedes Betriebsratsmitglied von großer Bedeutung. Unzweifelhaft werden auf diesem Gebiete an einen Betriebsratsvorsitzenden höhere Anforderungen gestellt.

Ich möchte betonen, daß es nicht auf eine geschraubte, mit Fremdworten gespickte Redeweise ankommt, sondern auf eine ausdrucksvolle, glaubhafte Sprache, die nicht über die Köpfe der Zuhörer im Saale hinausgeht. Je trockener eine Thematik ist, desto mehr muß sich der Redner bemühen, die Materie mit Leben zu erfüllen. Und noch ein anderes: Ob ein Betriebsratsvorsitzender von seiner Ausbildung her ein Schlosser oder ein kaufmännischer Angestellter ist, spielt nicht die entscheidende Rolle. Es ist aber wohl wichtig, daß ein jeder von ihnen in seiner Art zu reden von sämtlichen Belegschaftsmitgliedern richtig verstanden wird. Abzulehnen ist, daß ein Redner sich als Demagoge gebärdet. Bei einer Konfliktsituation kann ganz gewiß die Ausdrucksweise einmal schärfer und vielleicht auch aufputschend sein; dies muß jedoch die Ausnahme bleiben. Stellt sich nämlich der gewünschte Erfolg nicht ein, fällt es schwer, dann noch glaubhaft zu erscheinen.

Verhalten und Auftreten der Betriebsräte

Ein weiteres gewichtiges Moment ist das Verhalten und Auftreten der Betriebsräte im Rahmen des betrieblichen Alltags. Das Amt des Betriebsrates ist ein Wahlamt, das ein Betriebsratsmitglied leicht dazu verleiten kann, auf Effekthascherei auszugehen. Dabei ist es die einfachste Art, seinen Gesprächspartner unqualifiziert bloßzustellen oder sogar zu diffamieren, um so die Voraussetzung für die nächste Wiederwahl zu schaffen. Dieses Verhalten mag kurzfristig zum Erfolg führen, hat aber auf Dauer keinen Bestand, weil Belegschaften schnell erkennen, daß ein solches Verhalten nur dem Bewerber dient, letztlich aber nicht dem Ganzen. Auch das Versprechen, Probleme zu lösen, deren Lösung von vornherein als aussichtslos zu erkennen sind, schadet nicht nur dem einzelnen Betriebsratsmitglied, sondern bringt letztlich das gesamte Gremium in Mißkredit.

Betriebsräte müssen Rückgrat zeigen, so daß auch schwierigste Situationen durchgestanden werden können. An einem erlebten Beispiel kann ich dies aufzeigen: Die Stillegung von 2.000 Arbeitsplätzen, die zwar nicht zu Entlassungen geführt hat, aber zu Umsetzungen im eigenen Werk und zu Versetzungen in andere Werke des Unternehmens, hat zu erheblichen Strapazen für die umgesetzten Mitarbeiter geführt. Bis zu 30 km längere Fahrstrecken und eine entsprechend längere Abwesenheit von zuhause sowie völlig andersartige Arbeitsbedingungen haben die Mitarbeiter auf sich nehmen müssen. Für etwas ältere Arbeitnehmer war das besonders schwierig. Man hätte leicht annehmen können, daß bei der nächsten Betriebsratswahl dem Vorsitzenden dies »ans Bein gelaufen wäre«. Das Gegenteil war der Fall. Der Vorsitzende wurde mit der Höchstzahl der Stimmen wiedergewählt. Ich gebe allerdings zu, daß die Politik in dieser Situation so angelegt war, schon im frühen Stadium die Belegschaften immer wieder darüber aufzuklären, daß, wenn sich die wirtschaftliche Situation in diesen Betrieben nicht aus der Verlustzone bewege, dies ernste Konsequenzen haben müsse. Dies führte manchmal im Vorfeld schon zu der schizophren erscheinenden Situation, Überstunden zu genehmigen, aber Neueinstellungen strikt abzulehnen.

Die Belastung von Betriebsratsmitgliedern, sich nur mit Lösungen von Problemsituationen herumschlagen zu müssen, kann auf die Dauer zur Frustration führen. Darum ist eine gute gesundheitliche Verfassung und somit ein gutes Nervenkostüm eine wichtige Voraussetzung für dieses Amt. Flucht in den Alkohol wäre sicherlich die schlechteste Lösung. Aber auch die Auffassung, sich beim Arbeitgeber aufgrund dieser Stellung, die ja letztlich dem Betrieb und den Mitarbeitern zugutekommen sollte, besondere Vorteile zu erhaschen, wäre wiederum ein falscher Weg. Das hat nichts damit zu tun, daß Betriebsräte entsprechend ihrer Qualifikation im Betrieb oder aufgrund entgangener Berufschancen durch eine Freistellung angemessen eingestuft werden.

Ein gewählter Betriebsrat muß stets bestrebt sein, die *Nähe zur Basis* nicht zu verlieren. Es wird dies umso leichter sein, je kleiner ein Betrieb ist. In Großbetrieben ergeben sich da andere und schwieriger zu bewältigende Situationen. Dennoch muß auch hier das Bemühen der Betriebsratsmitglieder ebenso ausgeprägt sein, den Kontakt zur Basis zu bewahren. Ein Gespräch am Arbeitsplatz und nicht nur im Betriebsratsbüro ist das sichtbarste Merkmal für das Verhältnis des Betriebsrates zur Belegschaft. Wenn schon ein Betriebsratsvorsitzender aus Zeitgründen nicht ständig in den Betrieben unterwegs sein kann, so müssen die Freigestellten durch eine entsprechend gute Organisation im Betriebsrat ständig vor Ort präsent sein. Betriebsräte, die sich lediglich kurz vor anstehenden Wahlen sehen lassen, werden ihr Wahlamt nicht für einen längeren Zeitraum ausüben können.

Es taucht nun noch die Frage auf, ob ein Betriebsrat Erfolge benötigt oder auf sie verzichten kann? Wie könnte der Begriff Erfolg aus der Sicht des Betriebsrats definiert werden? Ein *Erfolg* ist erkennbar, wenn es dem Betriebsrat gelingt, eine soziale Verbesserung der Lage der Belegschaft zu erreichen. Schwieriger wird die Situation für den Betriebsrat, wenn ein Kompromiß als Erfolg dargestellt werden muß, welcher als solcher von der Belegschaft noch nicht erkannt wurde. Der Betriebsrat wird also der Belegschaft klar machen müssen, daß auch die Abwehr oder die teilweise Abwehr eines Begehrens des Arbeitgebers, welches zu einer Verschlechterung des sozialen Umfeldes der Arbeitnehmer geführt hätte, ein von ihm errungener Erfolg ist. Ähnlich verhält es sich mit einer Forderung des Betriebsrates, die nur teilweise durch den Arbeitgeber erfüllt wurde, also zu einem Kompromiß geführt hat. Es besteht kein Zweifel darüber, daß Erfolge ein Lebenselixier für die Tätigkeit der Betriebsräte sind. Dennoch müssen sie nicht immer spektakulär sein. Sie können auch durch die tägliche verläßliche Kleinarbeit über eine Legislaturperiode hinweg erzielt werden und damit das gleiche Vertrauen seitens der Belegschaft nach sich ziehen.

Betriebsräte im Aufsichtsrat und in der Tarifkommission

Was hat – auf den ersten Blick – die Tätigkeit eines Betriebsrates im Aufsichtsrat oder in der Tarifkommission mit seinem Selbstverständnis im Zusammenwirken mit der Personalabteilung zu tun? Und doch kann sich gerade hier zuweilen eine Schieflage ergeben. Der Vorsitzende des Betriebsrates erhält aus seiner Arbeit in diesen Gremien häufig frühzeitig Informationen bestimmter Art, die ein Personalleiter nicht besitzen kann. Ich habe an einer anderen Stelle von dem Vier-Augen-Gespräch mit dem Leiter der Personalabteilung gesagt, daß es für einen vertraulichen Informationsaustausch sehr von Nutzen sein könne. Hier kann Mitbestimmung in Mitverantwortung umgemünzt werden. Auf diese Weise können beide Seiten jeweils ihre Vorbereitungen für anstehende Entscheidungen treffen. Unverständlich erscheint mir aus meinen Erfahrungen allerdings, aus welchen Gründen einem Betriebsratsvorsitzenden, der Mitglied des Aufsichtsrates ist, mehr Toleranz zugebilligt wird als einem Betriebsratsvorsitzenden, der nicht Mitglied des Aufsichtsrates ist.

Politischer Standort der Betriebsräte und Verhältnis zu den Gewerkschaften

Ich halte es für angebracht, noch etwas über den politischen Standort von Betriebsräten zu sagen. Ob das Betriebsratsmitglied einer politischen Partei angehört, ist unerheblich. Wichtig ist allerdings, daß eine parteipolitische Betätigung im Betriebsrat strikt unterbleibt. Sie wird nämlich letztlich die Arbeit des Gremiums lähmen und zu unausbleiblichen Konflikten führen, ja, sie kann sogar den Ausschluß eines Mitgliedes aus dem Betriebsrat nach sich ziehen. Anders sieht die Position zu den im Betrieb vertretenen Gewerkschaften aus. Hier ist eine Zusammenarbeit von der Sachlage aus angebracht. Die Gewerkschaften haben nach meiner Auffassung den Betriebsräten einen großen Spielraum gelassen. Sie sind immer davon ausgegangen, daß sie nur beratenden und begleitenden Charakter für die Betriebsräte besitzen. Die Gewerkschaften sind auch der Meinung, daß die Betriebsräte als Persönlichkeiten soviel Eigenständigkeit besitzen sollten, um eine vernünftige Zusammenarbeit mit den Arbeitgebern leisten zu können. Dies haben sie auch bis heute bewiesen. Dort, wo Gewerkschaftsfunktionäre versuchen, Betriebsräte bei Verhandlungen mit dem Arbeitgeber gegeneinander auszuspielen, indem sie das Gremium in progressive und konservative Kräfte aufzusplittern suchen, haben sie meistens Schiffbruch erlitten. Sie haben nämlich bald festgestellt, daß dies nicht von langer Dauer sein konnte.

Die *Zusammenarbeit mit den Gewerkschaften* war immer dazu angetan, die Angelegenheiten im Betrieb voranzutreiben, letztlich zum Nutzen aller. Betriebsräte sollten darum Wert darauf legen, daß ihre Mitglieder gewerkschaftlich organisiert sind, nicht um der Ideologie halber, sondern wegen der eigenen Standortbestimmung. Aus der Politik der Gewerkschaft wie aus der Erfahrung der Betriebsräte in den Betrieben hatten sich in der fruchtbaren Zusammenarbeit letztlich günstige Perspektiven für die Mitarbeiter in den Betrieben ergeben. Es kommt doch nicht von ungefähr, daß Fragen, die bereits auf Betriebsebene eine Lösung gefunden haben, später Eingang in Tarifverträge erlangt haben.

III Selbstverständnis der Personalabteilung

Anerkennung des Betriebsrates durch die Personalabteilung

Die Personalabteilung muß erkennen, daß Betriebsräte durch ihre vielfältige Einbeziehung in die betriebliche, und manchmal sogar in die unternehmerische Verantwortung, in einen ständigen mühevollen Entscheidungsprozeß gezwungen werden. Betriebsräte müssen der betrieblichen Wirklichkeit Rechnung tragen und sich auch von überzogenen Forderungen und Hoffnungen letztlich distanzieren, wie z. B. einem notwendig werdenden Abbau von Arbeitsplätzen. Dies könnte natürlich auch einmal zur Ursache für eine Schwächung des Vertrauens gegenüber betrieblichen Vertretungen werden.

Eine solche Konsequenz kann sicher nicht im Interesse einer Personalabteilung liegen, welche stabile und in sich gefestigte Betriebsräte als Partner braucht, um beständige und langfristige Regelungen der Arbeitsbedingungen zu vereinbaren, auf die sie bauen und mit denen sie disponieren kann. Es nutzt einer Personalabteilung wenig, sich schwachen Betriebsräten gegenüber zu sehen, weil darunter die konstruktive Arbeit zum Wohle der Mitarbeiter leidet. So wird also eine weitsichtige Personalabteilung im Vorfeld von Betriebsratswahlen dafür Sorge tragen, daß eine zu wählende Betriebsvertretung von einem großen Wählervotum getragen wird, das es ihr erlaubt, für die gesamte Belegschaft sprechen zu können. Allerdings hat die Personalabteilung kein Recht dazu, Wahlen zu beeinflussen. Es wird ihr vom Gesetz strikt untersagt. Wahlbeteiligungen von knapp über 50%, wie sie in einigen Großbetrieben in den letzten Jahren Usus geworden sind, können auf Dauer nicht eine ausreichende Basis bieten.

Unterstützung des Betriebsrates durch die Personalabteilung

Verhandlungspartner für die Personalabteilung kann entweder nur das ganze Gremium oder der Betriebsausschuß sein. Gesprächspartner für eine Regelung im Namen des Gremiums sollte der Betriebsratsvorsitzende sein; bei seiner Verhinderung ein vom Betriebsrat beauftragtes Mitglied. Meinungen von einzelnen Betriebsratsmitgliedern entgegenzunehmen, zu interpretieren und dann in den Betriebsrat hineinzutragen, ist für die Vertreter der Personalabteilung kein zulässiges Verfahren, da dies unnötige Konflikte im Betriebsrat auslöst und letztlich die Betriebsvertretung schwächt. Bevor Probleme angefaßt werden, sollten die Partner im Vorfeld klären, wer die kompetenten Gesprächspartner für die jeweilige Problembehandlung sind.

Information des Betriebsrates

Die Unterrichtung des Betriebsrates durch die Personalabteilung zieht sich wie ein roter Faden durch das Betriebsverfassungsgesetz. Kontroversen darüber kann es im Grundsatz nicht geben. Sie entstehen häufig lediglich um die Frage, was eine rechtzeitige Information ist oder welche Information notwendig sei. Bereits auf ein Gerücht zu reagieren, wäre von beiden Seiten aus falsch. Genauso schlimm wäre es, wenn ein Problem bereits bei den Mitarbeitern bekannt geworden ist, während der Betriebsrat keine Kenntnis davon besitzt. Wie schwierig das richtige Timing ist, ist mir bekannt, zumal in einem Unternehmen, in dem es zahlreiche Kompetenzebenen gibt. Bei dieser Sachlage sind Betriebsrat und Personalabteilung dann meistens überfordert. Hier ist ein Vorstand aufgefordert, durch eine straffe Organisation für die Zuständigkeiten in der Informationsgebung die Verantwortung zu tragen.

Persönlicher Umgang miteinander

Personalabteilungen sind nicht nur dazu da, Verwaltungsaufgaben zu erfüllen. Sie sind genauso wie der Betriebsrat in die Betriebsverfassung eingebunden und müssen den Forderungen des Gesetzes Rechnung tragen. Dies macht sie zu eigentlichen Partnern. Die Erfüllung des Auftrages setzt ein hohes Maß an Fingerspitzengefühl voraus. Es erwächst aus der Summe praktischer Erfahrung. Der ständige Umgang miteinander läßt zwischenmenschliche Beziehungen entstehen. Je besser diese sind, desto leichter wird das gegenseitige Verstehen sein. Gemeinsame Verhandlungen über Sachfragen führen auch zu Gesprächen persönlicher Art, wobei eine gelockerte Atmosphäre herrschen sollte. Diese Gespräche sollten ausschließlich zur besseren Bekanntschaft mit dem Partner führen. Dienstliche Probleme sollten weitgehend ausgeklammert werden; ein Gespräch über einen Dritten sollte nicht stattfinden. Meine Erfahrung hat gezeigt, wenn diese Gespräche in dem eben angeführten Geiste geführt werden, daß sie nichts, aber auch gar nichts mit »mauscheln« zu tun haben. Im Gegenteil, sie wirken sich für die tägliche harte Arbeit nur fruchtbar aus. Aber auch zu einem Vieraugengespräch rate ich dem Personalleiter mit dem Betriebsratsvorsitzenden.

Diese sollten nicht zu oft, aber auch nicht zu selten stattfinden. Der Betriebsratsvorsitzende wird dabei sicherlich mit Argusaugen von seinen Mitgliedern betrachtet werden. Es erfordert seine ganze Persönlichkeit, trotzdem auf dieses Gespräch nicht zu verzichten.

Solche Kontakte haben den Sinn, daß die beiden Repräsentanten immer wieder ausloten können, wie die Gremien über anstehende Probleme denken. Sie können damit bereits im Vorfeld von Verhandlungen den Boden für eine Problemlösung vorbereiten. Diese persönlichen Gespräche sollten aber nie dazu führen, durch Gefälligkeiten, vielleicht sogar materieller Art, den Partner einzubinden. Sollte etwas derartiges an das Tageslicht kommen, wird es schlimme Folgen haben.

IV Zusammenarbeit der Betriebsparteien

Der personelle Bereich

Die Zusammenarbeit der Partner, welche das Betriebsverfassungsgesetz verlangt, vollzieht sich im wesentlichen im personellen und im sozialen Bereich. In diesen Bereichen hat der Betriebsrat z. B. nach § 87 BetrVerfG Mitbestimmungsrechte, aber auch nach § 90 ff. BetrVerfG Mitwirkungs- und Beratungsrechte. Im folgenden sollen nicht nach dem Gesetz unstrittige Grundsätze der Zusammenarbeit aufgezeigt werden, vielmehr erfolgt eine Begründung dafür, warum ein gutes Klima zwischen den Partnern notwendig ist, um die Bandbreite zwischen dem Soll- und Istzustand vernünftig auszuschöpfen.

Betriebsparteien, die mit dem Gesetz unter dem Arm durch den Betrieb laufen, werden bald feststellen müssen, daß damit leicht eine Lähmung des Betriebsgeschehens erfolgen kann. Wenn dies bisher selten der Fall gewesen ist, ist dies ein Beweis dafür, mit welch hoher Verantwortung und Augenmaß für das Ganze Betriebsrat und Personalabteilung an ihre Aufgabe herangegangen sind.

Beide Partner sollten wissen, daß es oberstes Ziel sein muß, Betrieb und Produktion funktionsfähig zu erhalten. Wem nützt es letztlich, wenn das Gesetz nach dem Buchstaben erfüllt wird, auf diese Weise jedoch Störungen des Betriebsablaufes erfolgen. Der Betriebsrat wird also gewichten müssen, wo er Schwerpunkte setzt, oder wo er im Rahmen vertrauensvoller Zusammenarbeit beim alltäglichen Ablauf des Geschehens Entscheidungen der Personalabteilung mitträgt. Ein Beispiel hierfür ist die Einstellung von Mitarbeitern, wobei letztlich die Personalabteilung eine Entscheidung über die Qualifikation des Mitarbeiters treffen muß, die der Betriebsrat automatisch nachvollzieht.

Auch bei der *Personalplanung* sollte der Betriebsrat der Personalabteilung einen größeren Spielraum belassen. Ob langfristige Personalplanungen in Großkonzernen überhaupt möglich sind, wage ich zu bezweifeln. Kurz- und mittelfristige Planungen sollten mit den Betriebsräten beraten bzw. besprochen werden, später sollten aber nicht kleinere Abweichungen zu längeren Diskussionen führen, denn Spitzen werden sich immer nur durch Überstunden bewältigen lassen. Von beiden Seiten muß darauf geachtet werden, daß einzelne Belegschaftsmitglieder durch die Menge der Überstunden nicht überfordert werden. Überstunden werfen für beide Seiten Probleme auf. Für den Betriebsrat gebe ich zu, daß eine Ablehnung von Überstunden für den Betroffenen sehr ärgerlich ist. Darum wird die Meldung meistens verschleiert und der Betroffene selbst beschwert sich auch nicht, wenn er aus wirtschaftlichen Gründen gerne Überstunden macht. Auch für die Personalabteilung ist es schwierig, auf Überstunden einzuwirken, weil ihr einmal die Meldungen fehlen oder diese nur so kurzfristig von den Betriebsleitungen eintreffen, daß eine Weitergabe an den Betriebsrat lediglich statistischen Wert erhält. Jede Überstunde vom Betriebsrat bereits im Vorfeld genehmigen zu lassen, ist nach meiner Auffassung praktisch nicht durchführbar. Liegen ausreichende statistische Werte vor, wird es auf Drängen des Betriebsrates der Personalabteilung ohne weiteres möglich sein, die Betriebe zu Neueinstellungen aufzufordern.

Lassen Sie mich ein anderes Problem ansprechen, das meines Erachtens nur im Rahmen vertrauensvoller Zusammenarbeit zu lösen ist: Das Problem der *Umgruppierung.* Hierbei ist die Zustimmung des Betriebsrates nach dem Gesetz erforderlich. Meistens haben die Betriebsräte in Großbetrieben die Genehmigung hierzu pauschal erteilt, denn ein Einspruch des Betriebsrates ist nur in solchen speziellen Fällen gegeben, wenn ein Betroffener sich beschwert. Ansonsten akzeptiert der Betriebsrat die Umgruppierung, obwohl vielleicht die eine oder andere Ungerechtigkeit einfließen mag. Es gibt Betriebsleiter, die Umstufungen großzügiger handhaben als andere Betriebsleiter, welche auf diesen Gebieten zurückhaltender sind. Wenn ein Betriebsrat allen Umgruppierungen im Einzelfall nachgehen würde, reichte sein Personal nicht aus; zum anderen ist eine Überprüfung ohne die genaue Beschreibung und Begehung des Arbeitsplatzes nicht möglich. Eine ungerechtfertigte Anhaltung der Umgruppierung führt logischerweise zu Verzögerungen und damit zum Schaden der Mitarbeiter. Damit ist der Betriebsrat auf den Mitarbeiter angewiesen, eine mögliche Ungerechtigkeit zu verhindern.

Die wenigen aufkommenden Streitigkeiten beweisen, daß im Rahmen einer vertrauensvollen Zusammenarbeit ein Verlaß auf die Personalabteilung durch den Betriebsrat vertretbar ist.

Ein sehr sensibles Thema ist das Problem der *Kündigung.* An dieser Nahtstelle besteht eine ständige Konfliktsituation. Die Personalabteilung muß schon aus ökonomischen Gründen den Betrieben gutes und zuverlässiges Personal zur Verfügung stellen. Die Betriebe drängen darauf, dies auch durchzuhalten. Der Betriebsrat seinerseits wird die sozialen Aspekte möglichst in den Vordergrund stellen. Es gibt sogar Betriebsräte, die grundsätzlich einer Kündigung widersprechen und die Zustimmung durch das Arbeitsgericht ersetzen lassen.

Ich halte ein solches Verhalten in der Zusammenarbeit zwischen den Partnern nicht für angemessen. Im Gegenteil, hier geht ein Stück Verantwortung des Betriebsrates verloren. Kündigungen, die im Verhalten des Arbeitnehmers liegen, sollte von beiden Seiten nicht ad hoc zugestimmt werden. Im Gespräch und in Diskussionen im paritätisch besetzten Personalausschuß sollten beide Seiten erstmals dem Fehlverhalten des Arbeitnehmers entgegenwirken. Bei Nichtbesserung sollten Abmahnungen erteilt werden, die dann in eine Kündigung einmünden können. Das Betriebsverfassungsgesetz billigt dem Betriebsrat lediglich das Recht zur Stellungnahme im Rahmen einer Anhörung nach § 102 zu. Die Entscheidung für oder gegen eine Vertragsbeendigung liegt alleine beim Arbeitgeber. Dabei kann ein Unternehmen gesetzeskonform handeln, es kann aber auch in vertrauensvoller Zusammenarbeit den Betriebsrat in die Verantwortung nehmen. In unserem Unternehmen hat man sich für den gemeinsamen Weg entschieden. Die Personalabteilung spricht also gegen den begründeten Willen der Arbeitnehmervertretung keine Kündigung aus. Hier wird dem Betriebsrat von der Personalabteilung freiwillig ein Mitspracherecht eingeräumt, damit aber auch eine große Mitverantwortung. Starke Worte vor der Belegschaft, der Betriebsrat würde nie einer Kündigung zustimmen, helfen letztlich nicht der Arbeitnehmervertretung, weil auch Mitarbeiter in ihrer Umgebung leicht die Verantwortungslosigkeit eines Mitarbeiters erkennen können. Das Mitentscheidungsrecht zwingt den Betriebsrat bei einer Kündigung zu einer sehr sorgfältigen Prüfung des Sachverhaltes. Das ermöglicht aber auch, daß nicht nur der Betroffene, sondern auch seine Kollegen gehört werden, und daß sie ihre Meinung offen vor der Arbeitnehmervertretung zur Sprache bringen können. Die gegenseitige Abstimmung der Betriebspartner bei der Kündigung dient letztlich der Belegschaft. Jeder Mitarbeiter weiß seinen Arbeitsplatz gesichert, weil eine Entscheidung gegen ihn nur fällt, wenn auch der Betriebsrat von der Richtigkeit der Entscheidung überzeugt ist. Der Betriebsrat erfährt aber auch das Vertrauen der Personalabteilung, indem er in die Verantwortung miteinbezogen wird. Hier geht die vertrauensvolle Zusammenarbeit weit über das Gesetz hinaus und dient, wenn Vernunft und Objektivität garantiert sind, letztlich dem ganzen Unternehmen und den dort tätigen Mitarbeitern.

Der soziale Bereich

Bei den sozialen Angelegenheiten sind die *Mitbestimmungsrechte* des Betriebsrates im § 87 BetrVerfG stark ausgeprägt. Der Zwang zur Einigung besteht in diesem Bereich. Bei Nichteinigung wird der Spruch der Einigungsstelle von beiden Seiten erzwungen werden müssen. Dies hat sicherlich den Vorteil, daß soziale Leistungen durch den Arbeitgeber allein nicht abgebaut werden können. Dies hat aber auch den entscheidenden Nachteil, daß darunter die Flexibilität leidet. So kann es passieren, daß Mitarbeiter soziale Einrichtungen, wie z. B. Ferienhäuser, nicht mehr in dem Umfange wie in früheren Zeiten nutzen, womit diese Einrichtungen in ihrer Berechtigung ad absurdum geführt werden.

Ein weiteres Hemmnis für Änderungen im Bereich der *Sozialleistungen* kann aber auch das *Besitzstanddenken* in der Belegschaft sein. Für einen Betriebsrat wird dieses Denken wesentlich schwerer aufzubrechen sein als für eine Personalabteilung. Will man jedoch die Sozialleistungen den Bedürfnissen der Zeit anpassen, dann wird dies nur möglich sein, wenn der Betriebsrat mitwirkt. Er kann dies nur, wenn das soziale Budget insgesamt keine Kürzung erfährt. Ist dies nicht der Fall, dann sollte der Betriebsrat nicht ohne weiteres der Vorstellung der Personalabteilung folgen, sondern, da er die Stimmung in der Belegschaft kennt, eigene Auffassungen mit einbringen.

Zeitgemäße, gut ausgewogene und von den Mitarbeitern bereitwillig angenommene Sozialleistungen fördern ein Betriebsklima und damit die positive Einstellung der Mitarbeiter zum Unternehmen. Man sollte aber nicht außer acht lassen, daß das in der Bundesrepublik geknüpfte soziale Netz für die beiden Betriebsparteien den Spielraum für betriebliche Sozialleistungen enger gezogen hat. Um so mehr müssen darum Personabteilung und Betriebsrat sich damit befassen, »alte Zöpfe« abzuschneiden und neue Wege zu beschreiten. Dabei müssen sich die Parteien davor hüten, Lösungen anzupeilen, die lediglich einzelne Gruppen im Unternehmen begünstigen und damit andere Gruppen verärgern. Soziale Leistungen müssen für alle Mitarbeiter im Unternehmen ausgewogen sein.

Wege und Methoden der Zusammenarbeit

Im § 74 BetrVerfG hat der Gesetzgeber allgemeine Grundsätze der Zusammenarbeit aufgestellt. Demnach sollen Arbeitgeber und Betriebsrat mindestens einmal im Monat zu einer Besprechung zusammentreten. Sie haben dabei über strittige Fragen mit dem ernsten Willen zur Einigung zu verhandeln und Vorschläge für die Beilegung von Meinungsverschiedenheiten zu machen. Schon die Grundsätze bezüglich der Anzahl der Zusammenkünfte sind nicht praxisnahe. Dies mag vielleicht für Klein- und Mittelbetriebe zutreffen, nicht aber für einen Großbetrieb. Solche Größenordnungen lassen dies einfach nicht zu; ein solcher Formalismus würde den Gesprächen eher schaden als sie voranbringen.

Je nach Schwierigkeit der Problemstellung sind die Zusammenkünfte mit solchen Vertretern zu besetzen, die den nötigen Sachverstand mitbringen, um auf diese Weise schneller zu Lösungen zu kommen. Kontakte zum Arbeitgeber sind, wenn das Gesetz vernünftig praktiziert wird, immer gegeben. Es ist einfach nicht machbar, Entscheidungen im Betrieb herbeizuführen ohne ständige Kontakte zwischen Personalabteilung und Betriebsrat. An dieser Stelle möchte ich nicht unerwähnt lassen, wie wichtig das Gespräch zwischen Personalleiter und Betriebsratsvorsitzendem ist. Allerdings müssen beide starke Persönlichkeiten sein, die auch das nötige Durchsetzungsvermögen auf ihrer Seite besitzen. Beide müssen aber auch einschätzen können, was machbar ist, was nicht machbar ist und was einen längeren Reifeprozeß in den Gremien benötigt. Für den Betriebsratsvorsitzenden gilt, daß er die Situation in seinem Gremium zutreffend einschätzt und damit seinem Gesprächspartner auch in diesem Falle seine Grenzen aufzeigt. Bei dem Personalleiter Hoffnungen zu erwecken, die sich dann vom Betriebsrat nicht realisieren lassen, vergiften auf die Dauer das Klima; man sollte sich dann nicht wundern, wenn man sich gegenseitig die Zuständigkeit abspricht. Dies gilt aber auch gleichermaßen für den Personalleiter.

Einigungsstelle

Ausführliche Gespräche und auch Verhandlungen können trotzdem dazu führen, daß kein Ergebnis zustandekommt. Zur Auflösung eines solchen Konfliktes hat der Gesetzgeber die Einigungsstelle in das 72er-Gesetz eingeführt. Unter dem Vorsitz eines neutralen Schlichters sollen die Parteien einen Konflikt auflösen. Bei der Einfügung einer solchen Einigungsstelle in das Gesetz hat es mancherlei Befürchtungen gegeben. Diese Befürchtungen sind, wie sich gezeigt hat, unbegründet gewesen, denn es hat sich bewahrheitet, daß Betriebsräte aufgrund des Geistes des Gesetzes bestrebt sein werden, den Konflikt selber mit dem Arbeitgeber aus dem Wege zu räumen. Betriebsräte sind als mündige Bürger nicht gewillt, sich dauernd von einem Dritten bevormunden zu lassen. Dies ist eine bemerkenswerte Feststellung, wenn man bedenkt, welche Kontroversen es im Vorfeld der Gesetzgebung gegeben hat. Mir scheint ein wesentlicher Grund hierfür darin zu liegen, daß die Betriebsparteien ein Stück Verantwortung und Mitgestaltung nicht aus der Hand geben wollen. Das Eingeständnis beider Seiten, nicht selber eine betriebliche Einigung zustandegebracht zu haben und sich geflissentlich von einer Einigungsstelle korrigieren zu lassen, gibt einer betrieblichen Einigung immer den Vorzug. Damit ist die Intention des Gesetzgebers, wonach die Einigungsstelle nur die ultima ratio sein sollte, in der Praxis weitgehend verwirklicht worden.

Kompromiß oder Konfrontation

Das Suchen nach einem fairen Kompromiß muß immer im Vordergrund stehen. Eine Politik der totalen Konfrontation wird jede Seite ihres Partners berauben. Hier ist gegenseitige Hilfe angezeigt. Ein Betriebsrat, der bereit ist, betriebliche Entscheidungen zu tragen, um diese als Katalysator an die Belegschaft weiterzugeben und dafür auch einzustehen, braucht die Unterstützung der Personalabteilung, nötigenfalls sogar des Vorstandes. Der Verlust eines Partners könnte also auf längere Sicht das Fundament der Betriebsratsarbeit ernstlich gefährden. Mit wenigen Ausnahmen aber zeigt die Praxis, daß beide Seiten sich ernstlich bemühen, unter behutsamer Nutzung gegebener Spielregeln die vom Gesetz geforderte vertrauensvolle Zusammenarbeit zu praktizieren und die gegenseitigen Rechte und Pflichten zu respektieren.

Damit ist die *Kooperation* statt der *Konfrontation* gegeben.

Gemeinsame Verantwortung bei der Darstellung des Kompromisses

Ist ein vernünftiger Kompromiß gefunden, müssen beide Parteien ernsthaft bemüht sein, dieses Ergebnis gemeinsam vor der Belegschaft zu vertreten; mit einer Übereinkunft enden die Pflichten nicht.

Es kann nicht die Rechtfertigung der Belegschaftsvertretung sein, sich aus einem Kompromiß herauszuschleichen und der Belegschaft erklären, daß die Verantwortung für ein solch mageres Ergebnis beim Arbeitgeber liege. In diesem Falle braucht der Betriebsrat aber auch die Unterstützung der Personalabteilung. Einen Kompromiß gemeinsam zu vertreten, heißt, gemeinsam in der Sache Verantwortung zu übernehmen. Jede der beiden Seiten sollte zu ihrem Wort stehen und nicht in die Position flüchten, daß für die eine oder andere Seite doch wohl hätte mehr herauskommen müssen. Meinungsverschiedenheiten zwischen den Betriebsparteien sollten vor den Mitarbeitern nicht verheimlicht werden. Die Mitarbeiter müssen merken, daß beide Seiten ernsthaft bemüht sind, die Lösung eines Konfliktes herbeizuführen. Jeder vernünftige Mitarbeiter wird Verständnis dafür haben, daß im Wechselspiel der Interessen eine einmal gefundene Lösung ausgeglichen und für beide Seiten akzeptabel sein muß. Negative Diskussionen über ein Ergebnis sollten nach einer abgeschlossenen Verhandlung nicht mehr geführt werden.

Rücksichtnahme auf die Belegschaft

In dem Spannungsfeld der Kräfte spielt natürlich auch die Rücksichtnahme auf die Belegschaft eine gewichtige Rolle. Das bedeutet allerdings nicht, daß die Betriebsratsmitglieder ein gebundenes Mandat haben. Im Gegenteil, sie sind einzig und allein ihrem Gewissen verantwortlich. Der Wähler hat kein Recht, in diese Entscheidungen einzugreifen. Nach unserem Demokratieverständnis kann er, wenn er mit den Entscheidungen seines Betriebsrates nicht einverstanden ist, dies bei der nächsten anstehenden Wahl zum Ausdruck bringen.

Wenn auch beide Parteien frei in ihren Entscheidungen sind, sollten sie sich doch im klaren darüber sein, daß ihre Vereinbarungen Rechte und Pflichten der Belegschaften begründen und die Mitarbeiter sich zu den Entscheidungen der Parteien eine eigene Meinung bilden. Eine bestimmte Entscheidung kann das Betriebsklima beeinflussen. Natürlich braucht eine Belegschaft die notwendige Aufklärung über die Hintergründe von Betriebsvereinbarungen. Die Zusammenhänge sind den Mitarbeitern oft nicht bekannt und führen zu Mißverständnissen und Gerüchten, die sich zuweilen Gruppierungen im Betrieb sogar zunutze machen und damit eine negative Einstellung gegen den Betriebsrat unter den Mitarbeitern schüren können.

Lückenlose Information der Belegschaft

Es ist darum wichtig, getroffene Entscheidungen oder eventuelle Vorentscheidungen möglichst schnell den Mitarbeitern bekanntzugeben. Am besten sind hierzu Betriebsversammlungen geeignet, obwohl es manchmal sogar ratsam sein kann, schnellstens eine schriftliche Verlautbarung vorab an die Belegschaft herauszugeben. Die in der Betriebsversammlung durch den Betriebsrat, unterstützt von der Personalabteilung, abgegebene Erläuterung gibt dem Mitarbeiter die Gelegenheit, unmittelbar Fragen zu stellen oder in einer Diskussion Kritik anzubringen. Für die Betriebsparteien ergibt sich hieraus die Möglichkeit, die Resonanz ihrer Entscheidung in der Belegschaft zu erkennen. Es gibt Wünsche von Belegschaften, an denen kommen Betriebsrat und Personalabteilung nicht vorbei, z. B. Arbeitszeitfragen. Diesen Fragen müssen sich die Betriebsparteien stellen, zumal, wenn große Teile der Belegschaft solche Anträge vorbringen. Dabei sollte man diese Wünsche ernsthaft prüfen und die Mitarbeiter nicht gleich bevormunden und den Klügeren spielen. Denn eine Zusammenarbeit zwischen Arbeitgeber und Betriebsrat, die in diesem Sinne dargestellt wird, läuft Gefahr, nicht verstanden zu werden. Für den Mann im Betrieb erscheint es dann so, als ob dies nur eine gemeinsame Sache »derer da oben« sei.

Schlußbemerkung

Die einen meinen, das Betriebsverfassungsgesetz ginge ihnen zu weit und sei nicht praxisnah. Andere sind der Auffassung, das Gesetz lasse zu viel Gestaltungsraum, den die Betriebsparteien bei weitem nicht ausschöpfen. Wie dargestellt, hilft der Wortlaut des Gesetzes kaum, alle Probleme, die im Betrieb möglich sind, zu lösen. Es gibt auch kein Patentrezept für eine vertrauensvolle Zusammenarbeit. Je nach Größe der Organe, je nach Größe der Betriebe und je nach Branche gibt es Besonderheiten für die Wege dieser Zusammenarbeit. Entscheidend aber, und dies gilt für beide Seiten, egal, wo sie tätig sind, kommt es auf den Willen an, fair miteinander zu reden, zu lernen, den Standpunkt des anderen zu verstehen und in einem Kompromiß nicht von vornherein etwas Abwegiges zu sehen.

Eine Personalabteilung, die die gesellschaftliche Entwicklung vom 19. zum 20. Jahrhundert noch nicht erkannt hat, wird genauso Schiffbruch erleiden wie der Betriebsrat, der die eigene Selbstdarstellung für wichtiger hält und die Mitbestimmung so praktiziert, als könne er die Firmenpolitik alleine festlegen. Aber gerade das Wahlamt verlangt von ihm die Mitbestimmung und Integration.

Die gegenseitige Achtung ist gefordert; eine gewisse Bescheidenheit, die letztlich als Vorbild des Miteinanderumgehens auf den Mitarbeiter ausstrahlt. Betriebsräte dürfen nie den Kontakt zur Basis verlieren, aber auch Personalleiter müssen über die Arbeitsplätze und die dort tätigen Menschen Bescheid wissen.

Von der Ausgangslage her kann es verschiedene Interessenlagen geben; durch eine vertrauensvolle und konstruktive Zusammenarbeit müssen sie aber zusammengeführt werden, um dem Ganzen zu nützen. Es verbleibt letztlich nur die Erkenntnis und der Rat an die Vertreter des Betriebsrates und der Personalabteilung, mehr die Gemeinsamkeiten als die Gegensätze zu sehen oder zu suchen. Durch diese gegenseitige Achtung wird sich dann auf Dauer eine fruchtbare Partnerschaft entwickeln, die der Interessenlage aller dient. Daß es dann trotzdem zu Fragen der Mitbestimmung und der unternehmerischen Entscheidungsfreiheit unterschiedliche Auffassung der Partner gibt, steht hierzu nicht im Widerspruch.

Der Leiter des Personalbereichs – Ein vollwertiges Mitglied der Unternehmensleitung?

Peter Paschek

Prolog

Ort der Handlung: das Konferenzzimmer eines mittelständischen Unternehmens. Es geht um die Besetzung der Marketingleitung. Der Kandidat und der zuständige Geschäftsführer haben einen ersten Austausch ihrer Ansichten beendet. Der Leiter des Personalbereichs wird zwecks Fortsetzung des Gespräches gerufen. Es erscheint ein stattlicher Herr in den »besten Jahren«. Er tritt mit ernster bedeutungsgeschwängerter Miene auf den Kandidaten zu und stellt sich mit den Worten vor: »Ich bin der Personalchef dieses Unternehmens.« Seine Betonung liegt mehr auf ›Chef‹ dann auf ›Personal‹.

Dieses Szenarium widerspiegelt besonders deutlich die Diskrepanz zwischen Anspruch und Wirklichkeit der Funktion Leiter des Personalbereichs und der dieser Funktion innewohnenden Spannungsfelder. Die Verwirrung beginnt schon bei den häufig wechselseitig verwendeten Bezeichnungen Personalleiter oder Personalchef – ein Ursprung sowohl für viele Fehlinterpretationen der Funktion aber auch für Mißverständnisse ihrer Stelleninhaber.

Das eingangs dargestellte Geschehen ist sicherlich eher typisch für ein mittelständisches Unternehmen. Doch auch das Großunternehmen kennt eine Vielfalt von Erscheinungsformen, die die Widersprüche und Spannungsfelder der Funktion Leiter des Personalbereichs zum Ausdruck bringen wie zum Beispiel der nicht unumstrittene Stellenwert des Arbeitsdirektors (Personalvorstand), das Spannungsfeld zwischen Personalvorstand und Personaldirektor oder die Rolle des in Mode kommenden Stabes ›Personal Führungskräfte‹. Darüber hinaus ist das Konfliktfeld zwischen den Stabs- und Linienaufgaben des Personalwesens bei allen Unternehmensgrößen und -formen anzutreffen.

I Erscheinungsformen

Gegenstand des vorliegenden Beitrags ist der Personalleiter [1] in seinen verschiedenen Ausprägungen in denen er in der heutigen Unternehmenswirklichkeit erscheint. »Als Personalleiter werden hier sämtliche Funktionsträger angesehen, die den Bereich Personalwesen in den obersten Führungsorganen von Unternehmen vertreten. Darüber hinaus wird in den folgenen Ausführungen derjenige Funktionsträger als Personalleiter bezeichnet, der an der Spitze des Bereiches Personalwesen in einem Unternehmen, gleich welcher Größenordnung, tätig ist« [2].

Die wesentlichen Erscheinungsformen des Personalleiters, mit denen wir es heute zu tun haben, sind:

- der *Vorstand Personal* (bzw. *Geschäftsführer Personal*), der in der Regel dort anzutreffen ist, wo ihn das Mitbestimmungsgesetz von 1976 unter der Bezeichnung Arbeitsdirektor zwingend erforderlich gemacht hat.
- der an den Personalvorstand berichtende *Personaldirektor*
- der an die Geschäftsführung berichtende *Personalleiter*
- der für den Personalbereich mitverantwortliche Kaufmännische Leister in mittelständischen Unternehmen.

Ferner wird die Position, die unter der Bezeichnung Referent: Führungskräfte- oder Managemententwicklung, immer häufiger in Erscheinung tritt, obwohl sie keine Gesamtverantwortung des Personalwesens beinhaltet, wegen ihrer unternehmenspolitischen Schlüsselfunktion in die folgenden Erörterungen miteinbezogen.

II Image

»Do you really need a human resource organization?« [3] fragte jüngst der Präsident der Intel Corp., *Andrew S. Grove*, eine der überragenden Unternehmerpersönlichkeiten und Manager unserer Zeit, in einem Beitrag des Wall Street Journals. Die Frage hat durchaus ihre Berechtigung. Denn kommen die Linienmanager der Bereiche Vertrieb, Entwicklung, Produktion etc. ihren Aufgaben der Personalführung in vollem Umfang nach, gibt es für das Personalwesen nichts zu tun. Vorurteilsfreie, objektive, strikt leistungsbezogene Beurteilungs- und Vergütungssysteme; nicht die schwachen Mitarbeiter werden weggelobt, sondern die leistungsstarken werden gefördert ohne Rücksicht auf Ressortpatriotismus; Geradlinigkeit bestimmt den Umgang mit Mitarbeitern, Vorgesetzten und Kollegen – all dies wäre Wirklichkeit, vorausgesetzt die Personalverantwortlichen im Unternehmen erfüllen ihre tägliche Personalarbeit.

Andrew Grove beantwortet die eingangs gestellte Frage mit einem eindeutigen *Ja* und sieht im Personalwesen angesichts der vielen unvollkommenen Manager das »gute Gewissen« des Managements [4]. Aber schon allein daß der Nutzen dieses Bereichs in Frage gestellt wird, ist bezeichnend. Die Frage, brauchen wir eine Marketingorganisation oder brauchen wir den Bereich Forschung und Entwicklung, wäre undenkbar. Obwohl die Deutsche Gesellschaft für Personalführung, die man als die Berufsorganisation der Personalleiter bezeichnen kann, sehr umfängliche Aktivitäten entwickelt, hat der Leiter des Personalwesens bei den Personen seines Umfeldes ein vergleichsweise geringeres Ansehen als seine Kollegen auf gleicher Führungsebene. Marketing, Entwicklung, Finanzen etc. haben in der internen und externen Bewertung einen höheren Rang. Diese Funktionsträger sind bei Schieflagen eines Unternehmens in aller Regel diejenigen, die zur Verantwortung gezogen werden. Nicht der Personalleiter wird imErnstfall seiner Position enthoben, sondern der Vorsitzende der Geschäftsführung oder der Leiter des Vertriebs oder der Finanzen ist es, der seinen Kopf herhalten muß. Liegt es nun daran, daß der Personalleiter nur geringen Einfluß auf die zentralen Unternehmensentscheidungen hat oder entzieht er sich geschickt der Verantwortung für diese Entscheidungen, da sein Beitrag zur Unternehmensleistung weniger eindeutig zu messen ist als der seiner Kollegen? In diesem Zusammenhang bemerkt *Andrew Grove*: »But we will only truly enjoy the ensuing benefits (of the human-resource profession) when our human resource colleagues accept the inherent element of risk involved in making those contribution and overcome their own fear of that risk« [5].

Im Verständnis seiner Vorgesetzten und seiner Kollegen auf gleicher Führungsebene ist der Personalleiter ein Funktionsträger, der vorwiegend Dienstleistungsaufgaben für die Unternehmensleitung wahrnimmt. Linienaufgaben werden demjenigen, der seiner Bezeichnung nach die Verantwortung für den Einsatz und die Betreuung des bedeutendsten Ertragsfaktors im Unternehmen trägt, wenn überhaupt nur im geringen Ausmaß zugestanden. Dies kommt auch in dem mehrfach zitierten, ansonsten sehr treffenden Beitrag von Grove zum Ausdruck. In diesem Kontext liegt ein Sapnnungsfeld, das im täglichen Unternehmensgeschehen in Erscheinung tritt: Leistet der Personalleiter den Vorstellungen ›entsprechend‹ Dienste, wird sein Handeln akzeptiert und belobigt; leistet er einer Entscheidung unter Inanspruchnahme seiner Befugnisse nicht Folge, so sieht er sich häufig mit Vorwürfen konfrontiert wie: ›Er sei ein bürokratischer Verhinderer‹ oder ›er sei Unterlasser, nicht Unternehmer‹. Bemerkungen, die übrigens nicht nur im eben erwähnten Zusammenhang auftauchen, sondern allgemein in Mode geraten: Es ist sehr positiv, daß der Unternehmer in Deutschland wieder an Ansehen gewonnen hat. Schädlich ist jedoch, insbesondere für die Entwicklung der Leitbilder des Managementnachwuchses, daß Bürokratie und Verwaltung in zunehmendem Maße negative Bedeutung bekommen. Die Administration ist und bleibt Bestandteil einer jeden Führungsaufgabe oder Unternehmenstätigkeit.

Zurückkehrend zum Spannungsfeld zwischen Dienstleistungs- und Linienaufgaben des Personalleiters und zu seinem sich hieraus bildenden Image bei seinen Kollegen und Vorgesetzten möchte ich ein Beispiel anführen:

Der Bereichsdirektor ›Wertpapiergeschäft‹ einer Großbank stellt fest, daß einer seiner Leistungsträger im Portfoliomanagement im Begriff ist, den pekuniären Verlockungen der auf den deutschen Markt drängenden Schweizer Großbanken und amerikanischen Investmenthäuser zu erliegen.

Mit der Bitte, die Vergütung des Portfoliomanagers entsprechend seiner besonderen Leistungen anzuheben, wendet sich der Bereichsleiter an seinen Kollegen mit Verantwortung für das Personalressort. Dieser lehnt ab unter Berufung auf die im Unternehmen gegebenen Vergütungsstrukturen, die durch solch eine Maßnahme zwar nicht gesprengt, jedoch erheblich durcheinander gebracht würden.

Hier geht es nicht um die Frage, wer die richtige Position bezogen hat oder ob es sinnvoll ist, Mitarbeiter nur über das Einkommen im Unternehmen zu halten. Es handelt sich vielmehr schlicht um eine jener unzähligen Situationen, in denen der Personalleiter bei seiner Arbeit in ein Konfliktfeld gerät. Ein positives Image hieraus zu entwickeln, ist ein schwieriges Unterfangen und erfordert glaubwürdige Persönlichkeiten.

Bei allem Verständnis für die konfliktgeladene Arbeit des Personalleiters darf aber nicht vergessen werden, daß er selbst einen wesentlichen Beitrag zur eigenen Imagebildung liefert. Darüber hinaus haben Besetzungspraktiken in der Vergangenheit [6] viel dazu beigetragen, das Image des Personalleiters abzuwerten. Zum Beispiel sei daran erinnert, daß nach Inkrafttreten des 76iger Mitbestimmungsgesetzes so mancher Arbeitsdirektor – wenn man diesen Tatbestand schon nicht umgehen konnte – sicherlich nicht unter dem primären Auswahlkriterium Top-Management-Kompetenz ausfindig gemacht wurde. All dies hat dem Personalleiter im Unternehmen ein eher umstrittenes Image eingebracht, so daß er aus der Sicht seiner Kollegen noch längst nicht über einen etablierten Platz in der Unternehmensspitze verfügt oder sich kraft Funktion und Ansehen seiner Persönlichkeit hierzu die Legitimation geschaffen hat.

III Selbstverständnis

Während in den unzähligen Publikationen zum Thema ›Personal‹ ständig behauptet wird, der Personalleiter habe längst den Durchbruch in das Top-Management geschafft und obschon dieser selbst hierfür einen Anspruch erhebt, bewertet er seine Realität sachlich kritisch, wenn auch positiv. Für den heutigen Personalleiter ist ein eindeutiger Trend in Richtung Unternehmensführung erkennbar. Zu diesem Ergebnis gelangt auch eine im Jahr 1987 durchgeführte Erhebung des Management Centre Europe bei Personalleitern von rund 400 europäischen Unternehmen. Die abschließende Zusammenfassung konstatiert für das Personalwesen einen dynamischen Wandel, wobei sich diese Funktion der Richtung der Veränderungen durchaus bewußt sei. Dennoch existierten nach wie vor Widerstände und Vorbehalte aus anderen Bereichen des Unternehmens. Ohne Zweifel jedoch gehöre der »Personalverwalter der Vergangenheit an und der Personalleiter sei auf dem Weg zu einem gewichtigen Faktor der Unternehmensleitung.

Ein Einzelergebnis der Erhebung bestätigt diese Tendenz: Waren noch 1977 nur 20% der Personalleiter von ihrer Beteiligung an der Entscheidung über die Gestaltung der Unternehmenspolitik überzeugt, so sind dies laut MCE-Erhebung in Deutschland des Jahres 1987 immerhin schon 53% [7].

Trotz einer zweifellos zunehmenden Geltungs- und Machtposition im Unternehmen, die sich der Leiter des Personalbereichs erworben bzw. erarbeitet hat, besteht nach wie vor eine erhebliche Diskrepanz zwischen Selbstverständnis und Ansehen dieses Funktionsträgers. Ein wesentlicher Grund hierfür liegt in der Tatsache, daß sich der wachsende Einfluß des Personalleiters nicht immer mit einer vermehrten ›In-die-Pflichtnahme‹ vollzog. D.h., es ist einfach, immer nein zu sagen und den Weg des geringsten Risikos zu gehen. Dieses Verhalten kann jedoch dazu führen, daß zentrale Unternehmensentscheidungen durch *rigiden Einsatz* durchaus sinnvoller personalpolitischer Richtlinien blockiert werden, wie z.B. die Verhinderung der Promotion einer *herausragenden kontinuierlichen* Leistung mit dem Ergebnis, daß Schlüsselkräfte das Unternehmen verlassen. Derjenige, der für den effektiven Einsatz des Ertragsfaktors Personal verantwortlich ist, muß über seine Vergütung hierfür zu Rechenschaft gezogen werden. Bei wiederholten ›Vergehen‹ ist dafür zu sorgen, daß dieser Personalleiter, um mit *Peter Drucker* zu sprechen, »für die Konkurrenz arbeitet«.

IV Entstehungsgeschichte

Sämtliche Konfliktfelder mit denen der Personalleiter heute konfrontiert wird, lassen sich über seine Entstehungsgeschichte nachvollziehen. Es mußte den Tunnelvisionären unter den Vertretern der klassischen Wirtschafts- und Sozialwissenschaften sowie den vielen Managementtheoretisierern entgehen, daß es nicht ausreicht, die Entstehung der Personalfunktion und ihres Trägers als eine ähnlich wie Technik und Vertrieb delegierte Unternehmerfunktion zu erklären. Zumal diese Vulgäranalyse bestens geeignet ist, die Personalfunktion als Unternehmerfunktion historisch zu legitimieren. Ich möchte mich in diesem Zusammenhang nur auf die essentiellen Aspekte beschränken, es aber nicht versäumen, auf zwei ausgezeichnete Arbeiten zum Thema Entstehungsgeschichte des Personalleiters zu verweisen. Es sind dies ein Vortrag des Herausgebers dieses Buches mit dem Titel »Die Tätigkeit des Leiters des Personalbereichs im Industriebetrieb – im Wandel zum Beruf«? [8] sowie *Henry Eilbirt's* Beitrag im Business History Review mit dem Titel »The Development of the Personnel Management in the United States« [9].

Als gegen Ende des vergangenen Jahrhunderts die Vorläufer des Personalleiters ihre Tätigkeit wahrnahmen, sei es als Sozialsekretär oder als ›Personnel officer‹ waren die vom Management zu gestaltenden ›fundamentals‹ die gleichen wie heutzutage, nämlich Liquidität, Produktivität und die Kosten für den Bestand in der Zukunft. Die Rahmenbedingungen jedoch waren ihrem Inhalt und ihrer Struktur nach gänzlich unterschiedlich. Essentiell in diesem Zusammenhang ist, daß zu jener Zeit Personal weniger eine knappe Ressource darstellte, sondern eher im Überfluß – beliebig austauschbar – vorhanden war. Es konnte betriebswirtschaftlich im wesentlichen vom Aspekt des Kostenfaktors betrachtet werden. Die karitative Haltung vieler Unternehmer gegenüber ihren Mitarbeitern entstammte weniger aus unternehmerischer bzw. betriebswirtschaftlicher Überlegung, sondern vielmehr aus dem eigenen paternalistischen Leitbild. Der Mitarbeiter wurde nicht als ein wichtiger Garant des Unternehmenserfolges geschätzt und deshalb karitativ betreut, sondern als ein wohlfahrtsbedürftiges Wesen von geringer Eigenständigkeit gesehen. Diese Sichtweise ist den homogenen Mitarbeiterstrukturen des klassischen Industrieunternehmens der Jahrhundertwende entsprechend. Aus dieser ›Wohlfahrtsarbeit‹ des Unternehmers entstand die Personalfunktion in Deutschland und nicht aus der eigentlichen Unternehmerfunktion [10]. *Von Beckerath* bemerkt hierzu treffend: »Personalarbeit war ihrer Entstehung nach eine Tätigkeit, die neben dem eigentlichen Betriebsablauf und nicht in ihn integriert ablief« [11].

Diese Grundausrichtung der Personalarbeit hatte sicherlich bis zum 2. Weltkrieg Bestand. Eine seltene Ausnahme bildeten schon im vergangenen Jahrhundert Unternehmen wie die Firma *Carl Zeiss*, die aufgrund ihrer heterogenen Mitarbeiterstrukturen mit zum Teil damals schon hochqualifiziertem Personal, Personalarbeit durchführten, die in einzelnen Ausprägungen mit der heutigen vergleichbar ist. Die karitativen Maßnahmen entstammen nicht nur selbstlosen Motiven, sondern waren ebenso eine Reaktion der Unternehmensleitungen auf den wachsenden Einfluß und die zunehmende Bedeutung der Arbeiterbewegung und ihrer Partei- und Gewerkschaftsorganisationen. Das Betriebsrätegesetz von 1920, das Betriebsverfassungsgesetz von 1952 und seine Novellierung im Jahre 1972, das Montanmitbestimmungsgesetz von 1951 sowie das Gesetz über die Mitbestimmung der Arbeitnehmer des Jahres 1976 sind Stationen einer Entwicklung, die auch den Stellenwert des Personalleiters erheblich beeinflußt haben.

Während sich andere Führungsfunktionen im Unternehmen durch Markterfordernisse und infolge zunehmender organisationaler Komplexität herausbildeten, gewann der Personalleiter an Bedeutung durch Erscheinungen, die nicht dem eigentlichen Unternehmens- und Wirtschaftsgeschehen entstammten. Dieser Personalleiter ist ein Produkt der Industriegesellschaft. Sein Aufgabenfeld war ausgerichtet auf homogene Mitarbeiterstrukturen von Industriearbeitern, diese gestützt von einer starken Gewerkschaftsbewegung. Deren Einfluß entgegenzutreten, war eine weitere zentrale Aufgabe der Personalarbeit der Vergangenheit. Erst nach dem 2. Weltkrieg begann, wenn auch langsam, der Wandel der Personalfunktion von einer ›betriebsexternen‹ zu einer zentralen Unternehmensfunktion.

V Aufgabenbereiche

Ein weiteres Verwirrung stiftendes Moment bei der Betrachtung des Stellenwertes des Personalleiters in der Unternehmensführung liegt in der Vielfalt der Meinungen über die Zielsetzung des Unternehmens. Möglicherweise angeregt durch »Denkanstöße« des Humanitarismus [12] behaupten seit einigen Jahren Wirtschaftstheoretiker [13] unterschiedlichster Provenienz, ein Unternehmen habe wirtschaftliche und soziale Ziele, die es zu vereinen gelte. »Ehestiftende« Funktion käme dem Leiter des Personalwesens zu. – Ein Unternehmen hat nur ein Ziel – und dieses bestimmt sich vom Markt: Es muß dauerhaft mit seinem Produkt oder seiner Dienstleistung Kunden zufriedenstellen. – Nicht mehr und nicht weniger und viel zu trivial für ein buntes, eindrucksvolles Chart der Schaubildfetischisten vom graduierten oder vollakademischen Ansatz. Aus der Zielsetzung des Unternehmens leiten sich die Aufgabenbereiche des Personalleiters ab. Er hat im Kollegium mit den anderen Führungskräften Schlüsselresourcen, wie z.B. Personal, Kapital, Zeit, produktiv nutzbar zu machen. »Making resources productive is the specific job of management, as distinct from the other jobs of the ›manager‹: entrepreneurship and administration« [14]. Die Managementaufgabe des Personalleiters liegt in ihrem Kern darin, die Produktivität von Mitarbeitern zu fördern und zu steigern, insbesondere die des hochqualifizierten Personals, das zwar über das höchste Leistungspotential verfügt, andererseits jedoch die höchsten Kosten verursacht. Der Faktor Personal und insbesondere der ›knowledge worker‹ kann nur dann produktiv sein, wenn er dort eingesetzt wird, wo er optimale Ergebnisse erzielt.

Der Personalleiter ist in erster Linie verantwortlich für die Produktivität der Resource Personal. Diese zentrale Aufgabe nimmt er über folgende acht Hauptfunktionen [15] wahr:

- Grundsatzfragen des Personalwesens
- Personalbedarfsermittlung
- Personalbeschaffung
- Personaldisposition
- Personalentwicklung
- Personalbetreuung
- Personalverwaltung
- Zusammenarbeit, Kontaktpflege, Verhandlungen

VI Die Herausforderungen

Auch wenn bis heute dem Personalleiter vorwiegend nur seinem Selbstverständnis nach eine etablierte Funktion in der obersten Entscheidungsinstanz des Unternehmens zukommt, so wird es in Zukunft ein Überlebenserfordernis der Unternehmung sein, gleich welcher Größenordnung und Rechtsform, der Funktion Leiter des Personalwesens einen entscheidenden Platz in der Unternehmensleitung einzuräumen.

Warum ist dieses erforderlich?

Welcher Entscheidungsspielraum muß dem Personalleiter gewählt sein, damit er seine Funktion erfüllen kann?

Wie kann der Personalleiter in die Pflicht der unternehmerischen Verantwortung genommen werden?

Welchen Anforderungen muß dieser Leiter des Personalbereichs entsprechen?

Peter Drucker hat in seinem Beitrag an anderer Stelle, in der für ihn typischen Klarheit und Eindeutigkeit die eben gestellten Fragen beantwortet. An Essentiellem ist diesem nichts hinzuzufügen. Unter Zugrundelegung seiner Aussagen möchte ich jedoch noch einmal auf die entscheidenen Handlungsparameter des Personalleiters eingehen und dies unter besonderer Berücksichtigung der Verhältnisse in Deutschland.

Es sind drei große Herausforderungen mit denen der Personalleiter konfrontiert wird: Der Mitarbeiter neuen Typs, der Wandel der Organisationsstruktur sowie die rasante Internationalisierung der Wirtschaft.

Der Mitarbeiter neuen Typs

Bis vor etwa zwei Jahrzehnten war der typische Industriearbeiter der Hauptbestandteil des Faktors Personal.

Mehr und mehr übernimmt jedoch diese Rolle der ›Kopfarbeiter‹, oder treffender noch bezeichnet der ›knowledge worker‹.

Für das Management bedeutet dies: es hat das, was der Mitarbeiter zwischen den Ohren trägt, produktiv zu machen. Kontrollieren, konstruieren, analysieren, koordinieren, zielgerichtet kommunizieren etc. sind die Aufgaben des Mitarbeiters im Unternehmen. Handarbeit wird durch Kopfarbeit abgelöst. Ebenso findet in den entwickelten Industrieländern eine Umschichtung von den (hand-)arbeitsintensiven zu den wissensintensiven Industrien statt, was z. B. deutlich wird am Rückgang der Stahlproduktion zugunsten des Anstiegs in der Produktion pharmazeutischer Erzeugnisse.

Verbunden mit diesem Wandel ist die Segmentierung des Arbeitsmarktes in eine Vielzahl von Teilmärkten. Die Anbieter von Arbeitskraft auf diesen Teilmärkten haben ein solches Selbstverständnis und Selbstbewußtsein entwickelt, daß sie sich eher mit ihrem Beruf, ›ihrem Können‹ identifizieren als mit dem Unternehmen, in dem sie tätig sind. Dies gilt gleichermaßen für den Programmierer, den Marktforscher, den Finanzanalysten, den Pharmareferenten, den Verkäufer oder für den Mitarbeiter am Schaltpult einer automatischen Fertigungsstraße.

Der Wandel vom homogenen Arbeitsmarkt zur Differenzierung in Märktevielfalt verbunden mit der Entwicklung zu heterogenen Mitarbeiterstrukturen bis hin zum ›Solisten‹unternehmen erfordert eine Veränderung der Personalpolitik der Unternehmung. Personalpolitik und Personalarbeit muß in letzter Konsequenz der einzelnen Mitarbeitergruppe bzw. dem einzelnen ›Solisten‹ Rechnung tragen. Nur so ist es möglich, daß die Mitarbeiter ihre Anstregungen auf das Ziel des Unternehmens richten. Nur so ist die Resource Personal zum optimalen Ertrag zu führen.

Weiterhin müssen die Unternehmen lernen – wollen sie auf den Arbeitsmärkten erfolgreich agieren – ihre Personalarbeit unter den Grundsatz zu stellen, daß sie als die Unternehmen dem Anbieter von Arbeitskraft auf diesen Märkten Arbeitsplätze verkaufen und nicht umgekehrt.

Die neuen Mitarbeiterstrukturen erfodern darüber hinaus ein Vergütungssystem, das indiziert, daß alle verantwortlich sind für Erfolg und Mißerfolg des Unternehmens. Eine weitere personalpolitische Richtlinie, die sich hieraus ergibt, lautet: Alle Angehörigen des Unternehmens sind durch leistungsabhängige Bezüge in die Pflicht zu nehmen – vom Vorstandsvorsitzenden bis zum Pförtner.

Personalbeschaffung, -entwicklung, -training und -vergütung müssen Veränderungen unterworfen werden, die dem Wandel von dem relativ homogenen Mitarbeiterstrukturen der Unternehmen der Industriegesellschaft zum Mitarbeiter neuen Typs der postindustriellen Gesellschaft oder Dienstleistungsgesellschaft Rechnung tragen.

Der Wandel der Unternehmensorganisation

Eine weitere Herausforderung an die zukünftige Personalarbeit der Unternehmen und somit an die Tätigkeit des Leiters des Personalwesens stellt der Wandel der Organisationsstruktur dar.

Sichtbares Zeichen dieses Wandels ist das Abflachen der hierarchischen Pyramide im Unternehmen sowie die zunehmende Dezentralisation der Verantwortung.

Die Unternehmensorganisation entwickelt sich zu einer Symphonie-Orchesterähnlichen Struktur mit der Konsequenz, daß die Personen im Unternehmen sich eher als Kollegen, denn als Vorgesetzte und Untergebene gegenüberstehen. Hier soll nicht etwa dem kooperativen Führungsstil das Wort geredet werden oder gar einer Demokratisierung des Unternehmens – im Gegenteil. Diese Organisationsstruktur erfordert mehr denn je von allen Beteiligten, daß sie sich täglich durch Leistung legitimieren. Zu diesem Zusammenhang sei bemerkt, daß es nur zwei Elemente der Führung gibt, nämlich ›by objectives‹ und das ›role model‹. »Respekt zeigen, wenn man Respekt erwartet« lautet letztlich das zentrale Leitbild für den Umgang mit Mitarbeitern, für höfische Zeremonien bietet das erfolgreiche Unternehmen keinerlei Platz.

Die Dezentralisierung der Verantwortung, d. h. die Zergliederung eines Unternehmens in eine Reihe von kleineren Unternehmen und dies nicht um Mitbestimmungstatbestände zu umgehen, sondern um totale Kundennähe zu erzielen, hat einen wachsenden Bedarf an Personal mit General Management-Kompetenz zur Folge. Dies wiederum stellt eine besondere Herausforderung an die Personalbeschaffung und Personalentwicklung dar.

Abflachende Hierarchien in den Unternehmen limitieren zwangsläufig die Aufstiegsmöglichkeiten des Nachwuchses – ein weiterer Aspekt der Herausforderungen an den Personalleiter. Die Konsequenz hieraus für die praktische Arbeit dieses Funktionsträgers hat wiederum *Peter Drucker* an anderer Stelle des vorliegenden Buches deutlich gemacht: »Für den Nachwuchs werden die Aufstiegsmöglichkeiten in den nächsten zehn oder zwanzig Jahren wesentlich geringer sein, selbst wenn man ein schnelles wirtschaftliches Wachstum in Rechnung stellt. Demzufolge muß für den Nachwuchs die berufliche Befriedigung und der Berufserfolg in zunehmendem Maße in der

Tätigkeit selber und weniger in einem schnellen Aufstieg bestehen. Hierin liegt wiederum die Notwendigkeit zu einer Neukonzeption der Arbeitsplätze, damit sie umfangreicher, inhaltsvoller, interessanter und attraktiver werden. Wahrscheinlich besteht darin die größte und schwierigste Aufgabe für das Personalwesen in der vor uns liegenden Zeit« [16]. *Hewlett Packard* ist ein Unternehmen, das diesem Umstand schon seit vielen Jahren Rechnung trägt.

Globales Investment

Die Internationalisierung der Wirtschaft – vom Welthandel zum globalen Investment – ist eine weitere Herausforderung an die Arbeit des Personalleiters. Die Unternehmen tragen dem multinationalem Wettbewerb Rechnung, indem sie verstärkt außerhalb der Landesgrenzen »vor Ort« ihrer ausländischen Märkte produzieren. Japan liefert hierzu ein Beispiel. So produzierten 1983 nur 2% der japanischen Unternehmen im Ausland, 1986 wares es schon 5%, 1992 werden es nach Schätzungen etwa 20% der japanischen Unternehmen sein. Der Welthandel nimmt ab zugunsten eines Booms im internationalen Investment. Auch in diesem Zusammenhang macht *Peter Drucker* die Aufgaben der Personalfunktion deutlich: »The major force behind world investment is, however, human resources. Exporting goods primarily creates employment for blue collar-workers. Investing abroad in a multinational affiliate primarily generates employment for educated people in the home country – for engineers and chemists, for accountants, managers and quality-control staffs and so on« [17].

Der Personalleiter wird zunehmend verantwortlich für die Produktivität multikultureller, multinationaler und multifunktionaler Mitarbeiterstrukturen. Daß diese neue Form der Internationalisierung der Wirtschaft nicht von allen verstanden wird – auch nicht von denen, die es begreifen sollten – zeigt folgendes Beispiel: Anläßlich einer Veranstaltung vor Nachwuchsmanagern bemerkte kürzlich der Vorstandsvorsitzende eines deutschen Weltunternehmens, daß sich die internationalen Aufgaben der Manager überhaupt nicht verändert hätten.

Als Beispiel führte er die heute noch in hohem Ansehen stehenden Leistungen deutscher Geschäftsleute im ehemaligen Deutsch-Südwestafrika an.

Das Unternehmen als politische Institution

Zwei weitere Faktoren, die das Handeln des Personalleiters in besonderem Maße bestimmen, sollen nicht unerwähnt bleiben. Zunächst zu nennen ist die Entwicklung des Wirtschaftsunternehmens zu einer politischen Institution im Spannungsfeld unterschiedlicher Interessengruppen. Seit dem Zweiten Weltkrieg hat sich unsere Gesellschaft in eine Gesellschaft von Institutionen gewandelt. Das Wirtschaftsunternehmen wird nicht nur hinsichtlich seines ursprünglichen Zwecks bewertet – nämlich der Produktion von Produkten und/oder Dienstleistungen, sondern wird zusätzlich daran gemessen, welche Wirkungen es auf die Gesamtgesellschaft hat – also wie es seiner »sozialen Verantwortung« gerecht wird. Die z. T. haarsträubende Inflexibilität aller möglichen gesetzlichen Rahmenbedingungen, die das wirtschaftliche Handeln in unserem Land bestimmen, ist sicherlich ein entscheidender Faktor der hohen Arbeitslosenquote hierzulande. Dennoch sind es Rahmenbedingungen, in denen wir erfolgreich handeln müssen, wollen wir unternehmerisch im Personalbereich tätig sein. Das Lamentieren über die Unmöglichkeit trotz hoher Arbeitslosenzahl genügend Fachkräfte zu bekommen, zeugt von wenig offensiver Haltung. Die unternehmerische Kreativität der Manager, insbesondere der leitenden im Personalbereich ist gefordert, um Arbeitsplätze zu generieren und zu gestalten, an denen die arbeitswilligen Arbeitslosen von heute produktive Mitarbeiter von morgen sind, als ein Beitrag zur sozialen Verantwortung des Unternehmens als politische Institution.

Die Mitbestimmung auf allen Ebenen ist ein weiteres Arbeitsfeld des Personalleiters, insbesonders hierzulande. Den entscheidenden Machtfaktor der Praxis des Betriebsverfassungsgesetzes und anderer Mitbestimmungsgesetze stellt auch heute noch die Gewerkschaftsbewegung dar. Diese hat sich allerdings mit einigen gravierenden Problemen auseinanderzusetzen. Der Wandel von homogenen Industriearbeiterstrukturen zu heterogenen Kopfarbeiterstrukturen stellt

Bedeutung und Einfluß der klassischen Industriegewerkschaft in Frage. Das bedeutet nicht, daß sie hierbei tatenlos zusehen werden.

Es ist allzu menschlich, wenn auch Gewerkschaften nicht nur ein wenig, sondern mit aller zur Verfügung stehender Macht versuchen, das Gestern am Leben zu erhalten. Der Leiter des Personalbereichs muß auch dies bei seiner Arbeit berücksichtigen. Es geht nicht darum, Tatbestände arbeitsrechtlicher Rahmenbedingungen zu umgehen oder diesen auszuweichen, sondern es geht um die unternehmerische Ausschöpfung des Spielraumes dieses Rahmens und die Einbeziehung der Vertreter des Betriebsrates, der Wirtschaftsausschüsse oder der Arbeitnehmervertreter des Aufsichtsrates in die Verantwortung für das Unternehmen. Der § 2, Abs. 1 des Betriebsverfassungsgesetzes von 1972 sowie §§ 25 ff. des Mitbestimmungsgesetzes von 1976 laden hierzu ein.

VII Der Leiter des Personalbereichs als Funktion des Top-Managements

Bei der überragenden Bedeutung der Resource Personal für den Unternehmenserfolg besteht überhaupt kein Zweifel darüber, daß der Personalleiter einen festen Platz im Top-Management des Unternehmens haben muß. Die Resource Personal produktiv zu machen, ist sowohl die Aufgabe eines jeden Managers mit Personalverantwortung, aber auch die vornehmliche Aufgabe des Leiters des Personalbereichs. Mehr und mehr wird der Personalleiter in die Linienarbeit einzugreifen haben und hierfür auch die Verantwortung tragen müssen. Demzufolge muß der Leiter des Personalbereichs in Zukunft über eine ausgeprägte Linienerfahrung verfügen. Die Arbeitsfelder der Personalfunktion muß er aus seiner Tätigkeit als Linienmanager kennen. Die in Deutschland in Mode kommende weitgehende Delegation der Entscheidungsprozesse wie z.B. bei der Besetzung von Schlüsselpositionen an linienunerfahrene Stabsreferenten erscheint mir ebenso eine Orientierung in die falsche Richtung wie der publizitätsträchtige Versuch verschiedener Lehrstühle, Personalleiter ausbilden zu wollen.

Der Leiter des Personalbereichs muß wie alle anderen Angehörigen der Unternehmensleitung über General Management-Kompetenz verfügen und über klare detaillierte Zielvorgaben, die sein Ressort betreffen, in die Verantwortung der Unternehmensführung genommen werden. Nur so legitimiert er seine Kompetenz und seine Gleichberechtigung gegenüber den Kollegen im Top-Management.

Anmerkungen

1 Obwohl, wie bereits erwähnt, die etablierte Begriffsbezeichnung Personalleiter nicht ganz korrekt ist, wird sie im folgenden verwendet.
2 *Beckerath, Paul G. v.*: Über das Berufsethos eines Personalleiters. In: Ders. (Hrsg.), Verhaltensethik im Personalwesen, Stuttgart 1988, S. 293 ff.
3 *Grove, Andrew S.*: Human Resources go down the Drain with no Risk. The Wall Street Journal Europe, 8. October, 1985, S. 25.
4 Vgl. ders.: ebd., S. 25.
5 Ders.: ebd., S. 25.
6 Ich hoffe, daß diese Praktiken der Vergangenheit angehören. (der Verfasser).
7 Management Centre Europe (Hrsg.): Human Resource Management in Europe, A Study of the Attitudes and Opinions of Europe's Senior Personnel Managers, Brüssel, o. Jg., S. 11.
8 *Beckerath, Paul G. v.*: Die Tätigkeit des Personalbereichs im Industriebetrieb – im Wandel zum Beruf? o. Jg., unveröffentlichtes Manuskript.
9 *Eilbirt, Henry*: The Development of the Personnel Management in United States, Business History Review, Vol. 33, No. 3 1959, S. 349.
10 Vgl. zur Unternehmerfunktion die Ausführungen von *Joseph Schumpeter*, Theorie der wirtschaftlichen Entwicklung, Nachdruck der 1934 erschienenen vierten Auflage, Berlin 1964, S. 100 ff.
11 *Beckerath, Paul G. v.* a. a. o. S. 6
12 Zu diesem Begriff vgl. *Arnold Gehlen*, Die Seele im technischen Zeitalter, sozial-psychologische Probleme in der industriellen Gesellschaft, Hamburg 1957, S. 43.
13 U. a. *v. Eckardstein/Schnellinger*. Betriebliche Personalpolitik, München 1973, S. 11 ff.
14 *Drucker, Peter F.*, Managing in turbulent times. London 1980, S. 18.
15 *Beckerath, Paul G. v.*, Stichwort Personalleiter, in: *Paul G. v. Beckerath, Peter Sauermann, Günter Wiswede* (Hrsg.), Handwörterbuch der Betriebspsychologie und Betriebssoziologie, Stuttgart 1981, S. 308.
16 Vgl. *Drucker, Peter F.*: Das Personalwesen auf dem Weg zu neuen Ufern, in Beckerath, Paul G. v. (Hrsg.), Verhaltensethik im Personalwesen, Stuttgart 1988, S. 1 ff.
17 *Drucker, Peter F.*: From Trade to Global Investment, The Wall Street Journal Europe, 26. Mai 1987, S. 8.

Über das Berufsethos eines Personalleiters

Paul Gert von Beckerath

Zielsetzung

Etwa seit Mitte der fünfziger Jahre hat sich eine umfangreiche Literatur über das Personalwesen in industriellen Unternehmen entwickelt. Hierbei wird unter dem Begriff Personalwesen derjenige Bereich verstanden, der für das Management der menschlichen Beziehungen im Industriebetrieb eine spezifische Zuständigkeit erhalten hat. Es sind dem Personalwesen im Laufe der Jahre und Jahrzehnte eine immer größere Anzahl von Aufgaben zugewachsen. Der Bereich hat eine stetig zunehmende Bedeutung erlangt. Diese hat darin ihren Niederschlag gefunden, daß man sich in vielfältiger Weise mit den für seine operative Tätigkeit erforderlichen Instrumentarien und seinen Institutionen im Unternehmen befaßt hat. Die Literatur über die Formen der Handhabung der menschlichen Beziehungen im Betrieb, wie beispielsweise Personalplanung, Statistik, Fragebogen aller Arten, die Personalbeurteilung usw. haben die Aufmerksamkeit von Spezialisten und Wissenschaftlern gefunden.

Dies gilt weniger für die Person des Personalleiters und sein Wirken. Es gibt zwar Darstellungen und auch wissenschaftliche Untersuchungen über sein Anforderungsprofil in fachlicher wie auch in persönlicher Hinsicht. Es haben angesichts der Gesetze über die Mitbestimmung und die Betriebsverfassung intensive Diskussionen über die Einordnung des Personalleiters in das Gefüge des betrieblichen Führungsmanagements wie auch in die Hierarchie der betrieblichen Führungskräfte stattgefunden. Dies gilt insbesondere im Hinblick auf das Mitbestimmungsgesetz des Jahres 1976, welches in Unternehmen ab der Größenordnung von 2000 Arbeitnehmern aufwärts den obersten Personalleiter unter der Bezeichnung ›Arbeitsdirektor‹ in die Geschäftsführungs- bzw. Vorstandsebene einordnet.

Ich halte jedoch aus meiner Einsicht daran fest, daß Überlegungen zu den Grundsatzfragen des Aufgabengebietes eines Personalleiters, zu seinem Verhalten und seiner Grundeinstellung gegenüber diesen Grundsatzfragen bisher nur ziemlich selten erfolgt sind und das auch nur in Form vereinzelter Bemerkungen zum ethischen Handlungsbedarf des Personalleiters, jedenfalls soweit es einen literarischen Niederschlag gefunden hat. Ich dehne diese Feststellung nach meiner Erfahrung auch aus auf den europäischen und amerikanischen Bereich. Ohne auf mögliche Gründe für die Vernachlässigung solcher Grundsatzfragen einzugehen, unternehme ich nachfolgend den Versuch, einen Beitrag zum Thema des Berufsethos eines Personalleiters zu geben. Ich verbinde diesen Versuch mit der Hoffnung, damit eine breite Diskussion auszulösen, sei es über die von mir angeschnittenen Fragen oder auch über andere Probleme aus dem gleichen Zusammenhang. Es sei von vornherein zugestanden, daß es je nach Temperament und Erfahrungsumkreis auch andere Wege gibt, das Thema zu behandeln wie auch die Möglichkeit, unterschiedliche Aspekte und Schwerpunkte zu setzen. Wesentlich erscheint mir, das Thema als solches in seiner Bedeutung zu erkennen.

I Der Personalleiter – ein Beruf?

Als Personalleiter werden hier sämtliche Funktionsträger angesehen, die den Bereich Personalwesen in den obersten Führungsorganen von Unternehmen vertreten. Darüber hinaus wird in den folgenden Ausführungen derjenige Funktionsträger als Personalleiter bezeichnet, der an der Spitze des Bereiches Personalwesen in einem Unternehmen, gleich welcher Größenordnung, tätig ist.

Es ist noch nicht sehr lange her, daß in unserem Lande Diskussionen über die Frage geführt wurden, ob man bei der Tätigkeit eines Personalleiters im Industriebetrieb von einem *Beruf* sprechen könne. Es wurde nicht nur dies bestritten; man ging sogar so weit zu behaupten, es könne aus dieser Tätigkeit auch niemals ein Beruf werden. Diese Diskussionen sind in der Zwischenzeit verstummt; nicht zuletzt infolge der Ausweitung der Mitbestimmung und ihrer Kodifizierung, der Novellierung der Betriebsverfassung und der Intensivierung der staatlichen Sozialpolitik. In Auswirkung dieser Gesetzgebungsakte haben sich in den Unternehmen Funktionen herausgebildet, deren Zusammenfassung schrittweise zur Errichtung einer besonderen Position mit der Zuständigkeit für den arbeitenden Menschen geführt haben.

Diese außerbetrieblichen Einwirkungen wurden in einer Reihe von Fällen bestimmend für die Vertiefung und Erweiterung bereits in den Unternehmen bestehender Funktionen, so daß lediglich deren Anpassung an veränderte Situationen erforderlich war. Die gewachsene Komplexität der Großorganisationen hatte bereits bewirkt, eine Schritt für Schritt notwendig werdende Zusammenlegung von Funktionen auf personalem Gebiet, die in den Unternehmen organisatorisch ursprünglich verschiedenen Bereichen zugeordnet worden waren, zu einem sie vereinigenden Personalbereich herbeizuführen. Derartige Aus- und Umgliederungen sind häufig nicht ohne innerbetriebliche Reibungen vor sich gegangen.

Diese und ähnliche Entwicklungen gehören heute zu einer Geschichte, die in ihrem Zusammenhang noch nicht geschrieben worden ist. Auch der Vorgang einer sukzessiven Professionalisierung der Position des Personalleiters, deren Wurzeln hier und dort in das vergangene Jahrhundert zurückreichen, hat noch keine Darstellung als Entwicklungsprozeß gefunden. Der allmähliche Übergang der Funktion des Personalleiters zu einem Beruf hat zu der Einrichtung zahlreicher Lehrstühle und Lehraufträge in Hoch- und Fachhochschulen in der Bundesrepublik, die auf dem Gebiet der Forschung und Lehre für das Personalwesen tätig sind, geführt.

Der Personalleiter ist für den arbeitenden Menschen im Unternehmen der Wirtschaft zuständig. Dies bedingt primär und vor allem anderen, daß er bei der Ausübung seiner Funktion und als Person dem Menschen zugewandt ist.

Die Besonderheit seiner Aufgabenstellung bringt es mit sich, daß eine akademische Fachausbildung für seine Tätigkeit in der Praxis ebenso wenig allein ausreichend sein kann, wie dies für den Arzt, den Theologen, den Pädagogen gilt, d. h. für alle Berufe, die am und für den Menschen wirken. Eine theoretische Ausbildung ist bei der komplexen Tätigkeit eines Personalleiters, welcher eine große Anzahl von Fachdisziplinen zugrunde liegen bzw. sie berühren, erforderlich. Berufsfertig wird ein Anwärter auf die Tätigkeit als Personalleiter jedoch erst nach einer intensiven Sammlung von Erfahrungen und Erkenntnissen in der betrieblichen Praxis. Intellektuelle Erkenntnisse müssen eine Symbiose mit durch die Erfahrung gewonnenen Einsichten eingehen.

Eine solche Tätigkeit zum Zweck der Sammlung von Erfahrungen sollte nicht zu knapp bemessen sein. Allzu leicht könnte sie anderenfalls zu vermeintlichen Erkenntnissen führen, welche sich später als Fehleinsichten erweisen und die damit zur Ursache praktizierter Fehlverhaltensweisen werden.

Der Umgang mit Menschen gehört zu einer der schwierigsten Aufgaben; Erfahrungen auf diesem Gebiet können positiver wie auch negativer Natur sein. Solche Erfahrungen mögen einsichtiger machen. Aber selbst eine Tätigkeit von langer Dauer schützt nicht vor neuerlichen Irrtümern in dieser oder jener Richtung. Demnach muß ein Personalleiter immer wieder von neuem den Mut zum Wiederbeginn haben. Eine Neigung zum Spötter oder zum Pessimismus im Hinblick auf den Menschen machen einen schlechten Personalleiter.

Der berufsfertige Personalleiter sollte sich sowohl als Träger fachlicher Kenntnisse wie praktischer Berufserfahrungen ausweisen. Hierzu gehört auch die allzeit bereitwillige Beschäftigung mit den Grundsatzfragen des betrieblichen Personalwesens, die Bereitschaft zum kritischen Nachdenken und zur denkenden Begleitung seiner Tätigkeit. Ein Personalleiter, der den komplexen Anforderungen des Bereiches Personalwesen in einem modernen Unternehmen gewachsen sein will, bedarf des Bekenntnisses zu einer sich schrittweise entwickelnden Grundeinstellung gegenüber seinem Aufgabenbereich.

Im Abschluß zu diesen Überlegungen sei noch eingegangen auf die Verbindung, die zwischen der Tätigkeit eines Personalleiters in ihrem Übergang zur Kategorie als Beruf einerseits und einem Berufsethos andererseits besteht.

Gemäß einer im Jahre 1950 erschienenen Studie [1] erfüllt ein Beruf die folgenden Kriterien: Es muß eine Tätigkeit als Hauptaufgabe und nicht nur als eine Aufgabe neben anderen erfolgen; für die Vermittlung von Wissen und Kenntnissen bestehen für diese Tätigkeit entsprechende Ausbildungseinrichtungen; ein starker Berufsverband vereinigt die Berufsträger unter seinem Dach. Und schließlich gibt es in den Kreisen dieser Berufsträger gemeinsame Überzeugungen bei der Ausübung dieses Berufes; das ist es, was als Berufsethos bezeichnet wird.

II Anforderungen an die Person des Personalleiters

Hier geht es nicht um die Frage der fachlichen Ausbildung des Personalleiters, sondern darum, ob bei der Ausübung des Berufes die Person oder ihre fachlichen Kenntnisse im Vordergrund stehen sollten: Ist es der Mensch, der in der betrieblichen Praxis des Personalleiters den Vorrang hat oder sind es fachliche Kenntnisse, die seinen Einfluß ausmachen?

Der Unternehmer *Josef Winschuh* spricht in einem Buch über »Praktische Werkspolitik« [2] im Jahre 1923 ausführlich über den ›Sozialsekretär‹, welchen er als ›Fachmann für die Behandlung der Arbeitspolitik‹ bezeichnet. Er verlangt von ihm, daß er »natürlich eine Vertrauensperson« sein müsse. Neben den Fachkenntnissen und Betriebserfahrungen, die er haben soll, muß er »ein gutes Einvernehmen sowohl mit den Ingenieuren als auch mit dem Leiter der Lohnbüros« unterhalten. Diese guten Beziehungen seien »unerläßlich«.

Aus den fünfziger Jahren liegt die Stellungnahme eines Praktikers im Personalwesen eines großen Werkes vor. Dort heißt es: »In Zukunft werden die Unternehmer nur noch Persönlichkeiten dazu bringen, dieses saure Brot zu essen und die ungeheuren Schwierigkeiten dieses Berufes auf sich zu nehmen, wenn sie ihnen eine entsprechende Stellung in der Organisation des Unternehmens einräumen. Meines Erachtens sind die Zeiten vorbei, wo der Personalchef in der Leitung der Firma fungiert unter der Bezeichnung ›ferner liefen‹ [3]«.

Eine Untersuchung aus dem Jahre 1972/73 zum Berufsbild und zur Berufspraxis des Personalleiters [4] hat ergeben, daß 71% der Befragten das Verständnis für menschliche Probleme und die Bewährung im Umgang mit Menschen für entscheidender als rein fachliche Kenntnisse halten. Von 54% der Befragten werden menschliche und charakterliche Eigenschaften für wesentlicher als Wissen und Können angesehen. Betriebserfahrung und die Bewährung in anderen Unternehmensbereichen werden von 49% höher eingeschätzt als spezielle Fachkenntnisse; von 44% werden sozialwissenschaftliche Einsichten höher als juristische Kenntnisse gewertet.

Der Engländer *Northcott* [5] hat im Jahre 1950 bemerkt, daß in der Personalleitung die Persönlichkeit wichtiger sei als ihre Ausbildung;

der Besitz gewisser *Charakter-* und *Persönlichkeitsmerkmale* sei Voraussetzung für eine praktische Tätigkeit als Personalleiter. Als wesentliche Eigenschaften werden u. a. genannt: Tatkraft und die Bereitschaft zur Nutzung gegebener Gelegenheiten; Mut gegenüber Widerständen; Durchsetzungsvermögen, Kontakt- und Überzeugungsfähigkeit, ein Gespür für soziale Verantwortung und soziale Gerechtigkeit sowie Redlichkeit im persönlichen Auftreten. Es handelt sich also insgesamt um Attribute der Persönlichkeit.

Die Ausweitung des Aufgabengebietes eines Personalleiters, seiner Gestaltungs- und Einflußmöglichkeiten innerhalb eines Unternehmens, ergeben sich aus seiner Geltung als Person und damit weniger aus dem Auftreten als Funktionsträger. Da der Personalleiter aus der Art seiner Stellung Manager, Ansprechpartner der Belegschaft und Gesprächspartner des Betriebsrates ist, muß er sich so verhalten, daß er Respekt erwirbt. Es kann nicht jeder auf sämtlichen Gebieten ein Meister sein. Hüten muß sich der Personalleiter vor der Gefährdung, seine Person in ihrem Ansehen in ein schiefes Licht zu bringen.

Der Personalleiter sollte sich als Manager in seinen Fähigkeiten mit seinen Manager-Kollegen messen können, ohne den Anspruch geltend zu machen, sich in seinem Wissensstand über ihre Fachgebiete mit ihnen gleichstellen zu wollen; jedoch sollte er ein verständnisvoller Gesprächspartner sein können. Es stünde ihm nicht an, würde ihm im Gegenteil seine Aufgabe nur erschweren, anzustreben, sich in seiner Mittlerrolle als Personalleiter in den Vordergrund zu spielen. Es wäre klüger, eine Bescheidenheit der Zurückhaltung zu wahren. Man erwartet vom Personalleiter eine mit größerer Sicherheit ausgestattete Fähigkeit zur Beurteilung der Auswirkung von Managerentscheidungen auf sozialem Gebiet. Die Erfassung und Definition sozialer Situationen gehört zu seinem Metier. Wenn er dies in der Praxis erreicht, sollte diese besondere Fähigkeit nicht dazu führen, andere seine Überlegenheit spüren zu lassen.

III Warum benötigt ein Personalleiter ein Berufsethos?

Ethisches Verhalten beruht nach *Rupert Lay* [6] auf einer absichtsvollen sittlichen Einstellung gegenüber dem Menschen in der realen

Welt. Diese sittliche Einstellung findet ihren Ausdruck in der Abwägung bestimmter Bezüge organisatorischer, wirtschaftlicher, sozialer und technischer Art. Der Würde des Menschen, als einem häufig beanspruchten Begriff, ist dann Rechnung getragen, wenn er als einzelner Mensch in dieser so weitgehend mit Organisationen überzogenen Welt die Grundlagen seiner Existenz gemäß seinen eigenen ethischen Vorstellungen gestalten kann. Ethik bezieht sich auf die praktische Seite der menschlichen Existenz. Sie ist eine Lehre von menschlichem Handeln auf der Grundlage von Tugenden.

Solche »Tugenden werden uns« – und hierbei beziehe ich mich auf *Aristoteles* [7], welcher in seiner *Nikomachischen Ethik* darüber sagt – »weder von Natur noch im Widerspruch zur Natur zuteil; sondern wir sind von Natur dazu veranlagt, sie uns anzueignen, bringen sie in uns aber nur durch Gewöhnung zur Vollendung«. *Aristoteles* hat auch gesagt, daß sittliche Verhaltensweisen wie auch die Meinungen über Tugend und Glück einer vernünftigen, kritischen Rechtfertigung bedürfen. Vernunft sei also die wesentliche Basis einer Sittenlehre.

Das sich verstärkende Verlangen nach einer formulierten Individual- und Sozialethik hat sicher auch eine seiner Ursachen in dem Verlust an Sicherheit innerhalb der vielfältigen Beziehungen und Abhängigkeiten vertikaler und horizontaler Art in unserer organisierten Welt, die der einzelne kaum noch zu überschauen vermag. Der einzelne Mensch hat immer weniger das Empfinden, auf einem festen und gesicherten Fundament zu stehen. Er leidet an dieser Unsicherheit. Das Verlangen nach formulierter Ethik hat aber auch einen Grund in dem zunehmenden Verlust gelebter Religiosität, die in ihrer Lehre zugleich moralische Maßstäbe setzt.

Der Dichter *Novalis* (1772–1801), welcher in der Zeit der deutschen Romantik lebte, hat vor nunmehr rund zweihundert Jahren den Ausspruch getan, daß, »wenn wir drei Schritte vorwärts machen, um die Natur durch Technik zu beherrschen, dann brauchen wir wenigstens auch drei Schritte der ethischen Vertiefung nach innen«. Ein solcher Gedanke erweckt in seiner Aktualität für unsere Zeit eine besondere Aufmerksamkeit. Er zeigt, daß dieser Mann in einem noch frühen Zeitpunkt der Begegnung von Natur und Technik eine besondere Empfindsamkeit für die Auswirkungen dieses Aufeinandertreffens entwickelt hat.

Wenn bisher Ethik gedanklich in einen Bezug zum betrieblichen Personalwesen gesetzt war, soll nun auf den Begriff des Ethos eines Berufes eingegangen werden. Er soll für den gelebten Vollzug von Werten und Idealen einer Berufsgruppe stehen. Es erfolgt eine Aussage über die Werte und die Ordnung der Werte, welche die Grundlage bilden für die Tätigkeit des Personalleiters in der Praxis des Unternehmens. Grundlage hierfür ist das christliche Menschenbild, auf dem sich unsere westliche Kultur aufbaut. Wesentliches Fundament sind auch die Grundwerte des Grundgesetzes der Bundesrepublik Deutschland. Eine weitere Basis sind die Menschenrechte, die in einer Erklärung der Vereinten Nationen enthalten sind, welche von allen Mitgliedern dieser Weltorganisation angenommen worden ist. Damit haben sie als Forderung Gültigkeit für alle Menschen dieser Erde erlangt.

Es gehört zur angemessenen Erfüllung der Aufgaben eines Personalleiters, daß er seine Tätigkeit, sein Tun und sein Unterlassen, die Durchführung der tagtäglich an ihn herantretenden Anforderungen nachdenkend begleitet; nachprüfend, ob sein Tun in grundsätzlicher Übereinstimmung mit den vorgegebenen Maßstäben eines Berufsethos steht. Ein Ethos in diesem Sinne ist für einen Personalleiter von so besonderer Bedeutung, weil sich sein Handeln primär auf den Menschen richtet.

Hiermit soll nicht gesagt sein, daß es ausschließlich der Personalleiter ist, dessen Handeln ethische Bedeutung besitzt. Dies trifft auch für sämtliche Manager zu, die in ihrem Bereich Aufgaben der Personalführung im Hinblick auf ihre Mitarbeiter wahrzunehmen haben. Sie haben die gleiche Verpflichtung zu ethischer Einstellung. Dennoch gilt für den Personalleiter, daß er häufiger mit Fragen ethischen Inhalts befaßt wird. Die dem Personalleiter zufallende Aufgabe und Verpflichtung, auf die Gültigkeit und Anwendung der Prinzipien ethischen Verhaltens unter gegebenen Umständen zu drängen, verlangen von ihm vorbildhaftes Verhalten, denn nur dadurch kann er seinem Auftreten überzeugende Wirksamkeit verleihen.

Das Berufsethos ist ein *Verhaltenskodex*, der die Berufsträger auf seinem Fundament vereinigt. Er verpflichtet sie auf der Basis gewisser gemeinsamer Anschauungen und Verhaltensweisen im Hinblick auf die typischen praktischen Aufgaben des Personalleiters, die als Grundeinstellungen zu bezeichnen sind. Das Berufsethos benennt und bewahrt spezifische Verhaltensweisen, die seine Träger solidarisieren. Hieraus ergibt sich eine Gewißheit für die Richtigkeit ihrer Einstellung im Vergleich zur Einstellung anderer Berufe. Gemeinsame Grundeinstellungen verleihen ihren Trägern Eigenständigkeit. Die Verständigung untereinander geht schneller vonstatten, weil sich eine Diskussion darüber erübrigt. Mißverständnisse über Grundsatzfragen im Berufsgeschehen können weitgehend ausgeschlossen werden. Für die Eigenart der komplexen Tätigkeit eines Personalleiters, dessen Zuständigkeit sich über alle fachlichen und organisatorischen Einheiten eines Unternehmens horizontal und vertikal erstreckt, gewährt ein wertgebundenes Fundament, auf das er sich erkennbar stützen kann, vor allem auch Sicherheit.

IV Zum Inhalt des Berufsethos eines Personalleiters

Nachfolgend mache ich den Versuch einer Darstellung von meiner Konzeption des Berufsethos eines Personalleiters als Ergebnis von Erfahrungen in der Praxis und gemessen an den Anforderungen der Praxis. Eine Ethos-Konzeption, die der Realität nicht gerecht wird, erfüllt ihre Zielsetzung in zweierlei Hinsicht nicht: Sie gibt dem Personalleiter nicht die Möglichkeit, seine eigene Identität zu entwikkeln; sie findet auch keine Anerkennung bei denen, die dem Personalleiter, gleich auf welcher Ebene, gegenüberstehen, da ihr das Fundament fehlt, an welchem dieses Ethos sein Maß nimmt.

Das Unternehmen der Wirtschaft, von dem der Personalleiter seinen Handlungsauftrag erhält und für das er tätig ist, ist der Ausgangspunkt aller Überlegungen. Alle in einem Unternehmen tätigen Menschen leisten kraft ihrer Fähigkeit eine bestimmte geistige oder körperliche Arbeit. Sie sind in den Prozeß der Erzeugung von Gütern und die Erstellung von Dienstleistungen zusammen mit den Hilfsmitteln der Technik eingebunden. Der gesamte Prozeß läuft nach ökonomischen Prinzipien ab. Diese Teilhabe des arbeitenden Menschen am Produktionsprozeß rechtfertigt nicht eine Schmälerung seiner Würde als oberster Norm sittlichen Handelns. Diese oberste Norm besteht in der sittlichen Eigenverantwortung der Person.

Das Ethos des Personalleiters geht von der Überzeugung aus, daß der Mensch mehr ist als ein nur funktionierendes Wesen. Der Mensch ist keine Maschine; er ist ›anders als Maschinen‹. Daraus folgt, daß er eines ihm gebührenden Umgangs und keiner ›Behandlung‹, wie man sie Objekten und Gegenständen angedeihen läßt, bedarf.

Wer sich mit der Genealogie von Worten und Begriffen, die sowohl in der Wirtschaft wie auch in den Gewerkschaften gebräuchlich sind, befaßt, wird feststellen, daß viele von ihnen ursprünglich aus dem militärischen Bereich stammen. Wenn sie auch ihren Eingang in den Wortschatz der Wirtschaft vor mehr als 150 Jahren gefunden haben, so sind sie dennoch heute noch in vieler Menschen Munde. Es sind inhumane Begriffe im humanen Bereich.

Allzu häufig findet man den Begriff der ›Arbeitskraft‹ in seiner Anwendung auf den Menschen. Man spricht von ›Einsatz‹ und ›Einsatzmöglichkeiten‹; der Mensch wird eingesetzt. Es ist von der ›Brauchbarkeit‹ des Menschen die Rede. Der Ausdruck vom ›Menschenmaterial‹ ist noch vielerorts im Umlauf.

Sehr häufig taucht auch der Begriff der ›Beschäftigung‹ auf in dem Sinne: er wird mit dieser oder jener Art von Arbeit *be*schäftigt. Der Mensch wird als Objekt betrachtet; man geht ihn passivisch an, ohne daran zu denken, daß er ein Einzelwesen, eine Person, ein *Subjekt* ist, dem eine entsprechende Ansprache zusteht.

Hinter dieser gedankenlosen Anwendung solcher und vieler anderer in den gleichen Zusammenhang gehörenden Begriffe stehen Vorstellungen, die eigentlich in unsere Zeit nicht mehr passen, an deren Revision man sich begeben sollte, wenn man die Worte von der Mündigkeit und der Würde des Menschen wahrmachen will. Sie passen auch nicht mehr in unsere Zeit angesichts der individualisierenden Anforderungen, die an den heutigen Menschen gestellt werden. Ein Wandel der Auffassungen wäre aber auch angebracht angesichts der Rechte und sozialen Leistungen, die dem Menschen in unserem Staate zugewachsen sind. Die Unterstreichung der Würde des Arbeitnehmers als Person, als Subjekt, und nicht als ›behandeltes Objekt‹, fordert zugleich seine Verpflichtung heraus, seine Gegen*leistung* aus eigenem Entschluß freimütig zu erbringen. Es geht um die wechselseitige Bedingtheit von Rechten und Pflichten.

Zweifelsohne erfolgt die Anwendung von Begriffen, wie den vorstehend erwähnten, ohne die bewußte Kenntnis von ihrem Ursprung und Herkommen. Dennoch meine ich, daß es an der Zeit wäre, das Bewußtsein für die Unangemessenheit ihres Gebrauchs unter den heutigen Umständen zu schärfen, um sie auf diese Weise allmählich aus unserem Wortschatz zu verdrängen.

Im folgenden erinnere ich an einige Beispiele aus der Geschichte der Industrie, welche in früher Zeit bereits Forderungen, von denen oben die Rede war, aufgestellt bzw. in die Praxis umgesetzt haben. In einem im Jahre 1825 in London in dritter Auflage erschienenen Buch mit dem Titel »A New View of Society« schrieb der erfolgreiche Textilunternehmer *Robert Owen* diese Sätze:
»Wenn nun die angebrachte Sorgfalt für den Zustand eurer leblosen Maschinen solche guten Erfolge zu erzielen vermag, was darf dann nicht erwartet werden, wenn ihr eine entsprechende Aufmerksamkeit euren lebendigen Maschinen widmet, die noch wunderbarer gebaut sind« [8].

Owen nimmt mit diesen Worten in sehr kritischer Weise Stellung zur Herrschaft der Technik über den Menschen. Aus der Sicht der Unternehmer wird in der Frühzeit der Industrie der Produktionserfolg überwiegend auf den Faktor Technik zurückgeführt. Im Zeitalter der Technokratie steht der Mensch voll im Schatten der Herrschaft der Maschinen. Wenn sich auch eine ganze Anzahl von Begründungen für die damalige Herrschaft solcher Anschauungen geben ließen, so haben wir doch in diesem kritischen Appell von *Robert Owen* einen Anlauf zur Humanisierung der Arbeit in früher Zeit.

Ein ähnlicher Ansatzpunkt findet sich in einer Arbeitsordnung aus dem Jahre 1872 [9], in der es heißt: »Um Überbürdung des Einzelnen zu verhüten, und damit besonders die alt und schwach Gewordenen geschont werden, ist sorgfältig darauf Bedacht zu nehmen, daß in den dazu angethanen Fällen durch Zuordnung eines Assistenten den einer Erleichterung in ihrer Arbeit Bedürftigen und Würdigen eine solche gewährt werde. Auch Dispensationen von einem Theile der Arbeit werden in den bezeichneten Fällen zu ertheilen sein.« Hier werden sittlich-ethische Prinzipien angesprochen zum Schutz des im Arbeitsprozeß im Nachteil befindlichen Individuums.

An anderer Stelle – und dies soll auch wiederum nur als Beispiel dienen – heißt es: [10] »Wer sich in seinen Rechten oder sonst in seiner Persönlichkeit beeinträchtigt oder gekränkt glaubt«, dem wird eingeräumt, einen festgelegten Beschwerdeweg einzuschlagen. Wichtig in unserem Zusammenhang ist die Vorstellung von der ›mit Rechten begabten Persönlichkeit‹, welcher dem Begriff ›Menschenwürde‹ gleichzusetzen ist.

Ein letztes Beispiel aus dem Beginn der zwanziger Jahre dieses Jahrhunderts. Dort heißt es in einer firmenamtlichen Veröffentlichung: »Das Direktorium ... war von jeher dem Grundsatz treu, daß es als Vertreter eines geschäftlichen Unternehmens nicht nur rein wirtschaftliche Interessen zu vertreten, sondern daneben in gemeinwirtschaftlichem Sinne auch für seine Arbeiter und Angestellten wie die Werksangehörigen überhaupt, zu sorgen und damit soziale und ethische Pflichten der verschiedensten Art zu erfüllen hat« [11].

Das besagte Unternehmen bekennt sich mit diesen Ausführungen zu der Einsicht, daß die Ausübung wirtschaftlicher Funktionen zu Auswirkungen gesellschaftspolitischer Art führt. Das Unternehmen sieht sich eingebettet in ein gesellschaftliches Umfeld und damit als ein auf die Umwelt einwirkender Faktor. Es erklärt sich bereit, die daraus erwachsenden Verpflichtungen zu übernehmen. Seinen eigenen Mitarbeitern gegenüber fühlt es sich gemäß ethischer Prinzipien zur Sorge für sie verpflichtet.

Aber nicht nur dem Personalleiter obliegt die Verpflichtung für die Wahrung der Menschenrechte und der Personwürde in den Abläufen des Unternehmens. Sämtliche Mitarbeiter, insbesondere aber diejenigen, die einen Führungsauftrag haben, sind dafür zuständig. Der Personalleiter ist jedoch in besonderem Maße angesprochen. Er muß in seinem Gewissen geschärft sein für die Wahrung dieses Prinzips und seine Durchsetzung in der betrieblichen Praxis.

Das Personalwesen ist in einem Unternehmen Anrainer für die Bereiche mit Spezialaufgaben. So ist hier u. a. zu denken an das Rechnungswesen, das gesamte Feld der Technik sowie den juristischen Bereich. Spezialisten mit der Ausbildung für diese Gebiete gibt es notwendigerweise auch im Personalbereich. Es liegt allerdings in der Natur der Sache, daß diese Spezialisten vornehmlich auf den Gebieten zu Hause sind, auf denen ihre eigentlichen Aufgaben liegen. Sie werden sich vor allem z. B. mit dem Rechnen und Berechnen, also mit Zahlen befassen in der Lohn- und Gehaltsabrechnung, auf dem Gebiet der Tarifverhandlungen, in der Statistik u. a. m., jedoch nicht auf dem eigentlichen Gebiet der Personalführung. Auch der Jurist in seiner Vorliebe für die Begrifflichkeit der Materie befindet sich entgegen früherer Üblichkeit heute nicht überwiegend mehr als solcher in der Position des obersten Personalleiters. Auf eine Sache spezialisiert zu sein, wie z. B. die juristische Materie, will nicht unbedingt bedeuten, ein ausgeprägtes Gespür für den Menschen zu besitzen. Dies ist jedoch das Feld des als Personalleiter Tätigen. Der Personalleiter bedarf der ausgesprochenen Fähigkeit, Menschen für sich zu gewinnen. *Vertrauen* erlangen und *Glaubwürdigkeit* auszustrahlen, stellen die Grundlagen für das Wirken des Personalleiters dar. Folglich müssen sein Auftreten und seine Handlungsweise unter den jeweilig gegebenen Umständen dergestalt sein, daß sie auf dieses Ziel hinwirken.

Der Personalleiter steht, wie bereits an einer früheren Stelle zum Ausdruck gebracht, wie auch alle anderen Funktionsträger eines Wirtschaftsunternehmens, unter dem Prinzip der optimalen Erfüllung der ökonomischen Anforderungen, die der Bestand des Unternehmens im ganzen, die Erwartungen der Mitarbeiterschaft im Hinblick auf die Wahrung ihrer Interessen sowie der Wahrung der Interessen der Öffentlichkeit, d. h. der gesellschaftspolitischen Folgen der Tätigkeit des Unternehmens, stellen. Aus allen diesen Bereichen treffen die Anforderungen den Personalleiter als einen Verantwortung tragenden Manager des Unternehmens.

Die Prinzipien des Handelns des Personalleiters bedürfen des Verständnisses und der Einsehbarkeit derjenigen, auf die sie gerichtet sind. Es werden an den Personalleiter und sein Verhalten moralische Maßstäbe angelegt. Er sollte sich dessen bewußt sein und sich danach richten. Er selbst ist es, der sein Persönlichkeitsbild in der Öffentlichkeit formt; aber auch andere befassen sich stets damit, sich ein Bild von ihm zu machen. Es gehört zur Wirkungskraft eines Personalleiters auch dann im Geiste gegenwärtig zu sein, wenn er es in persona nicht sein kann. Dies gilt insbesondere für den Kreis seiner eigenen Mitarbeiter.

Von *Kungfutse* wird das schöne Wort berichtet, daß die Jünger auch bei Abwesenheit des Meisters wissen sollen, wie sie sich zu verhalten haben, indem sie sich die Frage stellen, was der Meister unter den obwaltenden Umständen tun würde.

Der Personalleiter sollte ein feines Gehör entwickeln, das neben den lauten auch die leiseren Töne aufzunehmen und zu unterscheiden fähig ist, wie sie aus den verschiedenen Ebenen an sein Ohr dringen. Hierbei bedarf es insbesondere der Offenheit und Bereitschaft zu einer gezielten Kommunikation und Verbindungspflege mit den Vertretern der Basis: Kommunikation ist nicht allein auf horizontaler Ebene, sondern auch vertikal in beiden Richtungen erforderlich.

Auch auf lebendige Kontakte mit den gesellschaftlichen Gruppen aus dem Umfeld des Unternehmens kann ein Personalleiter nicht verzichten. Sie sind wertvolle Informanden für das Geschehen im Unternehmen. Sie bieten ihm zugleich die Gelegenheit zur Weitergabe von Informationen aus seinem eigenen Tätigkeitsbereich, deren Übermittlung ihm bedeutungsvoll erscheint.

Der Personalleiter hat ein besonderes Interesse an der verläßlichen Kenntnis aller Aspekte der sozialen Situation im Unternehmen und in seinem Umfeld, damit er auf sie mit den geeigneten Mitteln und im rechten Zeitpunkt einwirken kann. Das persönliche Handeln im gesellschaftlich-sozialen Bereich gehört zu seiner wesentlichen Aufgabe. Das Wirken dieser Art sollte in jedem Falle Vorrang haben vor einer Tätigkeit für die Entwicklung von Richtlinien, Regeln und Systemen. Das Wohlbefinden des Menschen im Unternehmen und die Erkundung der Bedingungen für das Wohlbefinden und ihre Realisierung hat insbesondere auf weite Sicht ausschlaggebende Bedeutung.

Und hier noch ein besonderer Grundsatz: Einer schriftlichen Kommunikation ist beim Handeln im gesellschaftlichen Bereich die verbale Übermittlung soweit als irgend möglich vorzuziehen.

Im Gesamtbereich Personalwesen üben Spezialisten für die verschiedenen Fachgebiete ihre Tätigkeit aus. Sie entwickeln die Instrumente für die Personalführung im Unternehmen, so z. B. die Personalplanung, und werten die Ergebnisse aus. Dieses Instrumentarium dient der Erreichung bestimmter Zielsetzungen der Personalpolitik; sie bedürfen der Anpassung an die jeweilig gegebenen Situationen und dienen der Durchsetzung von neuen Erkenntnissen.

Spezialisten neigen zur Perfektion auf ihren Tätigkeitsgebieten, eine Tendenz, für die die Praktiker in den Betrieben nur wenig Verständnis aufbringen. Sie nehmen leicht Anstoß an zu weitgehend ausgefeilten Richtlinien, Schemata und Fragebogen. Eine Fülle von

Rundschreiben hält den mit den Aufgaben der Betriebsführung befaßten Praktiker von seiner eigentlichen Tätigkeit ab; sie erregen seinen Unwillen. Ein allzu umfangreicher ›Papierkrieg‹ erweitert den Abstand zwischen ›Bürokratie‹ und ›Praxis‹. Gerade im Personalwesen sollte man sich solcher Wirkungen bewußt sein, um das unbedingt notwendige Vertrauensverhältnis zwischen dem Personalwesen und den für die operative Menschenführung zuständigen Organen dauerhaft zu gewährleisten.

Der Bereich Personalwesen als organisatorischer Bereich für die Gestaltung der menschlichen Beziehungen im Unternehmen darf nicht zu einem Tummelfeld von Projekten und Techniken verschiedener Arten werden. Nicht alles, was machbar ist, eignet sich, realisiert zu werden. In der Betriebspraxis sollte als Instrumentarium allein das zum Einsatz kommen, was der Personalführung im Unternehmen nützlich und was seiner Aufgabenstellung zuträglich ist. Alles das, was den Anschein eines *l'art pour l'art* erlangen könnte, sollte unterbleiben.

So gilt gerade für den Bereich des Personalwesens, daß er vor einer zu weitgehenden Arbeitsteiligkeit und Spezialisierung mit der Neigung zur Bürokratisierung behütet werden muß. Man könnte es geradezu als ein personalpolitisches Prinzip ansprechen, ein hohes Maß an *Überschaubarkeit der Organisation* aus der Sicht des Außenstehenden zu gewährleisten. Eine ›Personalbürokratie‹, die einen Rat- und Hilfesuchenden von einer Stelle zur anderen verweist, schürt das Mißtrauen gegenüber dem Personalwesen in hohem Maße. Der Trend zur Bürokratie ist der Weg zum Absterben von Führungsverantwortung. Eine zu weit getriebene Bürokratie tötet menschliche Nähe.

Es liegt eine Entwicklung über Jahrzehnte hinter uns, in der die vielfältig gewachsene Sozialgesetzgebung zu vermehrten Eingriffen von außen sowie Auflagen geführt hat, deren Durchführung im Unternehmen u. a. dem Personalwesen zugefallen ist. Was unvermeidbar ist, muß erfolgen. In solchen Fällen kommt es jedoch häufig darauf an, in welcher Form etwas geschieht und ob es gelingt, zumindest Verständnis für das Unvermeidbare zu erwecken.

Der Personalleiter muß mit den Führungsbeauftragten in der Linie eine enge Zusammenarbeit pflegen. Diese Forderung ist je nach

Größe des Unternehmens mehr oder weniger schwierig zu realisieren. Gerade auf diesem Gebiet wird es sich zeigen, ob der Personalleiter erfinderisch bei der Bewältigung besonderer Verhältnisse ist; ob er mit einem ausgeprägten Einfühlungsvermögen in besondere Situationen begabt und zur Entwicklung geeigneter Mittel und Wege zu deren Meisterung in der Lage ist.

Die Personalführung vor Ort ist in ihrem engen Zusammenspiel mit der Erfüllung des Produktionsauftrages die eigentliche Aufgabe der in der Linie tätigen Führungskräfte. Soweit hierbei der Personalführungsauftrag angesprochen ist, kommt es auf das ausgewogene Zusammenwirken mit dem Personalwesen an. Das Personalwesen hat die persönlichen und sachlichen Voraussetzungen zu schaffen, während der Führungsbeauftragte vor Ort auch tatsächlich seinem Führungsauftrag nachkommen muß. Er darf sich nicht vor ihm ›drücken‹, indem er ihn auf dem Wege der ›Rückdelegation‹ an das Personalwesen abschiebt. Auch unangenehme oder peinliche Aufgaben gehören zur Personalführung; Autorität gewinnt nur derjenige, der sich solchen Situationen gewachsen erweist.

Organisationen werden geschaffen, um durch die Bündelung menschlicher Kräfte und Fähigkeiten im Einsatz auf ein gemeinsames Ziel deren Erfolgsaussichten zu erhöhen. Organisation ist nicht allein ein sachlicher Vollzug; sie steht in einem engen Zusammenhang mit Menschen. Sie ist ohne Menschen nicht zu verwirklichen. Daher besteht die Notwendigkeit der Zusammenarbeit zwischen dem für Organisationsfragen zuständigen Bereich im Unternehmen und dem Personalwesen, um mögliche Reibungsflächen und sich daraus ergebende Reibungsverluste frühzeitig zu erkennen, sie auf ihre Ursachen zu überprüfen und Behebungsvorschläge zu erarbeiten.

Die Konzentration des Augenmerks auf den formalen Teil von Organisationen läßt häufig die Bedeutung der Rolle des einzelnen Menschen in den Hintergrund treten, obwohl es ja gerade das Individuum ist, auf dem eine Organisation aufbaut und auf dessen bereitwillige Mitwirkung sie angewiesen ist.

Der Mensch ist in seinem Doppelcharakter als Individuum und Gemeinschaftswesen bestrebt, Teil eines Ganzen zu sein. Er will aber auch in seinem Charakter als Einzelwesen Anerkennung finden; er will als Individuum etwas bedeuten.

Eine Reduktion des einzelnen Menschen in der Organisation allein auf seine Funktion in ihr, seine weitgehende Identifikation nur mit seiner Funktion ist Anlaß zu häufigen Beschwerden und Klagen über die Unpersönlichkeit, über die fehlende Menschlichkeit und das mangelnde ›Betriebsklima‹. Dieses Unbehagen ist ein Ausdruck dafür, daß sich der Mensch als Person, als Einzelwesen zu wenig beachtet fühlt. Über diese emotionalen Beschwerden – nicht immer ist der einzelne Mensch in der Lage, vernunftbestimmte Gründe für seine Empfindungen zu geben – hilft auch eine an sich befriedigende Entlohnung nicht hinweg. Materielle Belohnungen und emotionale Empfindungen lassen sich nur selten gegeneinander aufrechnen.

Eine Organisation ist auf Zusammenarbeit gerichtet. Die Bereitschaft zur Zusammenarbeit bedarf einer ständigen Förderung; sie muß mit Leben erfüllt werden. Die Glaubhaftigkeit der Wertschätzung der Person in ihrer Eigenschaft als Einzelwesen wie auch seine Förderung im Alltag des Betriebslebens bestimmen maßgeblich den Geist der Zusammenarbeit in einer Organisation. Hierzu gehört u. a. auch das Bewußtsein und das Erlebnis, sich auf die Rückendeckung und die Hilfestellung des Unternehmens verlassen zu können, wenn ihn ein Schicksalsschlag getroffen hat, welchem er allein nicht mehr gewachsen ist. Wenn gewollt wird, daß der Mensch nicht Objekt, nicht verwalteter Mensch, sondern Subjekt und lebendige Person im Unternehmen ist, muß dafür etwas getan werden. Das Ziel muß durch spürbare Wirkung stetigen Handelns erkennbar werden.

Es gibt viele Formen, einer individuellen Wertschätzung Ausdruck zu geben; Richtlinien lassen sich schwer dafür aufstellen. Sie muß aus dem Herzen, aus der Mitte einer Persönlichkeit ausströmen; sie muß echt sein. Der Mitmensch hat ein deutliches Gespür dafür, ob das Verhalten seines Gegenüber einer solchen Voraussetzung entspricht.

Das Betriebsverfassungsgesetz enthält als wesentlichen Schwerpunkt das Prinzip der vertrauensvollen Zusammenarbeit zwischen der Unternehmensleitung und dem von der Belegschaft gewählten Betriebsrat. Das gesetzlich niedergelegte Prinzip einer dualen Leitung bestimmter Aufgabenbereiche der Personalführung bedingt, daß beide Partner ständig bemüht sein müssen, die Basis gegenseitigen Vertrauens zu schaffen und zu pflegen.

Der Personalleiter ist Linienvorgesetzter im Personalwesen. In dieser Eigenschaft steht er ständig im Blickfeld sämtlicher Führungsbeauftragten des Unternehmens, insbesondere in Hinsicht auf die Art und Weise, in der er seinen Führungsauftrag gegenüber seinen eigenen nächsten Mitarbeitern wahrnimmt. Einen Teil seiner Autorität gegenüber den Führungskräften in der Linie des Unternehmens bezieht er aus diesem Verhalten. Dies betrifft vor allem die Glaubhaftigkeit von Appellen, so z. B. im Hinblick auf die Wahrung ethischer Prinzipien, die er an seine Manager-Kollegen wie auch die Führungskräfte aller Ebenen richtet. Eine beispielhafte Praktizierung seines eigenen unmittelbaren Führungsauftrages ist das beste Vorbild.

Wenn es einem Personalleiter nicht gelingt, die Glaubwürdigkeit seiner Haltung und seines Verhaltens aufzubauen, bleibt er ein Funktionär, der seine Tätigkeit nicht mit seinem persönlichen Wesen erfüllt. Es gelingt ihm nicht, seiner Funktion sein persönliches Gesicht zu geben, das dem Menschen zugewandt ist.

Es ist unmöglich, sämtliche Anliegen, die an den Personalleiter herangetragen werden, zu erfüllen. Jedoch ist verständnisvolles Zuhören bereits eine wesentliche Erwartung vieler Menschen, die den Weg zu ihm finden. Dem Prinzip der Gleichbehandlung der Menschen muß weitgehend Rechnung getragen werden, jedoch darf es nicht so weit kommen, daß nicht in besonderen Fällen Ausnahmen erfolgen, so die Situation es gestattet. Der ständige Verweis auf Gleichbehandlung kann auch ein Versteck vor dem Mut sein, Ausnahmeentscheidungen zu treffen. Erfolgt eine Ablehnung, so sollte sie aufgrund einer entsprechendes Verständnis erweckenden Begründung erfolgen.

Der Personalleiter eines Unternehmens befindet sich mit seinen Aufgabenbereich, verglichen mit anderen Funktionen, in einer besonders schwierigen Situation.

Ein Personalleiter, der seiner Aufgabe gegenüber die richtige Einstellung gefunden hat, hat es mit einer höheren personhaften Beanspruchung zu tun als andere Manager. Der professionelle Personalleiter fügt sich in die Situation und entwickelt sein eigenes Geschick und seinen besonderen Ruf, sowohl seiner Aufgabe als Manager wie auch als Personalleiter gerecht zu werden. Er muß ein geschickter Führer und verläßlicher Herausforderer für Manager aller Ebenen sein.

Je stärker die Beanspruchung eines Personalleiters ist, umso mehr muß er sich Klarheit darüber verschaffen, was in seinen Augen die entscheidenden Aufgaben und Zielsetzungen sind für die Erfüllung und Abrundung seiner Tätigkeit. Hierbei ist eine Rangordnung für die von ihm selber zu erfüllenden Aufgaben aufzustellen; Prioritäten sind zu setzen. Aus dieser Sicht muß er sich ein Team zuverlässiger Mitarbeiter schaffen, an die er Aufgaben delegieren kann im Vertrauen darauf, daß sie diese in seinem Sinn wahrnehmen.

Der Personalleiter, so wie wir ihn sehen, ist ein typisches Beispiel des Managers, dessen Wirken überwiegend auf personaler Autorität beruht. Er ist ohne eine gelebte Vorstellung von Moral; ohne das Bewußtsein, für die Personhaftigkeit des Menschen im Produktionsprozeß tätig zu sein; ohne die Verantwortung, für den Menschen zu wirken, wie ein Halm im Winde, hin- und hergeschaukelt von den tagtäglich an ihn herantretenden unterschiedlichen Anforderungen. Die Menschen legen an ihn den Maßstab der Verläßlichkeit bezüglich seiner Grundeinstellung und seines Verhaltens. Der Personalleiter wird gemessen an seinem Dienst am Gesamtwohl wie an seinem Mitmenschen. Verläßlichkeit bedingt, daß das, was er sagt und verspricht, sehr wohl bedacht ist, auch in Hinsicht darauf, was sich in Zukunft daraus einmal ergeben könnte.

Zusammenfassende Thesen

Der Mensch ist kraft seiner Fähigkeit, geistige und körperliche Arbeit zu leisten, in den Prozeß der Erstellung von Gütern und Dienstleistungen mittels der Technik und aufgrund ökonomischer Prinzipien einbezogen. Diese Teilhabe des Menschen am Produktionsprozeß rechtfertigt nicht eine Schmälerung seiner Eigenschaft als Person. *Die Wahrung der Unversehrtheit der Würde des arbeitenden Menschen sowie seiner körperlichen und geistigen Existenz muß oberster Grundsatz sein.* Alle, die im System einer Organisation zusammenarbeiten, tragen für die Wahrung dieses Prinzips Verantwortung. Im besonderen gilt dies für sämtliche Mitarbeiter, die einen Führungsauftrag, gleich welcher Art, haben. Für den Personalleiter, der einen Führungsauftrag für alle im Unternehmen tätigen Mitarbeiter erhalten hat, gilt es, sein Gewissen für die Wahrung dieses Prinzips in der betrieblichen Praxis zu schärfen.

Der Personalleiter steht bei der Ausführung seiner Obliegenheiten unter dem Prinzip einer optimalen Erfüllung der Anforderungen, die der Bestand des Unternehmens im ganzen, die Erwartungen der Mitarbeiterschaft sowie die Öffentlichkeit, in deren Umfeld das Unternehmen eingebettet ist, an ihn stellen.

Vertrauen und *Glaubwürdigkeit* sind die ethischen Grundlagen für das Wirken des Personalleiters. Folglich müssen sein Auftreten und seine Handlungsweise unter den jeweiligen Umständen derart sein, daß sie ihn Vertrauen gewinnen und ihn glaubwürdig erscheinen lassen.

Das Personalwesen ist der organisatorische Bereich für die Gestaltung der menschlichen Beziehungen im Unternehmen. Es muß besonders davor bewahrt werden, durch eine zu weitgehende Arbeitsteilung übermäßig bürokratische Züge anzunehmen. Die *Überschaubarkeit seiner Organisation* für den Außenstehenden gilt als ein personalpolitisches Prinzip.

Die Prinzipien des Handelns des Personalleiters bedürfen des *Verständnisses* und der *Einsehbarkeit* derer, auf die sie gerichtet sind. Dies setzt eine betonte Praxisnähe hinsichtlich ihres Inhalts voraus; sie bedingen aber auch die Fähigkeit ihrer verbalen Übermittlung.

Es bedarf einer lebendigen horizontalen und vertikalen Kommunikation zwischen allen Organen im Personalwesen wie auch mit der betrieblichen Praxis. Der schriftlichen Kommunikation ist die persönliche Übermittlung vorzuziehen, um Mißverständnissen weitmöglichst vorzubeugen. Es sollen alle Mittel der Verständigung für das Ziel einer verläßlichen Kenntnis der jeweiligen sozialen und persönlichen Situation benutzt werden.

Es ist eine wesentliche Aufgabe des Personalleiters, die sozialbezogenen Grundsätze seines Unternehmens nach innen und außen glaubhaft zu vertreten und beispielhaft zu verdeutlichen.

Im Personalwesen werden die Instrumentarien für die Personalführung entwickelt. Die Instrumente sind Hilfsmittel zur Erreichung von Zielsetzungen. Sie bedürfen einer ständigen Überprüfung auf ihre Angemessenheit; sie sollen nicht den Charakter von Zwecken an sich erhalten.

Eine Organisation ist ein Mittel zur Erzielung der Zusammenarbeit von Menschen, um durch die Bündelung ihrer Kräfte und ihre Richtung auf ein gemeinsames Ziel die Erfolgsaussichten zu verstärken. Mögliche Reibungsverluste, die das Maß der Zusammenarbeit beeinträchtigen, müssen ständig im Auge behalten werden. Bei dieser Zielsetzung darf jedoch nicht die Rolle des Individuums als dem eigentlichen Baustein von Organisationen außer acht gelassen werden. Die Glaubhaftigkeit seiner Wertschätzung wie auch seiner Förderung als Person bestimmen maßgeblich den Geist der Organisation. Sie sind auch ausschlaggebend für die Bereitschaft zur Zusammenarbeit.

Personalleitung und Betriebsrat erfüllen ihre Aufgaben gemäß dem ihnen gesetzlich zugewiesenen dualen Prinzip auf der Grundlage vertrauensvoller Zusammenarbeit.

Menschenführung ist die Aufgabe der Vorgesetzten in den einzelnen Bereichen. Sie erfüllen damit zugleich die ihnen auf sachlichem Gebiet übertragenen Aufgaben der Mitarbeit an der Erfüllung des Unternehmenszieles. Dem Personalleiter obliegt es, mit den Führungsbeauftragten in der Linie eng zusammenzuarbeiten, um die persönlichen und sachlichen Voraussetzungen für die Erfüllung ihres Führungsauftrages sicherzustellen.

Innerhalb des Personalwesens bedarf es eines in besonderem Maße beispielhaften Standards der Kommunikation und Personalführung. Die vielfältigen Beanspruchungen, die an den Personalleiter gestellt werden, verlangen bei entsprechender Delegation von Aufgaben an seine Mitarbeiter, eine Konzentration darauf, was er für die Erfüllung und Abrundung seiner Tätigkeit für unabweislich erachtet. Er muß sich Prioritäten für die von ihm persönlich zu erfüllenden Verpflichtungen setzen.

Anmerkungen

1 Vgl. *Northcott, C. H.,* The Personnel Management, its scope and practice, 2. Auflage, London 1950.
2 *Winschuh, J.*, Praktische Werkspolitik – Darstellung einer planmäßigen Arbeitspolitik im modernen Fabrikbetrieb, Berlin 1923.
3 *Weiß, A.*, Braucht ein Personalleiter ein Berufsbild?, in: Mensch und Arbeit, 1956.
4 Untersuchung von *G. Büschges*; zitiert nach *Bisani, F.*, Das Personalwesen in der Bundesrepublik Deutschland, Teil I: Ergebnisse einer empirischen Untersuchung 1973/1974, Köln 1976.
5 Vgl. *Northcott*, G. H., a. a. D.
6 Vgl. *Lay, R.*, Ethik für Wirtschaft und Politik, München 1983, S. 7.
7 *Aristoteles*, zitiert nach: *Lobkowicz, N.*, Praktische Philosophie als Lehre von den Tugenden, in: Orientierungen für die Politik, München 1984.
8 *Owen, R.*, A New View of Society, zitiert nach *Geck, L. H. A.*, Die sozialen Arbeitsverhältnisse im Wandel der Zeit – eine geschichtliche Einführung in die Betriebssoziologie, Berlin 1931, S. 135.
9 General-Regulativ für die Fa. *Friedrich Krupp* in Essen a. d. Ruhr, Berlin 1872, § 7.
10 Ebenda, § 25.
11 Wohlfahrtseinrichtungen der Farbenfabriken vorm. Friedr. Bayer & Co. bei Köln am Rhein, 1922, S. 1.

Ergänzend sei noch hingewiesen auf folgende Artikel des Autors:
Personalleiter, in: Handwörterbuch Betriebspsychologie und Betriebssoziologie, Hsg. von *Paul Gert von Beckerath/Peter Sauermann/Günter Wiswede*, Stuttgart 1981, S. 307–309.
Personalleiter, in: Handwörterbuch des Personalwesens, Hsg. von *Eduard Gaugler*, Stuttgart 1975, Sp. 1588–1532.

Autoren

Edgar Ballarin
(1922). Seit 1949 in einem Großunternehmen der Industrie als Techniker tätig; seit 1962 im Betriebsrat, zuletzt als Vorsitzender des Gesamt- und Konzernbetriebsrates. Seit 1982 Stellvertretender Vorsitzender des Aufsichtsrates und seit 1980 Mitglied des Hauptvorstandes der IG Chemie-Papier-Keramik.

Dr. Horst Becker
(1928). Dipl.-Psychologe und selbständiger Unternehmensberater. Zuvor viele Jahre als Betriebspsychologe in verschiedenen Industrieunternehmen tätig; von 1969–1986 Leiter des Zentralen Ausbildungswesens der Krupp Südwestfalen AG in Siegen, einem Edelstahlunternehmen mit 10 000 Arbeitnehmern. Nebenberuflicher Dozent und Lehrbeauftragter an mehreren Universitäten. Gründungsmitglied der »Gesellschaft für Organisationsentwicklung«; zahlreiche Publikationen.

Professor Dr. Paul Gert von Beckerath
(1917). Tätigkeit im Personal- und Sozialwesen eines Großunternehmens der Industrie, seit 1967 als Leiter des Zentralbereiches Personalwesen. Nebenberuflich seit 1968 als Lehrbeauftragter an der Universität Bochum, seit 1971 Honorarprofessor. Zahlreiche Publikationen, unter anderem zwei Übersetzungen aus dem Amerikanischen sowie die Mitherausgabe des »Handwörterbuchs der Betriebspsychologie und Betriebssoziologie«.

Dr. Heinz Dirks
(1906). Studium der Mathematik, Philosophie und Psychologie in Königsberg/Pr. und Graz. Promotion zum Dr. phil. in Königsberg (1931), Habilitation für das Fach Psychologie an der Technischen Hochschule Braunschweig im Jahre 1954. Assistententätigkeit am Psychologischen Institut der Universität Königsberg, Psychologe beim Heer und bei der Marine, im Krieg Oberleutnant d. R. und Kompaniechef. Nach dem Krieg Mitarbeiter am »Forschungsinstitut für Arbeitspsychologie« sowie freier Unternehmensberater. Von

1963 bis zur Pensionierung Personaldirektor bei der Kabel- und Metallwerke GHH AG in Hannover. Zahlreiche eigenständige Publikationen und Beiträge in Sammelwerken und Zeitschriften.

Professor Dr. Peter F. Drucker
(1909). Managementberater mit Schwerpunkt in den Bereichen Wirtschafts- und Unternehmenspolitik sowie Top-Management-Organisation. Seit 1971 lehrt er als Clarke Professor für Sozialwissenschaften und Management an der Claremont Graduate School, Claremont, California. Bis heute 22 Bücher veröffentlicht, die in mehr als 24 Sprachen übersetzt wurden. 11 Ehrendoktorate von Universitäten aus den USA, Belgien, Großbritannien, Japan und der Schweiz.

Professor Dr. Edgar Nawroth
(1912). Studium der Philosophie und Theologie an der philosophisch-theologischen Hochschule der Dominikaner zu Walberberg/Köln. Doktorat in Nationalökonomie und Sozialwissenschaft an der Universität Freiburg/Schweiz. Ab 1960 Dozententätigkeit zu Walberberg; von 1963–1984 Lehrstuhl für Christl. Sozialwissenschaft an der Theol. Fakultät der Universität Trier. Zahlreiche Veröffentlichungen.

Peter Paschek
(1949). Geschäftsführender Gesellschafter der Kienbaum Management Consultants GmbH, Frankfurt. Studium der Wirtschafts- und Sozialwissenschaften der Ruhr-Universität Bochum, Wissenschaftlicher Mitarbeiter am Lehrstuhl für Soziologie I der Ruhr-Universität; einjähriger Forschungsaufenthalt an der Universität Bath, Großbritannien; ehrenamtlicher Richter am Arbeitsgericht Berlin; aktives Mitglied der American Management Association; seit 1979 bei der Kienbaum Unternehmensgruppe tätig.

Professor Dr. Erich Potthoff
(1914). Studium der Betriebswirtschaftslehre in Köln. Von 1937–1946 Mitarbeiter von Professor Dr. Eugen Schmalenbach. Promotion zum Dr. rer. pol. 1941. Danach Leiter des Wirtschaftswissenschaftlichen Instituts der Gewerkschaften. Mitglied der Stahltreuhänder-Vereini-

gung zur Neuordnung der Eisen- und Stahlindustrie. Vorstandsmitglied eines zentralen genossenschaftlichen Prüfungsverbandes. 1958 Bestellung zum Wirtschaftsprüfer. Von 1963–1979 Vorstandsvorsitzender einer großen Wirtschaftsprüfergesellschaft. Seit 1963 Honorarprofessor an der Universität zu Köln. Zahlreiche Publikationen.

Dr. Artur Wollert
(1934). Nach dem Studium der Volkswirtschaftslehre und mehreren Stationen in großen Unternehmen von 1973–1974 Personalchef der Deutschen Babcock AG, Oberhausen, von 1974–1985 Leiter des Zentralen Personal- und Sozialwesens der BMW AG, München. Seit 1. Juni 1985 Mitglied des Vorstandes und Arbeitsdirektor der HERTIE Waren- und Kaufhaus GmbH, Frankfurt. Zahlreiche Publikationen.